Anonymous

Die Stadt Halle im Jahre 1891

Festschrift für die Mitglieder und Teilnehmer der 64. Versammlung der Gesellschaft

deutscher Naturforscher und Ärzte

Anonymous

Die Stadt Halle im Jahre 1891
Festschrift für die Mitglieder und Teilnehmer der 64. Versammlung der Gesellschaft deutscher Naturforscher und Ärzte

ISBN/EAN: 9783743602359

Hergestellt in Europa, USA, Kanada, Australien, Japan

Cover: Foto ©ninafisch / pixelio.de

Weitere Bücher finden Sie auf **www.hansebooks.com**

DIE

STADT HALLE A/S.

IM JAHRE 1891.

———

Dr. Richard von Volkmann

ORD. PROFESSOR A. D. UNIVERSITÄT,
GEH. MEDICINALRAT UND GENERALARZT,
EHRENBÜRGER DER STADT HALLE A. S.

geb. 17. August 1830   gest. 28. November 1889.

DIE

STADT HALLE ᴬ/S.

IM JAHRE 1891.

FESTSCHRIFT

FÜR DIE

MITGLIEDER UND TEILNEHMER DER 64. VERSAMMLUNG
DER GESELLSCHAFT DEUTSCHER NATURFORSCHER
UND ÄRZTE.

HERAUSGEGEBEN

IM AUFTRAGE DER STÄDTISCHEN BEHÖRDEN

VON

STAUDE,
OBERBÜRGERMEISTER.

DR· HÜLLMANN,   **DR· FREIHERR VON FRITSCH,**
GEH. SANITÄTSRAT.   ORD. PROFESSOR A. D. UNIVERSITÄT.

HALLE A/S.
GEBAUER-SCHWETSCHKE'SCHE BUCHDRUCKEREI.
1891.

@
DD901
H19 A3

@ 4/34/15

Vorwort.

Als die städtischen Behörden von Halle die Herausgabe einer Festschrift zu Ehren der bevorstehenden 64. Versammlung deutscher Naturforscher und Ärzte beschlossen, war man an maassgebender Stelle von vornherein sich darüber klar, dass diese Festschrift nicht blos eine Beschreibung der den Arzt und Naturforscher als solchen interessierenden Zustände und Einrichtungen unserer Stadt enthalten dürfe, sondern dass sie auch ein Bild des gegenwärtigen Zustandes unserer ganzen wirtschaftlichen Verhältnisse, des Verkehrs, des Handels und der Industrie etc. bieten müsse. Denn vielen unserer verehrten Gäste, denen von ihren Schul- und Universitätsjahren her das alte Halle als eine winkelige, verräucherte, ungesunde und unschöne Philisterstadt bekannt ist, welche nur durch die Universität und die Francke'schen Stiftungen ihre Bedeutung erhielt, dürfte es doch von Interesse sein, zu erfahren, wie die arme Musenstadt im Verlaufe weniger Jahrzehende es fertig gebracht hat, sich zu einer modernen Grossstadt mit blühendem Handel und grossartiger Industrie herauszuarbeiten; wie sie sich im Innern erweitert und Licht und Luft geschaffen, nach aussen weit über die alten Grenzen ausgedehnt hat; wie sie zu einer der gesundesten Städte des Kontinents geworden ist, während sie noch vor zwei Jahrzehenden zu den ungesundesten gerechnet werden musste.

Deshalb erschien es opportun, neben den für solche Festschriften üblichen Abhandlungen über Geschichte, Geographie, Mortalität, sanitäre Verhältnisse und Wohlfahrtseinrichtungen etc. auch eine Schilderung der wirtschaftlichen Entwickelung unserer Stadt, des Eisenbahnwesens, der Strassenbahnen, — deren elektrische ja für den

Physiker von hervorragendem Interesse ist, — selbst eine Beschreibung unseres Theaters zu geben, welches nicht blos als monumentales Bauwerk die Augen des Kunstfreundes auf sich zieht, sondern auch durch seine geschickte innere Einrichtung, insbesondere das Asphaleia-System, durch zweckmässige Heizungs-, Beleuchtungs- und Ventilationsanlagen für den Hygieniker von Interesse ist.

So übergeben wir denn den verehrten Mitgliedern der Versammlung der Naturforscher und Ärzte die Festschrift der Stadt Halle mit der Bitte um freundliche Annahme, wohlwollende Beurteilung und gütige Nachsicht bezüglich einiger Druckfehler. Der Umstand, dass der Druck des Werkes in die Reisesaison fiel, machte es nicht überall möglich, die Druckbogen den Herren Autoren zur Korrektur vorzulegen.

Den verehrten Herren Mitarbeitern sagen wir im Namen der Stadt aufrichtigsten Dank.

Für die Redaktion:

Dr. Hüllmann.

Inhalt.

	Seite

I. Ueberblick über die geschichtliche Entwickelung der Stadt Halle a/S. Von Professor Dr. Hertzberg 1

II. Die Naturverhältnisse, insbesondere der geologische Bau der Gegend von Halle a/S. Mit Karte. Von Professor Dr. Freiherr von Fritsch 25

III. Bewegung der Bevölkerung, Mortalität und Morbidität. Von Geh. Sanitätsrath Dr. Hüllmann 55

IV. Grundzüge der wirtschaftlichen Entwickelung von Halle a/S. Von Handelskammer-Sekretair Dr. Wermert 63

V. Verkehr.
    1. Eisenbahn-Verhältnisse. Mit 3 Abbildungen. Von Eisenbahn-Bau- und Betriebs-Inspektor Königer 94
    2. Strassenbahnwesen. Mit 7 Abbildungen. Von Stadtrat von Holly und Direktor Kolle.
        Hallesche Strassenbahn (Pferdebetrieb) 108
        Stadtbahn Halle (elektrischer Betrieb) 109

VI. Einrichtungen der öffentlichen Gesundheitspflege.
    1. Entwässerung und Abwässer-Reinigung. Mit 1 Abbildung. Von Stadtbaurat Lohausen 131
    2. Wasserversorgung. Mit 1 Abbildung. Von Stadtrat Dr. Schrader 135
    3. Beleuchtung. Von demselben 146
    4. Baupolizei und Bauthätigkeit. Von Stadtrat von Holly 153
    5. Stadterweiterung und Strassenbau. Mit Karte. Von Stadtbaurat Lohausen 157
    6. Strassen-Reinigung und Besprengung. Von Stadtrat von Holly . 160
    7. Feuerlöschwesen. Von Stadtbauinspektor Rückert 163
    8. Oeffentliche Anlagen. Von Stadtrat Fubel 168
    9. Königliche Impfanstalt. Von Kreisphysikus Sanitätsrat Dr. Risel 171
    10. Städtischer Schlacht- und Viehhof (im Bau). Mit Abbildung. Von Stadtbaurat Lohausen 178
    11. Begräbniswesen. Mit Abbildung. Von Geh. Sanitätsrat Dr. Hüllmann 191

Seite

VII. Die Universität und ihre Anstalten. Von Professor Dr. Bernstein 195
  1. Die naturwissenschaftlichen Anstalten.
      Das physikalische Institut. Mit 2 Abbildungen 198
      Das chemische Institut 203
      Das botanische Institut 210
      Das mineralogische Institut 212
      Das zoologische Institut 217
      Das landwirtschaftliche Institut. Mit Lageplan. . . . 220
  2. Die medizinischen Anstalten. Mit Lageplan 229
      Das anatomische Institut. Mit 1 Abbildung 231
      Das physiologische Institut. Mit 1 Abbildung 233
      Das hygienische Institut 235
      Das pathologische Institut. Mit 1 Abbildung 238
      Die medizinische Klinik 241
      Die chirurgische Klinik. Mit 3 Abbildungen 243
      Die geburtshülflich-gynäkologische Klinik 251
      Die Augenklinik. Mit 1 Abbildung 254
      Die Ohrenklinik 257
      Die psychiatrische und Nerven-Klinik. Mit Lageplan . . 257
  3. Allgemeine Anstalten.
      Die Universitäts-Bibliothek. Mit 3 Abbildungen 260
      Das archäologische Museum 265

VIII. Die agriculturchemische Versuchsstation des landwirtschaft-
    lichen Centralvereins für die Provinz Sachsen, die Herzog-
    tümer Anhalt und Sachsen-Gotha, die Fürstentümer
    Schwarzburg-Sondershausen und Rudolstadt. Von Geh.
    Regierungsrat Prof. Dr. Maercker 268

IX. Das Schulwesen. Von Rector Steger 272
  1. Die städtischen Elementarschulen.
      Volksschule. Mit 3 Abbildungen 273
      ·Katholische Schule 277
      Bürgerschule 278
  2. Die städtischen höheren Lehranstalten.
      Gymnasium. Mit 2 Abbildungen 283
      Realschule. Mit Abbildung 287
      Höhere Mädchenschule. Mit 3 Abbildungen 291
  3. Die Fortbildungsanstalten.
      Gewerbliche Zeichenschule 293
      Fortbildungsschule 296
  4. Statistische Nachweise 298
  5. Private Lehr- und Erziehungsanstalten.
      Berg-Vorschule 306
      Institute für Vorbereitung zur Einjährig-Freiwilligen-Prüfung 308
      Schülerwerkstätten 309
      Höhere Privat-Mädchenschulen 311
      Fortbildungs-Anstalten für junge Mädchen 312

	Seite
Die Frauen-Industrieschule	313
Seminar für Kindergärtnerinnen	314
Taubstummen-Anstalt	315
Kleinkinder-Bewahranstalten	316
Knabenhorte	317

X. Die Francke'schen Stiftungen. Mit 2 Abbildungen. Von Director Dr. Frick . . . 320

XI. Armenwesen und Wohlthätigkeit. Von Stadtrat Jochmus . . . —
1. Organisation der Armenpflege . . . 340
2. Offene Armenpflege . . . 341
3. Geschlossene Armenpflege. Mit 7 Abbildungen . . . 344
4. Selbständige Stiftungen und Privat-Wohlthätigkeit . . . 347

XII. Das Königliche Oberbergamt zu Halle a/S. in seiner Bedeutung für die Pflege der Naturwissenschaften. Von Berghauptmann Frh. von der Heyden-Rynsch und Bergassessor Engel . . . 350

XIII. Die Förderung der Naturwissenschaften durch Gesellschaften, Vereine und Genossenschaften in Halle a/S. Von Professor Dr. Freiherr von Fritsch . . . —
1. Kaiserlich Leopoldinische Carolinische Deutsche Akademie der Naturforscher . . . 350
2. Die Hallesche naturforschende Gesellschaft . . . 361
3. Der naturwissenschaftliche Verein für Sachsen und Thüringen . . . 361
4. Der Hallesche Verein für Erdkunde . . . 362
5. Die Sektion Halle des deutschen und österreichischen Alpenvereins . . . 363
6. Die polytechnische Gesellschaft . . . 363
7. Der Gartenbauverein . . . 363
8. Der ornithologische Zentralverein für Sachsen und Thüringen zu Halle a/S. . . . 364
9. Der Verein für Insektenkunde . . . 364
10. Die Redaktion der „Natur" . . . 365

XIV. Ärzte und ärztliche Vereine. Von Kreisphysikus Sanitätsrat Dr. Risel . . . 366

XV. Gemeinnützige Vereine.
1. Verein für Volkswohl. Mit Abbildung. Von Stadtbaurat Lohausen . . . 372
2. Kunstgewerbe-Verein. Von Regierungs-Baumeister Knoch . . . 375

XVI. Pflege der Kunst.
1. Stadttheater. Mit 4 Abbildungen. Von Stadtbauinspektor Rückert . . . 379
2. Provinzial-Museum. Von Direktor Dr. Schmidt . . . 392
3. Städtisches Museum für Kunst und Kunstgewerbe. Von Rentier F. Otto . . . 396
4. Die musikalischen Bestrebungen in Halle a/S. Von Gymnasiallehrer Dr. W. Kaiser . . . 397

/

Verzeichnis der Abbildungen.

Seite

1. Portrait von R. v. Volkmann. Titelbild.
2. Das Empfangsgebäude des Bahnhofes 93
3. Grundriss des Empfangsgebäudes des Bahnhofes 100
4. Übersichtsblatt der Eisenbahnlinien bei Halle a. S. 104, 105
5. Die Steigungsverhältnisse der elektrischen Stadtbahnlinien 112
6. Übersichtsblatt der Stadtbahnlinien 113
7. Dampfmaschine der Kraftstation 116
8. Inneres der Kraftstation 118
9. Wagenuntergestell 125
10. Elektrisches Triebwerk der Strassenbahnwagen 127
11. Haltestelle der elektrischen Bahnen auf dem Marktplatz zu Halle 129
12. Reinigungsstation für Schmutzwässer 132
13. Lageplan der Wassergewinnungsanlage 137
14.   „   des Städtischen Schlacht- und Viehhofes 184, 185
15.   „   des Südfriedhofes 192
16. Physikalisches Institut Erdgeschoss 200
17.   „   „   I. Stockwerk 201
18. Lageplan des landwirtschaftlichen Institutes 221
19.   „   der medizinischen Institute der Universität Halle 229
20. Anatomisches Institut Grundriss 231
21. Physiologisches Institut Erdgeschoss 234
22. Pathologisches   „   Kellergeschoss 239
23. Chirurgische Klinik Erdgeschoss 243
24.   „   „   der neue Operationssaal 244
25. Block II—III und Unterbau 249
26. Augen- und Ohrenklinik Erdgeschoss 255
27. Lageplan der Psychiatrischen und Nervenklinik 258
28. Universitäts-Bibliothek Querschnitt 261
29.   „   „   Erdgeschoss 263
30.   „   die eisernen Zwischendecken der oberen Bücheretagen 263
31. Lageplan der Volksschule an der Lessing- und Schillerstrasse 275
32. Volksschule an der Lessingstrasse I. II. III. Geschoss 276
33.   „   „   „   „   Kellergeschoss 276
34. Stadtgymnasium Façade 284
35. Lageplan der Realschule und des Stadtgymnasiums 285
36. Grundriss der Realschule und des Stadtgymnasiums I. Obergeschoss . . 288
37. Städtische Höhere Mädchenschule Erdgeschoss 290
38.   „   „   „   I. Obergeschoss 291
39.   „   „   „   II.   „   291
40. Lageplan der Franckeschen Stiftungen 323
41. Die Franckeschen Stiftungen Hauptansicht 325

— IX —

		Seite
42	Lageplan des Städtischen Siechenhauses	343
43.	Städt. Siechenhaus Ober- und Untergeschoss der Pavillons	345
44.	" " Verwaltungsgebäude Kellergeschoss, Dachgeschoss	346
45.	" " " Erdgeschoss und Obergeschoss	347
46.	Volksspeise- und Logierhaus	374
47	Stadttheater Untergeschoss	381
48.	" Parketgeschoss	381
49.	" Hauptansicht	383
50.	" Querschnitt	385

Beilagen.

1. Plan von Halle a S. Geologischer Untergrund von Prof. v. Fritsch . . . 23
2. Plan der Stadterweiterung von Halle a S. 157
3. Tabelle I. Übersicht der Frequenzzunahme der Städtischen Schulen . . . 208
   " II. Die Schulbauten mit besonderer Rücksicht auf die Schulgesundheits-
   pflege 300
   " III. Aufwendungen für das Schulwesen 302

ÜBERBLICK ÜBER DIE GESCHICHTLICHE ENTWICKELUNG DER STADT HALLE ᴬˑS.

VON

DR. G. HERTZBERG, PROFESSOR AN DER UNIVERSITÄT.

Die Stadt Halle a S. hat eine überaus reiche Geschichte, obgleich ihre Annalen lange nicht so weit in die Vergangenheit zurückreichen, wie etwa die von Erfurt, oder gar von Städten wie Köln und Mainz. Vorzugsweise charakteristisch für Halle ist es, dass — von dem Zuströmen massenhafter neuer Elemente in der Zeit der modernen Freizügigkeit und Fabrikthätigkeit noch gar nicht zu reden — der Wechsel der Schicksale ihr wiederholt ganz neue ethnographische Elemente zugeführt, dass ferner derselbe Wechsel auch in ihrer äusseren Erscheinung starke Spuren zurückgelassen hat, während dabei mit nur geringen Ausnahmen noch gegenwärtig keiner der Faktoren gänzlich verschwunden ist, auf denen allemal die historische, wie die kulturgeschichtliche Bedeutung dieser Stadt beruht hat. —

Man kann leicht die scharf ausgeprägten Perioden der geschichtlichen Entwickelung unserer Stadt unterscheiden. Grossenteils im Dunkel liegt ein ältester Zeitraum, wo an der Grenze zwischen Deutschen und Slaven, wo auf einem den Slaven erst wieder mit Waffengewalt abgerungenen Kolonialboden, an einer strategisch wichtigen Stelle eine kleine Stadt allmählich sich entwickelte. Der Zeit deutscher Vollkraft vom ausgehenden elften bis zum Beginn des sechszehnten Jahrhunderts gehört die Geschichte des mittelalterlichen Halle an: ein Zeitraum, wo die grossartige Bedeutung dieser Stadt auf ihrer Salzerzeugung und ihrem Eigenhandel beruht. Für das 16. und 17. Jahrhundert fällt das Schwergewicht auf den Umstand, dass Halle als Landeshauptstadt und fürstliche Residenz, und bis tief in den dreissigjährigen Krieg hinein auch als Festung von grosser Stärke auftritt. Während des 18. Jahrhunderts und während der ersten Hälfte des 19. ist Halle ganz überwiegend Schulstadt. Der zweiten Hälfte endlich des laufenden Jahrhunderts gehört ihre Ausbildung zu einer deutschen Grossstadt an. —

Während ein Teil der gewerblichen Blüte unserer Stadt in der Mitte und der zweiten Hälfte des 19. Jahrhunderts auf der umfassenden Ausnutzung der Kohlenschätze beruht, welche ihre Umgegend in weiter Ausdehnung birgt, so ist der Grund der ältesten bleibenden Ansiedlungen auf der Stelle, die später die „Thalstadt" Halle geworden ist, auf die Entdeckung eines anderen kostbaren Schatzes zurückzuführen, — auf die Entdeckung der Salzquellen, die nur wenig südwestlich von dem Hügel liegen, der jetzt die Kirche U. L. Frauen trägt. Bekanntlich gehört der Streifen deutschen Landes von Seegeberg in Holstein bis südlich zu der Einmündung der weissen Elster in die Saale zu den salzreichsten in Europa. Aber nur in Lüneburg und in Halle, deren Salzquellen an Mächtigkeit einander ziemlich nahe kommen, traten die Quellen so bequem zu Tage, dass schon die Urvölker sie ohne grosse Mühe finden und verwerten konnten. Es ist nun in hohem Grade wahrscheinlich, dass bereits in sehr alter Zeit deutsche Hermunduren im Besitze unserer Quellen sich befunden haben, aus dem sie dann seit der zweiten Hälfte des 6. Jahrhunderts n. Chr. Geb. durch sorbische Slaven dauernd verdrängt wurden. Endgültig in deutschen Besitz sind die Quellen und die benachbarten Landschaften erst zu Anfang des 9. Jahrhunderts n. Chr. durch die Waffen der fränkischen Truppen Karls des Grossen gelangt. Seit 806 tritt der Name der Burg Halla auf, neben welchem aber die slavischen Lokalnamen Dobragora und Dobresol noch bis ins 11. Jahrhundert hinein sich erhalten haben. Wo die Burg Halla zu suchen sei, ob sie vielleicht sogar unter der neu angelegten Burg auf dem Giebichenstein zu verstehen sei, oder wie sonst das wahre Verhältnis gewesen, ist noch immer ungelöstes wissenschaftliches Problem. Wohl aber liegt es auf der Hand, dass es die Salzquellen gewesen sind, welche nun das Emporwachsen einer Stadt im Kernteile des hallischen Stadtbodens veranlasst haben. Der militärische Wert allein, welchen der gesicherte Übergang über die Saale in unserer Gegend, — durch den die Verbindung mit den mittel- und südwestdeutschen Binnenländern gedeckt, und ein bequemer Vorstoss gegen die weiter östlich, und gegen die südöstlich hinter der Elster wohnenden Slaven ermöglicht wurde, — für die neuen Herren dieses Landes hatte, würde eher zur Anlage einer grossen

Ansiedlung auf den Felsenhöhen südlich vom Giebichenstein geführt
haben. Unausgefochten ist auch noch bis jetzt der Streit über die
Abkunft der eigentlichen Salzsieder bei den Salinen, die zwar während
der späteren Jahrhunderte durchaus germanisiert erscheinen, jedoch
in ihrer Erscheinung und Dialekt mehrfach von den Bürgern der Stadt
verschieden waren, und bis tief in unser Jahrhundert hinein sich
kastenartig abgeschlossen hielten. Man hält sie gegenwärtig allerdings nicht mehr für Slaven; dagegen sind die Meinungen über die
Art ihrer vermutheten keltischen Abkunft noch immer sehr geteilt. Der
Name „Halloren" ist bis jetzt erst seit dem Jahre 1630 sicher nachgewiesen. —

Die nächsten Schicksale der Salzwerke, der „Burg Halla"
und ihrer Umgebung seit 806 bleiben für volle drei Jahrhunderte
durchaus dunkel. Wir wissen nur, dass der sächsische Kaiser
Otto I. durch die Schenkungen der Jahre 961, 965 und 966 die
Landschaften an der Saale, aus welchen nachmals der grössere Teil
des sogenannten Saalkreises gebildet worden ist, mit Giebichenstein
und den Salzwerken, dem neuen Moritzkloster in Magdeburg überwiesen hat. Für eine Zeit von sieben Jahrhunderten ist infolge
dieser Verfügung das politische Schicksal der Stadt Halle mit dem
des 968 gegründeten Erzbistums Magdeburg auf das engste verbunden geblieben. Wir wissen ferner, dass Halle als Stadt zum
ersten Male urkundlich im Jahre 1064 erwähnt wird. Die höchste
Wahrscheinlichkeit aber ist es, dass schon damals neben der kleinen,
ältesten, bereits ummauerten Altstadt (der sogenannten Thalstadt),
die zwischen der Saale und den Hügeln, welche das Gebiet der Salzquellen im N. und NO. umgeben, nach N. und nach S. nicht weit
über dieses Gebiet hinaus sich ausdehnte — eine Oberstadt (nachmals die Bergstadt, oder der Berg genannt) in der Entstehung begriffen war. —

Von einer wirklichen Geschichte der Stadt Halle kann jedoch
erst seit dem ersten Jahrzehnt des 12. Jahrhunderts die Rede sein.
Die Stadt, für die damaligen Verhältnisse im deutschen Osten schon
ein Platz von erheblicher Bedeutung, hatte sich bereits (so wird mit
grosser Bestimmtheit angenommen) durch eine zweite Verschanzung
gegen das offene Land abgeschlossen, so dass die Ansiedlungen südlich von dem heutigen Moritzzwinger sich selbständig zu der Dorf-
schaft Glaucha entwickelten. Der Umfang aber der Stadt Halle, wie
er (von einigen Vorstädten vor dem Stein- und Galgthor abgesehen)
während des Mittelalters blieb, ist noch heute genau durch den Zug
des jetzigen Promenadenringes bezeichnet. —

1*

Die Stadt tritt von Anfang an als höchst lebhafte **Handels-stadt** in die Geschichte ein. Die Gunst ihrer geographischen Lage für den Verkehr ist für die Anlage wirklicher Kunststrassen, die ostwärts, nordwärts und westwärts von ihr ausliefen, erst in viel späterer Zeit ausgiebig benutzt worden. Dagegen diente die **Saale**, die durch den Zufluss der Elster auch für schwerer befrachtete Schiffe brauchbar wird, sehr bald als wichtiges Verkehrsmittel, obwohl damals noch lange nicht an Schleusenbauten zu denken war. Die Stadt Halle war reich genug, im Jahre 1172 durch die langgestreckte „Hohe Brücke" über die westlichen Arme und Inseln ihres Stromes sich den Weg nach den westlichen Teilen ihrer Umgegend möglichst zu sichern. Die **Bevölkerung** endlich der Stadt trägt damals, neben den Salzsiedern, neben einer jüdischen Gemeinde, und neben vielen Ansiedlern aus fränkischen, wie aus mittel- und süddeutschen Gebieten, in Sitte, Sprache und Volkstum ganz überwiegend **niederdeutschen** Charakter; erst seit der zweiten Hälfte des 15. Jahrhunderts wird auch in Halle die allmähliche Umwandlung der Stadt in einen „mitteldeutschen" Ort bemerkbar. —

Ihrer Bedeutung nach schon jetzt die **zweite Stadt** des magdeburgischen Erzstiftes, hat die Stadt Halle seit dem ersten Viertel des 12. Jahrhunderts allmählich auch in ihrer architektonischen Erscheinung den Charakter einer **erzbischöflichen** Stadt angenommen. In einiger Entfernung nördlich von unserer Stadt gründete (nördlich von dem jetzigen Kirchhofe des Neumarktes) 1110 der Erzbischof Adalgoz das grosse Augustinerkloster **Neuwerk**. Die hoch über der Saale aufragenden Massen dieses Bauwerkes mit seiner romanischen Kirche und vier stattlichen Türmen bildete bis tief in das 16. Jahrhundert hinein den ebenso charakteristischen, wie malerischen nördlichen Abschluss der Stadtansicht auf der Wasserseite. Diese neue Gründung ist für die Stadt Halle nach verschiedenen Seiten sehr wichtig geworden. Nicht nur, dass sich an dieselbe allmählich verschiedene neue Ansiedlungen legten, aus welchen dann das Dorf **Neumarkt** entstanden ist: der Probst des rasch zu grossen Reichtümern gelangenden Klosters Neuwerk wurde 1121 mit dem Archidiakonat in dem ganzen sogenannten „Bannus Hallensis" begabt, und gleichzeitig sind dem Kloster die bereits vorhandenen Kirchen und Kapellen der hallischen Oberstadt (namentlich die St. Gertraudenkirche, die hoch über dem „Thal" aufstieg) einverleibt worden: ein Schicksal, welchem auch die während des 12. Jahrhunderts neu erbauten Kirchen, die Marienkirche am Markte, und die Ulrichskirche am äussersten Nordende der Stadt, nicht entgingen. Bis dicht zum „Vorabend" der Reformation ist nun die Stadt Halle in fortdauernd wachsendem Umfange mit immer neuen Kapellen gefüllt worden. Über dieselben und über die bürgerlichen Bauten dagegen erhoben sich die schweren Massen mehrerer für die innere Geschichte der Stadt Halle vielfach wichtigen Klöster. Im Anschluss an die stattliche Moritzkirche, den kirchlichen Mittelpunkt der „Thalstadt", gründete der Erzbischof Wichmann 1180 - 1184 das grosse Moritzkloster, welches ebenfalls mit Augustinermönchen besetzt wurde. Auf dem Gebiete von Glaucha rief Erzbischof Albert II. im Anschluss an die hier schon lange bestehende St. Georgskirche ein Cisterzienser-Nonnenkloster (1231) ins Leben. Der zweiten Hälfte des 13. Jahrhunderts dagegen gehört an die Entstehung der Klöster der Franziskaner (Barfüsser) auf dem Platze, wo jetzt die Universität steht, und der Dominikaner, auf dem Hügel neben der jetzigen Domkirche. Endlich siedelten die Serviten, die seit Anfang des 13. Jahrhunderts in der Nähe der Stadt unter mehrfachem Wechsel ihrer Wohnsitze Fuss gefasst hatten, gegen Mitte des 14. Jahrhunderts nach der Galgstrasse über. Daneben sind in und bei der Stadt Halle frühzeitig geistliche Anstalten entstanden, welche der P f l e g e d e r A r m e n u n d K r a n k e n dienten. Die historisch interessanteste war eine Gründung des „Deutschen Ordens", nämlich (1200) das Armenhospital der St. Kunigundenkomthurei, auf der Saale-Insel, die jetzt die Gasanstalt trägt, in der Gegend des jetzigen Sophienhafens, — die älteste Niederlassung jenes Ordens in Deutschland. Sehr reich ausgestattet war das 1220 durch den erzbischöflichen Marschall Wichmann im Anschluss an das Moritzkloster in dessen Nähe im „Thale" gestiftete St. Johanneshospital. Ein furchtbar düsteres Licht fällt auf die Gesundheitszustände dieses Zeitraumes, wenn wir hören, dass die Verbreitung der aus dem Orient eingeschleppten Lepra den Rat der Stadt nötigte, im 13. Jahrhundert für Aussätzige und „Sondersieche", weit nördlich vor der Stadt (da wo jetzt die Bernburger- von der H. Geiststrasse sich trennt) das „Hospital des H. Antonius zum H. Geist" anzulegen, dessen urkundlich im Jahre 1241 zuerst gedacht wird. Hundert Jahre später, als die Stadt Halle allseitig in sehr glänzender materieller Lage sich befand, seit 1341, schuf sie sich innerhalb ihrer Ringmauern, am Klausthor, (da, wo jetzt die sogenannte Residenz steht), ein neues grosses Hospital, welches dem H. Cyriacus geweiht war. —

Allerdings müssen, zunächst während des Mittelalters, die gesundheitlichen Zustände in der Stadt vielfach recht bedenklicher Art gewesen sein. Alle Unarten und Missstände des Mittelalters wirkten auch bei uns in oft sehr verderblicher Weise zusammen. Die Stadt war oft genötigt, ihre Thore während lästiger Fehden geschlossen, ihre Bürger hinter hohen Wällen und nassen Gräben gesammelt zu halten; die Gassen waren meist eng, dabei schmutzig, die Schweinezucht blühte nur zu sehr innerhalb der Mauern, an freien Plätzen fehlte es gar sehr; selbst der Markt bot neben ausgedehnten Kaufhallen nur wenig freien Raum. Noch hatte man es nicht verstanden, die Terrassenlage der Stadt zu rationeller Kanalisirung zu benutzen: die Zeiten grosser Epidemien ausgenommen, herrschte die gefährliche Sitte vor, die Todten teils innerhalb der Kirchen, teils in deren nächster Umgebung zu begraben, oder in Beinhäusern aufzuschichten. Dazu kam, dass noch im 15. Jahrhundert die neue, grosse, kunstvolle Wasserleitung der Stadt, die seit 1474 ihr Wasser aus der Saale nach allen Teilen der Stadt führen sollte, am unteren Ende derselben und am innersten Arme des Stromes angelegt worden ist. Allerdings hat man nicht lange nachher wenigstens angefangen, noch viele andere Wasserleitungen aus Quellen der Umgegend nach der Stadt zu führen. Aber die angeführten Umstände, — deren verderbliche Wirkung durch die Gewohnheit der Bürger, weit mehr als in der Gegenwart auf der Strasse und in ihren vielen Gärten zu leben und ihre Gewerbe vielfach auf der Strasse zu betreiben, nur teilweise gemildert wurde, — machen es nur zu sehr verständlich, dass die Volkskrankheiten des Mittelalters Halle ganz besonders grausam verheert haben. Der „schwarze Tod" (1350), die Pest der Jahre 1382, 83, die furchtbare Seuche der Jahre 1449 bis 1452, die Pest in den Jahren 1483 bis 1485 und wieder 1506, forderten allemal die schwersten Opfer. Auch die seit 1493 über Mittel-Europa sich ausbreitende „Lustseuche" hat die Stadt nicht verschont. Allen diesen Leiden zu begegnen, war ja die ärztliche Kunst noch lange nicht im Stande; aus der Zeit, wo auch bei uns die Heilkunde über mehr primitive Zustände hinaus sich zu entwickeln begonnen hatte und wo der jüngste Meister unter den Barbieren als Stadt- und Hospitalarzt zu wirken hatte, wird als der erste namentlich bekannte, hallische Arzt (im 14. Jahrhundert) Meister Arnold genannt. Erst gegen Mitte des 15. Jahrhunderts treten, und zwar zuerst im Gefolge der Erzbischöfe, als deren Leibärzte, auch in Halle Männer auf, die in unserem Sinne wirklich als Ärzte gelten können. Dagegen ist die erste wirkliche Apotheke nicht vor dem Jahre 1493 angelegt worden. —

Alle diese ungünstigen Verhältnisse haben jedoch, — sowenig, wie die Feuersbrünste, welche 1136 und 1312 unsere Stadt in Asche legten, — den kräftigen Aufschwung der von einem rüstigen, thatenfrohen, tüchtigen Volke bewohnten Stadt Halle niemals dauernd auf-

halten können. Längere Zeit durch hochbegabte, intelligente Erzbischöfe eifrig gefördert, und unter Männern, wie Wichmann (1152
bis 1192), Ludolf (1192—1205) und Albert II. (1205—1232) dem
kaiserlichen Geschlechte der Hohenstaufen treu verbündet, wandte
endlich die Bürgerschaft seit der Mitte des 13. Jahrhunderts ihre
Kraft, unbeschadet ihrer eifrig katholischen Sinnesweise, gegen die
Erzbischöfe. Für sie galt es, sich möglichst selbständig zu stellen,
womöglich die sogenannten Reichsfreiheit zu erwerben. Die bis
1427 in Halle vorzugsweise massgebenden, der Hauptsache nach
vorherrschenden Elemente haben wir während des 13. und 14. Jahrhunderts in den Familien der stolzen Cives, der mächtigen „Geschlechter", in jenem Patriziat zu suchen, welches bei uns den auszeichnenden Namen der Pfännerschaft oder der Salzjunkerschaft
führte, und dessen im Einzelnen nicht näher bekannte Ausgestaltung während der langen Zeit seit des Kaisers Otto I. Ausgang,
sich vollzogen hat. Weitaus den grössten Teil der sogenannten Soolgüter hatten die Erzbischöfe nach und nach in Gestalt „idealer
Anteile" an den Salzquellen, die man Pfannen nannte, als Lehens-
güter vergeben, die bereits um die Mitte des 13. Jahrhunderts thatsächlich so gut wie rechtmässig im erblichen Besitz ihrer Inhaber sich
befanden. Längere Zeit waren ganz überwiegend sehr vornehme
Männer die Besitzer dieser Soolgüter. Die obersten erzbischöflichen
Beamten in Halle, (neben dem erzbischöflichen Vogt) die Salzgräfen,
die an der Spitze der Verwaltung und der Schöffengerichte des
„Thales", die Schultheissen, die an der Spitze der „Schöffen vom
Berge" standen; die Schöffen, die Münzer, viele grosse Grundbesitzer,
reiche Kaufleute und Ritter, verschmolzen als Soolgutsbesitzer
oder Pfänner allmählich zu einer mächtigen städtischen Aristokratie, die aber nachher niemals gegen die Aufnahme neuer Familien, sowohl aus den reicheren Innungen unserer Stadt, wie frisch
in Halle Eingewanderter sich ablehnend verhalten hat. Die Ausnutzung der damals finanziell erstaunlich ergiebigen Salinen, der damit
verbundene, andauernd weiter sich verzweigende Grosshandel, und bei
sehr vielen dieser hallischen „Geschlechter" der Besitz grosser Land-
güter, aus dem sich ein höchst reger Getreidehandel entwickelte,
führte dem Patriziat unserer Stadt frühzeitig bedeutende Reichtümer
zu. Im 13. und 14. Jahrhundert erscheint diese hallische Aristokratie
ausgezeichnet tüchtig in industrieller und kaufmännischer Thätigkeit,
daneben aber auch in der Führung der Waffen. —

Entscheidend für mehrere Jahrhunderte ist es nun geworden,
dass diese Cives, — nachdem offenbar längere Zeit unter und neben

den Beamten des Erzbischofs die lokale Verwaltung in den Händen der beiden Schöffenkollegien des Thales und des Berges
gelegen hatte, — um die Mitte des 13. Jahrhunderts sich stark genug fühlten, die Regierungs- und Verwaltungsgeschäfte von diesen
Kollegien zu trennen und sich einen selbständigen, regierenden Rat
zu schaffen, der aus ihrer Mitte hervorging, und (urkundlich gesichert) zuerst 1258 in der Geschichte der Stadt auftritt. Dieser Rat,
der (spätestens) seit Anfang des 14. Jahrhunderts aus zwölf Männern
aus den Geschlechtern bestand, wurde der Theorie nach alljährlich
erneuert: die Aufgabe, jedesmal den neuen Rat zu ernennen, war
die Sache eines aus dem alten selbst hervorgehenden Wahlkollegiums.
Dabei wurde es bald die übliche Gewohnheit, eine Menge namhafter
Männer jahrelang nach einander immer wieder in den Rat zu berufen.
Dieser Rat bildete nun eine sehr feine, zähe und kluge Art aristo-
kratischer Stadpolitik aus, durch die man allmählich das vollständige
Übergewicht über die Erzbischöfe um so mehr gewann, als die
Stadt Halle demnächst auch Mitglied des mächtigen Bundes der
deutschen Hansa wurde, dem sie nach Ausweis der Urkunden
jedenfalls schon 1281 angehörte. Der Rat war mit stets wachsendem
Erfolge bemüht, die Kompetenz des erzbischöflichen Vogtes zu beschränken, und auf die Besetzung der Ämter des Salzgräfen und des
Schultheissen in der Art entscheidend einzuwirken, dass dieselben zuletzt nur noch als städtische Ämter erschienen. Die Geschlechter
waren dabei klug genug, sich durchaus die Unterstützung der übrigen
Einwohner der Stadt zu sichern, in welcher' sich während des 13.
Jahrhunderts sechs grosse Innungen gebildet hatten, während die
weder zu den Patriziern noch zu den Zünften gehörenden Bewohner
der Stadt (die sogenannte Gemeinheit) in vier „Gemeinheiten" nach
den vier Pfarrsprengeln geteilt wurden. Die Patrizier behielten
sich nur die Handhabung der Justiz und die eigentliche Verwaltung
vor; dagegen wurde den Innungen und Gemeinheiten bereits 1314, 16
eine Vertretung bei dem Rate, und die Mitberatung und Mitwirkung
bei allen öffentlichen Angelegenheiten von allgemeinem Interesse zugestanden. Die Geschlechter waren auch so verständig, allen besitzenden
Bürgern die Erwerbung von Soolgütern zu gestatten; lediglich die
Versiedung der Soole, die Verwaltung der Salinen und den Salzhandel
behielten sie sich als Pfänner allein vor. —

Gegen Ende des 14. Jahrhunderts, der glänzendsten Zeit der
Pfännerherrschaft, hatte die Politik des Rates es soweit gebracht, dass
der Stadt Halle zur vollen Reichsfreiheit nichts weiter fehlte, als
dass dieselbe von Reichswegen nun auch formell anerkannt und die

Stadt in die Reichsmatrikel aufgenommen wurde. Eine solche Stellung hätte Halle damals allerdings recht wohl mit Ehren behaupten können. Ihre militärischen Kräfte, — Fussvolk, Reiterei, starke Artillerie, und im Kriege zahlreiche Soldtruppen, — waren in jener Zeit sehr bedeutend. Wie reich aber die Stadt damals noch war, erhellt klärlich aus dem furchtbar kostspieligem Bau des riesigen Glockenturmes (1418—1506) der Marienkirche am Markt, der heute als der „Rote Turm" in ganz Deutschland bekannt ist, und aus der neuen Verschanzung der Stadt mit einem dreifachen Gürtel von Mauern und Türmen, die erst in der Gegenwart so gut wie vollständig verschwinden; (während des 5. 6. und 7. Jahrzehntes des 15. Jahrhunderts). Die politischen Hoffnungen des Rates scheiterten aber zunächst an dem zuerst wieder seit langer Zeit angriffsweise geführten Widerstande des höchst energischen Erzbischofs Günther II. (1403—1445). An die tumultuarische Verurteilung und Hinrichtung des zu Günther übergetretenen Herrn Hans von Hedersleben (13. September 1412), — der wider Willen des Rates 1408 die Stellung als Salzgräfe, und dann als erzbischöflicher Münzmeister angenommen hatte und von Seiten des Rates der Falschmünzerei beschuldigt wurde, — knüpfte sich eine Reihe verderblicher, kostspieliger Fehden mit Günther und dessen Verbündeten, die erst 1435 zu Ende gingen und der Stadt eine schwere Schuldenlast zurückliessen. In diesen Kämpfen trugen die Krieger der Stadt allerdings gewöhnlich den Sieg davon, und zwar unter der Führung eines ausgezeichneten niedersächsischen Offiziers, Henning Strobart, der seit 1426 Stadthauptmann war. Nun aber war dieser Heerführer ein Mann nach der Art jener kühnen politischen und militärischen Streber, wie sie damals und früher in vielen Städten Italiens sich fürstliche Herrschaften geschaffen haben. Ein Gegner nicht bloss der Erzbischöfe, sondern auch des Patriziats, trat Strobart 1427 zu der in Innungen und Gemeinheit allmählich erwachsenen demokratischen Partei über, welche sich nun stark genug fühlte, der politischen Alleinherrschaft der Geschlechter in Halle ein Ende zu machen. Die letzteren mussten sich 1427 zu einem Vergleiche herbeilassen, der zunächst ihr altes politisches Übergewicht für immer vernichtete. Zu dem alten Rate der Zwölf trat fortan ein weiterer Rat: 18 Männer, von denen 15 aus Innungen und Gemeinheiten, nur drei aus Beamten des Thales hervorgingen. In dem alten (nunmehr „engeren") Rate behielten die Pfänner nur noch vier Plätze, die übrigen wurden mit sogenannten Worthaltern aus Innungen und Gemeinheiten besetzt. Nur die alte aristokratische Art der Ernennung des engeren Rates wurde beibehalten. —

Trotzdem würde nun wahrscheinlich Strobart in seinem persönlichen Interesse die Stadt später von dem Erzstift losgerissen haben, wäre ihm eine dauernde Machtstellung in Halle beschieden gewesen. Weil aber seine und seiner Söhne übermächtige Stellung und übermütige Haltung zuletzt auch der Demokratie unleidlich wurden, verbündete sich der hallische Rat im Herbst 1452 wider ihn mit Günthers II. mildem und in Halle sehr beliebtem Nachfolger Friedrich III. (1445 bis 1464), um demnächst den stolzen Stadthauptmann und sein Haus für immer zu stürzen. —

Seit dieser Zeit ist von den alten hochfliegenden Plänen des städtischen Rates nicht mehr die Rede. Dagegen bildete sich allmählich bei der Demokratie, bestimmter gesagt, bei den grossen und reichen Innungen, die Kramergilde an der Spitze, der Wunsch aus, endlich auch das soziale Übergewicht der Pfänner zu beseitigen, die Verwaltung der Salinen unter die Aufsicht des Rates zu stellen, die Bewirtschaftung derselben allen Soolgutsbesitzern zugänglich zu machen, endlich aber die selbständige Vertretung der Pfänner im Rate zu beseitigen und die alten Geschlechter zum Eintritt in die „Gemeinheit" zu zwingen. —

Alle diese Wünsche sind auch nicht lange nachher in Erfüllung gegangen: nur dass diese Wendung mit dem Verluste der Unabhängigkeit der Stadt bezahlt werden musste. Als die Demokratie unter Führung von Männern wie Hans von Hederssen, wie die Schuhmachermeister Nickel Eisenberg und Jakob Weissack, im Jahre 1474 bei der Eröffnung ihres Kampfes auf zähen Widerstand der Pfänner stiess, schloss sie sofort ein Bündnis mit der erzbischöflichen Kanzlei. Die Lage der Pfänner nahm schon gegenüber dem Erzbischof Johannes, Herzog in Bayern (1464—1475), sehr bald einen höchst gefahrvollen Charakter an. Sie wurde hoffnungslos, als nach dessen Ableben zu Anfang 1476 der kursächsische Prinz Ernst sein Nachfolger wurde. Da es damals zu den politischen Absichten des nach der ersten Stelle in Deutschland strebenden Hauses Wettin gehörte, die trotzigen Städte in seinem Machtbereich zu zähmen, so wussten die klugen Diplomaten des minderjährigen Erzbischofs Ernst, sein Kanzler, der Bischof von Meissen, Dr. jur. Johannes von Weissenbach, und Herr Apel von Tettau, einerseits die verschiedensten Rechtsansprüche gegen die Stadt Halle neu geltend zu machen, andererseits den inneren Hader immer höher zu steigern, endlich auch den unbesonnenen Weissack, der 1478 Ratsmeister war, völlig zu betören, bis er zuletzt zu offenem Verrat die Hand bot. Mit seiner Hilfe fiel endlich (20. September 1478) die Stadt Halle nach einem kurzen, planlosen Kampfe am Ulrichstor, in die Hände der Truppen des Erzbischofs.

Damit beginnt für Halle ein neues Zeitalter. Der Rat und die Kanzlei des Erzbischofs zertrümmerten zunächst die politische Stellung der Pfännerschaft, wie die der einzelnen Pfänner, für immer: eine Pfännerschaft nach alter Art hat es in Halle fortan nicht mehr gegeben. Die Geschlechter wurden genötigt, in der „Gemeinheit" aufzugehen, die Pfänner mussten dem Erzbischofe den vierten Teil ihrer Soolgüter abtreten (die sogenannte landesherrliche Quart), mit denen nun die Demokraten belehnt wurden, die um den Umsturz der alten Unabhängigkeit der Stadt und um die Vernichtung der Aristokratie irgendwie sich verdient gemacht hatten. Der Rat aber sollte künftig nur aus den Innungen und den Gemeinheiten sich ergänzen, obgleich die Art seiner Ernennung die alte blieb. Zwölf Ratsherren bildeten den engeren, vierzehn Meister den weiteren Rat. Drei sogenannte Ratsmittel, nämlich die Räte aus drei aufeinander folgenden Jahren, — „der regierende, der alte, und der oberalte Rat", — wurden fortan immer als zusammengehörig angesehen. Dieser Rat sollte künftig unter Mitwirkung der erzbischöflichen Regierung die Leitung der Verwaltung der Salinen und die Aufsicht über die Salzwirtschaft vollständig in seine Hand nehmen. Dagegen that die Territorialregierung nun mehrere andere Schritte, die es begreiflich machen, dass die Freundschaft der siegreichen Demokratie mit dem Erzbischofe doch nur von kurzer Dauer sein konnte. Zuerst musste Halle aus dem Bunde der Hansa austreten. Ferner nahm die Regierung das Recht für sich in Anspruch, ihr unangenehme Männer aus dem Rate auszustossen, und bei der jährlichen Erneuerung des Rates die neu ernannten Herren nach ihrem Befinden zu bestätigen oder abzulehnen. Endlich aber legte Ernst zur vollständigen Beherrschung der Stadt 1484 in dem nordwestlichsten Teile die sogenannte Moritzburg an: eine sehr starke Festung, hinter deren gewaltigen Mauern und Batterien sich die prachtvolle Residenz erhob, die nunmehr an Stelle des Unterschlosses zu Giebichenstein der Wohnsitz der Erzbischöfe, wie auch der Sitz der Landesregierung sein sollte, wo nun auch ziemlich häufig die Landtage des Erzstiftes zusammentraten. —

Die Herrschaft in der Stadt ist seit 1478 einem neuen Patriziat zugefallen, welches sich aus den bedeutendsten Männern der grossen Innungen, namentlich der Kramergilde, und der neuen Soolgutbesitzer bildete. Dasselbe vermehrte sich allmählich durch viele neu einwandernde, wohlhabende Familien und durch manche studierte Männer, namentlich Rechtsgelehrte und Ärzte. Die Kämpfe um die Reformation führten nachher zur vollständigen Aussöhnung der alten Geschlechter mit dem neuen Patriziat: beide Gruppen sind seit der Mitte des 16. Jahrhunderts vollständig mit einander verschmolzen. Der Wohlstand unserer Stadt hatte durch die Erschütterungen des 15. Jahrhunderts doch nicht allzusehr gelitten. Allerdings hat die Nachbarstadt Leipzig als Handelsstadt nunmehr aus mancherlei Gründen Halle erheblich zu überflügeln vermocht. Dagegen nahm der Salzbetrieb gerade während des 16. Jahrhunderts und zu Anfang des 17. einen ganz ausserordentlichen Aufschwung; auch hat sich wieder, jetzt natürlich nur noch als Handelsgesellschaft, eine neue, wesentlich aus sogenannten Honoratioren bestehende Pfännerschaft gebildet, die man auch nicht weiter hinderte, sich eine eigene genossenschaftliche Verfassung zu geben. —

Die Moritzburg wurde der Schauplatz sowohl wichtiger politischer Thätigkeit, wie eines überaus prunkvollen und üppigen Hoflebens, als Ernst Nachfolger, der glänzende und geistvolle Erzbischof (Kardinal) Albrecht V. von Hohenzollern-Brandenburg (1513—1545). die Herrschaft im Erzstift führte. Die Regierung dieses Fürsten hat in Halle Spuren zurückgelassen, die noch heute sichtbar sind. Im langen Kampfe mit ihm setzte, allerdings erst 1541, die durch ihr Patriziat klug und fest geleitete Bürgerschaft für sich die Annahme der Reformation durch. Nachdem die Stadt noch 1546/47 die Not und die Schrecken des Schmalkaldischen Krieges mit zäher Ausdauer überstanden hatte, wurden ihr die Ergebnisse dieser langwierigen Kämpfe durch den letzten katholischen Erzbischof von Magdeburg, Sigismund von Hohenzollern-Brandenburg (1552—1566), der kurz vor seinem Tode selbst sich zu der neuen Lehre bekannte, dauernd sichergestellt. Vorher aber hatte Albrecht selbst durch die doppelte Absicht, seine Residenzstadt Halle zu verschönern, und alle hier vorhandenen Mittel der alten Kirche zu verstärkter Abwehr der von Wittenberg ausgehenden Bewegung zu sammeln, das architektonische Aussehen der Stadt von Grund aus verändert. Seine Zerstörungen, seine Neubauten, weiterhin das Verschwinden der meisten älteren Kapellen nach dem Siege der Reformation, und einige Neubauten von Seiten des Rates, haben während des 16. Jahrhunderts dasselbe so gestaltet, wie es (von Glaucha abgesehen) noch die älteren unserer Zeitgenossen gekannt haben. An dem (jetzigen) Domplatze errichtete Albrecht in dem alten Kloster der Dominikaner 1520 ein neues, überaus reich ausgestattetes, Kollegiatstift, welches 1531 sogar zur Universität umgebildet wurde, aber schon 1541 eingegangen ist. Zu seiner Ausstattung wurde bereits 1519 das Moritzkloster, 1528/29 aber das Kloster Neuwerk mit seinen ungeheuren Besitzungen eingezogen, das letztere seit 1530 fast vollständig abgebrochen. Südlich neben dem neuen Stift wurde (1520—1523), anscheinend durch Umbau und Erweiterung der alten Klosterkirche zum H. Kreuz, die neue Dom- und Stiftskirche errichtet. An dem Markte der Stadt dagegen liess Albrecht seit 1529/30 die beiden alten Kirchen St. Gertrud und St. Marien mit Ausnahme ihrer vier Türme niederreissen; dafür entstand zwischen den letzteren die grosse Kirche U. L. Frauen, die nachher die Stadt (bis 1554) vollenden liess. Um endlich die Moritzburg, — der Albrecht auch (1534—1537) auf der Nordseite die grosse Schanze voriegen liess, welche wir jetzt Jägerberg nennen, — auf ihrer östlichen Seite von einer militärisch unter Umständen gefährlichen Nachbarschaft zu befreien, gebot Albrecht, die alte Ulrichskirche (1532) niederzulegen. Dafür ist nun die seit kurzer Zeit erst vollendete Klosterkirche der Serviten in der Galgstrasse dem H. Ulrich geweiht worden. Endlich hat Albrecht auch noch seit 1531 südlich von der Domkirche auf dem Platze des grossen städtischen Hospitals einen stattlichen Palast erbauen lassen. —

Unter den Umgestaltungen und Umbauten dagegen, welche der ersten Zeit nach dem vollen Siege der Reformation in Halle angehören, war von ganz besonderer Wichtigkeit die Umwandlung des alten Barfüsserklosters (1565) in ein grosses lutherisches Gymnasium. Abgesehen von seiner Bedeutung als Schulanstalt ist dasselbe bis zu der Zeit, wo unter Preussischer Herrschaft die Universität gegründet wurde, der Ausgangs- und Mittelpunkt aller wissenschaftlichen und künstlerischen Bestrebungen geworden, die in Halle bereits vor der Stiftung unserer Fridericiana einen höchs dankbaren Boden gefunden haben. —

Selbständig dagegen bewegten sich natürlich solche Studien und Arbeiten in Halle, die der Heilkunde dienten. Soweit die Pflege der öffentlichen Gesundheitszustände hier in Betracht kommt, hatte Erzbischof Albrecht sich grossen Dank verdient, indem er 1529 den Rat bestimmte, zur Abstellung der Sitte, die Todten in und bei den Kirchen zu begraben, — auf den Höhen östlich über der Stadt jenen neuen, grossen, allgemeinen Gottesacker zu begründen, den nachher (1557—1594) die reicheren Familien der Bürgerschaft mit stattlichen Schwibbögen umgeben liessen. (Nichtsdestoweniger hat sich bei mehreren Kirchen der Stadt und in Glaucha die Sitte, einzelne Leichen in den Gewölben beizusetzen, noch bis tief in das 18.

Jahrhundert hinein erhalten.) Albrechts Neubauten dagegen gaben den Anstoss zu einer vollständigen Veränderung des städtischen Hospital wesens. Um nämlich für seinen Palast südlich von der Dom- kirche Raum zu gewinnen, liess er sich 1529 von dem Rate der Stadt das grosse Hospital am Klausthore abtreten; dafür trat er seinerseits dem Rate das alte Johannesspital im Thale ab, welches nunmehr umgebaut, St. Cyriacispital genannt, und 1530 bezogen wurde. Als nun endlich auch 1557 das Kloster der Cisterzienser-Nonnen in Glaucha eingezogen war, überliess des Erzbischofs Sigismund Nach- folger Joachim Friedrich 1570 dem Rate die weiten und bequemen Räume dieses Klosters, um daselbst an Stelle der unbequemen Räum- lichkeiten im Thale ein grosses Hospital anzulegen, welches — aber- mals St. Cyriaci genannt, 1576 bezogen wurde. Als nachher zu Anfang des Jahres 1636 unter den Schrecken des dreissigjährigen Krieges das alte Antoniushospital zu Grunde gegangen war, (die Kunigundenkomthurei hatten schon 1511 teils die Neuwerker, teils die Stadt Halle angekauft und abbrechen lassen) wurde auch dieses mit dem neuen auf dem Boden der Stadt Glaucha verschmolzen. Das jetzige Hospitalgebäude ist erst 1825 26, erheblich weiter südlich von der Georgskirche, angelegt, die alten Bauten aber sind 1824 ab- gebrochen worden.

Seit Albrechts Zeiten traten nun auch verschiedene namhafte Ärzte in Halle auf. Sein Leibarzt war Dr. Johann Nikolaus von Wyhe; dessen Sohn, Dr. Melchior Nikolaus, ist 1526 in den Dienst der Stadt Halle als „Stadtphysicus" getreten, und eröffnete die Reihe der Männer, die bei uns dieses Amt verwaltet haben. Und neben und nach dem berühmten, vielbeschäftigten Leibarzt des Erzbischofs Johann Albrecht (1545—1550), dem Dr. Philipp Novenianus, und neben Sigismunds Breslauer Leibarzt Georg Laurea, gewannen grossen Ruf als städtische Ärzte der vielseitig gebildete Dr. Paul Dolscius aus Plauen im Vogtlande, der zuerst 1551 bis 1560 in Halle Schulrektor gewesen war, nachher auf italienischen Universitäten Medizin studiert hatte, dann Physikus und 1580 sogar Ratsmeister wurde, und 1589 starb, — und sein 1607 als Physikus verstorbener Sohn Augustin. Wissenschaftlich weit höher standen jedoch zwei geborene Hallenser: Dr. Balthasar Brunner, jenes Laurea Schwiegersohn, der (1540 geboren) in Erfurt, Jena, Leipzig und Basel ausgebildet, in Halle, wo er auch seit 1577 längere Zeit als Physikus thätig war, und 1610 starb, und an den Höfen der Fürsten von Anhalt, Sachsen und Brandenburg als Arzt ganz besonderes Vertrauen genoss, und der in Bologna und Padua geschulte Dr. Mathias Untzer (geb.

1581), der 1610 bis 1624 Physikus unserer Stadt gewesen ist. Alle diese Männer sind durch die vielen schweren Seuchen stark in Anspruch genommen worden, die während des 16. Jahrhunderts die Stadt und ihre Umgegend heimsuchten. Nur die sogenannte Influenza, die 1580 und 1582 (und ähnlich wieder gegen Ende des 18. Jahrhunderts) mit denselben Erscheinungen auftrat, wie in der Gegenwart, ging ohne besonders schlimme Verheerungen vorüber; sie scheint damals nicht einmal so unheilvoll gewirkt zu haben, wie 1889 bis 1891. Dagegen gelten namentlich 1565/66, 1596, 1598 und 1610 als Pestjahre der furchtbarsten Art. --

Nichtsdestoweniger hatte die Stadt Halle, — unter deren Mauern die Dörfer Neumarkt 1531 und Glaucha 1562 nun auch zu Städten erhoben worden waren, — sich durchaus kräftig weiter entwickelt; ihre östlichen Vorstädte waren weiter gewachsen, auch der Strohhof und die Insel vor dem Klausthor bedeckte sich immer mehr mit Ansiedlungen. Doch wird Halle noch immer die Zahl von 14000 Einwohnern nicht überschritten haben. Nun aber ist ihre Kraft und ihr Wohlstand für lange Jahre so gut wie vollständig zerstört worden, durch die schweren Leiden des Dreissigjährigen Krieges. Die unverkennbare Absicht des Wiener Hofes, die Stifter Halberstadt und Magdeburg für den Katholizismus zurückzuerobern, hatte endlich den seit 1598 berufenen („weltlichen") Erzbischof oder (wie diese Fürsten seit Sigismund sich nannten (Administrator) Stiftsverweser Christian Wilhelm zum offenen Anschluss an König Christian IV. von Dänemark bestimmt. Das wurde nun der sehr erwünschte Anlass für den kaiserlichen Feldherrn Albrecht von Wallenstein, im Jahre 1625 beide Stifter zu besetzen, um sehr wesentlich mit ihren reichen Mitteln den Krieg in Niederdeutschland weiter zu führen. Am 5. November 1625 musste auch Halle sich den kaiserlichen Truppen ergeben. Damals begann nun eine mehrjährige, planmässige, finanzielle Aussaugung der Stadt, die schon einige Jahre vorher durch die unheilvolle „Kipperei" dieser Zeit stark geschädigt worden war. Der Wohlstand der Stadt Halle, — auch ihre Salzwirtschaft erlitt jetzt einen niemals wieder überwundenen Stoss, — wurde damals um so sicherer zu Grunde gerichtet, weil sie mit einer seit dem 15. Jahrhundert langsam erwachsenen Schuldenlast von mindestens 1,464,189 Gulden in den Krieg eingetreten war, deren Zinsen sie nur mit grossen Anstrengungen zu zahlen vermocht hatte. Die lange Dauer des Krieges machte jede wirkliche Erholung unmöglich, bewirkte vielmehr die rasche Steigerung der Schuldenlast zu immer furchtbarer Höhe. Halle war 1628 bis 1631 in aller Form im Besitz des Hauses Habsburg und hat sich nach Gustav Adolfs Siege bei Breitenfeld bis zum Prager Frieden (1635) im Besitze der Krone Schweden befunden. In diesem Frieden dagegen erkannte der Kaiser als Stiftsverweser an des Kurfürsten Johann Georg I. von Sachsen jüngeren Sohn, den Herzog A u g u s t, der bereits zu Anfang 1628 (unter Beiseiteschiebung Christian Wilhelms, und damit der seit Albrecht V. in Halle regierenden brandenburgischen Hohenzollern) durch das Domkapitel für diese Stellung „postuliert" worden war. In dem Kriege nun, der seit dieser Zeit zwischen Schweden und Sachsen geführt wurde, ist die Moritzburg, um deren Besitz beide Gegner natürlich in unserer Gegend vorzugsweise stritten, durch eine Feuersbrunst und nachher durch eine gesprengte Mine, 1637 und 1639 erheblich beschädigt worden. Daher musste auch der Herzog August, der 1643 bleibend nach Halle übersiedelte, seinen Wohnsitz in des Kardinals Albrecht Palast aufschlagen, der seit jener Zeit noch heute die „Residenz" genannt wird. —

Im Westfälischen Frieden (1648) ist nachher das alte Erzbistum Magdeburg als ein weltliches Herzogtum dem Hause Hohenzollern-Brandenburg zugeteilt worden. Doch sollte August das Land bis zu seinem Ableben besitzen. Als er dann am 4./14. Juli 1680 starb, ging auch Halle über an den grossen Kurfürsten F r i e d r i c h W i l h e l m von Brandenburg. Damit hörte der reichbelebte Hofhalt und die Pflege der Musik und der Schaubühne wieder auf, wie sie dem sächsischen Herzog eigentümlich gewesen war. Dagegen wurden die von ihm in sehr achtungswerter Weise eröffneten Versuche, die Stadt Halle und das ruinierte Land wieder neu zu beleben, mit stärkeren Mitteln und glücklicherem Erfolge durch die neue Regierung fortgesetzt. —

Die Stadt Halle ist noch bis zum Jahre 1714 Provinzialhauptstadt geblieben, wo König Friedrich Wilhelm I. die sämtlichen weltlichen und geistlichen Oberbehörden nach Magdeburg verlegte. Unter seinem Grossvater war Halle von Anfang an der Schauplatz durchgreifender, für ihre Zukunft höchst folgereicher Neugestaltungen geworden. Der grosse Friedrich Wilhelm hat zunächst die aus der Zeit des Erzbischofs Ernst überkommene Verfassung der Stadt, die thatsächlich einen durchaus oligarchischen Charakter angenommen hatte, einigermassen zu beleben und zu vereinfachen versucht. Die Zahl der jährlich in der Regierung abwechselnden „Ratsmittel" wurde auf zwei beschränkt; der engere Rat sollte fortan nur noch aus sechs Herren bestehen, zu denen dann im Plenum oder im „weiteren Rat" noch der „Ausschuss der Bürgerschaft", nämlich acht Meister aus Innungen und Gemeinheiten traten. Freilich vermochte das alte Bür-

gertum den im 17. Jahrhundert die deutschen Städte weithin be-
herrschenden Verfall der Kraft und die vielen Schäden des damaligen
städtischen Lebens um so weniger von sich allein aus zu überwinden,
weil auf unsere Stadt damals noch immer jene zermalmende Schuldenlast drückte, die, wie jetzt bestimmt klar gelegt wurde, im Jahre
1687 die furchtbare Höhe von 4 692 817 Thalern erreicht hatte. —

Da war es nun die hochsinnige, zugleich tolerante, als auch kluge
und weitschauende Politik des grossen Kurfürsten, welche mit der
unter der sächsischen Herrschaft in unserer Stadt immer härter ausgeprägten, unduldsamen Art des Luthertums der Konkordienformel brach,
und in Halle vielen Tausenden fremder Reformierter Unterkommen
gewährte. Die schreckliche Pest der Jahre 1681 bis 1683 hatte in
Halle, Glaucha und Neumarkt furchtbar unter der alten Bevölkerung
aufgeräumt, die vorher kaum 10000 Einwohner unserer Stadt bis
etwa auf die Hälfte weggerafft. Nun strömten in die verödete Stadt
(natürlich neben und nach vielen Zuwanderern aus der Nachbarschaft,
und) neben sehr zahlreichen reformierten Anhaltinern, seit 1686
Massen reformierter Franzosen ein, welche vor des Königs Lud-
wigs XIV. grausamen Verfolgungen, und seit 1689 noch weit mehr
reformierte Pfälzer, die vor den abscheulichen Verheerungen der
Truppen desselben Königs ihre Heimat verliessen. Seit 1690 sind demselben Zuge auch viele reformierte deutsche Schweizer gefolgt.
Franzosen und Pfälzer brachten nicht nur viele höchst schätzenswerte
Bildungselemente mit nach Halle, sie haben hier auch den damals
arg darniederliegenden Gewerbefleiss und den Betrieb der Industrie
nach verschiedenen Seiten kräftig neu belebt. —

Unter Friedrich Wilhelms Nachfolger Friedrich III. (nachher als
König Friedrich I.) sind dann auch jene grossen Anstalten entstanden,
die unserer Stadt einen Ruf verschafft haben, der weit über Deutschlands Grenzen hinausgeht; die ihr zugleich bis zu der Mitte des 19.
Jahrhunderts den Charakter einer Schulstadt im vollsten Sinne
dieses Wortes aufgeprägt haben. Auf dem Boden der kleinen Stadt
Glaucha entstanden die grossartigen Schöpfungen des Pietismus,
der damals ebenfalls unter der Herrschaft der Hohenzollern hier ein
Asyl fand: die (1695—1727) durch August Hermann Francke ins Leben
gerufenen, ausgedehnten, in erster Reihe der Waisenpflege und der
Erziehung der Jugend aller Stände dienenden „Stiftungen". Von
Seiten der Staatsregierung dagegen wurde der alte Plan des Kardinals
Albrecht in veränderter Gestalt wieder aufgenommen, und seit 1691
die Gründung einer neuen Universität eingeleitet, die dann der

2

Kurfürst Friedrich III. am 1./11. Juli 1694 persönlich unter grossen Feierlichkeiten „inauguriert" hat. —

Die umfassende Regententhätigkeit des Königs Friedrich Wilhelm I. (1713—1740) galt mit gleicher Energie sowohl den alten, wie den neuen Elementen in unserer Stadt: überall traten unter seiner Regierung die „Reformen von Oben" in den Vordergrund, mit allen Vorteilen, aber freilich auch mit den Nachteilen dieses Verfahrens. Eine finanzielle Wiederaufrichtung der Stadt machte er möglich, indem er 1717 die ungeheure Schuldenlast einfach auf den zehnten Teil herabsetzte, der Stadt aber einen bestimmten jährlichen Etat vorschrieb, der ohne Zustimmung der Regierung nicht überschritten werden durfte. Dazu wurden (1716 — 1722) nach verschiedenen Seiten hin die aus dem Mittelalter vererbten Haupteinrichtungen der Stadt gänzlich verändert. Seit 1719 erschien der Rat in durchaus neuer Gestalt; das alte System der wechselnden Ratsmittel war vollständig abgeschafft worden, dafür regierten jetzt (seit 1729 unter dem Vorsitz eines Stadtpräsidenten) acht Herren (deren Zahl allerdings später vermehrt wurde), die für Lebenszeit berufen wurden. Bei Todesfällen hatte der Rat zu einer Ergänzungswahl zu schreiten, wo dann der jedesmal neu gewählte der Regierung zur Bestätigung präsentiert wurde. Neben dem Rate, und mit ähnlichen Rechten, wie in unseren Tagen die Stadtverordneten, bestand der Bürgerausschuss, der jährlich wechselte, und aus 14 Meistern sich zusammensetzte: je einer aus den sechs alten grossen Innungen, und je zwei aus den vier Stadtvierteln. Weiter hatte der König die Gerichtshöfe des Thales und der Oberstadt mit einander und mit dem alten Schöppenstuhl kombiniert, und 1722 die Soolgüter der Pfännerschaft aus Lehensgütern in freie Erbgüter umgewandelt. —

Materiell war die Stadt damals wieder in recht frischem Aufblühen begriffen. Was das älteste Gewerbe, die Salzsiederei, angeht, so hatte der grosse Kurfürst alle Soole, welche die Pfänner aus Mangel an Absatz unbenutzt in die Saale strömen liessen, als „Extra-Soole" für den Staat in Anspruch genommen, um davon die Mark mit Salz versorgen zu können. Mit diesem Material wurde 1721 auf einer Insel der Saale jenseits der Schieferbrücke die sogen. königliche Saline begründet, die stets sehr erfolgreich zu wirtschaften vermocht hat. Auch die Pfännerschaft, die freilich unter viel schwierigeren Bedingungen, und mehrfach noch mit veralteten Mitteln und nach einem unwirtschaftlichen System arbeitete, vermochte bis zu Ende des siebenjährigen Krieges sich erträglich zu behaupten. Besonders glücklich gediehen aber die neuen Gewerbe, wie sie Franzosen und Pfänner in Halle eingeführt hatten. —

Das eigentliche Gepräge jedoch erhielt, wie schon gesagt wurde, das Leben der — seit 1717 auch mit einer bleibenden, aus dem berühmten Regiment Alt-Anhalt gebildeten, Besatzung bedachten — Stadt durch ihre grossen Bildungsanstalten. Die reichste Blüte der Franckeschen Stiftungen und der Universität gehört der ersten Hälfte des 18. Jahrhunderts an. So bedeutend übrigens die Stellung und der Einfluss der damals durchaus pietistisch gefärbten theologischen Fakultät war, so ist doch die Hallesche Universität keineswegs so ausschliesslich oder so überwiegend eine Theologische gewesen, wie vielfach angenommen wird. Gleichzeitig mit der Aufnahme des Pietismus in Halle war einerseits der Mann (1690) hier angesiedelt worden, der als der geistige Ahnherr der später sogenannten „Aufklärung" des 18. Jahrhunderts gilt, der berühmte Dr. jur. Christian Thomasius († 1728), und neben und nach ihm wurde in dieser Richtung von der höchsten Bedeutung der Gründer einer neuen philosophischen Schule, Christian Wolff, 1706 bis 1723 und wieder 1740 bis 1754. Seine Kämpfe mit den Pietisten, seine zeitweilige Vertreibung aus Halle (1723 1740), und für die zweite Hälfte des 18. Jahrhunderts die Herrschaft des sogenannten Rationalismus, dessen bedeutendster Vertreter in Halle 1752 bis 1791 Johann Salomon Semler gewesen ist, gehören zu den denkwürdigsten Seiten des Geisteslebens des 18. Jahrhunderts. Neben Thomasius aber vertraten die damals höchst einflussreiche juristische Fakultät unserer Universität Staatsrechtslehrer von solcher Bedeutung, wie der Kanzler Peter von Ludewig und Nikolaus Hieronymus Gundling. Als Kameralist wurde 1727 Gasser angestellt. Weiter aber war die Medizin durch Männer vertreten, die weit über Halle hinaus sich eines Ruhmes und eines Zutrauens erfreuten, wie in der hinter uns liegenden Zeit des 19. Jahrhunderts Peter Krukenberg und Richard Volkmann: nämlich durch den aus alter hallischer Familie stammenden Friedrich Hoffmann (1660—1742), der zugleich ein ganz erstaunlich fruchtbarer Schriftsteller war, und durch den litterarisch nicht minder thätigen, auch als Chemiker berühmten, Ansbacher Georg Ernst Stahl (1660—1734), die lange Jahre die Fakultät ganz allein ausmachten, bis Stahl 1716 bleibend als königlicher Leibarzt nach Berlin gezogen wurde. Da nun bei der grossen Knappheit der Geldmittel, welche die Staatsregierung bis ziemlich weit über die Mitte des 18. Jahrhunderts auf die neue Universität in Halle verwenden konnte, verschiedene akademische Institute, — wir erinnern an das anatomische Theater, an die Kliniken, an den botanischen Garten, — erst im

2*

letzten Viertel dieses Jahrhunderts nachhaltig gefördert worden sind,
so erwarben sich teils einzelne Professoren, teils die Francke'schen
Stiftungen in dieser Richtung für längere Zeit sehr erhebliche Verdienste. Es war Professor Koschwitz (1718-1729 in Halle ordentlicher Professor), der 1727 auf eigene Kosten das anatomische Theater
am Paradeplatze erbaute, mit welchem sich die Lehrer der Anatomie
dann bis 1779 behelfen konnten. Er war auch eifrig um die Pflege
des damals noch kleinen und ziemlich vernachlässigten botanischen
Gartens bemüht. Weit umfassender aber war die Einwirkung der
Francke'schen Stiftungen auf die damalige Stellung der Heilkunde in Halle. Wer hätte nicht von der seit Anfang des 18. Jahrhunderts eingerichteten „Medikamenten-Expedition" und den unter
Christian Richters Namen gehenden Heilmitteln gehört! Minder bekannt
aber ist, dass die Stiftungen im Sinne ihres wohltätigen Gründers oft
jährlich für 200 Thaler Arzeneien aus ihrer Apotheke unentgeltlich
an mittellose Kranke verteilten. Das geschah jedoch nicht planlos;
vielmehr wandten sich bedürftige Kranke an den Arzt des Waisenhauses, und unter Leitung des Dr. Johann Juncker (aus Lohndorf
bei Giessen), der seit 1716 in dieser Stellung arbeitete, nachher Privatdozent, 1729 aber ordentlicher Professor bei der medizinischen Fakultät wurde, entstand dadurch ein klinisches Institut, welches - - von
den Stiftungen unterhalten — bis zum Jahre 1786 bestand, wo von
seiten der Universität eine Poliklinik ins Leben gerufen wurde. Nur
der feinsten Spezialgeschichte unserer Stadt endlich gehört die Erinnerung an, dass bei den privaten Unternehmungen einiger namhafter
Hallenser, die bereits den Charakter von Realschulen trugen (wie der
von Mateweis, 1702-1703, und der von Christoph Semler, 1729 bis
1740), dem Studium der verschiedensten Zweige der Naturwissenschaften, — die an der Universität zuerst Johann Joachim Lange
1723 bis 1765 vertrat, — ein sehr breiter Raum gegeben war.

Die neue Blüte der Stadt Halle hat jedoch die Zeit des Siebenjährigen Krieges nicht zu überdauern vermocht. Durch Friedrich
des Grossen Feinde in schrecklicher Weise ausgesogen, trat die Stadt
aus dieser Kriegszeit 1763 gänzlich erschöpft heraus, ohne sich nachher wirklich wieder erholen zu können. Soweit die Salzwerke in
Betracht kamen, erhielt sich allerdings die königliche Saline in gutem
Zustande. Dagegen sank der Erwerb der alten Pfännerschaft fast
gänzlich, weil ihr grösstes Absatzgebiet, Kursachsen, ihr jetzt durch
die mächtige Konkurrenz der sächsischen Saline Dürrenberg fast vollständig verloren ging. Erst der Übergang zu der Siederei in zwei
grossen gemeinschaftlichen Siedehäusern (1789-1799) brachte diese

unheilvolle Entwickelung einigermassen zum Stillstande. Da jedoch
auch die übrigen älteren und neueren Gewerbe in unserer Stadt ersichtlich dahinsiechten, da auch die Francke'schen Stiftungen damals
längere Zeit unter schwierigeren Verhältnissen arbeiten mussten, so
blieb am Ende des 18. Jahrhunderts als kräftige Lebensquelle für
die Stadt eigentlich nur die Universität übrig. Allerdings war auch
ihre Bedeutung in der zweiten Hälfte des 18. Jahrhunderts keineswegs mehr so glänzend, als unter den beiden ersten preussischen
Königen. Nichtsdestoweniger zählte sie auch in diesem Zeitraum,
wo im Ganzen die einzelnen Fakultäten ein gewisses Gleichgewicht
unter einander behaupteten, eine Reihe sehr namhafter Vertreter der
einzelnen Wissenschaften. Von ihren Theologen sind namentlich
Baumgarten, der 1757 starb, J. S. Semler (1752—1791 in Halle), die
beiden Knapp und August Hermann Niemeyer; von den Juristen vor
allen der treffliche Mecklenburger Daniel Nettelbladt (1744—1791 in
Halle); von den Medizinern Goldhagen, der 1786 die Poliklinik, Philipp Friedrich Theodor Meckel, der 1788 die neu gegründete chirurgische Klinik übernahm, und namentlich Reil, nach Goldhagens Tote
(1788) Direktor des medizinisch-klinischen Instituts, weiter aber der
Botaniker Kurt Sprengel und der Weltumsegler (Mineraloge) Johann
Reinhold Forster bleibend in Erinnerung erhalten worden. In die ersten
Jahrzehnte dagegen des 19. Jahrhunderts fällt die Blüte von Männern
wie Christian Gottfried Schütz und Johann Ersch, die 1804, des
grossen Philologen Friedrich August Wolf, der 1783 für Halle gewonnen worden, und des berühmten Theologen Schleiermacher, der
1804 eine Professur erhielt. Weitere Einzelangaben über die namhaftesten Gelehrten unserer Universität, namentlich Mediziner, im
laufenden Jahrhundert bringen andere Teile dieser Festschrift. —

In den ersten beiden Jahrzehnten des 19. Jahrhunderts hatte die
Stadt Halle in Folge der Ungunst der politischen Verhältnisse wieder
schwere, für sie höchst verderbliche Schläge auszuhalten. Im Verlaufe des unheilvollen Krieges, den Napoleon I. 1806/7 gegen Preussen
führte, ist unsere Stadt am 17. Oktober 1806 durch das Korps des
Generals Bernadotte mit stürmender Hand erobert, teilweise auch ge-
plündert worden. Zwei Jahre später hat der französische Kaiser persönlich die Aufhebung der Universität verfügt. Als dieselbe nach
einiger Zeit (16. Mai 1808) mit wenig mehr als 200 Studenten wieder
eröffnet werden konnte, gehörte unsere Stadt einem neuen Staatsver-
bande an: nämlich dem nach dem Tilsiter Frieden (1807) für Napo-
leons Bruder Jerôme im Innern Deutschlands gebildeten Königreich
Westfalen. Während der „westfälischen Episode" sind nun in Halle

sämtliche altüberkommene Formen der städtischen Verfassung, der Rechtspflege und der Verwaltung abgeschafft, alle Einrichtungen des öffentlichen Lebens auf französischen Fuss gebracht worden. Diese Fremdherrschaft blieb in Halle um so verhasster, da sie lange mit schlimmer fiskalischer Raubwirtschaft und schwerem Steuerdruck verbunden war. Dazu wirkte die lange Kriegszeit der folgenden Jahre höchst verderblich auf den Wohlstand der Gemeinde, wie der einzelnen Bürger ein. Dabei war es Reils Verdienst, dass neben anderen Versuchen, neue Hilfsquellen zu eröffnen, im Jahre 1809 die Soole des vierten Salzbrunnens im Thale zur Gründung eines Soolbades (an der Saale, oberhalb der Mühlen, teilweise in einem der alten fürstlichen Gärten) benutzt wurde, welches erst dann vollständig in Vergessenheit geraten ist, als seit 1846 das neue Soolbad „Wittekind" in Aufnahme kam; letzteres benutzt die wieder entdeckte Quelle eines uralten Salzbrunnens in einem Thale bei Giebichenstein. —

Der Ausbruch des Befreiungskrieges wurde auch in Halle mit heisser Teilnahme begrüsst, und man schätzte sich glücklich, im Herbste 1813 wieder unter die Herrschaft des Hauses Hohenzollern zurückzukehren. Die Stadt aber hatte noch einmal schwere Leiden zu bestehen gehabt, wie sie der Krieg mit sich brachte. Am 28. April und am 1. Mai 1813 war sie durch die Kämpfe ganz unmittelbar berührt worden. Nach der Schlacht bei Leipzig wurde sie während mehrerer Monate durch den Lazarettyphus schwer heimgesucht, dem unter anderen auch Reil als Opfer fiel. 1817 aber schlossen die Leiden ab mit dem harten Druck eines schweren Theuerungs- und Hungerjahres. Die Stadt, die 1806 die alten Schulden so gut wie vollständig abgestossen hatte, war wieder tief verschuldet, verarmt, tief erschöpft. Bis zur Mitte des 19. Jahrhunderts hat es gedauert, dass die Nachwirkungen dieser Notzeit haben überwunden werden können.

In ihrer äusseren Ausdehnung durch die 1817 vollzogene Vereinigung der beiden Städte Neumarkt und Glaucha mit der Stadt Halle, die damals als „Gesamtstadt" Halle nunmehr 21000 Einwohner zählte, bedeutend erweitert, wurde Halle seit 1831/32 nach den Verfassungsformen der preussischen revidierten Städteordnung durch einen Magistrat und ein Kollegium von Stadtverordneten verwaltet. Die beste Existenzquelle blieb vorläufig die Universität, die 1817 in aller Form mit der Wittenberger verschmolzen worden war. Für längere Jahre war dieselbe in stetem Aufschwunge begriffen: derart, dass man 1827 wieder die Höhe von 1330 Studenten erreichte. Weiterhin aber ist deren Zahl für längere Zeit allmählich wieder gesunken. Ausser anderem wirkte ungünstig die Verheerung, welche die neu auftretende asiatische Epidemie, die Cholera, auf ihrem ersten Weltgange 1832 in Halle angerichtet hatte, ein Unheil, welches sich 1849 in noch erheblich verstärktem Masse wiederholt hat. Bis (rund) 1860 schwankte die Zahl der Studierenden wiederholt zwischen 8 und 900, ja selbst zwischen 6 und 700. Bis zu derselben Epoche trug jetzt die Universität vorzugsweise den Charakter einer Theologischen. —

Von den alten Gewerben unserer Stadt behauptete die Salzwirtschaft seit 1817 noch immer ihre Stellung; dieselbe ist erst seit der Zeit minder bedeutsam geworden, wo Halle zur Grossstadt emporwuchs und eine Fülle neuer Interessen anderer Art immer breiteren Raum gewonnen haben. —

Die alten Vorteile der geographischen Lage unserer Stadt haben es mit sich gebracht, dass Halle seit 1840 ein Hauptsammelpunkt des mitteldeutschen Eisenbahnsystems hat werden können. Für ihren Verkehr und für die Wiederherstellung der früheren Bedeutung als Handelsstadt wurde es nun höchst wichtig, dass mit der wachsenden Ausdehnung des Anbaues der Zuckerrübe seit 1836 die Zuckerfabrikation in und bei Halle festen Boden gewann. Der grosse Reichtum endlich unserer Umgegend an Braunkohlen, auf die man in den letzten Zeiten des 18. Jahrhunderts endlich aufmerksam geworden, diente nunmehr nach den verschiedensten Seiten hin der Industrie, die jetzt ebenfalls, vorzugsweise übrigens als Maschinenfabrikation, in Halle immer mehr Boden gewonnen hat. —

Etwa seit 1860 (wenn eine Zeit bestimmt werden soll), beginnt dann die Entwickelung zu einer deutschen „Grossstadt", die jetzt 100000 Einwohner zählt. Charakteristisch ist dabei die Pflege der allerverschiedensten Interessen neben einander. Halle hat durchaus nicht aufgehört, Schulstadt zu sein. Neben den Francke'schen Stiftungen sind ausser den vielen grossen städtischen Schulen neue Bildungsanstalten aller Art entstanden. Die Universität, mit welcher 1863 ein landwirtschaftliches Institut verbunden wurde, ist zu neuer, glänzender Blüte gediehen. Die Salzwirtschaft, seit 1868 wieder vollständig in den Händen der Pfännerschaft, ist freilich mit der der alten Zeiten nicht zu vergleichen. Dagegen nimmt die Stadt als Handels- und Industriestadt in Deutschland einen höchst achtbaren Rang ein. Äusserlich erkennbar ist ihr Aufschwung schon dadurch, dass rings um die ganze Ostseite der Masse der alten Gesamtstadt im weiten Halbkreise eine Reihe neuer Quartiere entstanden ist, und dass die alten Strassen des Innern fortdauernd durch neue Bauten und neue Regulierungen sich sozusagen verjüngen. Endlich ist auch der Sinn für landschaft-

liche Verschönerung erwacht. Hatte einst (seit 1737) der Do-
mänenpächter Freiherr Ochs von Ochsenstein angefangen, die Ruinen
und die Umgegend von Giebichenstein mit höchst geschmackvollen
Anlagen zu schmücken, so sind jetzt seit mehr als 30 Jahren Behörden
und Private eifrig bemüht, die landschaftlichen Reize der Umgebung
unserer Stadt durch die Mittel der Kunst noch zu erhöhen. Verbunden damit ist die Pflege des Gesundheitswesens. Hatte bereits
der Abbruch der alten Festungswerke des Mittelalters und die Anlegung eines Promenadenringes, womit seit dem Ausgange des zweiten
Jahrzehnts unseres Jahrhunderts begonnen wurde, auch nach dieser
Seite hin viel gebessert, so gehören der zweiten Hälfte desselben die
Arbeiten an, welche der verbesserten Kanalisation, vor Allem aber
der Zuführung guten Trinkwassers für die rasch wachsende Bevölkerung
zu dienen bestimmt sind. —

II.

DIE NATURVERHÄLTNISSE, INSBESONDERE DER GEOLOGISCHE BAU DER GEGEND VON HALLE A. S.

VON

DR. K. v. FRITSCH, PROFESSOR AN DER UNIVERSITÄT.

———

Der grösste Teil der Stadt Halle a. S. liegt zwischen 51° 29' und 51° 31' n. Br. und zwischen 9° 37' und 9° 38' östlicher Länge von Paris.

Im Osten und Süden überschreitet die Stadt die genannten Grenzen erheblich, nach Norden und Westen erreicht sie dieselben nur mit einzelnen ihrer Teile.

Die mittlere Jahrestemperatur[1]) ist hier 9° C., wobei der Hochsommer (Juli) + 19°, der tiefste Winter + 0,1° Mittelwärme besitzt. Seit den 40 Jahren des Bestehens der hiesigen meteorologischen Station sank das Thermometer (im Dezember) bis — 25,5° und stieg (im Juli) bis + 35,8°. Es herrschen westliche Winde. Die jährliche Niederschlagsmenge beträgt im Mittel 481 mm, denn die westwärts gelegenen Gebirge und Bergländer ziehen den grössten Teil des Regens und Schnees auf sich herab.

Seit Jahrhunderten breitet sich um die Stadt ein grosses Ackerfeldgebiet aus, dem sich in den Flussauen Wiesen anreihen. Waldungen bleiben jedoch trotz des Wachsens der Äcker und der freien Wiesen auf einzelnen Höhen (Dölauer Haide) und in Auen und auf Inseln doch noch erhalten. Ja in der Neuzeit werden kahle Hügelkuppen mit steinigem oder felsigem Boden und Gehänge gleicher Art vielfach wieder aufgeforstet.

---

1) Über das Klima von Halle vergl. besonders Dr. R. Kleemann, Beitrag zur Kenntnis des Klimas von Halle 1851—1885. Inaug.-Diss. Halle bei Tausch & Grosse 1885.

Die Tierwelt und das Pflanzenkleid [1]) des Bodens besitzen einen nicht unbeträchtlichen Reichtum von Gestalten, so sehr auch die Ausbreitung des Feldbaues manche Tiere ausgerottet und viele Pflanzen zurückgedrängt hat.

Diese Mannigfaltigkeit ist zum grössten Teile darauf zurückzuführen, dass die Gewächse in hiesiger Gegend sehr verschiedenerlei Standortsbedingungen in physikalischer Hinsicht — bezüglich Trockenheit und Feuchtigkeit, Licht und Schatten, stark bewegter Luft oder Windschatten, beträchtlichem oder beschränktem Ausbreitungsraum für die Wurzeln — finden, dass denselben aber auch wässerige Lösungen von verschieden verteilten Stoffen aus dem Boden zugehen, welche an den einzelnen Stellen der Landschaft sehr ungleich sind. Daher sind hier Kieselpflanzen, dort Thonpflanzen, da Kalkgewächse, dort Salzkräuter auf dem Raume weniger Quadratkilometer anzutreffen.

Auch bringt es die Verteilung der Höhen und Einsenkungen und der Lauf der Gewässer mit sich, dass hierher gerade verschiedenerlei Samen teils durch die Kräfte der unbelebten Natur, teils durch wandernde Tiere gelangen konnten. Ein enges Thal nimmt bei Halle die Entwässerungsader des grossen thüringischen und voigtländischen Gebietes auf; nur 6 Kilometer oberhalb der Stadt ist der nördlichste Arm der Elster noch mit der Saale vereinigt worden.

Der Fluss, der noch in der Nähe von Weissenfels nahe an Höhen und Hochebenen dahinströmt, welche 150 m über dem Ostseespiegel oder noch höher, etwa 60 m über dem mittleren Wasserstande der Saale selbst, liegen, tritt in eine grosse Vertiefung hinein, in der sogar nur 113 m hohe Landesteile, die etwa 30 m höher als der Stand der Saale sind, mehrere Kilometer weit von dieser abliegen. Bei Halle erst kommt der Fluss wieder nahe an die Höhenlinie von 113 m heran, und weiter unterhalb machen sich wieder ansehnlich grosse Landstriche geltend, welche mehr als 150 m über dem Ostseespiegel gelegen sind. Der 248 m hohe Petersberg bleibt allerdings vom Flusse 7,5 Kilometer entfernt.

Mit dem Höhenverhältnis ändert sich auch die Breite der Flussauen. Sehen wir auch ab von der überaus breiten Überschwemmungsfläche beim Einfluss der Elster in die Saale, so finden wir doch folgende Breitenverhältnisse der Ebenen am Fluss:

---

1) Über die Fauna der Gegend bestehen sehr verstreute zahlreiche Aufsätze etc., betr. der Flora giebt die Arbeit von Dr. A. Schulz über die Vegetationsverhältnisse der Umgebung von Halle in den Mitteilungen des hies. Vereins für Erdkunde 1887 und desselben Verf. Literaturnachweis in derselben Zeitschrift 1888 einen Überblick.

Zwischen Weissenfels und Burgwerben ca. 500 m.

Bei Gross- und Klein-Corbetha „ 100 „

Bei Grossgoddula „ 150 „

Zwischen Dürrenberg und Spergau „ 250 „

Zwischen Rössen und Kriegsdorf „ 300 „

Bei Merseburg „ 400 „

Zwischen Klein-Corbetha und Ammendorf „ 200 „

Zwischen Planena und Halle, durchschnittl. „ 250 „

(mit unbedeutenderen Einschnürungen und Erweiterungen).

Bei Giebichenstein, Cröllwitz und Trotha ca. 70—250 m.

Unterhalb Trotha's findet ein beträchtlicher Wechsel der Auenbreiten statt, wie er sonst mehr in eigentlichen Bergländern vorkommt.

Wir finden dicht unter Trotha ca. 1700 m

Bei Lettin „ 80 „

Dann auf grössere Strecken, bis gegen Pfützenthal ca. 300—600 m.

In den Umgebungen Wettins, durchschnittlich 1000—1500 „

Im Rothenburger Thale 100—500 „

Diese Bodengestaltung ist die Folge des Umstandes, dass bei Halle die Gebirgsmassen der im Thüringer Hügellande herrschenden Trias gegen das obere Steinkohlengebirge und Unterrothliegende, bezüglich die zugehörigen Porphyre begrenzt werden.

Diese Begrenzung ist zum Teil wenigstens eine Verwerfungsgrenze. Die hiermit zusammenhängende Zerspaltung des Bodens lässt die Soolquellen in verschiedene Gebirgsmassen ihren Weg finden und gewährt ihnen zum Teil den Zugang zur äusseren Erdoberfläche.

Zur Gründung der Stadt führte, längst vor der Auffindung und Benutzung des Braunkohlenreichtumes der Gegend, das Vorhandensein der Soolquellen und die zur Ansiedelung und Verteidigung wohl geeignete Landschaft, deren Oberflächengestaltung und Bewässerung nicht minder vom geologischen Bau bestimmt sind als das Auftreten der Bodenschätze.

Der geognostische Bau der Gegend bei Halle a. S. ist besser erschlossen und bekannt als der vieler anderen Landschaften. Hier treten zu den natürlichen Aufschlüssen an steinigen und felsigen Gehängen und zu den auch anderwärts häufigen Steinbrüchen, Kies- und Lehmgruben etc. noch eine Menge beim Bergbau gewonnene Erfahrungen und besonders die Ergebnisse von Bohrungen. Das für die Wissenschaft wie für die gewerbliche Entwickelung eifrigst thätige königliche Oberbergamt zu Halle hat mehrere der Unternehmungen solcher Art im Interesse der Geognosie und zu Gunsten der Untersuchungen über die Erdwärme viel tiefer fortgeführt, als bis zu den

Teufen aus welchen nutzbare Körper an der Bohrstelle selbst hätten
gewonnen werden können. Die bedeutendsten der in geringer Entfernung betriebenen Bohrungen waren, nach der Entfernung von
Halle (Markt) aufgezählt:

>das pfännerschaftliche Bohrloch bei Zscherben, 6 Kil. W ent-
>fernt, 915 m tief,
>
>das fiskalische Bohrloch bei Sennewitz, 6,3 Kil. N entfernt,
>1111,45 m tief,
>
>das fiskalische Bohrloch bei Domnitz, 18,5 Kil. NNW ent-
>fernt, 1001,20 m tief,
>
>das fiskalische Bohrloch bei Schladebach, 20 Kil. SO entfernt,
>1748,40 m tief.

Letzteres wird voraussichtlich noch eine Zeit lang das tiefste Bohrloch bleiben, das überhaupt gestossen worden ist.

Die Zahl der Schriften, welche die Geognosie von Halle behandeln, ist bereits eine nicht unerhebliche.[1] —

Die in der Landschaft unmittelbar um Halle sichtbaren bez. sicher
erkannten Gebirgsglieder sind in aufsteigender Reihe von den älteren
zu den jüngeren hin die folgenden:

1. Das obere Steinkohlengebirge in zwei Gliedern, den 650 bis 850 m
   mächtigen Mansfelder Schichten und den durchschnittlich etwa
   100 m starken Wettiner Schichten.

2. Das Unterrotliegende mit eingelagerten Eruptivgesteinen, nämlich
   Porphyren und Porphyriten. Die geschichteten Gebilde sind bis
   zu einer Mächtigkeit von ca. 400 m hier bekannt; das altvulka-
   nische Gestein fehlt vielleicht an manchen Stellen, während es
   an anderen über 1000 m stark aufgeschwollen sein mag, sei es
   in einem einzigen Stocke, sei es in mehreren durch Schichten
   getrennten Gesteinskörpern.

Durch eine erhebliche zeitliche Lücke von der Entstehungsperiode
dieser Schichten und Ergussmassen getrennt war der Zeitraum, wäh-

---

[1] Es mag genügen, hier nur folgende Arbeiten zu nennen:

1820 bez. 1822, v. Veltheim, Beschreibg. der Gegend von Halle. (Abgedr. in Leonh.
Taschenb. 1822.)

1836, Graf v. Seckendorf, Geogn. Beschr. der z. Regbez. Merseburg geh. Landesteile.
(Karstens Archiv, Bd. 9.)

1850, Andrae, Geogn. Karte der Umg. v. Halle mit Erläuterungen.

1872, Laspeyres, z. Geol. der Prov. Sachsen, Zeitschr. der deutschen geol. Gesellschaft, Bd. 24.

1875, Laspeyres, Geogn. Darstellung des Steinkohlengeb. und Rotliegenden in d. Gegend r. v. Halle a S. Abh. d. G. L. A., Bd. 1.

rend dessen sich später in unter sich gleichmässiger Folge und gleichmässiger Lagerung hier bildeten:

3. Das sogen. Oberrotliegende, besser vielleicht als unterste, rote,
   thonigsandige auch sandige und konglomeratische Zechsteinschich-
   ten oder kürzer: Eislebener Schichten zu bezeichnen. — Dieses
   Gebilde ist oft hierorts unter 10 m mächtig, scheint jedoch in
   grösseren Einsenkungen der alten Bodenoberfläche weit erheblichere Stärke erlangt zu haben.
4. Der Zechstein. Dessen Mächtigkeit beträgt in der hiesigen Landschaft 160—200 m, wo Anhydrit, Gyps oder Steinsalz noch vorhanden sind. Wurden diese ausgelaugt und nur durch Rückstände (sogen. „Asche") vertreten, so bleibt der Zechstein nur
   noch 30—40 m stark.
5. Der „Bunte Sandstein". Dessen drei Glieder messen nach den
   Tagesaufschlüssen und den Bohrungen zusammen ca. 700 bis
   740 m, das untere ca. 300 m, das mittlere 280—290 m, das
   obere 120—150 m.
6. Der Muschelkalk. Dieser erreicht hier 200—220 m Stärke, wovon 120—140 m auf den unteren, 30—40 m auf den mittleren,
   50—70 m auf die vorhandenen tieferen Teile des oberen Muschelkalkes entfallen.

Von den Flötzgebirgslagen, die nach dem Muschelkalk entstanden
sind, ist in hiesiger Gegend Nichts erhalten geblieben. Wir treffen
als nächst jüngeres Gebirge erst

7. das braunkohlenführende Oligocän. Dieses ist meist an den einzelnen Aufschlusspunkten nur in einer Minderzahl seiner Absätze
   entwickelt, bleibt also meist unter 30 m örtlicher Mächtigkeit
   zurück, kann jedoch stellenweise an 100 m oder mehr stark sein.

Es fehlen unserer Gegend die jüngeren Glieder des Tertiär. Vertreten ist erst wieder

8. das Diluvium. Da dessen jüngere Glieder meist auf Kosten der
   älteren und in Folge von deren Zerstörung entstanden sind, lässt
   sich die Gesamtmächtigkeit nicht durch Zusammenrechnung der
   Stärke der einzelnen Diluvialschichten bestimmen. An den einzelnen Aufschlusspunkten bleibt meist das Diluvium unter 20 m
   mächtig.

Endlich finden sich Gebilde, welche unter der Herrschaft der
jetzigen physikalischen Verhältnise der Gegend sich abgesetzt haben
und sich zum Teil noch ausdehnen, nämlich

9. das Alluvium, dessen örtliche Mächtigkeit nur selten 10 m erreicht.

Das Alluvium ist hier wesentlich das Werk der Saale und der ihr zuströmenden Bäche, Wildwässer u. dergl. In den feuchten Gründen, seltener auch in der Nähe von trockenen Sandentblössungen, sammelt sich auch der durch Winde fortgeführte Staub und Sand zum Teil unter dem Schutze der pflanzlichen Decke oder des Winterschnees. Einige Quellen, welche Kalk oder Eisenocher absetzen, vermehren die Alluvialmassen.

Die grösste Ausbreitung erlangen dieselben in den Flussauen, teils durch die steten Veränderungen der Flussläufe selbst, teils und hauptsächlich durch die Überschwemmungen.

Nicht selten zeigen sich Erzeugnisse menschlicher Hände im Alluvium, zuweilen auch Überbleibsel von Tieren und Pflanzen.

Gerade bei Halle sind vielfach Geweihe starker Rothirsche im Alluvium gefunden worden, Denkmäler einer Zeit, in welcher die jetzt noch zum Teil bestehenden Waldungen des Überschwemmungsgebietes der Flüsse ausgedehnter und dichter waren, in welcher aber auch die höher gelegenen, seit Jahrhunderten grossenteils in fruchtbare Felder umgewandelten Flächen grosse Wälder trugen.

Dem Alluvium scheinen auch einige 5—20 m über dem jetzigen Bette der Saale gelegene Streifen von Sand und Kies: alte Betten von Flussarmen, anzugehören, wie sie u. A. innerhalb der Stadt Halle bei Grundausgrabungen von Häusern mehrfach aufgedeckt worden sind; diese dürften beweisen, dass sich der Fluss noch in der Alluvialzeit wesentlich tiefer in das alte Felsgebäude eingegraben hat.

Viel grössere Flächen als das Alluvium nimmt in hiesiger Gegend das Diluvium ein. Seine Massen gehören einem Zeitraume an, welcher zwar an seinem Schlusse die jetzigen physischen Verhältnisse unserer Landschaft allmälig vorbereitete, früher jedoch wesentlich andere darbot. — Innerhalb der Diluvialzeit wurde die hiesige Landschaft zweimal von grossen Inlandeismassen bedeckt, welche sich von Skandinavien und den anderen Landschaften der Umgebungen der heutigen Ostsee gegen Thüringen vor bewegten. Den meisten Raum nehmen die von der zweiten oder jüngeren Vereisung herbeigebrachten Massen und die bei und nach dem Schmelzen dieses Eises zusammengehäuften Materialien ein, doch sind noch manche Überbleibsel der ersten, älteren Vereisung und Rückstände der Wasserabsätze vorhanden, die hier in der Interglazialzeit, d. h. zwischen der ersten und der zweiten Vereisung abgelagert worden sind. — In der näheren Umgebung von Halle sind aber die präglazialen, der ersten Vereisung vorhergegangenen Wasserabsätze, die in anderen Gegenden Thüringens und benachbarter Landstriche teils als älteste Diluvialablagerungen, teils als oberpliocäne Bildungen erkannt werden konnten, bis jetzt noch nicht unzweideutig nachgewiesen worden.

Hier handelt es sich also nach den seitherigen Feststellungen nur um:

postglaziales Diluvium = Löss und jungdiluviale Kiese, Sande, gelbe bis gelbbraune Bänderthone und Mergelthone;

jungglaziales Diluvium = gelben bis gelbbraunen Geschiebelehm mit Nestern von gleichaltem Sand und Kies, und mit einem örtlich vorhandenen Auswaschungsrückstande, der „Steinsohle";

interglaziales Diluvium = grauen Bänderthon und grauen seltener gelben Lehm oder Lehmmergel sowie Kiese und Sande verschiedener Färbung, in denen wenigstens vereinzelt nordische bez. baltische Gesteinsstücke wahrnehmbar sind;

altglaziales Diluvium = grauen, selten auch gelbbraunen Geschiebelehm mit nestartigen Kies- und Sandvorkommnissen.

Der Löss ist ein vom Winde verwehter Staub, in welchem feine Quarzsplitter sowie schuppige Thonteilchen, oft auch kleinste Kalkspathstücklein sehr vorwalten. Silikate von verschiedener Art lassen sich in mehr oder minder krystallinischer Form oft noch erkennen. Eisenhydroxyd, welches die Färbung der ganzen Masse bedingt, schliesst sich meist den Thonteilchen innigst an. Von Regengüssen herrührende sand- oder kiesartige Streifchen finden sich zuweilen eingelagert. Die weissen Kalkspathteilchen folgen besonders kleinen mehr oder minder senkrecht durch die Masse ziehenden Äderchen, die anscheinend der früheren Verteilung von Pflanzenwurzeln entsprechen; zuweilen häuft sich der Kalkgehalt in Konkretionen: den Lösskindeln, an.

Der Löss überdeckt Hochflächen und zeigt sich an den nach Osten abgedachten, im Schatten der hier herrschenden westlichen Winde gelegenen Hängen. Meist ist er bei Halle frei von organischen Resten. In nahe gelegenen Örtlichkeiten, z. B. unfern von Weissenfels, finden sich massenhafte Lössschnecken, dort und anderwärts auch Säugetierknochen, besonders vom wollhaarigen Nashorn, Rh. tichorhinus, vom Ren: Tarandus borealis etc.

Dieselben Säugetiere, weiter aber die Reste des sibirischen starkbehaarten Elefanten oder Mamuth, des Elephas primigenius, und des Pferdes etc. zeigen sich in den gelben Bänderthonen und in den jungdiluvialen Kiesen oder Sanden der Umgegend. Diese Kiese sind stets derart angeordnet, dass sie auf Wasserläufe oder auf Wasserbecken von mässigem Umfange deuten: sie enthalten bei Halle sehr viel thüringisches und voigtländisches Gesteinsmaterial. Nur im jetzigen Salzathal und in dessen Nähe sind Gesteinsstücken vom Unterharz mit einiger Sicherheit erkannt.

Vielleicht hat also noch in postglazialer Zeit die Helme von der goldenen Aue aus ihren Lauf westwärts nach den Mansfelder Seen und dem jetzigen Salzathal hin fortgesetzt.

Im jungglazialen Diluvium, d. h. im gelben bis gelbbraunen Geschiebelehm und in den nestartig eingelagerten Sanden und Kiesen finden sich fast ausschliesslich Gesteinsstücken nordischer, baltischer oder norddeutscher Herkunft. Losgelöste Versteinerungen aus dortigen Gesteinen und versteinerungsführende Kalkstein- oder Feuerstein-Trümmer, welche ihre Herkunft dorther bekunden, sind häufig. Dagegen fehlt es an Stücken, welche auf damalige Bewohner unserer Gegend hindeuten und an irgend welchen Gesteinsteilen, die mit Gewissheit auf weiter südlich belegene Gegenden bezogen werden können.

Zur Zeit der Vereisung hatte sich also wohl die Tierwelt und das Pflanzenleben nach den nahen Gebirgen und den nicht weit entlegenen Berglandschaften im Süden der Eismassen zurückgezogen, und die Letzteren dämmten die Wasserzuflüsse von Süden her ab oder beschränkten dieselben auf vereinzelte, noch nicht mit Sicherheit bei uns erkannte Rinnsale subglazialer Wasserläufe. — Der in seiner Hauptmasse kalkhaltige bis kalkreiche, an der Oberfläche aber bisweilen durch Auslaugung entkalkte Geschiebelehm oder Geschiebemergel ist ein hier bis zu 10 oder 12 m mächtiges, auf den höheren Flächen fast allgemein verbreitetes Gebilde, ein wesentlicher Träger der Fruchtbarkeit des Feldbodens. - -

Abgesehen von den eingelagerten, gleich alten Kiesen und Sanden, welche nicht selten eine der Berechnung und Voraussage spottende Verteilung von Grund- und Quellwasser bedingen, treten mit dem Geschiebelehm oft interglaziale Kiese und Sande als sein Liegendes, auch postglaziale als sein bald allgemeiner verbreitetes, bald nur streifenweise in besonderen alten Bach- und Flussbetten verteiltes Hangendes auf. — Die grösste Verbreitung zeigt das oft nur wenige Centimeter starke, häufig aber auch mächtiger entwickelte Gebilde, das als Steinsohle oder Steinpflaster bezeichnet worden ist: der Rückstand derjenigen Steine und·Sandkörner, welche die Regengüsse und Winde nicht von der Stelle zu bewegen vermocht haben, als sie die feineren Thon-, Sand- und Kalkteile der von ihnen angegriffenen Geschiebelehm-Aufschlüsse fortschwemmten und hinwegweheten.

An mehreren der Stellen, wo Geschiebelehm oder dessen Auswaschungsrückstand, die Steinsohle, auf festen Felsgesteinen auflagern, sieht man die letzteren mehr oder minder geschliffen und geschrammt. Diese Erscheinung steht in inniger Beziehung zum Auftreten geschrammter und geschliffener Geschiebe im Geschiebelehm; die Schleifung des Felsuntergrundes erfolgte dadurch, dass jene Geschiebe, im Eise eingefroren, über die Felsen hinweggeschoben wurden und so gewissermassen die Zähne der Riesenfeile dargestellt haben, mit welcher das Eis auf harte Unterlagen wirkte. [1] — In der Halleschen Gegend war namentlich die eine der herrschenden Porphyrabarten, die massig abgesonderte, mit grossen Krystalleinschlüssen, geeignet, durch die eingefrorenen Geschiebe geschliffen zu werden, auch die Schleifung und Schrammung zu bewahren, wo nicht allzu lange Zeit hindurch Verwitterungseinflüsse auf das Gestein gewirkt haben. Daher findet man an fast allen Hervorragungen jenes Gesteines die Schleifspuren, während andere Gesteine der Gegend, namentlich auch der zur perlitischen Absonderung geneigte Porphyr, mit kleinen Krystalleinschlüssen, weniger fähig waren vom geschiebeführenden Eise geschliffen zu werden oder die Spuren davon noch jetzt zu zeigen. [2] Wichtig ist, dass hier die Schliffe nicht nur an den nach Norden geböschten Hängen der Kuppen auftreten, sondern auch auf deren südwärts geneigten Seiten, was die Möglichkeit einer Entstehung durch Einwirkung strandender Eisberge ausschliesst, also ein wichtiger Gegengrund gegen früher herrschende Drifttheorie ist. ··

Die interglazialen Gebirgsglieder des Diluviums sind weniger weit an der Oberfläche verbreitet als die jungglazialen und postglazialen.

Wo sie am sichersten nachweisbar sind, liegen sie oft auf vordiluvialen Gebilden auf. — Sie sind erkennbar an den darin enthal-

---

[1] Einer Auffassung, die bisweilen ausgesprochen worden ist, zufolge hat man den gesamten Geschiebelehm als ein plastisches, nasses Material unter dem Eise (als eine Grundmoräne) betrachtet, die geschrammten Geschiebe also grösseren Körnern in einem Schleifsande oder Schmirgel verglichen. Wäre diese Meinung richtig, so würden wohl die Geschiebe nicht selten gekrümmte bis spiralige Schrammung zeigen, nicht wesentlich geradlinige.

[2] Zu einem kleineren Teile nur der Ausflüge, welche 1879 unternommen wurden, um die Verbreitung der Felsschliffe in hiesiger Gegend zu erforschen, war der Verf. einer im neuen Jahrbuche f. Min., Geol. und Pal. 1879, S. 567, abgedruckten brieflichen Nachricht über einige dieser Vorkommnisse eingeladen gewesen. Es enthält die angeführte Notiz also weder eine vollständige Aufzählung der Örtlichkeiten, noch einen Hinweis auf die Abhängigkeit des Auftretens der Schliffe von der besonderen Beschaffenheit der Felsen.

tenen Tierresten (Rhinoceros Merckii Jäg. und Kaup, Elephas antiquus Falc., Cervus (Megaceros) euryceros Aldr. etc.). Solche Reste sind aber nicht häufig und oft müssen wir uns begnügen, Massen für interglazial anzusehen, weil sie die Fortsetzung sicher hierher gehöriger Lagen sind, oder weil es sich (bei den Kiesen und Sanden etc.) um solche handelt, welche ä l t e r als der gelbe Geschiebelehm sind, die aber doch nordisches bez. baltisches Gesteinsmaterial, wenn auch in geringen Mengen, enthalten.

Gegenüber den postglazialen Kiesen sind in der That die interglazialen oft auffallend arm an nordischen oder baltischen Gesteinstrümmern, zuweilen sind solche nur auf ganz vereinzelte Stücken der härtesten Gesteine: Feuerstein der Kreide, Dalaquarzit etc. beschränkt. Nordische Kalksteinstücken und sogar Bernstein sind aber doch in einigen wenigen Stücken auch zur Beobachtung gelangt.

Die interglazialen Thone, Bänderthone und Mergel verraten gewöhnlich durch graue Färbung den wesentlichen Anteil, den bei ihrer Zusammenschwemmung der altglaziale graue Geschiebelehm bez. seine Zerreibsel genommen haben. Im Osten von Halle erreichen diese grauen Thone und Mergel bisweilen eine solche Mächtigkeit, dass sie, wie z. B. in Rabuz bei Gröbers zu Ziegeleizwecken ausgebeutet werden können.

Die Anwesenheit des a l t g l a z i a l e n g r a u e n G e s c h i e b e l e h - m e s mit zugehörigen gleichalterigen Kiesen, Sanden und dergl. ist bis jetzt erst durch eine Anzahl künstlicher Aufschlüsse namentlich in den Braunkohlengruben im Osten und Süden von Halle nachgewiesen. Die räumliche Verbreitung ist demnach jetzt eine geringe. Wahrscheinlich ist in der Interglazialzeit ein grösserer Teil dieser Ablagerungen zerstört und weggespült worden, manche Stücken davon auch noch später, teils während der zweiten Vereisung, teils nach derselben. Von hohem theoretischen Interesse sind aber die hier vorgefundenen Überbleibsel einer Ablagerung, welche südwestlich bis jenseits Weimar sich erstreckt haben muss, da nur von ihr die in den interglazialen Kalktuffen der dortigen Gegend und nach einigen Angaben sogar in deren Liegendem vereinzelt aufgefundenen Stücken baltischer und skandinavischer Gesteine herrühren können.[1]

---

1) In der näheren und ferneren Umgebung Halles beobachtet man zuweilen eigentümliche Lagerungsverhältnisse älterer Diluvialmassen und der unter denselben entblössten Gebilde des oligocänen Braunkohlengebirges oder des bunten Sandsteins. Von einigen Geologen sind dieselben als Wirkungen des Druckes der darüber hinweggeschobenen Eismassen, von anderen teils als Folgen von Verschwemmung durch stark bewegtes Wasser, teils als Erzeugnisse kleiner Bodenbewegungen bald rein örtlicher, bald allgemeinerer Bedeutung aufgefasst worden.

Nach den bisherigen Erfahrungen vermögen wir uns kein klares Bild von den physischen Verhältnissen der Halleschen Gegend während eines sehr langen Zeitraumes zu machen, welcher der altglazialen Zeit vorherging. — Da wir nur strittige Gebilde in Gestalt versteinerungsfreier Kiese und Sande kennen, die vielleicht dem praeglazialen Diluvium oder dem obersten Pliocän angehören (z. B. bei Schkeuditz nach den Aufnahmen der K. Sächsischen Landesgeologen), so haben wir Anlass zu glauben, dass während der ersten Anfänge der Diluvialzeit, und in den grossen Zeiträumen des Pliocän, des Miocän und auch am Schlusse der Oligocänzeit hier wesentlich nur Zerstörungen und Abschwemmungen vorhandener Massen stattgefunden und dass wenigstens in der Pliocän- und Miocänzeit hier keine grösseren Wasserbecken bestanden, in denen erhebliche Schichtbildungen hätten erfolgen können.

Die Häufigkeit oberoligocäner, einzeln verschwemmter oder fortgeschobener Meeresmuscheln und Meeresschnecken in manchen Diluvialkiesen der hiesigen Gegend und sogar weiter südwärts gelegener, sowie das stellenweise sehr massenhafte Auftreten von grösseren versteinerungsreichen Geschiebestücken gleichen Alters in solchen Sanden, Granden und Kiesen lassen es als möglich und bis zu einem gewissen Grade wahrscheinlich ansehen, dass die Massenzerstörung in unserer Gegend erst im Miocän und Pliocän erfolgte, dass aber in der oberoligocänen Zeit das Meer noch die Gegend von Halle und sogar südwärts gelegene Gebiete bedeckte, hier und dort auch Sedimente absetzte. —

Erhalten geblieben sind bei Halle nur zusammenhängende Absätze aus der Zeit des Mitteloligocän, des Unteroligocän und vielleicht auch des diesem unmittelbar vorhergehenden obersten Eocän in Gestalt des für die Landschaft so ungemein bedeutungsvollen hiesigen Braunkohlengebirges.

Dasselbe ist an manchen Stellen der Thalgehänge anstehend zu beobachten, sehr viel ausgedehnter sind aber die künstlichen Aufschlüsse durch den Bergbau und namentlich die Flächen, in denen dasselbe unter der diluvialen Decke aufgesucht und aufgefunden worden ist.

Von hohem technischem Werte sind die Braunkohlen selbst und die damit verbundenen Schwelkohlen, welche Paraffin, Solaröl, Schmieröle u. dergl. liefern. Auch viele der zugehörigen Thone und manche Sande, sogar manche der Braunkohlensandsteine und Braunkohlenquarzite werden ausgebeutet. Das hiesige Braunkohlengebirge besteht nur aus Schichten von Sand, der in Sandstein und Quarzit übergeht, aus Lagern von Thon und aus Flötzen von Kohle und Schweelkohle, so dass die ausnutzbaren Gesteinsschichten oft überwiegen oder nur wegen des Vorhandenseins noch besserer Gesteinsabarten in derselben Gegend vorerst unbenutzt bleiben. —

Während früher meistens der Tagebau vorherrschte, werden jetzt viele der Kohlen unterirdisch gewonnen. Nur ein Teil der Kohle wird in dem beim Bergbau angetroffenen Zustande zur Kesselfeuerung benutzt, vielfach wird dieselbe geformt, oft auch zu Brikett's gepresst.
· Bauwürdig sind besonders die mächtigen Flötze von reinerer Beschaffenheit. Die Mächtigkeit erreicht und übersteigt in vielen Fällen zehn Meter, sie beträgt bei dem grossen Flötze von Lützkendorf unfern Merseburg 70 m. In einer Anzahl von Gruben, sowie bei Bohrungen sind bisweilen mehrere Flötze über einander nachgewiesen worden, von denen gewöhnlich nur das oberste zunächst in Angriff genommen worden ist. —

Das Braunkohlengebirge der näheren Umgegend von Halle zeigt im allgemeinen eine sehr geringe — meist nur auf ganz schmale Streifen beschränkte und auf örtliche Ursachen zurückführbare — kräftige Abweichung von der nahezu söhligen Lagerung, die bei der Entstehung der Schichten und Flötze schon vorhanden gewesen sein muss; immerhin sind gewöhnlich bei schärferer Beobachtung kleinere und grössere, meist sehr flache Mulden und Falten erkennbar. Auch zeigen sich geringe Verschiebungen und Verwerfungen, die wohl in der Diluvialzeit oder später eingetreten sind, weil nicht selten in den Klüften zwischen den einzelnen Schollen schmale — selten über 3 mm breite — Adern der etwa örtlich aufgelagerten Diluvialsande in die Kohle oder deren Begleitschichten sich herabziehen. Bei manchen Tagebauen hat man nach der Wegräumung der Diluvialdecke Gelegenheit, solche Zerteilung des Braunkohlengebirges in Schollen zu beobachten, die um 0,3 bis zu 2 m gegen einander verschoben worden sind. Die grossen Verwerfungen, welche in der Gegend an den verschiedenen unter dem Braunkohlengebirge anstehenden Massen wahrgenommen werden, sind auf dieses ohne Einfluss geblieben; sie waren also weit älter als dessen Entstehung.

Das Braunkohlengebirge hat sowohl rinnenartige Thaleinsenkungen in der vormaligen Oberfläche des Landes als auch grössere beckenartige Erweiterungen und Vertiefungen in derselben ausgefüllt. Kleine, flache Kanäle mit Tertiärausfüllung können leicht in den grossen Muschelkalk-Steinbrüchen bei Bennstedt und Cölme beobachtet werden; tiefe, bis unter den Spiegel der Saale hinabreichende Rinnen haben der Bergbau und die im Interesse desselben gemachten Bohrungen nachgewiesen, wie es zuerst Herr Bergassessor Ertel in noch nicht veröffentlichten Aufsätzen klar gelegt hat.

Die Braunkohlen selbst rühren, wie vielfache Untersuchungen gelehrt haben, von Anhäufungen von Landpflanzen-Überresten her. In vielen der mit den Braunkohlen innig verknüpften Schichten sind zahlreiche Blätter und andere Überbleibsel von Landpflanzen nachgewiesen worden. Es ist die Ansicht, dass der grössere Teil unseres Braunkohlengebirges ein Süsswasserabsatz sei, wiederholt ausgesprochen worden, und das Auftreten von Meerestierresten in gewissen Teilen desselben wurde auf ein nur zeitweiliges Eintreten von Meeresgewässern in die Landschaft zurückgeführt. Diese Ansicht setzt wiederholte Schwankungen des Meeresspiegels oder der Landmassen voraus.

Einfacher erscheint dagegen die Annahme, dass unser gesamtes Braunkohlengebirge dem einmaligen, allmäligen Eindringen einer Meeresbedeckung in unsere Landschaften seine Entstehung verdankt. Dieser Annahme zufolge würden die teils massig zu Braunkohlenflötzen vereinigten, teils, wie in den Begleitschichten, mehr vereinzelten Landpflanzenreste in das Meer zusammengeschwemmt und z. Th. zusammengeweht worden sein. Dessen Anwesenheit hier ist nicht nur durch das Vorhandensein von Meeresmuscheln und Meeresschnecken etc. in verschiedenen Ablagerungen verbürgt, sondern auch durch die auf sehr grosse Strecken bis in die Mark bei Buckow und weiterhin ausgedehnte Verbreitung von Schichten so gleichartiger Zusammensetzung und so gleiche Lagerungsfolge wahrscheinlich gemacht wie sie in den Flötzen selbst, den begleitenden Quarzsanden, Glimmersanden, Thonen und sandigen Thonen vorliegen.

Diese Ansicht steht auch im Einklange mit dem Umstande, dass alle tertiären Süsswassergebilde, welche man in Europa kennt, reichliche Mengen von Weichtieren, Krustern, Fischen u. dergl. Bewohnern der Binnengewässer enthalten, während bei Halle nur Meerestiere bekannt geworden sind. Diese treten zwar spärlich auf, sie liegen aber aus mehreren der vorhandenen Schichtmassen vor: aus dem Septarienthon von Beidersee und von Oppin, aus dem bei Beidersee unter diesem entwickelten glauconitführenden Thone mitteloligocänen Alters, und aus einem anscheinend unteroligocänen, etwas glauconitischen Sande von Sennewitz: Weichtiere; aus einem schwärzlichen Sande über der Bruckdorfer Braunkohlengrube: Haifischzähne; aus einem weissen Thone der Dölauer Umgebung: Foraminiferen; aus dem Knollenstein der Umgebung von Teuchern grosse Schwertschwanzkrabben (Limulus Decheni Zinck). —

Mit der Vorstellung von der Zusammenführung unserer Braun-
kohlengebilde im Meere stimmt auch sehr gut die innerhalb der Koh-
lenflötze selbst oft wahrnehmbare Anordnung der Materialien nach
dem spezifischen Gewichte: die Abwechselung von leichten Schweel-
kohlenlagen mit schwereren Feuerkohlen-Lagen. Nicht minder aber
spricht endlich dafür das Übergreifen der jüngeren Glieder unseres
Braunkohlengebirges auf die älteren Gesteine unserer Gegend an Stellen,
wo die tieferen Tertiärschichten nicht deren Unterlage bilden, z. B. in
der Umgebung von Beidersee, wo Septarienthon und der darunter
liegende, besonders als Formsand benutzte Glimmersand den Porphyr
überlagern, und zwar in einer Meereshöhe von zwischen 128 und
150 m, welche die der Aufschlüsse tieferer Tertiärlagen unserer Landschaft übersteigt, einer Höhe, welche überhaupt von der jetzigen
Landoberfläche zwischen der Petersberger Bodenanschwellung und
denen der Weissenfels-Naumburger Landschaft nicht erreicht wird.

Wie weit auch noch jüngere Tertiärschichten als die Beiderseeer
Glimmersande einst Teile der Petersbergmasse bedeckt haben können,
ist nicht sicher zu entscheiden, es bleibt aber immer wahrscheinlich,
dass der Petersberg, der natürlich selbst seitdem durch Abwaschung
etc. erheblich erniedrigt worden ist, den Meeresspiegel zur Oligocänzeit überragt hat und einen der Standorte darstellte, auf denen die
kohlenerzeugenden Gewächse damals wuchsen. Dem Anscheine nach
hat auch in der damaligen Pflanzenwelt ein Wechsel bestanden, sodass in den jüngeren Lagen unseres Braunkohlengebirges andere
Bäume ihre Reste hinterlassen haben als in den älteren. Indess ist
der Wechsel in der Gesamtheit der pflanzenführenden Schichten kein
sehr einschneidender; nach den bisherigen Erfahrungen zu schliessen,
scheint er fast übertroffen durch die Verschiedenheit der Gewächse
an den verschiedenen einzelnen Standorten.

Das Pflanzenkleid unserer Gegend bot eine grosse Mannigfaltigkeit dar, indem Palmen neben Nadelhölzern (unter denen ein naher
Verwandter der amerikanischen „Mamuthbäume": Sequoia Couttsiae
(Heer) am häufigsten gewesen zu sein scheint) — ihre Reste zurückgelassen haben; ferner Bäume mit zum Teil ansehnlich grossen immer-
grünen Blättern (Lorbeergewächse, Ebenholzbäume, lederblätterige
Eichen etc.); auch finden wir auch nicht wenige Gewächse mit ab-
fallenden Blättern. Eine nicht unbeträchtliche Anzahl von Kletter-
pflanzen scheinen sich an den grösseren Stämmen emporgerankt zu
haben: Farne aus der Reihe der Lygodien; Sassaparillen (Smilax-
Formen) unter den Monocotyledonen; Mondsamen-Schlingsträucher (Me-
nispermen mit schildnervigen Blättern) u. A. — Dergleichen Mannig-

faltigkeit und Reichtum der Pflanzenwelt gab unseren Landschaften
zur Zeit der Braunkohlenbildung das Aussehen subtropischer Gegenden der Jetztzeit.

Ein ganz ungemein grosser Zeitraum, dessen Absätze in der
näheren Umgegend von Halle fehlen, ging der Epoche unserer Braunkohlenbildungen voran. Gehören auch vielleicht die allerältesten
unserer Braunkohlenlagen; die unterhalb der muschelführenden Unter-
oligocän-Schichten oder Egelner Schichten liegenden, dem Schlusse der
Eocänepoche an, so fehlt doch sicherlich eine Vertretung des grössten
Teiles des Eocän. Aus der kretazeischen sowohl als aus der juras-
sischen Periode ist ebensowenig als aus der Keuperepoche der tria-
dischen Periode irgend eine Schichtbildung in der näheren Umgebung
der Stadt — bis auf 36 Kilom. hin — nachweisbar und sogar der
obere Muschelkalk bleibt jetzt von derselben mindestens 22 Kilom.
entfernt. - -

Von den Naturereignissen, die in diesem langen Zeitraume unsere
Gegend betroffen haben, wissen wir unter Berücksichtigung der Aufschlüsse in den Landschaften bei Sandersleben, Aschersleben, Ballen-
stedt und Quedlinburg — ferner bei Magdeburg und weiter auch bei
der Sachsenburg, bei Rastenberg, Eckartsberga und Apolda nur, dass
starke Schichtenverbiegungen, Schichtenaufrichtungen und sogar Über-
kippungen Massen der Trias, des Jura und des grössten Teiles des
Kreidegebirges betroffen haben und dass während der Jura- und Kreidezeit Bodenbewegungen, sowie teilweise Zerstörungen vorher abge-
lagerter Meeresschichten in hohem Grade in Mitteldeutschland eingetreten sind. Diesen Bodenbewegungen ist es zuzuschreiben, dass
Kreideschichten, ja selbst manche Gebilde des oberen Jura bisweilen
nicht auf den nächst älteren, sondern zum Teil übergreifend, auf viel
tieferen Schichten auflagern, und dass das Material zum Aufbau mancher Kreideablagerungen zerstörten Gebilden der Trias und des Jura
entnommen ist. Am Klarsten zeigt sich das beim Hilskonglomerat
der unteren Kreide. Dieses enthält in der Nähe des Harzes häufig
Trümmer der unteren und der mittleren Schichten des dortigen Jura,
auch aus solchen entnommene, mehr oder minder abgerollte Versteinerungen, die mit oder ohne anheftendes Gestein nun auf „sekun-
därer Lagerstätte" gefunden werden.

Die kräftigsten Verschiebungen der Massen und wahrscheinlich
auch die grossen Verwerfungen, deren eine mitten durch die Stadt
Halle verläuft, sind wohl[1]) am Ende der Kreidezeit, in dem Zeitraume

---

[1]) Weil man die Spaltenreihen nahe dem Harzrande als zusammengehörig und
gleichalt zu betrachten Grund hat.

des Obersenon hier eingetreten und der Schluss dieses Zeitraumes, sowie der Anfang des eocänen sind hier zur Einebnung der Erdoberfläche benutzt worden, denn die vorher genannte grosse Verwerfung von Halle war bereits auf der Erdoberfläche v o r der Entstehung der Braunkohlenflötze von Halle und von Nietleben völlig bedeutungslos für die Ablagerung der Letzteren. Diese ruhen in gleicher Meereshöhe auf den abgesunkenen Triasschichten im Süden wie auf dem karbonischen „Horst" im Norden der Stadt. —

Allen sonst bekannten Verhältnissen nach nehmen wir an, dass am Ende der Kreidezeit und im Eocänzeitraume hier Festland war, im grösseren älteren Teil der Kreide- und der Juraperiode mag unsere Gegend auch — trotz etwaiger vorübergehender Meeresbedeckung einzelner Stücken — Teil einer Insel oder einer Inselreihe gewesen sein; in der Keuperepoche aber durfte hier die über einen grossen Teil Deutschlands ausgebreitete Wasserbedeckung fast überall Niederschläge gebildet haben, die später wieder weggewaschen worden sind.

Erhalten blieben die Wasserabsätze der älteren Epochen der Triasperiode, sowie des gleichförmig darunter liegenden Zechsteins mit seiner Grundlage: den „Eislebener Schichten".

Dass diese Gebirgsglieder jetzt in Gestalt mehr oder minder regelmässiger Schichtenmulden erscheinen, die von Südost nach Nordwesten langgestreckt sind, ist wohl mehr noch den Bodenbewegungen zuzuschreiben, welche lange nach der Entstehung der Massen eingetreten sind, als der ursprünglichen Ausbildung derselben.

In der jetzigen Massenverteilung kann man für die nähere Umgegend Halles unterscheiden, von Nordosten her zählend:

1. Die Sanderslebener Mulde mit mehreren Nebenbuchten.
2. Die Halle-Mansfelder Mulde, welche durch eine Unterbrechung der Erstreckung des Muschelkalkes in das Eislebener und das Lieskauer Becken geteilt erscheint.
3. Die Querfurter Mulde.

Abgesehen von den durch die Bedeckung mit jüngeren Schichten bedingten Verhältnissen wird die Sanderslebener Bucht ausgezeichnet durch die steile bis übergekippte Stellung des Muschelkalkes darin; das Eislebener Becken zeigt die besten Aufschlüsse und die allgemeinste Verbreitung der tiefsten Schichtenreihen: Zechstein und Eislebener Schichten; dafür aber Beschränkung des Muschelkalkes auf einige seiner tiefsten Lagen. Das Lieskauer Becken zeigt über Tage keinen Aufschluss jener ältesten unter den gleichförmig gelagerten Schichten und sogar nur einen schwachen vom unteren Buntsandstein, es wird nach Nordosten durch die bedeutendste Verwerfung begrenzt, die in der Gegend vorhanden ist: durch die grosse Hallesche Kluft. Das Querfurter Becken besitzt nur untergeordnete Aufschlüsse der Eislebener Schichten und des Zechsteins, der Muschelkalk ist hier mit seinen oberen Gliedern wohl entwickelt.

Alle Absätze, um die es sich handelt, sind Erzeugnisse eines Wasserbeckens, das anscheinend namentlich in zwei Richtungen während seines Bestehens einem gewissen Wechsel unterlag: nämlich in Beziehung auf die mehr oder minder gegenüber gewöhnlichem Meereswasser übersalzene Beschaffenheit des Wassers und auf die grössere oder geringere Leichtigkeit, mit der Meeresgeschöpfe hier einwandern, bezüglich sich hier vermehren und ausbreiten konnten. — Aus doppelten Gründen, petrographischen und geologischen, betrachten wir die Massen als Niederschläge eines nur unvollkommenen mit dem Weltmeere in Verbindung stehenden Gewässers; wegen der mehrfach wiederholten Ausbildung von Lagern verhältnismässig leicht löslicher Gesteinsarten: Steinsalz und damit verbundener Chloride und Sulfate — weiterhin noch Gyps und Anhydrit — nicht weniger aber auch wegen der eigenartigen Tier- und Pflanzenwelt, die in manchen jener Schichten enthalten ist. Die Gyps, Anhydrit und Steinsalz führenden Schichtenabteilungen oder Unterstufen sind gewöhnlich fossilfrei. Wahrscheinlich waren die salzreichen Gewässer, aus welchen dieselben — oft nach vorhergegangener Dolomitbildung — sich ausgeschieden haben, höchst arm an tierischen und pflanzlichem Leben, also wirkliche „tote Meere". — In den Zwischenzeiten zwischen dem Vorhandensein von solchen hat sich das Leben wieder geltend gemacht. Bald sind es Geschöpfe, die wir als Nachkommen älterer Bewohner der Gegend betrachten dürfen, bald solche, die fremdartig erscheinen und für Einwanderer angesehen werden können, welche mit ihren mehr oder minder zahlreichen Resten Schichten entweder ganz anfüllen oder doch bezeichnen.

Im oberen Muschelkalk, der bei Schraplau (Schafsee, Kuckenburg etc.) seine z. T. für den Steinbruchbetrieb nutzbaren Schichten zeigt, finden sich fast nur Nachkommen der in dem unteren Muschelkalk vertretenen Meerestierformen.

Der darunter lagernde mittlere Muschelkalk enthält bei uns (bei Esperstedt und bei Lieskau) nur Spuren der anderwärts nachgewiesenen Gypse, Anhydrite und Steinsalzmassen, er ist immerhin ein versteinerungsarmes Gebilde, dessen mehr oder minder dolomitische Gesteine zu steinernen Pfosten, Trögen und Krippen ausgebeutet werden.

Der untere Muschelkalk ist bei Passendorf und Nietleben dicht vor den Thoren von Halle erhalten geblieben. Hier hat allerdings die Oberfläche nur Spuren jener steilwandigen Gestaltung der Thalwände, die anderwärts — schon bei Bennstedt und Cölme — im Gebiete dieses Gebirgsgliedes hervortritt. Er ist der hauptsächlichste Träger der Kalksteinflora, welche mit ihren Frühlingsblumen (Adonis vernalis, Pulsatilla etc.) unsere Gegend schmücken hilft. Die meist porösen — schaumkalkartig entwickelten — thonarmen Zwischenlager der meist mehr oder minder mergeligen „Wellenkalk" darstellenden Hauptmasse haben zahlreiche Steinbrüche und Kalköfen ins Leben gerufen (bei Bennstedt, Cölme und Lieskau, auch bei Stedten und Schraplau sowie in weiterer Entfernung). Die vielen, mannigfaltigen Versteinerungen (bei Lieskau früher in den brachiopodenführenden Schaumkalkbänken T oder γ der Spezialkarte in besonders schöner Erhaltung gefunden)[1]) sind teils Einwanderer, teils die Epigonen einheimischer Meeresbewohner. Die untersten Lagen des unteren Muschelkalkes, die Trigonienbänke oder Myophorienbänke, erlangen hier wie anderwärts auf weite Räume hin eine besondere Bedeutung als hauptsächlicher Quellenhorizont, in welchem sich die durch den klüftigen Wellenkalk hindurchsickernden atmosphärischen Wässer wegen der thonig-mergeligen Zwischenlager der Kalksteinbänke ansammeln.

Der obere Buntsandstein der näheren Umgebung Halles entspricht den dafür gebräuchlichen Namen hier sehr wenig. Es ist hier nicht einmal eine einzige der Sandstein- oder Quarzitlagen vorhanden, die, — vereinzelt in Thüringen auftretend, reichlicher in Franken und anderwärts, — Veranlassung gegeben haben, beim bunten S a n d s t e i n auch dies Gebilde aufzuzählen. — Der Ausdruck „Röt" ist bei Halle noch weniger entsprechend, denn man sieht, an der Erdoberfläche wenigstens, nur graue, grünliche, gelbliche und bräunliche Gesteine: im oberen Röt Mergelthone und Thonmergel, die in grossen Ziegeleien bei Passendorf ausgebeutet werden; im unteren zwischen diesen Dolomit- und Kalksteinbänke und Lagen verschiedener Art. Darunter sind wohlbezeichnete versteinerungsführende, derbe Gesteine und auch zellig poröse, rauchwackenartige, fossilfreie bis fossilarme. Letztere sind im Weichbilde der Stadt durch das Hervortreten der Salzquellen aus denselben höchst bedeutungsvoll.

Diese Quellen sind in der Neuzeit in mancher Beziehung noch besser bekannt geworden als früher, seit die vielen Umbauten und Neubauten

---

1) Giebel, s. u. A. die Versteinerungen im Muschelkalk v. Lieskau bei Halle im 1. Bd. der Abh. d. Naturw. Vereins f. S. u. Th. 1856.

den Untergrund der Stadt an vielen Stellen aufgewühlt haben und seit die Pfännerschaft den alten Schacht der Gutjahr-Quelle durch einen neuen ersetzt hat.

Dadurch ist besonders die Meinung widerlegt worden, dass das Gestein der hiesigen Soolquellen zum Zechstein gehöre. Die Veranlassung zu dieser Annahme war einerseits die rauchwackenartige Beschaffenheit des Kalkes der Klausbrücke etc. und weiter die Voraussetzung, dass das „Rotliegende" bis unmittelbar an diese Kalke etc. im Mittelpunkte der Stadt reiche. Es hat sich in den letzten Jahren gezeigt, dass zwischen der Moritzburg und dem Markte bez. der Halle mittlerer Buntsandstein steht; dass rauchwackenartiger Kalkstein auch bei Angersdorf und Schlettau etc. im Röt vorkommt und dass endlich dessen Aufschlüsse bei Passendorf etc. seine Forterstreckung bis mitten in die Stadt verbürgen. •

Die Halle'sche Soole ist ähnlich wie die Reichenhaller Edelsoole durch besonders hohen Gehalt an Kochsalz ausgezeichnet: die verschiedenen „Brunnen" in der Nähe der Halle hatten 17—20 Gewichtsteile Chlornatrium in 100 T. Soole, das Wasser des jetzt benutzten neuen Schachtes; die herübergeleitete Gutjahr-Quelle hat 20_0 NaCl. An Kochsalz hat die Soole also etwa zwei Drittel-Sättigung. — Sie enthält 0,4—0,6% Calciumsulphat, also so viel, wie sie von diesem Stoffe überhaupt zu lösen vermag, und doch im Vergleich zur Kochsalzmenge viel weniger als andere Soolquellen. So hat die Dürrenberger Soole mit rund 9_0 Salz nur ungefähr 18 mal so viel Kochsalz als Kalksulphat; die Kötschauer bei $3,5_0$ Salz etwa 9 mal so viel Kochsalz als Kalksulphat; die Halle'sche aber über 36 mal so viel Kochsalz als Kalksulphat. Die Wärme der Halle'schen Soole beträgt 12^0 R. = 15^0 C. — Da die Quelle eine kräftig aufsteigende ist, und das bei Zscherben in 857 m erbohrte Steinsalz des oberen Zechsteins, der vermutliche Ernährer unserer Soolquellen unter den Rötkalken der Stadt in ungefähr 590 m Tiefe liegen muss, in einer Tiefe, welcher nach den Ergebnissen der Bohrungen in unseren Gegenden eine Wärme von $22—25^0$ C. eigen ist, so ist wohl anzunehmen, dass besondere Verhältnisse obwalten, welche Temperatur und Salzgehalt unserer Soole hervorbringen. Wahrscheinlich wirken ausser dem Hinzutreten des berechenbaren Drittels von kaltem, salzfreiem Wasser in den obersten Teufen zu der gesättigten warmen Soole auch noch besondere abkühlende Vorgänge. — Oder man hat als denjenigen Teil des Salzflötzes, der die Quellen speist, die Particeen desselben anzusehen, welche viel höher liegen, als die bei Halle und Zscherben: etwa den im Osten bez. Südosten der Stadt in der Nähe

der Verwerfungsspalte lagernden Flügel des Lagers. — Obgleich auch
dem Röt selbst in manchen Gegenden Gyps und Salz angehören,
und die rauchwackenähnliche Beschaffenheit einiger seiner Gesteine
gewisse Ähnlichkeit mit der salzführender „Zellenkalke" im mittleren
Muschelkalk einiger Thüringer Aufschlüsse besitzt, kann doch wohl
das Auftreten der Soolquellen nicht diesem selbst, sondern dem tieferen
Steinsalzlager und den Nebenspalten der grossen Verwerfung von
Halle zugeschrieben werden. —

Die nächste Unterlage des Röt ist der mittlere Buntsandstein,
der aus mächtigen Bänken mehr oder minder thonigen Sandsteines
besteht, welche mit thonigen Schieferletten-Schichten wechsellagern.
Früher wurden auch bei Halle selbst Sandsteine des Buntsandsteins
in Steinbrüchen gewonnen; jetzt ist aber dieses geringwertige Bau-
material durch besseres: zum Teil durch Nebraer Buntsandsteine,
meist aber durch Backsteine etc. ersetzt. Die Thone des mittleren
Buntsandsteins werden besonders bei Dölau durch Auswaschen gereinigt und neben andern mitvorkommenden Thonen benutzt. Ein
kleiner Anteil von Gyps, von dem zweifelhaft ist, wie weit er ein
ursprünglicher, wie weit er ein infiltrierter ist, macht sich in solchen
Thonen zuweilen bemerklich. — Der mittlere Buntsandstein ist ein
versteinerungsarmes Gebilde, das aber selbst innerhalb der Stadt Halle
wiederholt Fossilien geliefert hat: ansehnlich grosse Estherien, E. Ger-
mari Beyr., die für gleich mit E. Albertii Schimp gehalten wird.

Der untere Buntsandstein besteht hier wesentlich aus roten und
grauen Schieferletten mit zwischenliegenden Bänken von Rogenstein,
auch Dolomit, — im oberen Teil enthält er mehr oder minder ver-
rostete grosse Eisenspathknauern, welche diese Rogensteine oder Do-
lomite gewissermassen ersetzen. Nur ganz untergeordnet finden sich
hierzulande darin Sandsteine, gewöhnlich nur in Form handbreiter
oder dünnerer Platten mit viel Glimmer auf den Schichtungsflächen.
Das so mächtige Gebirgsglied bleibt von der Erdoberfläche in der unmittelbaren Nähe der Stadt fern, erst in der Entfernung von 9—10
Kilometern wird es bei Brachwitz und Schiepzig sichtbar. —

Dasselbe gilt von dem darunter liegenden Zechstein, einem sehr
mannigfaltig zusammengesetzten Gebirgsgliede, das doch zu den am
wenigsten mächtigen gehört. — Dasselbe schliesst sich nach oben
dem unteren Buntsandstein so innig an, dass die Grenze mit einer
gewissen Willkürlichkeit gezogen wird; im oberen Zechstein der
Gegend herrschen rote Letten, die sich von den Schieferletten des
unteren Buntsandsteins durch grössere Knetbarkeit und mehr bröcke-
liges als dünnplattiges Auseinanderfallen des austrocknenden Gesteines

unterscheiden. In diesen Letten erscheinen Gypsmassen, Steinsalz, auch kalkig dolomitische Knauern. Der Gyps lässt sich zuweilen durch eine zwischenliegende Lettenmasse mit Kalkknauern Ver- tretern der Plattendolomite Hessens etc. — in oberen und unteren trennen, die zwischen oberen und unteren Letten des oberen Zechsteins inne liegen. Der mittlere Zechstein zeigt über Tage in der Nähe von Halle meist nur ein oberes Gebilde: den Stinkschiefer: klirrende Platten von bituminösem Kalkstein und darunter Aschen, d. h. die dolomitischen mehr oder minder lockeren, häufig mit Rauchwacken verbundenen Rückstände der Anhydrite und Steinsalzmassen. Beide letzteren, so- wie die während der Auslaugung aus dem Anhydrit entstehenden Gypse sind unterirdisch in der weiteren Umgebung wiederholt nach- gewiesen, ferner noch im Mansfeldischen die Schlotten, das heisst die grösseren und kleineren bei dieser Auslaugung entstandenen Höhlen, die oft mit Wasser erfüllt sind und dem Bergbau grosse Schwierig- keiten bereiten. — Den unteren Zechstein bilden nur wenige Meter starke Gebilde, von denen die „Zechsteinkalke" von mehr oder min- der mergeliger, hier und da zur Zementbereitung dienlicher Beschaffen- heit am Mächtigsten sind. Darunter folgt der Kupferschiefer: das Flötz bituminösen Mergelschiefers von im Ganzen 0,8—0,32 m Mäch- tigkeit, von dem einzelne Lagen (die der Bergmann nach ihrer Stellung innerhalb der Masse und ihrer Beschaffenheit mit besonderen Namen belegt) an fein beigemengten oder in sichtbaren Streifen etc. eingespreng- ten Kupfererzen (Kupferkies, Buntkupfererz, Kupferglanz etc.) genug enthalten, um bergmännisch abgebaut zu werden. Durchschnittlich sind nur 7—13 cm brauchbaren Erzes auf den Bergbaufeldern vor- handen, und der Schiefer gilt für schmelzwürdig bei 2,5—3,0% Ge- halt an metallischem Kupfer und 0,015% Silber. Die Mansfelder Gewerkschaft fördert unter ihrer jetzigen ausgezeichneten Leitung jährlich ca. 480 Millionen Kilogramm Erz und beschäftigt an 14000 Menschen; sie erzielt eine Ausbeute von jährlich 13000—13600 Ton- nen Kupfer und 76—80 Tonnen (zu je 1000 Kilogramm) Silber. — Der bituminöse Mergelschiefer umschliesst häufig fossile Fische, am meisten Palaeoniscus Freieslebeni Ag. und Pygopterus Humboldti Ag., auch Platysomus gibbosus Ag. und andere. Daneben kommen, leider meist in ungünstigster Erhaltung, die als Ulmannia selaginoides Brgt. sp. beschriebenen Nadelholzreste sowie sonstige Pflanzenversteiner- ungen vor. Der eigentliche Zechstein ist in hiesiger Landschaft äusserst arm an Fossilien.

Die nächste Unterlage des Kupferschiefers unserer Gegend ist eine meist weisslich oder grau gefärbte, sandige bis konglomeratische

Schicht von 0,30—1,50 m Mächtigkeit. Erzteile sind darin fast immer erkennbar, meist freilich nur spurenweise, doch zuweilen auch als schmelzwürdige Sanderze.

Der Bergmann nennt diese Lage seit Jahrhunderten das Weissliegende und sah dieses bei Eisleben etc. auflagern auf roten Massen von sonst gleicher Gesteinszusammensetzung, doch ohne Erze.

Dies für den Bergbau tote Gebirge so sorgfältig zu gliedern und zu unterscheiden, wie die Teile des Flötzes und des Hangenden von diesem, war den Alten zwecklos erschienen. So weit die rote Färbung in die Tiefe reichte, wurde Alles Rotliegendes genannt.

Für die bei Eisleben und an anderen Stellen der Gegend unmittelbar unter dem Weissliegenden folgenden, z. T. in zwei oder mehr geringmächtige Unterabteilungen gliederbaren Gebilde: die Eislebener Schichten, war der Nachweis leicht zu führen, dass sie einerseits mit dem darauf lagernden Zechstein gleichförmig liegen, dass aber anderseits das hiesige Weissliegende die gleichen Gesteinstrümmer enthält. Oft besitzen die Eislebener Schichten noch das kalkige Bindemittel des Weissliegenden. Daher wurde das innige Zusammengehören wiederholt anerkannt, besonders durch den Ausspruch: das Weissliegende hier sei ausgebleichtes Rotliegendes. Andrerseits war aber wohl bekannt, dass sich dem Zechstein von Gera etc. nach unten hin innigst anschliessen versteinerungsführende kalkige Sandsteine und Konglomerate, und E. Beyrich hatte nachgewiesen, dass bei Nordhausen ein „Zechsteinkonglomerat" ungleichförmig auf Gliedern des eigentlichen Rotliegenden aufruht und als unterste Lage des Zechsteingebirges auftritt.

In der Halle'schen Gegend spielen die roten Eislebener Schichten einschliesslich des sog. Weissliegenden dieselbe Rolle, wie weiter im Westen das „Zechsteinkonglomerat". Sie sind die ersten Ausfüllungen der Unebenheiten des durch Lagerungsstörungen veränderten Untergrundes, auf welchem dann weiter die höheren Glieder des Zechsteingebirges zum Absatze kamen.

Die Ungleichförmigkeit der Auflagerung der Eislebener Schichten auf dem während eines zeitweiligen Aufhörens der Gesteinsbildung durch Verschiebungen der Massen und Lagerungsveränderungen betroffenen älteren Gebirge ist bei Halle lange übersehen worden, weil die in allen Sandsteingebirgen häufige „Kreuzschichtung" hier noch mehr als anderwärts die Beobachtungen erschwert, da man es mit einer Diskordanz zwischen ähnlich zusammengesetzten und oft völlig gleich gefärbten Gebirgsgliedern zu thun hat.

Die unterhalb jener Ungleichförmigkeitsgrenze vorhandenen Gebirgsglieder unserer Gegend bilden, abgesehen von den Verschiebungen durch ältere und neuere Verwerfungen Teile einer grösseren nach Südwesten offenen Halbmulde, welche im allgemeinen von Nordost nach Südwest verläuft und nach Süden durch die Verwerfung von Halle abgeschnitten ist.

Den Kern der Mulde, d. h. deren innerste und jüngste Teile nehmen die Massen des Unterrotliegenden ein, welche mit begleitenden Eruptivgesteinen in der Seeben-Sennewitzer Niederung liegen. Dort sind allerdings natürliche Aufschlüsse selten, indess wird in den grossen Ziegeleien bei Sennewitz und Trotha der weisse bis grünliche und graue Thon des Unterrotliegenden ausgebeutet. Im Sennewitzer Thon entdeckte Herr Dr. Teuchert 1884 in Steinkohle verwandelte Pflanzenreste; später stellte es sich heraus, dass kieselschieferartige, schwarze Hornsteinmassen, die in den früher für tertiär geltenden Thonen sehr aufgefallen waren, von Cordaitenholz herrühren, das jedoch beim Versteinern meist sehr zerquetscht worden ist. — Diese schwertblätterigen Gymnospermen haben noch viele Blätter in dem Thon hinterlassen, daneben finden sich viele Wedelteile grosser Farne (Neuropteris pinnatifida etc.) auch zahlreiche Annularienreste.

Ein grosser Teil der Sennewitzer Thone sind ehemalige Porphyrtuffe, ob dieselben einmal festere Thonsteine waren, bevor sie in den Zustand knetbarer Thone übergingen, ist nicht sicher.

Ausser den Thonen kommen in dem Unterrotliegenden unserer Gegend noch vielerlei Gesteine vor: rote Porphyrtuffe, z. T. mit Pisolithen, z. T. als bunte Thonsteine entwickelt, die man früher Giebichensteiner Marmor nannte; Schieferthone[1]) und Schieferthonsandsteine von teils schwarzer und grauer, teils roter Färbung, Arkosen und Sandsteine von verschiedenartigem Aussehen, und mancherlei Konglomerate. Von den Letzteren verdienen besonders die in der Stadt Halle und deren unmittelbarer Nähe vorkommenden Porphyrkonglomerate Erwähnung, weil dieselben bis in die letzten Jahre dem „oberen Rotliegenden" zugerechnet worden waren, z. T. wegen des Vorkommens von Porphyrstücken in dem Weissliegenden und in den roten Konglomeraten der „Eislebener Schichten", z. T. wegen der Seltenheit von solchen in anderen Konglomeraten der Landschaft, z. T. endlich, weil man den Röt an der Halle für Zechstein hielt, also auch „Ober-

---

[1) Auch in einigen der Schieferthone, sowie im sog. Grandgestein von Wettin treten Pflanzenreste (Walchien, Cordaiten, Farne u. dergl.) auf, doch meist spärlicher, als in dem Sennewitzer Thone.

rotliegendes" in dessen nächster Umgebung vorhanden glaubte. — Die Zurechnung der Halle'schen Porphyrkonglomerate zum Unterrotliegenden stützt sich auf die verbesserten Beobachtungen über die Lagerungsverhältnisse und auf die erheblichen Verschiedenheiten in der Zusammensetzung des Gesteines und in dessen Mächtigkeit gegenüber den Konglomeraten der gleichförmig unter dem Zechstein lagernden Eislebener Schichten. —

Von Eruptivgesteinseinlagerungen kommen in der Umgegend von Halle besonders vor: Quarzporphyre und Porphyrite von dunkler Farbe, die mit vielerlei Namen (Melaphyr, Basaltit, Orthoklasporphyr u. dergl.) belegt worden sind. Die Letzteren gehören hauptsächlich der Umgebung von Löbejün an und machen sich nur an wenigen Stellen auf der Oberfläche sehr bemerkbar; die Quarzporphyre sind dagegen die Haupt-Felsbildner der gesamten Umgegend. Man findet hauptsächlich zweierlei Gesteinsausbildung, indem eine Porphyrabänderung mit ansehnlich grossen Krystall-Einsprengungen von Orthoklas, Oligoklas und Quarz in einer zur massigen Zerklüftung und grossschaligen Absonderung, auch oft sehr zu thoniger Verwitterung grösserer Massenteile geneigten Grundmasse mit den anderen Gesteinsabarten im Gegensatze steht.

Aus dem Gestein mit den grossen Krystallen bestehen u. A. die Landsberger Kuppen, der Dautsch, der Galgenberg, der Sandfelsen bei Lehmanns Garten, der Fels auf der Peissnitzinsel und die Hügel bei der Irrenanstalt unweit Nietleben; dann wieder die Saalufer bei Neu-Ragotzi und Brachwitz, die Höhen bei Raunitz und Neutz, endlich die bei Merbitz und Löbejün. Die Bohrung bei Sennewitz ist in 238,70 m Teufe in das Gestein eingedrungen und hatte in 1111,45 m noch immer in solchem gestanden; einige Male in der Zwischenzeit allerdings keine Kernstücken, sondern nur Zerreibsel desselben gewonnen. Die Möglichkeit liegt also vor, dass dieser Porphyr dort über 872,75 m stark sei, wenn man nicht zufällig das Bohrloch gerade über dem Gange angesetzt hat, aus welchem einst das Gestein hervorgequollen ist, oder wenn nicht durch Lagerungsstörungen, etwa durch mehrfache Verwerfungen, die Mächtigkeit verdoppelt oder noch weiter vergrössert erscheint.

Zahlreicher als die Aufschlüsse des Porphyrs mit den grossen Krystalleinschlüssen sind die zu Tage gehenden Kuppen anderer Porphyre, welche durch die geringere Grösse der Krystalleinsprengungen, oft auch durch eine perlsteinartige Absonderung der Grundmasse zu grusartigen Teilchen[1]) sich auszeichnen. Es bestehen aber in dem

---

1) Auf dem Herausbröckeln solcher Körperchen beruht die zuweilen, z. B. bei der Jahns-Höhle wahrnehmbare Neigung zur Bildung von Grotten.

Reichtum an Krystalleinsprengungen, in deren Anordnung auch im Vorherrschen bald des Orthoklases, bald des Plagioklases; hier und da auch des Quarzes unter denselben; im gelegentlichen Auftreten gebänderter oder in Kugelporphyr übergehender Grundmasse, mancherlei Verschiedenheiten. Zwar können durch Schlierenbildung in einem glutflüssigen, ursprünglich einheitlichen Gestein erhebliche Sonderungen eintreten, indess ist es nach den Einzelheiten der Lagerungsverhältnisse wahrscheinlicher, dass mehrere Ergüsse die Porphyre mit kleinen Krystalleinschlüssen hier geliefert haben. Zu den kleineren Ergussmassen rechnen wir das Gestein von Reils Berg bei Wittekind. Dasselbe ist anscheinend bei der Erstarrung an seiner Oberfläche in ein Trümmerwerk grösserer und kleinerer Stücke zerfallen, ähnlich wie die Laven von 1866 u. s. w. im Santorinarchipel.

Wir sehen jetzt also eine breccienartige Porphyrmasse, die sehr einem Sedimente gleichen kann, wo auch fremdartige Gesteinsstücke (vielleicht z. T. Auswürflinge) mit in die einst durch einander gerollten Teile der Erstarrungsrinde geraten waren. —

Die Porphyre werden an vielen Stellen in grossen Steinbrüchen ausgebeutet. Sie geben Pflastersteine und Grundmauer-Brocken, die kleineren Abfallstücken dienen zur Beschotterung der Strassen. Auch die zu Kaolin verwitterten Porphyre, aus denen die unzersetzt gebliebenen Quarzkrystalle etc. nicht besonders schwer zu entfernen sind, werden aufgesucht und abgebaut.

Die Wettiner Schichten des oberen Steinkohlengebirges haben an Stellen, wo dieselben nicht in der Gestalt eines hauptsächlich rot gefärbten, tauben Gebirgsgliedes auftreten, sondern eine grössere Zahl von Schichten darbieten, die durch noch vorhandene organische Stoffe grau oder schwarz gefärbt sind, vielfach zum Steinkohlenbergbau oder doch zu Versuchsbauten und Voruntersuchungen Anlass gegeben. Die taube, rote Ausbildungsweise ist in der Regel früher übersehen worden, sodass man glaubte, in Partieen, wo rotes Gebirge herrscht, sei keine Schichtbildung in den Zeiten der Entstehung der Wettiner Flötze erfolgt.

Die Steinkohlen, welche in den bis jetzt erschlossenen Kohlenfeldern der Gegend ausgebeutet worden sind, gehören vier Flötzen an, von denen in den meisten Gruben nur je zwei abbauwürdig gefunden wurden. Der Bergbau hat hauptsächlich an drei Stellen des Nordflügels der vorher erwähnten Mulde: bei Wettin, bei Löhejün und im Anhaltischen bei Plötz stattgefunden. An deren Südflügel sind bis jetzt nur ungenügende Kohlenmengen gefunden, z. B. in Wittekind-Giebichenstein. Der Steinkohlenbergbau bei Dölau fand an einer durch

besondere Lagerungsstörungen beeinflussten Stelle statt. Bei Brachwitz und bei Raunitz scheinen schwarze Schieferthone des Unterrotliegenden zu den längst verlassenen Bergbauversuchen Anlass gegeben
zu haben. Bei Löbejün sind sehr grosse Lagerungsstörungen beobachtet worden, zum Teil wohl Folgen des Druckes, welchen die
zur Zeit des Unterrotliegenden massenweise ergossene Lava (der Porphyr) auf die weichen Schichten in ihrem Liegenden ausgeübt hat.

Bei Löbejün sind die bekannt gewesenen Steinkohlenfelder ausgebeutet, der Bergbau seit Jahren eingestellt; auch der Wettiner Bergbau wird, wenn nicht neue Flötzstrecken aufgedeckt werden, in wenigen Jahren die bisher nachgewiesenen Strecken ausgenutzt haben.
Immerhin lieferte das Werk in den letzten Jahren noch über 25000
Tonnen im Werte von über 240000 Mark.

Die Pflanzenwelt[1]), welche zur Zeit der Wettiner Schichten in
den benachbarten Landesteilen wuchs, ist zu einem ansehnlichen Teile
durch die Funde in den die Flötze begleitenden Schieferthonen bekannt geworden. Es waren Gymnospermen und Kryptogamen, die
jene Reste lieferten: Cordaiten, einige Sigillarien, eine Anzahl zum
Teil baumartiger Farne, ferner die meist als schachtelhalmartige Gewächse gedeuteten Calamiten und Annularien, welche bedeutende
Grösse erreichten. Die Sphenophyllen und einige der kleinen Farn-
kräuter haben wahrscheinlich nur wenig sich über den Boden erhoben.
— Auch von einer Anzahl Insekten sind Flügel gefunden worden und
manche Überreste von Wassertieren: von verschiedenerlei Krustern,
einigen Fischen und mehreren Muscheln. —

Das unterste und älteste sichtbare Gebirgsglied unserer Landschaft
sind die unter den Wettiner Schichten lagernden Mansfelder Schichten: eine Folge roter Sandstein- und Konglomeratbänke mit untergeord-
neten Schieferthonlagen dazwischen. Diese — seltener auch die anderen Bänke — enthalten häufig Kalkknauern. Die Festigkeit der
Sandsteine und Konglomerate bedingt das felsige Gepräge von Thä-
lern, welche in die Mansfelder Schichten eingeschnitten sind, und veranlasst die Anlage von Steinbrüchen zur Gewinnung von Mauer-, Grund-
mauer- und Uferbau-Steinen. — Das Saalthal bei Dobis und Rothenburg bis gegen Könnern bietet einen ausgezeichneten Aufschluss über
einen Teil der Mansfelder Schichten, welcher zugleich die ungleich-
förmige Überlagerung derselben durch Eislebener Schichten bei Dobis
und bei Könnern zur Anschauung bringt, auch eine Anzahl von

---

[1]) Germars Werk: Die Versteinerungen des Steinkohlengebirges von Wettin und
Löbejün, das leider unvollendet geblieben ist, hat über viele dieser Reste wichtige
Aufschlüsse gegeben.

jenen Massenverschiebungen und Verwerfungen erkennen lässt, welche beim Wettiner Bergbau sich störend erwiesen haben und welche älter als die Eislebener Schichten sind. — Die Mansfelder Schichten sind nicht reich an Versteinerungen, abgesehen von häufigem Auftreten verkieselter oder verkalkter Cordaitenhölzer, besonders in ihren oberen Lagen. 1824 kamen bei Rothenburg Abdrücke grosser Sigillarien-Stammstücken zum Vorschein. Auch findet man bei Dobis Reste von Farnkräutern (Odontopteris Reichiana Gutb.) und Kalamiten, welche hier wie anderwärts das obere Steinkohlengebirge kennzeichnen.

Vorstehender Übersicht über die Naturverhältnisse der Umgegend von Halle a/S. wird ein Stadtplan mit geologischer Ausmalung der Hauptgebirgsglieder: Unterrotliegendes, Porphyre, mittlerer Buntsandstein, oberer Buntsandstein, Braunkohlengebirge, Diluvium (einschliesslich der wahrscheinlich altalluvialen Kies- und Sandstreifen im Stadtgebiete) beigegeben, auf welchem die jungen Alluvialgebilde des Saalthals und der ihm zufliessenden kleinen Wasseradern ohne Ausmalung bleiben. — Der leichteren Herstellbarkeit der Karte zu Liebe sind selbst jene weiteren Gliederungen, welche demnächst auf der geologischen Spezialkarte im Massstabe von 1 : 25000, Blatt Halle, zum Ausdruck kommen werden, hier unterblieben.

Im Weichbilde einer alten Stadt sind seit mehr als 1000 Jahren viele Aufschüttungen vorgekommen; Aufschlüsse des Untergrundes sind oft nur wenige Tage lang zugänglich, entgehen also leicht der Wahrnehmung eines Einzelnen. Daher beruht die vorliegende Darstellung nur zum Teil auf eigenen Beobachtungen des Verfassers; es sind ausser diesen besonders berücksichtigt die Angaben aus

Andrae's geol. Karte von Halle und seiner Umgegend (1850).
v. Bennigsen-Förder's Bodenkarte der Umgegend von Halle (1865).
Münter's Untergrund der Stadt Halle a S. Erste Veröffentlichung des Vereins für öffentliche Gesundheitspflege. 1869.

Des verstorbenen Herrn Sanitätsrates Dr. Kunze Arbeit: Halle a S. in sanitärer Beziehung (1885) enthält auch einen, leider durch manche Missverständnisse seiner Unterlagen entstellten, geologischen Stadtplan.

Einige Einzelheiten des hier gegebenen Bildes bedürfen wohl besonderer Bemerkungen.

1) Die Alluvialstreifen, welche von den kleinen Rinnsalen herrühren, die von der Hochfläche nach der Saale zu verlaufen oder

früher verlaufen sind, lassen sich nicht mehr in ihrer Begrenzung scharf erkennen, sie sind also zum grössten Teil schematisch unter Anschluss an frühere, fremde Beobachtungen eingetragen worden.

2) Die altalluvialen Kies- und Sandablagerungen innerhalb der Stadt sind nur an vereinzelten Stellen während der letzten Jahre beobachtet worden. Wo ein unmittelbarer Zusammenhang mehrerer Beobachtungsstellen unzweifelhaft schien, sind diese verbunden worden; doch durfte es nicht gewagt werden, ein oder einige durchgehende Rinnsäle einzuzeichnen, zumal da es wahrscheinlich ist, dass einige Gerinne jüngsten Alters, z. B. die „faule Wietschke" und der einst beim Jägerplatz mündende Bach nicht nur die alten Kies- und Sandstreifen zerschnitten, sondern auch deren Unterlage ausgewaschen haben.

3) An der unteren Grenze der Hauptmasse des Diluviums treten besonders im Norden, z. B. im Bahneinschnitte der Halle - Ascherslebener Bahn, kleine Reste des altglazialen Geschiebemergels, im Norden und Osten der Stadt noch interglaziale Gebilde (Rollkieselschicht an der Bürgermädchenschule in der oberen Steinstrasse, Bänderthon ebenda, ferner in dem Einschnitte der Ascherslebener Bahn, in der oberen Leipzigerstrasse etc.) auf. Bei tieferen Erdarbeiten am Bahnhofe etc. sind dieselben in anscheinend nach Osten steigender Mächtigkeit, gelegentlich auch mit Resten von Süsswassermuscheln und -Schnecken, gefunden worden. Im Süden der Stadt ist die Grenze des Diluviums da angesetzt, wo dessen Massen mindestens beim Ackern oder bei Grabungen im Zusammenhange erscheinen; vereinzelte erratische Blöcke, zuweilen auch Gruppen von solchen, zeigen sich nicht selten auf dem bunten Sandstein.

4) Die Ausdehnung des Braunkohlengebirges im südlichen Teile der Stadt ist teils nach mir zugegangenen mündlichen Berichten, teils nach eigenen Wahrnehmungen aufgezeichnet. Münter, der leider dem Diluvium keine besondere Farbe gegeben hat, lässt das Braunkohlengebirge am Moritzkirchhofe bis zur Gerbersaale reichen und über den alten Markt gehen. Ich halte Täuschungen durch uralte Aufschüttungen dort für wahrscheinlich. In der Thorstrasse und weiter südwärts bis gegen Wörmlitz greift das ungleichförmig aufgelagerte Diluvium vom Oligocän auf den mittleren Buntsandstein über, so weit meine Erfahrungen Auskunft geben.

5) Die Verwerfungsgrenze des mittleren Buntsandsteins gegen das Unterrotliegende zeichnet Münter mehr bogenförmig und nach Norden vorspringend; wahrscheinlich wegen der grossen Ähnlichkeit zwischen ausgebleichten plattigen Sandsteinen des Unterrotliegenden mit solchen

des bunten Sandsteines und ebensolcher Ähnlichkeit der zwischenliegenden Thonschichten, die im Rotliegenden wohl aus einer Zer-
weichung von Schieferthon abzuleiten sind. Ich selbst war früher
geneigt die Grenze weiter nördlich zu ziehen, bis tiefe Ausschacht-
ungen, z. B. bei der Grundsteinlegung des Café Bauer, meine Auffassung ändern mussten.

6) Die Gründe, welche zu einer Wiederaufnahme der v. Veltheim'schen Ansicht gedrängt haben, nach welcher der Kalkstein von
Halle jünger als mittler Buntsandstein, älter als Muschelkalk ist, also
den Kalken und Dolomiten des Röt entspricht, wurden oben dargelegt. Hier sei noch erwähnt, dass zwar Versteinerungen in dem Kalke
der Umgebungen der Marienbibliothek vorhanden sind, dass aber ent-
scheidende Formen, wie Myophoria fallax, noch nicht innerhalb der
Stadt zur Beobachtung gelangt sind. Die Nordgrenze der Rötkalke
konnte nach neuen Aufschlüssen gegeben werden, nicht aber die
Grenze des Südflügels der vorhandenen schiefen Schichtmulde.

7) Die älteren Schichtgebilde im Norden der Stadt sind hier
Unterrotliegendes genannt, während Laspeyres sie zum „Oberrot-
liegenden" zählt. — Der letztgenannten Ansicht vermag ich mich nicht
anzuschliessen, da das sog. Oberrotliegende bei Wettin, Könnern und
Eisleben (nämlich die Eislebener Schichten) durch manche Verschiedenheiten von den Gebilden in und bei Halle abweicht. Die hier vorhandenen Übergänge in Porphyrtuff und die innige Beziehung[1]) zu
den Porphyrergüssen selbst, erscheinen vorzüglich massgebend. An
einigen Stellen (z. B. an der Ecke der Margarethen- und Hedwig-
strasse, an der Luisen- und Sophienstrasse, ferner beim künftigen
Kaiserplatze am Hasenberg) sind sehr grosse einheitliche Massen, die
anstehendem Porphyr gleichen (an der ersteren Stelle vielen Schwefel-
kies in Klüften enthaltend) zersprengt worden. Wahrscheinlich handelt es sich in der Margarethen- und der Sophienstrasse um Konglomerate mit Riesenblöcken von Porphyr, am Hasenberge um verhär-
teten kieseligen Porphyrtuff. Denn eine weitere Verbreitung des scheinbar anstehenden Porphyrs konnte in der Umgebung der drei genannten
Punkte nicht nachgewiesen werden. Übrigens sind die vorwiegend
aus Porphyrbrocken gebildeten Konglomerate beim Halleschen Stadt-
theater, am Kapellenberge etc. durch die Abrollung der Gerölle in
denselben, durch Fehlen granitischer Bruchstücken und durch den
Mangel an Kalkspat im Bindemittel von den Konglomeraten der
Eislebener Schichten petrographisch verschieden.

---

1) Diese haben Girard und Münter erkannt. S. S. 10 von Jessen Schrift.

Einige Eigentümlichkeiten der Schichten, welche bei den Brunnenbohrungen an der Halleschen Aktienbrauerei und an der Irrenanstalt zwischen Halle und Nietleben durchsunken wurden, die Angaben über die bei der Gruneberg'schen Bohrung[1]) in der Nähe des Nordfriedhofes von Halle angetroffenen Kohlenbestege und Münter's[2]) Beobachtungen über das Vorkommen von Plattenkalkstein - Stücken im „Sandthon" der Strecke zwischen der Strafanstalt und dem ehemaligen „Schwanenteiche" sprechen sogar für das Vorkommen von Wettiner Schichten des oberen Steinkohlengebirges innerhalb des Weichbildes der Stadt. Da aber die letzteren nicht unzweideutig nachgewiesen sind, ziehe ich vor, alle in Rede stehenden Gebilde als Teile des „Unterrotliegenden" auf dem geologischen Stadtplan einzuzeichnen.

1) Laspeyres, Geogn. Darstellung des Steinkohlengebirges und Rotliegenden in der Gegend nördlich von Halle a S S. 525 (265) u. f.

(2 Münter, Der Untergrund der Stadt Halle a S S. 11.

III

BEWEGUNG DER BEVÖLKERUNG, MORTALITÄT UND MORBIDITÄT.

VON

DR. HÜLLMANN, GEH. SAN.-RATH.

Halle ist seit dem Herbst 1890 in die Reihe derjenigen Städte eingetreten, welche über 100000 Einwohner zählen; denn die Volkszählung vom 1. Dezember 1890 ergab die Zahl von 101277 Ortsanwesenden. In der ersten Hälfte dieses Jahrhunderts bewegte sich die Einwohnerzahl zwischen 20 und 30 Tausend, mit geringen Schwankungen; erst in den vierziger Jahren beginnt ein allmähliches, nur ein- oder zweimal durch mörderische Epidemien unterbrochenes Anwachsen der Bevölkerung, welches von 1871 an sich progressiv steigert. Die Ursachen dieser Erscheinung liegen im Wesentlichen in der Veränderung, welche der Charakter der Stadt durch die Entstehung und Entwickelung der Eisenbahnen, in der dadurch bedingten Entwickelung des Handels, der Entstehung und dem Aufblühen der Industrie u. a. erlitt; Halle war früher nur Universitäts- und Schulstadt und eine ungemein ungesunde Stadt. Mit der Entstehung der Eisenbahnen, von denen eine der ersten in Deutschland Halle berührte, erwuchs allmählich ein industrielles, bis dahin ganz unbekanntes Leben, welches den stärkeren Zuzug einer stetig steigenden Menge Arbeit und Gewinnsuchender von auswärts zur Folge hatte. Allmählich gewann auch die enge winkelige, unsaubere Stadt ein freundlicheres, wohnlicheres Ansehen und zog Manchen vom Lande und aus kleineren Städten an, der die Vorteile und Annehmlichkeiten der aufblühenden Grossstadt zu geniessen, insbesondere auch deren altbewährte, ausgezeichnete und umfassende Bildungsmittel zur Erziehung seiner Kinder zu verwerten trachtete. Es geschah dieses um so mehr, als die städtischen Behörden bei Anlage der nach allen Seiten hin sich an die alte Stadt anschliessenden neuen Strassen, welche im

Zahl der Geborenen und Gestorbenen mit Einschluss der Nicht-Ortsangehörigen.

	Einwohner-zahl.	Gesamtzahl der Geborenen.	pro Mille der Einwohner.	Gesamtzahl der Gestorbenen.	pro Mille der Bevölkerung.
1855	36 068	1310	34,2	1521	42,1
1856	37 300	1480	38,0	881	23,6
1857	38 700	1458	37,6	984	25,4
1858	40 300	1585	39,3	1136	28,1
1859	41 140	1602	39,0	1074	26,0
1860	42 000	1490	35,4	1127	26,7
1861	42 977	1613	37,5	1121	26,0
1862	43 677	1598	37,3	1080	24,0
1863	44 877	1684	37,5	1260	28,1
1864	45 072	1764	38,3	1680	36,5
1865	46 646	1918	41,1	1579	33,8
1866	47 603	1677	35,1	3046	64,2
1867	48 940	1712	35,0	1467	30,0
1868	49 513	1861	37,5	1311	26,4
1869	50 489	1820	34,8	1249	24,7
1870	51 036	2012	39,4	1418	27,7
1871	52 639	1808	34,3	1596	30,3
1872	54 314	2131	34,2	1391	25,6
1873	56 134	2156	38,2	1474	26,2
1874	58 317	2268	38,8	1539	26,2
1875	60 631	2378	39,2	1585	26,1
1876	62 545	2655	42,6	1698	27,1
1877	65 140	2611	40,0	1583	24,6
1878	67 032	2552	38,0	1659	24,8
1879	69 205	2664	38,4	1796	25,7
1880	71 484	2670	37,3	1901	27,6
1881	72 719	2713	37,3	1816	24,9
1882	74 816	2807	37,3	1970	26,3
1883	77 133	2887	37,4	2033	26,3
1884	80 296	3014	37,4	2221	27,6
1885	81 982	3032	36,4	2034	24,7
1886	83 890	3054	36,4	2197	26,1
1887	87 373	3109	35,4	1967	22,5
1888	90 706	3300	36,3	2225	24,5
1889	95 111	3413	35,7	2471	25,9
1890	101 277	3726	36,8	2389	23,5

Verlaufe der letzten 25 Jahre die von der Stadt eingenommene Fläche mehr als verdoppelten, den sanitären Anforderungen wie der Annahme betreffs des Wohnens in jeder Beziehung Rechnung zu tragen suchten, und die thatsächlichen Verhältnisse dem Ruf Halles als einer ungesunden Stadt immer mehr den Boden entzogen.

Vorstehende tabellarische Übersicht der Ergebnisse der Volkszählungen mögen zur Erläuterung des eben Gesagten dienen.

Wir kommen nun zur Darstellung der Gesundheitsverhältnisse von Halle, wie sie zur Zeit sind, wie sie seit mehreren Jahrzehnten waren und wie sie demnach wohl als die für unsere Stadt massgebenden angenommen werden dürfen.

Zwei Dinge sind es, die den Gradmesser für die Salubrität einer Stadt abgeben: das Verhältnis der Geborenen zu den Gestorbenen und das Auftreten der Infektionskrankheiten, insbesondere des Typhus. Je grösser das Übergewicht der Geborenen über die Gestorbenen, je seltener und milder das Auftreten der Infektionskrankheiten, um so gesunder ist ein Ort, und umgekehrt. Von beiden Gesichtspunkten aus betrachtet war Halle früher, d. h. bis vor wenig über 2 Jahrzehnten, unbestritten eine der ungesundesten Städte Deutschlands, steht dagegen jetzt in der Reihe der gesundesten.

Zunächst das Verhältnis der Geborenen zu den Gestorbenen.

Magistratualische Listen über diesen Gegenstand existieren nicht, insbesondere nicht aus den früheren Jahrhunderten und den ersten Jahrzehnten dieses Jahrhunderts. Die Führung der Geburts- und Sterberegister war ja früher lediglich Sache der Geistlichen. In Folge dessen ist es nur möglich gewesen, aus einer bis zum Jahre 1078 reichenden ziemlich vollständigen Sammlung von sog. Kirchenzetteln, d. h. den alljährlich durch die Küster aufgestellten Extrakten aus den Kirchenbüchern über Getaufte, Gestorbene, Getraute und Kommunikanten zu entnehmen, dass während des 18. Jahrhunderts die Zahl der Getauften sich zwischen 494 und 854, und die der Gestorbenen zwischen 536 und 897 bewegt, während die letztere nur ein einziges Mal (1789) auf 403 sinkt, dagegen dreimal über 1000, im Jahre 1772 sogar auf 2161 steigt! und ferner, dass in der Regel die Zahl der Gestorbenen die der Geborenen wesentlich überragt, selten ihr nahezu gleich ist, und nur verschwindend selten hinter ihr zurücksteht.

Im ersten Jahrzehnt dieses Jahrhunderts bewegt sich die Zahl der Geborenen zwischen 698 und 776, während die der Gestorbenen einmal 618, achtmal zwischen 730 und 898, einmal (1806) 1289 beträgt.

In den letzten 40 Jahren übersteigt die Zahl der Geborenen fast stets die der Gestorbenen, nur 1855 und 1866 (Cholerajahre) bleibt sie hinter derselben zurück; seit 1868 wächst der Überschuss der Geborenen über die Gestorbenen immer mehr und beträgt im letzten Jahre beträchtlich, etwa die Hälfte der letzteren mehr.

Wir kommen zur Morbidität.

So weit bekannt, gab es bis vor ca. 25 Jahren in Deutschland kaum eine Epidemie, welche Halle nicht in der empfindlichsten Weise heimgesucht hätte. In den früheren Jahrhunderten hat nach den Nachrichten unserer Chronisten (Spikendorf, v. Dreyhaupt u. a.) die Pest wiederholt schwer bei uns gehaust, und waren Pocken, Typhus und Ruhr ausserordentlich häufig und heftig; zu denen im laufenden Jahrhundert noch die Cholera trat. Im Jahre 1813 sollen mit Einschluss der zahlreichen Verwundeten aus der Schlacht bei Leipzig gegen 6000 Personen an Typhus, Ruhr und Lazarethfieber gestorben sein.

Übersicht des Vorkommens der wichtigsten Krankheiten.

Es verstarben an	1882	1883	1884	1885	1886	1887	1888	1889	1890
Schwindsucht	181	176	182	223	201	228	227	226	238
Diphtherie und Kroup	93	182	130	136	161	145	159	149	83
Scharlach	15	10	8	60	52	30	26	142	37
Masern	4	2	8	11	11	5	15	1	27
Brechdurchfall u. Durchfall	101	75	130	150	265	201	237	285	369
Typhus	13	15	14	21	12	12	12	17	14
Ruhr	6	11	4	—			—	—	

Von Choleraepidemien haben wir 7 zu verzeichnen, die vom 6. Dezember 1830 bis zum Frühjahr 1831, vom 6. Dezember 1848 bis März 1849, vom Juni bis Oktober 1849, vom Juli und August 1850, vom Juli und August 1855, vom Juli bis Oktober 1866 und vom August 1867. Die heftigsten Epidemien waren die von 1849, welche an einem Tage einmal 84, im Ganzen etwa 1400, und die von 1866, welche weit über 2000 Opfer verlangte. Dagegen verschonte die Epidemie von 1873 Halle gänzlich, obgleich sie über ganz Deutschland sich verbreitete und teilweise auch in unserer Provinz, z. B. in Magdeburg, sehr heftig wütete, ja sogar in den vor den Thoren der Stadt gelegenen Dörfern zahlreiche Todesfälle verursachte.

Typhus gehörte früher zu regelmässig vorhandenen und häufig tötlich verlaufenden Krankheiten. Seit 1873 ist er zwar alljährlich noch vorgekommen, hat aber immer nur eine sehr geringe Totenzahl geliefert (s. die Krankheitstabelle). Interessant ist die bekannte Typhus-epidemie des Waisenhauses im Jahre 1871. Während derselben star-ben in den Francke'schen Stiftungen 17, in der Stadt nur 2 im Waisen-hause erkrankte Schüler, welche zu Hause gepflegt wurden.

Epidemische Ruhr ist seit 1868 selten, seit 1885 gar nicht mehr vorgekommen, während sie früher in mehr oder weniger grossen Intervallen oft recht heftig auftrat.

Brechdurchfälle und Diarrhöen, vorzugsweise der Kinder, sind trotz der erheblich gebesserten allgemeinen Gesundheitsverhält-nisse sehr zahlreich geblieben, ja sie scheinen sogar in den letzten 15 Jahren relativ häufiger geworden zu sein. Die Sterblichkeit der Kinder im ersten Lebensjahre ist überhaupt bei uns eine sehr grosse. Sie schwankt in den letzten 10 Jahren zwischen 30 und 42% aller Gestorbenen und beträgt im Durchschnitt 35,2%. Die Säuglinge par-tizipieren also nicht an den Vorteilen der verbesserten Salubrität der Stadt. Wie überall in den grösseren Städten liegen die Ursachen der grossen Kindersterblichkeit in der relativen Zunahme und in der un-zweckmässigen Durchführung der künstlichen Ernährung der Säuglinge.

Diphtherie trat zum ersten Male 1801 in Halle auf. Seit 1804 hat sie uns nicht mehr verlassen und fordert alljährlich eine nennens-werte Zahl von Opfern. Der Kroup dagegen hat seit dem Auftreten der Diphtherie wesentlich nachgelassen. Im letzten Jahre hat er sich wieder mehr gezeigt, während die Zahl der Diphtherischen etwas ab-genommen hat.

Schwindsucht tötet in Halle etwas mehr als 2 pro Mille der Bevölkerung und auf ihre Rechnung kommen allein 10 bis 13% aller Todesfälle. Es scheint sich dieses Verhältnis in dem letzten Jahrzehnt allmählich ein wenig günstiger zu gestalten.

Die Influenza wütete hier im Winter 1889 90 ausserordentlich heftig, verlief indessen nur in verhältnismässig wenigen Fällen direkt tötlich, brachte aber etwas anbrüchige, insbesondere tuberkulos be-lastete Menschen in grosser Zahl zum Absterben.

Wie die Morbidität, so hat auch in gleichem Masse die Mor-talität in Halle in den letzten Jahrzehnten abgenommen, wie be-sonders aus der folgenden Tabelle zu erkennen ist, welche die wäh-rend der letzten 10 Jahre geborenen und verstorbenen Ortsangehörigen mit Ausschluss aller Ortsfremden verrechnet. Die Zahl der in der Universitätsklinik Geborenen ist von jeher von einem merklichen Ein-

Geborene und Gestorbene mit Ausschluss der Nicht-Ortsangehörigen.

Jahr	Ein-wohner. Gesamt-Summe.	Geborene Gesamt-Summe.	Geborene Aus-wärtige.	Geborene Ortsange-hörige.	Geburts-ziffer.	Gestorbene Gesamt-Summe.	Gestorbene Aus-wärtige.	Gestorbene Ortsange-hörige.	Sterbe-ziffer.	Im ersten Lebens-jahre Gestorbene. aller Verstorbenen
1881	72719	2713	192	2521	34,5	1616	161	1655	22,7	598 = 30,7 %
1882	74816	2907	226	2681	34,5	1970	194	1776	23,7	563 = 31,7 %
1883	77130	2887	225	2662	34,5	2033	268	1765	23,5	595 = 33,7 %
1884	80426	3014	241	2773	34,6	2221	248	1973	24,5	797 = 30,9 %
1885	80982	3002	296	2746	34,2	2064	238	1790	24,8	720 = 42,2 %
1886	81982	3034	283	2751	33,0	2197	320	1877	22,3	658 = 34,2 %
1887	83880	3000	309	2991	35,7	1967	282	1685	19,2	540 = 33,0 %
1888	87373	3300	314	2986	32,9	2225	257	1968	23,6	648 = 32,9 %
1889	90200	3300	313	2980	33,6	2471	328	2143	22,5	728 = 33,3 %
1890	95111	3226	329	2897	34,4	2880	263	2256	19,9	822 = 40,4 %

Durchschnitt der letzten 10 Jahre   33,80   22,10

flusse auf die Geburtsziffer der Stadt gewesen, die der in den Kliniken und Krankenhäusern gestorbenen Auswärtigen aber hat seit etwa 15 Jahren eine so bedeutende Höhe erreicht, dass sie bei der Berechnung der Sterbeziffer von Halle ganz bedeutend ins Gewicht fällt. Die durchschnittliche Sterbeziffer von Halle betrug früher 32 und darüber, seit fast 25 Jahren 24 und nach Abzug der hier gestorbenen Auswärtigen 22 pro Mille. (Siehe die Tabelle auf Seite 56.)

Mit Recht fragt man: wodurch ist binnen kaum einem Vierteljahrhundert dieser eminente Umschwung in den sanitären Verhältnissen herbeigeführt worden?

Die Ursachen der früheren schlechten Zustände sind wesentlich in dem Mangel an Licht und Luft, sowie gesundem und genügendem Wasser zu suchen. Die ältesten Stadtteile zeichneten und zeichnen sich noch aus durch ein Gewirr von engen winkeligen Strassen, besetzt mit hohen, unzweckmässig gebauten und dicht bewohnten Häusern, wie wir dies in den meisten alten Städten, wenn auch in manchen nicht in so auffallendem Maasse finden. Das ist jetzt anders geworden. Auch in der alten Stadt ist jetzt durch eine zweckmässige Bauordnung dafür gesorgt, dass die Strassen möglichst gerade, hinreichend breit werden, kanalisiert sind, die Häuser eine entsprechende Höhe und stets einen kleinen, wenn auch oft nur recht bescheidenen, hygienischen Ansprüchen genügenden Hofraum erhalten und mit besseren Abortanlagen ausgestattet werden. Der Umbau der alten Stadt, der sich seit einer Reihe von Jahren in immer grösserem Umfange vollzieht, wird zur Assanierung derselben ausgiebig ausgenutzt. Durchbrüche sind gemacht und zahlreiche Häuser oder Teile von Grundstücken seitens der Stadtgemeinde angekauft worden, um die Strassen, entsprechend dem stetig wachsenden Verkehr, zu verbreitern, alle Schmutzwinkel zu beseitigen, und Licht und Luft freien Zutritt zu schaffen. So sind bereits recht ausgedehnte Verbesserungen vollendet und andere nicht minder wichtige von den städtischen Behörden geplant.

Aber ungleich einflussreicher für die Verbesserung unserer sanitären Zustände war die Beschaffung eines guten Trinkwassers in ausreichender Menge.

Halle besass früher, ausser den nicht sehr zahlreichen Privatbrunnen, ein städtisches Wasserwerk, welches nur für die grössere Hälfte der Stadt eine kaum dem notwendigsten Bedürfnisse genügende Menge Wassers und zwar aus dem der Stadt zunächst liegenden, durch die Abwässer der Stadt verunreinigten Arme der Saale lieferte. Das betreffende, aus dem Mittelalter stammende Pumpwerk stand am unteren Ende der Stadt. Man hatte es an dieser ungünstigsten Stelle des Flusses anlegen müssen, um es gegen Zerstörung zu schützen, wie sie bei den häufigen feindlichen Angriffen auf die Stadt leicht vorkommen konnte. Hier befand es sich unter dem unmittelbaren Schutze der starken Moritzburg.

Die Privatbrunnen innerhalb der meist engen Höfe waren fast ausnahmslos — nur das Waisenhaus hatte eine gute Privatleitung von dem Plateau im Süden des Stadtbezirkes her — schlechter als schlecht. Wie sollte es auch anders sein? Der Untergrund von Halle ist zum grossen Teil vollkommen undurchlässig durch den in meist sehr geringer Tiefe liegenden Thon oder Porphyr, während er an anderen Stellen der Braunkohlenformation angehört, und nicht selten die Braunkohle nahezu unter dem Strassenpflaster zu finden ist. Die Brunnen konnten demgemäss nur eine geringe Tiefe haben und musste das in ihnen enthaltene Schichtwasser durch die durchsickernden Zersetzungsprodukte menschlicher und tierischer Abfallstoffe immer mehr verunreinigt werden. Wiederholt hat man bei Neubauten in den Höfen der Grundstücke sich überzeugen können, wie aus den anliegenden Kloaken der Abtrittsjauche der Eintritt direkt in den Brunnen ermöglicht war. Es ist unglaublich, wie die Hallenser Jahrhunderte lang dieses Jauchenwasser geniessen konnten; begreiflich, dass dasselbe allen möglichen konstitutionellen und Infektionskrankheiten den besten Vorschub leistete.

Zahlenmässig lässt sich deshalb auch nachweisen, wie die Mortalität seit der Zuführung des Wassers der neuen Wasserleitung zu allen Teilen der Stadt (April 1868) sich stetig verminderte. In dieser Periode steigt die Sterbeziffer nur während der Jahre 1870 und 71 wieder zu einer etwas bedenklichen Höhe an. Die Ursache hierfür ist aber leicht in den durch den Krieg veranlassten Truppendurchzügen, Anhäufung von Verwundeten, Kranken, Gefangenen und den dadurch bedingten Krankheiten, insbesondere Pocken, zu finden. Unzweifelhaft haben in dieser Periode die epidemischen Krankheiten niemals eine erhebliche Verbreitung gewonnen, namentlich hat die vordem in nur kurzen Intervallen regelmässig wiederkehrende endemische Steigerung des Typhus aufgehört. Seit den siebziger Jahren bewegt sich die Sterbeziffer mehr und mehr in absteigender Richtung, und würde noch um ca. 2 pro Mille in jedem Jahre niedriger sein, wenn nicht die Zahl der in hiesigen Krankenanstalten verstorbenen Ortsfremden die Gesamttotenzahl erheblich vermehrte.

GRUNDZÜGE DER WIRTSCHAFTLICHEN ENTWICKELUNG VON HALLE A. S.

VON

DR. WERMERT, HANDELSKAMMER-SEKRETAIR.

— · · —

Um die wirtschaftliche Entwickelung einer Stadt zu erkennen, muss man die Faktoren zu erfassen suchen, welche eine wesentliche Grundbedingung für das Emporkommen derselben gebildet haben. Für Halle a. S. sind diese nach zwei Richtungen hervorgetreten, nämlich nach der Seite der Erzeugung von wirtschaftlichen Gütern und nach der der Fortschaffung derselben. In erster Hinsicht ist als ein solcher Faktor die Fruchtbarkeit des Bodens der umliegenden Gegend und der benachbarten Gebiete zu nennen. Zweitens haben auch die reichen mineralischen Schätze, welche sich im Boden befinden, nicht wenig zum Aufblühen der Stadt beigetragen, wozu als dritter Faktor der Fleiss und die Rührigkeit der Bewohner gerechnet werden können, weil ohne dieselben die vorhin genannten günstigen Bedingungen keine rechte Ausnutzung und Verwendung erfahren hätten.

Was nun die zweite Richtung, die Fortschaffung der wirtschaftlichen Güter anbelangt, so sind hier ebenfalls drei wesentliche Ursachen für das Aufblühen der Stadt zu verzeichnen, nämlich die Beziehung Halles zu grossen Verkehrsstrassen des Mittelalters, welche einesteils die Warenbewegung von Süden nach Norden, andernteils von Westen nach Osten und umgekehrt vermittelten; die Lage dieser Stadt an einem grossen schiffbaren Strome, der Saale, welcher schon in älteren Jahrhunderten dem Flösserei- und dem Schiffsverkehr gedient hat; die Begünstigung Halles in neuerer Zeit als wichtiger Eisenbahnknotenpunkt, indem gegenwärtig hierselbst 7 grosse Eisenbahnlinien zusammentreffen.

Obwohl hiermit ausserordentlich vorteilhafte Bedingungen für die Entfaltung der Stadt gegeben waren, wäre die absolute Notwendigkeit für das Entstehen einer solchen gerade an dieser Stelle noch nicht vorhanden gewesen, wenn nicht das Vorkommen einer reich geschwängerten Soole schon zu den Zeiten der Karolinger zur Gründung eines städtischen Gemeinwesens zum Zwecke der Salzgewinnung die Veranlassung gegeben hätte. Der älteste Gewerbebetrieb war demnach die Salzbereitung. Sie hat der Stadt auch den Namen gegeben und ihr in früheren Zeiten den Stempel aufgeprägt. In langsamer Folge sind darauf in späteren Jahrhunderten andere Gewerbebetriebe hinzugekommen, bis etwa von der Mitte des 19. Jahrhunderts an eine solche plötzliche Entwickelung von Industrie, Handel und Gewerbe eingetreten ist, dass sie in ihrer rastlosen Hast und hastenden Rastlosigkeit den älteren Zeitgenossen vielfach als ein staunenerregendes Rätsel erscheint. Da in der nachfolgenden Skizze wegen des geringen zur Verfügung stehenden Raumes auf Einzelheiten nicht eingegangen werden kann, auch über die Geschichte von Halle schon an anderer Stelle berichtet ist und es für uns in erster Hinsicht darauf ankommt, die wirtschaftliche Entwickelung Halles in kurzen Zügen vorzuführen, so mögen über die gewerblichen und ökonomischen Zustände von Halle a/S. in früheren Jahrhunderten folgende Andeutungen genügen.

Nach Dr. E. Schwetschke war das Recht der Salzgewinnung aus den 4 Salzbrunnen in der Halle im Thale schon zu den Zeiten Kaiser Ottos des Grossen ein Lehen der Erzbischöfe von Magdeburg, welches sich in den Händen einer Gewerkschaft der „Pfännerschaft" befand, deren Anteilsinhaber in drei Kategorien geteilt wurden: in die Soolgutbesitzer, welchen ein Besitztitel auf eine gewisse Menge Soole eigen war, in die Kotenbesitzer, welche einen Anteil auf das Siedehaus innehatten, und in die Pfannenbesitzer, welche allein das Recht besassen, in dem Siedehause zu „pfannwerken", d. h. zu sieden. Vor Beginn einer halbjährlichen Periode wurde der veranschlagte Gewinn unter die Anteilseigner nach einem bestimmten Modus verteilt. Um über die später vorhandene Anzahl der Mitglieder der Gewerkschaft eine Vorstellung zu erhalten, mag angeführt werden, dass nach Dreyhaupt im Jahre 1722 3520 Pfannenbesitzanteile vorhanden waren, von denen ein Viertel auf den Landesherrn fiel, die übrigen aber wohl einzeln in den Händen von halleschen Bürgern waren. Die Salzquellen flossen indes so reichlich, dass, um der Nachfrage nach Salz zu genügen, nicht die ganze Soole versotten zu werden brauchte, sondern zum Teil in die Saale abfloss. Deshalb ordnete der grosse Kurfürst gelegentlich eines Besuches von Halle a. S. an, dass der

überfliessende Teil der Soole, um diese Gottesgabe nicht verkommen
zu lassen, dem Landesherrn gehöre und von diesem versotten werden solle, von dem richtigen ökonomischen Grundsatze ausgehend:
weil in den märkischen Landen noch grosser Mangel an Salz herrsche
und solches von auswärts, namentlich von Lüneburg, bezogen werden müsse, sei es sündhaft, hierselbst diesen reichen Segen mutwillig
zu verschleudern. Die Folge hiervon war, dass der grosse Kurfürst
eine Selbstversiedung seines Viertelanteiles und der überfliessenden
Menge der Soole einführte. Hieraus entstand die kurfürstliche und
später die königliche Saline, welche die wechselvollsten Schicksale
gehabt hat, indem sie zu Zeiten an die Ritterschaft verpachtet wurde,
dann aber wieder an den Staat überging. Die Produktion von Salz
ist sich auf der königlichen Saline im 18. Jahrhundert bis in den
Anfang des 19. Jahrhunderts ziemlich gleich geblieben, indem sich
dieselbe jährlich zwischen 4000 bis 600 Lasten bewegte. So sollten
z. B. im Jahre 1701 4000 Lasten Salz erzeugt worden sein. Im Jahre
1735 wurde die höchste Zahl von 600 Lasten erreicht, während im
Jahre 1806 nur 4315 Lasten hervorgebracht worden. Was den Handel mit Salz anbelangt, so wurden schon im Jahre 1686 2400 Lasten
Salz nach der Mark transportiert, was wohl ausschliesslich königliches Salz gewesen sein dürfte. Die Pfännerschaft hatte dagegen
einen ausgedehnten Salzabsatz nach Franken, welcher sich schliesslich so sehr vermehrte, dass im Jahre 1798 eine eigene fränkische
Salz-Expedition in Halle a S. errichtet werden musste. Auch griff
die Salzausfuhr nach Franken auf die königliche Saline über, welche
in dem genannten Jahre etwa $^2/_3$ ihrer gesamten Erzeugung nach
Franken sandte. — Die Produktion der Pfännerschaft erreichte in den
Jahren 1691 bis 1708 die grösste Höhe, nämlich je 6440 Lasten, um
von dieser Zeit an recht erheblich zu sinken, da dieselbe in den Jahren
1779 bis 1793 durchschnittlich nur 1400 Lasten für das Jahr betrug.
Von letztgenanntem Zeitpunkte an trat wieder eine Hebung ein, sodass
die Erzeugung im Jahre 1806 eine Höhe von 3279 Lasten erreichte.

Aus diesen Ziffern erhellt, dass eine gewisse Rivalität zwischen
der Pfännerschaft und der königlichen Saline bestand und dass letztere
der ersteren zu Zeiten den Rang abzulaufen verstand, indem dieselbe
durch vorteilhaftere Einrichtungen billiger zu produzieren imstande
war. Dadurch wurde die Pfännerschaft gezwungen, ihre Einrichtungen ebenfalls zu verbessern und grössere Sorgfalt auf die Erzeugung besserer Ware zu verwenden. Wir sehen hier den alten Spruch
wieder bewahrheitet, dass die Konkurrenz bis zu einem gewissen

Grade die Hebung des Geschäftes bewirkt und keineswegs den Fortschritten in demselben einen Damm entgegensetzt.

Die Arbeiter in den Salzwerken bildeten die weit und breit bekannte Brüderschaft der Halloren, deren Ursprung und Abstammung
ins Dunkel gehüllt sind. Dieselben haben sich bis zum heutigen Tage,
in Kleidung und Lebensweise von den übrigen Bürgern der Stadt abgesondert, ziemlich unvermischt erhalten.

Infolge der kriegerischen Wirren zu Anfang des Jahrhunderts und
nach Gründung des Königreichs Westfalen, dem Halle a. S. als ein
Glied angehörte, ruhte die Salzgewinnung während der Zeit von 1806
bis 1810 fast gänzlich. Erst in diesem Jahre wurde der Betrieb in
grösserem Umfange wieder aufgenommen und im Jahre 1817 mit der
Regierung ein fester Kontrakt abgeschlossen, nach welchem die Pfännerschaft jährlich 2285 Lasten, das sind 85498 Zentner Salz zu einem
Preise von 42 Thalern an den Staat abzuliefern sich verpflichtete.
Dieser Vertrag ist bis 1876 in Gültigkeit gewesen, in welchem Jahre
sich die Konsolidierte Hallesche Pfännerschaft bildete, nachdem die
königliche Saline von derselben schon im Jahre 1868 endgültig erworben war. Die Gewerkschaft hat ihr ganzes Vermögen in 6000
bewegliche Kuxe geteilt, welche den früheren Anteilseignern in entsprechender Weise zugeteilt worden sind. —

Nachdem die Salzgewinnung den Anstoss für die Entwickelung
der Stadt gegeben, ist durch mehrere Jahrhunderte hindurch über die
wirtschaftliche Ausgestaltung und Bedeutung so viel wie nichts bekannt, bis auf einmal um das Jahr 1127 Halle a S. als eine grosse
Handelsstadt Erwähnung findet. Nach Herbard hatte nämlich der
Bischof Otto von Bamberg, der Pommernapostel, im Jahre 1124 in
Pommern christliche Gemeinden gebildet. Nach drei Jahren wollte er
seine Pflanzungen für die christliche Lehre wieder besuchen. Um
aber seine Freunde, die Herzöge von Böhmen und Polen, durch Inanspruchnahme ihrer Gastfreundschaft nicht wieder zu belästigen,
reiste er durch Sachsen und kaufte in Halle a/S. Purpur, feine Leinwand und kostbare Gewänder, sowie mannigfaltige sonstige Geschenke,
Lebensmittel und Getreide ein, belud damit eine Anzahl Schiffe, fuhr
die Saale abwärts durch die Elbe und Havel bis an das Gestade
Leuticiens, woselbst vermittelst 50 Lastwagen und Karren sämtliche
Ladungen bis Demmin in Pommern fortgeschafft wurden. Auch in
der Zwischenzeit waren von einem Beauftragten des genannten Bischofs auf dem Jahrmarkte in Halle „gute, reine und wertvolle Tuche,
Barchente und Purpur, braune gekrumpfte und sonstige Tuche der
besten Sorten und Farben, auch andere rühmenswerte Dinge und

schöne Sachen" eingekauft und auf Lastpferden nach Pommern geführt worden, ein Beweis, dass dazumal Halle ein berühmter Messort war, welcher einen Stapelplatz für die Textilbranche abgab und einen bedeutenden Durchgangsverkehr in Textilwaren aller Art aufzuweisen hatte. Es ist dies um so bemerkenswerter, als man hieraus schliessen könnte, dass nun auch in Halle a S. eine lebhafte Entwickelung des Textilgewerbes hätte in die Erscheinung treten müssen, wie es in mehreren sächsischen Städten der Fall gewesen ist. Eine solche Entfaltung hat sich hier aber nicht gezeigt, und über die Herstellung von Leinwand an Ort und Stelle und in der Nachbarschaft scheint man nicht hinausgekommen zu sein. Dieses wird ebenfalls bezeugt durch die Bestätigung von sechs Innungen durch den magdeburgischen Erzbischof Wichmann im Jahre 1162, der Innung der Chramer, Schuster, Bäcker, Fleischer, Schmiede und Futterer. Die Chramer-Innung durfte nach ihrem Privilegium, soweit es nicht durch Sonderbefehle verboten war, mit allen Schnittwaren einen kleinen freien Handel treiben und ein offenes Gewölbe oder Chramladen halten. Mit keiner Silbe ist erwähnt, dass sie selbstverfertigte Ware zum Verkaufe ausgeboten oder einen Warenversand von diesen Artikeln in benachbarte Länder besassen. Nur wird noch eine schon damals mehrere hundert Jahre bestehende besondere Gewerkschaft der Leinwand-Chramer erwähnt, welche in 10 öffentlichen Buden ihre eigene oder inländische Leinwand verkaufen durften. Hiernach scheint es bezüglich der Textilindustrie, dass der hallesche Markt zu Zeiten der Messe wohl der Hauptsache nach von grösseren auswärtigen Webern und Wirkern beschickt worden ist.

Übrigens zeigt die Bestätigung der 6 Innungen, von denen die Futterer sich nur in Halle a S. vorfanden, da sie bei der Hofentfaltung des Erzbischofs in Giebichenstein als Futterknechte wirkten, dass in der 2. Hälfte des 12. Jahrhunderts die Gewerbe in Halle a S. sich schon recht beträchtlich entfaltet hatten und in aufstrebender Entwickelung begriffen waren.

Neben diesen Innungen entstanden aber schon früh in Halle a S. andere Gewerbe, welche ihren Ursprung mit Notwendigkeit in dem Verkauf von Erzeugnissen der Landwirtschaft fanden.

Da nämlich der Boden in der halleschen Gegend ein sehr fruchtbarer ist und in älteren Zeiten vorwiegend mit Getreide bebaut wurde, so war es naturgemäss, dass der Handel mit Getreide eine wesentliche Bedeutung für die Stadt Halle a S. gewinnen musste. Derselbe vollzog sich in der Weise, dass von den Landwirten der Nachbarschaft das Getreide in der Stadt zum Verkaufe angeboten wurde, worauf es von den Getreidehändlern auf dem Wasserwege der Saale oder vermittelst Fuhrwerk nach ausserhalb zum Absatze gelangte. Oder aber es wurde das Getreide von einzelnen Gewerben, wie z. B. der Stärkefabrikation, der Brauerei und der Brennerei, welche sich allmählich in Halle a/S. infolge der reichlichen Getreidezufuhren entwickelten, weiter verarbeitet. Bei dem unvollkommenen Transport- und Kommunikationswesen der früheren Jahrhunderte konnte es nicht ausbleiben, dass die genannten Gewerbe von den jeweiligen Getreideernten vollständig abhängig waren und dass sich auch die Preise je nach dem Ausfalle derselben verhältnismässig hoch oder niedrig stellten, da ein Ausgleich durch Zufuhren aus Gegenden mit reichlicher Ernte nur mühsam zu bewirken war. Im grossen und ganzen hatte die hiesige Gegend aber einen Überfluss von Getreide aufzuweisen, weshalb es für sie von Vorteil war, wenn die Ausfuhr und der Versand desselben nach andern Gegenden begünstigt wurde. Von diesem Gedanken ausgehend ist auch die Polizei-Ordnung für das Herzogtum Magdeburg und die Grafschaft Mansfeld unterm 3. Januar 1688 von dem grossen Kurfürsten erlassen worden, in welcher betont wurde, dass die Freiheit der Kommerzien das vornehmste Mittel sei, um ein Land zum guten Stande zu bringen und dass es infolgedessen niemandem verwehrt werden sollte, das Getreide zu verschiffen und auszuführen. Jedoch dauerte dieser Zustand nicht lange; denn schon von dem Nachfolger des grossen Kurfürsten wurden Verfügungen über Verfügungen erlassen, welche den freien Verkehr einzuschränken beabsichtigten. Um die Einnahmen zu erhöhen, wurde zuvor auf jeden Wispel, welcher zur Ausfuhr gelangte, ein Zoll von einem Thaler gelegt. Schliesslich wurde im Jahre 1692 die Ausfuhr von Getreide ganz verboten, jedoch mit der Ausnahme, dass aus dem Saalkreise nach Kursachsen Getreide frei ausgeführt werden durfte. Aus der ungezählten Menge von Reskripten, welche den Getreideverkehr einzuengen sich bemühten, liest man unschwer heraus, dass sich der Getreidehandel durch diese wenig stören liess. Auch war es wohl nicht möglich, die Getreideausfuhr nach Kursachsen wegen der vielfach in einandergreifenden Grenzen zu überwachen, weshalb man die Ausfuhr dorthin frei liess. Dazwischen kommen indess auch wieder Jahre vor (so z. B. 1710), in denen infolge grosser Ernte die Getreideausfuhr völlig freigegeben wurde. Ausser dem Zweck, die Einnahmen der Staatskassen zu vermehren, verfolgten die betreffenden vielfach in Widerspruch mit einander stehenden Erlasse und Verfügungen die Absicht, einen Schutz für die städtische Gewerbethätigkeit herbeizuführen, indem man den Stärkefabrikanten, den Bierbrauern, den Bren-

nern, den Müllern und den Nudelfabrikanten das Rohprodukt, allerdings
auf Kosten der Landwirtschaft billig zuführte, wodurch diese auch
zu Zeiten weniger guter Ernten in ihrer Thätigkeit nicht allzusehr
gehemmt oder gar zur Einstellung ihres Gewerbebetriebes genötigt
waren. Dieselben haben daher auch für die Entwickelung der Stadt
eine grosse Bedeutung erlangt. Besonders ist es die Weizenstärkefabrikation gewesen, welche sich zu einem so eigenartigen Zweige
hallescher Industriethätigkeit ausgebildet hat, dass es sich verlohnt,
etwas näher auf dieselbe einzugehen. Wann sie hierselbst entstanden,
lässt sich nicht mit Bestimmtheit angeben. Dreyhaupt, welcher um
die Mitte des 18. Jahrhunderts sein berühmtes Werk über Halle veröffentlichte, erwähnt die Stärkefabrikation in Verbindung mit der
Schweinemast als einen alten Erwerbszweig hiesiger Bevölkerung,
ohne genauere Daten zu bringen. Die einzelnen Stärkemacher hatten
in der angegebenen Zeit nur einen geringen Betrieb, da derselbe nur
handwerksmässig ausgeübt und die auf den Mühlen geschrotene Stärke
mit Hand und Fuss der Bearbeitung unterzogen wurde. Es war daher naturgemäss, dass die Anzahl der Stärkemacher recht erheblich
war. Auch wurde von verschiedenen Seiten diesen Gewerbetreibenden
ins Handwerk gepfuscht, indem z. B. von den Bäckern Stärke zu erzeugen versucht wurde. Im Jahre 1798 wird die Anzahl der Stärkefabrikanten auf 32 mit 40 Gehilfen und Burschen angegeben. Im
Jahre 1803 befanden sich in Halle a. S. mit Einschluss der Vorstädte
Glaucha und Neumarkt 64 Stärkemacher, von denen 6 regelmässig die
auswärtigen Messen bezogen. Die Universität zog aber gegen diesen
Aufschwung der Stärkefabrikation zu Felde und suchte die weitere Anlegung von Stärkefabriken zu verhindern; denn „durch den mit der Bereitung von Stärke unzertrennlichen Geruch, welcher die Luft ringsum
verpeste, werde nach verschiedenen auf unbestrittenen Grundsätzen be-
ruhenden Gutachten der Ärzte die Gesundheit der Einwohner im höchsten
Grade geschädigt". Auch die nicht seltenen Todesfälle unter den Stu-
diosis schienen der Universität aus dieser Quelle zu stammen. Dazu
führte der Senat die in der Vorstadt Glaucha vor einiger Zeit aufgetretene
Epidemie auf die durch die Stärkefabrikation vergiftete Luft zurück.

Trotzdem entfaltete sich das angegriffene Gewerbe ruhig weiter.
Jedoch erhielt die Universität in diesem Kampfe durch die Lübecker
Stärkefabrikation einen wirksamen Bundesgenossen, da durch die dort-
selbst hergestellte feine englische Stengel- und Packetstärke der hiesigen
Stärkefabrikation bedeutende Absatzgebiete genommen wurden. Jedoch
auch ein solches Hemmnis wussten die nicht auf den Kopf gefallenen
halleschen Stärkefabrikanten zu überwinden. Der Sohn eines hiesigen

Stärkefabrikanten wurde nach Lübeck geschickt, um die dortige Fabrikationsmethode zu erlernen, worauf ebenfalls in Halle a/S. nach dieser Methode eine bessere und haltbarere Stärke verfertigt wurde. Doch dauerte diese Blütezeit nicht lange; denn durch die napoleonischen Kriege wurde die Stärkefabrikation in ihrer Thätigkeit lahm gelegt, wie solches auch von fast sämtlichen übrigen Gewerbezweigen zu berichten ist.

Ein anderes Gewerbe, welches von alters her in Halle a S. in grosser Blüte stand, war die Brauerei. Nach Dreyhaupt hatten in alten Zeiten etwa 300 Bürger die Berechtigung reihenweise in 7 Brauhäusern gegen Zahlung des Brauzinses zu brauen und das betreffende Bier in Halle a S. selbst oder in den umliegenden Ortschaften abzusetzen. Das hallesche Bier hat sich indes nach dem 30jährigen Kriege einer grossen Beliebtheit, welche eine bedeutendere Ausfuhr nach entfernten Gegenden ermöglicht hätte, nicht mehr zu erfreuen gehabt. Dasselbe war ein leichtes, braunes, obergähriges Bier, welches infolge seiner Detonation beim Flaschenöffnen „Puff" genannt wurde. In Folge des Niederganges mischte sich die Regierung in endlosen Verordnungen in diesen Gewerbebetrieb, doch hatte sie dabei grösstenteils den Schutz desselben im Auge, da sie bei strenger Strafe verbot, dass auf den Dörfern der Umgegend, namentlich aber von „Predigern und Schulbedienten" gebraut und dieses Bier zum Verkaufe angeboten werde, weil solches zur Schwächung der Nahrung der Braustädte gereiche. Auch wurde dahin Vorsorge getroffen, dass tüchtige Braumeister, welche nicht allein in Halle a S., sondern auch anderswo gelernt, angestellt wurden. Wie schon dazumal die Regierung das Auge der Vorsehung bildete, geht aus der Brauordnung vom 11. August 1700 hervor, nach welcher den Braumeistern das Fluchen und Schwören und das Führen unverschämter Reden bei ernster Strafe verboten wurde. Auch sollten „der Braumeister und seine Knechte das Malz fleissig und wohl herumrühren und sich davon durch unnötiges Geschwätze und andere ungebührende Dinge nicht abhalten lassen". Solche Ermahnungen scheinen aber zur Herstellung eines besseren Bieres nicht geführt zu haben. Eine durchgreifende Hebung der halleschen Bierverhältnisse wurde erst dadurch hervorgerufen, dass man einem Pfälzer Kolonisten im Jahre 1715 erlaubte, eine Brauerei nach Pfälzer Art zu bauen, damit die Pfälzer Kolonie ihr Bier in der Weise, wie sie es gewohnt war, erhalten konnte. Dadurch kam in Halle a S. ein besseres Bier in Aufnahme, doch bemerkt Dreyhaupt hierzu, dass dieses starke Mannheimer Bier nicht von jedem vertragen werden konnte. Ausserdem bekam auch das Waisenhaus die Back-

und Braugerechtigkeit. Um die gleiche Zeit wurde die persönliche Braugerechtigkeit der 200, welche bisher mit dem Tode des Inhabers oder seiner Witwe wieder an das Brauhaus zurückfiel, erblich gemacht. Hierdurch erhöhte sich der käufliche Wert einer Braugerechtigkeit von 100 Thaler auf 800 Thaler. Trotz aller Reglementierungen und Verordnungen scheint man neben einigen guten Bieren auch noch viele schlechte Ware gebraut zu haben, da noch Friedrich der Grosse durch eine Kabinetsordre vom 28. Dezember 1777 die Brauer zu Halle anwies, dass dieselben sich Mühe geben sollten, gutes Bier zu brauen und das Publikum gut zu bedienen, damit ihnen die Brauerei mehr Nutzen brächte und die Einwohner von Halle a. S. nicht Ursache hätten, nach den sächsischen Dörfern zu gehen und dort ihr Geld zu vertrinken. — Das Brauereigewerbe ging jedoch trotz aller Anstösse der Regierung mehr und mehr zurück, namentlich auch deshalb, weil es in der 2. Hälfte des 18. Jahrhunderts erlaubt war, „verschiedene fremde Biere einzuführen" und zu verschänken. Selbst die Ablösung der Reihenbrauerei zu Anfang des 19. Jahrhunderts vermochte einen Wandel nicht herbeizuführen, bis schliesslich im Laufe desselben durch völlige Freigabe des Brauereigewerbes und Gründung mehrerer grösserer Brauereien, welche mit allen neuzeitlichen Hülfsmitteln ausgestattet, dem Geschmacke des Publikums zusagende Biere zu erzeugen imstande waren, ein entsprechender Aufschwung sich bemerkbar machte.

Die Branntweinbrennerei, welche jedenfalls infolge des Getreideüberflusses der Gegend ein älteres Gewerbe für Halle a. S. bildete, war um die Mitte des 18. Jahrhunderts viel zahlreicher vertreten als zu Ende desselben. Die Anzahl der Brennereien gestaltete sich nach Dr. E. Schwetschke wie folgt:

1756	1770	1784	1798	1803
35	29	14	18	19.

Sie waren demnach im Laufe von 50 Jahren ungefähr auf die Hälfte zusammengeschrumpft. Für die Vorstädte kann man schätzungsweise fast die gleiche Summe annehmen, sodass die Zahl der Brennereien für das gesamte Stadtgebiet im letztgenannten Jahre 38 betrug, welche im Vereine mit den 64 Stärkefabrikanten etwa jährlich 400 Schweine mästeten: eine recht erhebliche Einnahmequelle für die Stadt und ihre Bewohner. So sehr man auf den ersten Blick geneigt ist, in dem Rückgange der Zahl der Brennereien einen Rückgang des Gewerbes überhaupt zu vermuten, so braucht solches durchaus nicht immer der Fall gewesen zu sein. Denn die ganze Entwickelung dieses sowie verwandter Erwerbsgebiete hat dahin geführt, eine Konzentration der Betriebe in einzelne grössere Etablissements mit einer bedeutenden Produktion herbeizuführen. Dass dieses hierselbst stattgefunden hat, ist indes nicht mit Bestimmtheit zu beweisen, da über den Umfang der jährlichen Branntweingewinnung zuverlässige Zahlenangaben nicht vorliegen. In der 2. Hälfte des 19. Jahrhunderts hat jedoch thatsächlich ein bedeutender Rückgang des Brennereigewerbes in hiesiger Stadt sich bemerkbar gemacht.

Ausser vorstehenden Gewerben hat auch der Bergbau eine Bedeutung für die Stadt Halle a S. erlangt und zwar sowohl der Erzbergbau, als auch die Kohlenförderung. Ersterer wird von der grossen Gewerkschaft im Mansfelder Gebirgskreise unter dem Namen „Mansfeld'sche Kupferschieferbauende Gewerkschaft" zu Eisleben betrieben. Derselbe hat nur indirekt eine Bedeutung für die Stadt Halle a S. erlangt, indem Kupfer- resp. Silberversendungen von Halle aus stattgefunden haben und noch stattfinden und Hallenser Bürger im Besitze von Kuxen dieser Gewerkschaft sich befanden und somit an dem Gewinne derselben Anteil hatten. Wir sind daher bei der Knappheit des Raumes nicht imstande, diesem einzig in ganz Deutschland dastehenden grossartigen Werke mit seinen mannigfaltigen Verzweigungen eine längere Betrachtung zu widmen, weshalb an dieser Stelle blos auf dasselbe verwiesen werden soll. Dagegen hat die Kohlengewinnung eine viel grössere unmittelbare Bedeutung für die Stadt Halle erlangt. Wie Dreyhaupt berichtet, war das Vorkommen von Steinkohle zu Wettin schon im Jahre 1400 bekannt, doch wurde eine regelmässige Ausbeute der entdeckten Steinkohlenlager erst im Jahre 1583 unternommen. Nach Besitzergreifung des Erzbistums Magdeburg durch den grossen Kurfürsten überliess dieser gegen Zahlung einer Pachtsumme dem Obristen Adam Friedrich von Pfuel im Jahre 1688 das Recht der Erz- und Steinkohlengewinnung in dem betreffenden Gebiete. Von einer Ausbeutung der Mineralien seitens desselben ist indes nichts bekannt und schon nach 3 Jahren überliess derselbe sein erworbenes Recht an den Freiherrn Dido von Knyphausen. Da diesem hiermit auch das „Steinkohlenbergwerk" Langenbogen zufiel, daselbst jedoch nie Steinkohlen gefördert worden sind, sondern nur Braunkohlen, so haben wir mit obiger Angabe die älteste urkundliche Nachricht über ein Braunkohlenbergwerk im hiesigen Bezirke. Zu bemerken bleibt hierbei noch, dass die Unterscheidung der Steinkohlen von den Braunkohlen neueren Ursprungs ist, und dass man in den älteren Schriften letztere stets als Steinkohlen benannt findet. In der Gegenwart ist aber durch Auffinden aller Übergänge die scharfe Trennungslinie zwischen beiden brennbaren Mineralien wieder verwischt worden. — Bald darauf im

Jahre 1715 wurden zu Zscherben Braunkohlen erschürft und im Jahre
1717 entdeckte man in unmittelbarer Nähe von Halle a S., ja in Halle
selbst, auf dem Grossen Berlin und im Bürgerschiessgraben Braunkohlen
lager. In der Stadt hat man die Braunkohlenflötze vorerst nicht ausgebeutet, da man fürchtete, hierdurch den Salzquellen zu schaden. Ausser
den erwähnten Kohlenfeldern in der Stadt und im Süden und Osten derselben wurden im Jahre 1722 nordwärts von Halle a S. zu Trotha
Kohlenfelder erbohrt. Schon vorher war das Privileg, Kohlen zu fördern, wieder an die Regierung übergegangen, indem dieselbe im Jahre
1708 fast sämtliche Kuxe der im Betrieb befindlichen Bergwerke auf-
gekauft hatte. Im Jahre 1734 gab man indes wieder das Suchen und
Fördern von Kohlen völlig frei, wenn die bezüglichen Freikuxe und
der Zehnte an den Staat entrichtet wurden. Diese die wirtschaftliche
Thätigkeit in und um Halle a S. fördernde Bestimmung hatte zur
Folge, dass der Braunkohlenbergbau eine ungemeine Ausdehnung erfuhr und im Laufe des 18. Jahrhunderts eine grosse Anzahl von
Braunkohlengruben sich aufthat. Dennoch waren aber die Erfolge,
welche man vielfach beim Verbrennen der Braunkohle erzielte, nicht
gerade sehr hervorragend, sodass manche Werke für eine längere
Zeit wieder in Verfall gerieten. Seine eigentliche Bedeutung hat
der Braunkohlenbergbau im 19. Jahrhundert erhalten und zwar
erst in der 2. Hälfte desselben, als man verstanden hatte, die Braunkohle einesteils zu Briketts und Nasspresssteinen, andernteils zu Solaröl,
Paraffin und sonstigen wertvolleren Produkten zu verarbeiten.

Über die Anzahl der Bewohner, welche bei der wirtschaftlichen Betrachtung eines Gemeinwesens von wesentlicher Bedeutung
ist, bestehen für die früheren Zeiten keine bestimmten Nachweise und
alles, was man in dieser Hinsicht erforscht hat, gründet sich auf
Wahrscheinlichkeitsrechnungen und mutmassliche Angaben, welche
mehr oder minder zutreffend sein können. Die Einwohnerzahl Halles
hat je nach den wechselvollen Schicksalen, welche die Stadt im
Zeitenstrome zu ertragen gehabt, ganz erheblich geschwankt. Nach
einer Schätzung, welche von Dr. E. Schwetschke angeführt wird,
sollen in Halle am Schlusse des 30jährigen Krieges, welcher die Stadt
hart in Mitleidenschaft gezogen, etwa 500 Häuser mit 5000 Menschen
vorhanden gewesen sein. Nach dem genannten Kriege muss sich
die Einwohnerzahl rasch vermehrt haben; denn die Stadt hatte in
den 80er Jahren des 17. Jahrhunderts schon wieder bei einer ungeheuren Schuldenlast eine jährliche Gesamteinnahme von ungefähr 31
bis 33000 Thalern aufzuweisen, während die Nachbarstadt Magdeburg
eine städtische Gesamteinnahme von 36137 Thalern im Jahre 1680

besass. Da nun die Einwohnerzahl Magdeburgs zur gleichen Zeit auf rund 12000 angegeben wird, so dürften Halles Mauern dazumal etwa 10 bis 11000 Einwohner umspannt haben. In dem Zeitraume von 40 Jahren nach dem 30 jährigen Kriege hatte sich demnach die Einwohnerzahl verdoppelt, ein Beweis, wie ausserordentlich günstig die Verhältnisse für die Entfaltung einer Stadt hierselbst sein mussten. Verstärkt wurde die Einwohnerzahl durch den Zuzug der französischen und pfälzer Flüchtlinge, doch traten wiederholt verheerende Krankheiten auf, durch welche die Bevölkerung stark dahingerafft wurde. So sollen z. B. im Jahre 1682 5367 Personen der Pest erlegen sein. Dann haben auch der 7 jährige Krieg und die epidemischen Krankheiten, welche ihm folgten, eine Abnahme der Einwohnerschaft herbeigeführt; denn während die Zahl derselben im Jahre 1756 auf 16000 angegeben wird, betrug sie im Jahre 1772 nur 13438. Im Jahre 1782 hatte die Gesamtstadt mit Einschluss der Vorstädte schon wieder eine Häuserzahl von 2184 mit 20149 Bewohnern. Die steigende Entwickelung dauerte bis zum Jahre 1806, zu welcher Zeit die Einwohnerzahl auf 26000 angegeben wird. Im Jahre 1810 war dieselbe infolge der napoleonischen Kriege auf 14893 zusammengeschmolzen. Nach den Befreiungskriegen hob sie sich wieder und zwar waren vorhanden 1814 19136, 1817 20921, 1822 23327, 1834 25200, 1840 28149, 1852 35076 und 1861 41507 Bewohner. Eine wesentliche Vermehrung der Einwohnerzahl hat sich demnach in vier bis fünf Jahrhunderten in Halle a/S. nicht gezeigt, vielmehr ist sich die Bevölkerungsziffer mit abwechselnden oft beträchtlichen Hebungen und Senkungen bis fast in die Mitte des 19. Jahrhunderts im grossen und ganzen ziemlich gleich geblieben. Der gewaltige und staunenerregende Aufschwung, den Halle a S. in der Gegenwart genommen, hat sich in ganz kurzer Zeit während der letzten Jahrzehnte vollzogen, wie dies bereits im dritten Kapitel dieser Schrift geschildert worden ist. Halle ist nun in die Zahl der Städte mit mehr als hunderttausend Einwohnern eingetreten. Hierzu kommt noch die Einwohnerzahl des Vorortes Giebichenstein mit 14330 Einwohnern und der beiden benachbarten Industriedörfer Kröllwitz und Trotha mit 4480 Einwohnern, welche zusammen mit der Stadt Halle als e i n Wirtschaftsgebiet, welches etwa 120000 Personen zählt, betrachtet werden müssen.

Die Möglichkeit einer solchen Entwickelung und eines derartigen riesenhaften Aufschwunges liegt fast allein in der gewaltigen Entfaltung, welche in den letzten drei Jahrzehnten Industrie, Handel und Gewerbe hierselbst genommen haben. Dieselben haben eine solche

Bedeutung für die Stadt erlangt, dass Halle in der Gegenwart fast
ganz den Charakter einer modernen Industrie- und Handelsstadt erhalten hat. Neben den von altersher gepflegten Gewerben tauchten
plötzlich, wie aus dem Boden gestampft, neue Industriezweige auf,
welche mit Zuhülfenahme aller Erfindungen und Erfahrungen der
modernen Naturwissenschaft und neuzeitlichen Technik Anstalten ins
Leben treten liessen, welche in ihren Absatzverhältnissen nicht allein
auf Deutschland sich beschränken, sondern mit allen Ländern Europas
wie mit den meisten überseeischen Gebieten in ununterbrochenen
Handelsbeziehungen stehen. Vornehmlich sind es drei Gebiete, auf
welche sich das Schwergewicht hallescher Industriethätigkeit konzen-
triert, nämlich die Zuckerindustrie, die Maschinenindustrie
und die Braunkohlenindustrie, welche daher vorwiegend zu
ihrer Betrachtung auffordern. Daneben haben sich noch mannigfaltige
weitere Industriebranchen angesiedelt, welche, wie ein Blick in die
Jahresberichte der Handelskammer zu Halle a S. darzuthun vermag,
nicht ohne grosse Bedeutung für das wirtschaftliche Leben unserer
Stadt geworden sind. Wir werden uns daher gestatten, die bedeutendsten von ihnen weiter unten kurz zu berühren.

Die Zuckerindustrie des hiesigen Bezirkes hat sich durch
schwierige Verhältnisse zu ihrer jetzigen Höhe emporgearbeitet. Die
Grundlage für dieselbe, geeigneter Boden für die Rübenkultur, welcher
durch die Verwitterung des roten Porphyrs entstanden ist, war gegeben, doch währte es lange, bis geeignete Methoden und Maschinen
erfunden waren, welche eine lohnende Gewinnung des Zuckers aus
den Rüben gewährleisteten. Doch auch hier haben Wissenschaft und
Technik, gepaart mit dem emsigen Fleisse der Bevölkerung, alle entgegenstehenden Schwierigkeiten zu beseitigen gewusst, und es hat
sich eine so bedeutende Anzahl von Fabriken in dem Bezirke der
Handelskammer, welcher sich mit Ausschluss des sandigen Südostens
im grossen und ganzen mit dem des Regierungsbezirkes Merseburg
deckt, angesiedelt, dass derselbe als ein Hauptsitz der Zuckerindustrie
des gesamten deutschen Reiches anzusehen ist. Weil sich nämlich
der Zuckerhandel dieses Bezirkes vornehmlich in Halle a S. konzen-
triert und somit diese Stadt an der Zuckerindustrie stark beteiligt ist
und durch den jeweiligen Stand derselben recht erheblich in Mitleidenschaft gezogen wird, ausserdem sich in Halle a S. grosse Lager-
räume für die steuerfreie Niederlage von Rohzucker befinden, so sehen
wir uns bei einer kurzen Skizze über die wirtschaftliche Entwickelung
der Stadt genötigt, einige Blicke auf die Entfaltung der Zuckerindustrie
des ganzen Bezirkes zu werfen.

Die erste Fabrik, welche sich nur mit der Herstellung von Zucker aus Rüben befasste, wurde zu Mucrena bei Alsleben im Jahre 1837 errichtet, nachdem schon ein Jahr zuvor eine hallesche Raffinerie sich in gleicher Weise bethätigt hatte. Hierauf vergingen 8 volle Jahre, ehe zum Baue einer zweiten Fabrik geschritten wurde. Von 1845 bis 1873 erfolgte indes der Bau von Zuckerfabriken Schlag auf Schlag in rascher Folge, sodass in dem letztgenannten Jahre 50 Zuckerfabriken in Thätigkeit waren, welche den ganzen Bezirk wie mit einem Netze überspannten. Der Anbau von Sämereien wie Fenchel, Kümmel, Anis etc., die Kultivierung von Farbpflanzen wie Wau, von mechanisch verwertbaren Gewächsen wie Weberkarde wurden grösstenteils aufgegeben und der Getreideanbau erheblich eingeschränkt, um hierfür die segenspendende Rübe auf unabsehbaren Feldflächen zu züchten. Die Erzeugung von Zucker wurde so sehr ein Lebenselement für den grössten Teil der Bevölkerung, dass ein landwirtschaftlicher Betrieb in den Augen derselben nicht für voll angesehen wurde, wenn derselbe nicht zum teil für die Zuckerindustrie thätig war. Von dem Jahre 1873 ist die Zahl der Fabriken bis zum Jahre 1891 ziemlich konstant geblieben, da im letztgenannten Jahre fast die gleiche Zahl, nämlich 51 Fabriken, arbeiteten. Doch hat sich die Menge der verwendeten Rüben und in ähnlichem Sinne die Menge des erzeugten Zuckers beträchtlich vermehrt, indem fast sämtliche Fabriken innerhalb dieser Zeit einem vollständigen Umbau unterworfen wurden, wobei beträchtliche Erweiterungen vorgenommen und neuere Maschinen zur Aufstellung gelangten. Hiermit soll jedoch nicht angedeutet werden, dass die Zuckerindustrie nur rosige Tage und goldene Zeiten durchlebt hat, sondern es sind vielmehr oft schwere Krisen, so namentlich im Jahre 1884, durchzumachen gewesen. Auch hat es sich verschiedentlich ereignet, dass diese oder jene Fabrik zum Stillstande gekommen ist, während andere wiederum an der betreffenden Stelle emporwuchsen und in die entstandenen Lücken eintraten. Namentlich haben in der ersten Zeit einige Industrielle recht bedeutendes Lehrgeld durch fehlgeschlagene Probeversuche zu entrichten gehabt. Aber die Thätigkeit derselben ist nicht vergeblich für die gesamte Entwickelung dieser Industrie gewesen und dieselben sind als Pioniere auf diesem damals noch wenig betretenen Boden zu bezeichnen. So können wir nicht umhin, den halleschen Zuckersieder Krüger als einen solchen Pfadfinder zu bezeichnen, welcher ohne äusserliche Erfolge und nur von dem Danke der Bevölkerung begleitet in den 40er Jahren dieses Jahrhunderts unermüdlich und rastlos in solcher Weise gearbeitet hat.

Über die in Deutschland verarbeiteten Rübenmengen und den daraus gewonnenen Zucker giebt nachstehende Tabelle Aufschluss:

Jahr.	Verarbeitete Rüben- menge. Dop.-Ztr.	Daraus erzeugter Rohzucker aller Produkte. Dop.-Ztr.
1879,80	48 052 615	4 074 152
1884 85	104 026 883	11 230 303
1889,90	98 226 352	12 136 892

Der Regierungsbezirk Merseburg beteiligte sich im letztgenannten Jahre mit etwa $13^1/_2 \%_0$ an der gesamten Zuckerfabrikation Deutschlands.

Was nun ganz besonders den Anteil der Stadt Halle a/S. an der Zuckerindustrie anbelangt, so mögen darüber folgende Angaben eine Stelle finden, wobei wir vorweg bemerken wollen, dass sich Halle a S. weniger mit der Rohzuckerfabrikation, sondern in viel bedeutenderem Masse mit der Herstellung von raffiniertem Zucker befasst hat und sich noch befasst. Die älteste Fabrik, welche hierselbst zum Zwecke der Zuckerbearbeitung bezw. Raffination eingerichtet wurde, entstand im Jahre 1830. Diese hat in den 8 Jahren ihres Bestehens nur indischen Zucker verarbeitet. An ein Aufkommen und Gedeihen derselben war jedoch nicht zu denken, da die auswärtige, namentlich die holländische Konkurrenz, zu übermächtig war, weshalb das Etablissement nach widerwärtigen Schicksalen und zweimaligem Brandunglücke im Jahre 1838 fallierte. Inzwischen war im Jahre 1835 eine andere Raffinerie, welche ein Aktienunternehmen darstellte, unter dem Namen „Hallesche Zuckersiederei-Kompagnie" entstanden, welche schon gleich im zweiten Jahre ihres Bestehens die Rohproduktion von Zucker aus Rüben mit aufnahm. Auch diese industrielle Schöpfung krankte mehrere Jahre, da erst die nötigen Erfahrungen auf dem völlig unbekannten Boden gesammelt werden mussten. Erst als die Aktionäre im Jahre 1840 neue Einzahlungen gemacht hatten, wird von besseren Erträgen berichtet, worauf die Erzeugung von Zucker aus Rüben fort und fort erhöht wurde. Im Jahre 1864 besass die Gesellschaft schon 2350 Morgen Ackerboden, welcher teils eigener Besitz, teils gepachtet war. Auf demselben wurden 114500 Ztr. Rüben geerntet, welche mit 131300 Ztr. Kaufrüben zur Verarbeitung gelangten. Ausserdem wurde der gesamte gewonnene Rohzucker mit noch 35600 Ztr. Zucker, welche hinzugekauft wurden, in raffinierten Zucker umgewandelt. Das Aktienkapital der Gesellschaft hatte in diesem Jahre eine Höhe von 366300 Thalern. In den folgenden Jahren hat die Hallesche Zuckersiederei-Kompagnie an den Schwankungen des Zuckermarktes, an den Hebungen und Senkungen der Gesamtlage der Zuckerindustrie lebhaften Anteil genommen. So wurden z. B. in der Kampagne 1870/71 320000 Ztr. Rüben verarbeitet, in der Kampagne 1871/72 dagegen nur 180000 Ztr., aus denen 16200 Ztr. Rohzucker und etwa 4200 Ztr. Syrup (Melasse) zur Spiritusfabrikation gewonnen wurden. Daneben wurde der Raffinationsbetrieb fortgesetzt und es kamen in der letztgenannten Kampagne 70000 Ztr. Rohzucker zur Verarbeitung. In der folgenden Kampagne 1872/73 wurden von der genannten Gesellschaft 550 Arbeiter beschäftigt und etwa 60000 Ztr. Rohzucker zu Broten verarbeitet. Ohne mit vielen Ziffern zu ermüden, wollen wir noch kurz erwähnen, dass, nachdem mehrfach grösserer Grundbesitz angekauft worden, die Fabrikationseinrichtungen in den 70er Jahren vollständig erneuert werden mussten. Dennoch waren die Erträgnisse infolge der ungünstigen Preisgestaltung zwischen Rohzucker und raffiniertem Zucker oft sehr geringe und hörten sogar für mehrere Jahre vollständig auf. Dass auch das für die Zuckerindustrie ungünstige Jahr 1884 auf die Rohzuckererzeugung eingewirkt hat, wollen wir noch daran illustrieren, dass, während die verarbeitete Rübenmenge der in Rede stehenden Fabrik in der Kampagne 1882/83 882090 Ztr. betragen hat, in der Kampagne 1884/85 700740 Ztr. verarbeitet wurden, gegen 1882/83 somit ein Rückgang von etwa 20%. Da es sich jedoch zeigte, dass die Zusammenfassung von Rohzuckererzeugung und die mit ihr untrennbar verbundene Ökonomie und Raffination nicht mehr den veränderten Produktionsverhältnissen entsprach und keine lohnenden Erfolge erzielte, ausserdem die ganze wirtschaftliche Entwickelung zu einer vermehrten Arbeitsteilung hindrängte, so wurde im Jahre 1884 der Betrieb nach Auflösung der Halleschen Zuckersiederei-Kompagnie in eine Raffinerie umgewandelt, welche von der inzwischen aufgeblühten „Zuckerraffinerie Halle a/S." erworben wurde, die seit dieser Zeit in zwei getrennten Fabriken in hiesiger Stadt die Raffination von Rohzucker betreibt. Letztgenannte Gesellschaft war schon im Jahre 1862 unter dem Namen „Neue Aktien-Zuckerraffinerie" mit einem Aktienkapitale von 900000 Thalern gegründet worden. Im zweiten Jahre ihres Bestehens hatte dieselbe 109100 Ztr. Rohzucker in raffinierten Zucker umgewandelt, wobei 200 Arbeiter ununterbrochen Beschäftigung fanden. Dieses Quantum ist sich für die nächsten Jahre wohl ziemlich gleich geblieben, weil im Jahre 1868 die Höhe der verarbeiteten Rohzuckermenge auch nur 127078

Ztr. erreichte. Die Betriebsergebnisse waren dabei keine allzu glänzenden, da man Grund hatte zu der Klage, dass die Rohzuckerfabriken mehr auf die Erzeugung einer grossen Menge hielten, anstatt dass sie auf die Hervorbringung guter Qualitäten ihr Augenmerk lenkten. Auch hätte sich ein grosser Gypsgehalt im Zucker gezeigt, wie auch Spuren von Invertzucker zum Vorschein gekommen waren, weshalb die Ausbeute von krystallinischem Zucker sich vermindert hätte. Den Klagen scheint Abhülfe gefolgt zu sein; denn schon im folgenden Jahre wurden 154000 Ztr. Rohzucker verarbeitet, wobei auch eine verhältnismässig gute Ausbeute sich zeigte. Auch strebte man an, die Fabrikationsthätigkeit so sehr zu erweitern, dass jährlich etwa 175000 Ztr. verarbeitet werden konnten, welche Höhe aber in den folgenden Jahren zuerst noch nicht erreicht wurde. Dagegen war die Fabrikation im Jahre 1875 schon auf 347000 Ztr. Rohzucker gestiegen, welche einen Wert von 10600000 Mark darstellten. Während nunmehr der Raffineriebetrieb in Halle a/S. sich immer mehr entfaltete, hat die alte Aktiengesellschaft sich im Jahre 1881, um die bisherige Fabrikation etwa zu verdoppeln, mit einem Grundkapitale von 3 Millionen Mark neu konstituiert und den Betrieb namentlich nach der schon früher geschilderten Erwerbung der zweiten Fabrik mit erhöhten Kräften aufgenommen, sodass z. B. in dem Geschäftsjahre 1889/90 1001823 Ztr. Rohzucker zur Verarbeitung gelangten. Von der Gesamterzeugung wurden etwa $^3/_5$ zu Broten, Würfelzucker und gemahlener Raffinade, $^2/_5$ dagegen zu Granulated verarbeitet, welch letzterer fast sämtlich in England Absatz fand und noch findet. Der Stand dieses bedeutenden Unternehmens ist als ein fortdauernd günstiger zu betrachten. Beschäftigt werden in beiden Fabriken durchschnittlich jährlich 600 Arbeiter.

Die Preise für Zucker haben sich im umgekehrten Verhältnisse zu der gesteigerten Produktion im Inlande bedeutend herabgemindert, sodass jetzt der Zucker, welcher vor 50 Jahren ein Luxusartikel war, ein gewöhnliches Nahrungsmittel für weite Volkskreise geworden ist, was sich als sehr segensreich erwiesen hat. Während die Preise für raffinierten Zucker vor Einführung der Rübenzuckergewinnung in den Jahren 1835/36 auf 30 Thaler gleich 90 M. für 1 Ztr. angegeben werden, betrugen dieselben nach 30 Jahren (im Jahre 1865) nur noch durchschnittlich 46,50 M. für das gleiche Gewicht. Wiederum nach 25 Jahren waren die Preise erheblich gefallen; denn im Jahre 1889 stellte sich der Durchschnittspreis für feine Raffinade auf 29,45 M. für 50 kg. Demnach sind die Preise für Konsumzucker innerhalb der letzten 50 Jahre auf $^1/_3$ des früheren Standes herabgesunken.

Zum Schlusse dieses Abschnittes über die Zuckerindustrie und den Zuckerhandel wollen wir noch mit einigen Bemerkungen die technische Seite dieser Frage streifen.

Während bis in die 1. Hälfte der 70er Jahre hinein in vielen Fabriken bezüglich der Saftgewinnung das alte Pressverfahren in Thätigkeit gewesen war, tauchten um diese Zeit neue Methoden auf, welche mehr Erfolg versprachen, so z. B. die Schützenbach'sche Maceration, die Walzenpresse und das Diffusionsverfahren, welch letzteres fast in allen Fabriken zu unbestrittener Herrschaft gelangte. Zur Saftgewinnung wie auch zur Entzuckerung der Melasse hat man verschiedene Verfahrungsweisen, als welche angeführt werden mögen: Knochenkohle, schweflige Säure, Sostmannsche Fällung, Elution (System Scheibler-Seyffert), Elution (System Manoury), Schwefelsaturation, Kiesfiltration, Osmose etc. Die Melassenentzuckerung vermittelst Strontianit nach System Scheibler war bislang erst in einer Fabrik zur Einführung gelangt und scheint sich daselbst nicht bewährt zu haben. Durch Einführung von vorzüglich konstruierten Filterpressen gelang es, die grösstmöglichste Gewinnung des Zuckers zu erzielen. Ganz besonders hat auch die kreisförmige Aufstellung der Diffusionsbatterie durch ihre praktische Vorzüglichkeit zur Förderung der Zuckerindustrie beigetragen, wie überhaupt die Maschinenindustrie der Stadt Halle a S. als eng verschwistert anzusehen ist mit der Zuckerindustrie und nicht zum geringen Teile an dem Aufblühen der letzteren Anteil hat, wie auch jene wiederum von dieser in erheblichster Weise fort und fort befruchtet worden ist.

Die gegenwärtig in Halle a S. bestehende Maschinenindustrie ist vollständig eine Schöpfung der Neuzeit, da nämlich im Jahre 1850 noch kein derartiges gewerbliches Unternehmen vorhanden war und alle für die hiesige Industrie notwendigen Maschinen wie auch die Reparaturen älterer Maschinen auswärts, wie z. B. in Rothenburg a S., Bernburg und Rosslau a E. hergestellt werden mussten. Damit soll indes nicht gesagt werden, dass die Metallarbeiter überhaupt fehlten. Im Gegenteil waren dieselben sehr zahlreich vertreten. Schon im Jahre 1803 zählte man in hiesiger Stadt 15 Grobschmiede, 1840 gab es deren 28 mit 67 Gesellen, 1861 44 mit 82 Gesellen. Schlosser, Zirkelschmiede, Büchsenmacher, Sporer waren vorhanden 1803 36, 1840 86 mit 114 Gesellen, 1861 130 mit 122 Gesellen; Gürtler, Schwertfeger, Metallknopfmacher waren vertreten 1803 mit 10 Meistern, 1840 mit 15 Meistern und 9 Gesellen und 1861 mit 14 Meistern und 6 Gesellen; die Kupferschmiede zählten 1803 2 Meister, 1840 3 Meister mit 6 Gesellen, 1861 6 Meister mit 18 Gesellen; an Rot-, Gelb-

und Glockengiessern bestanden 1808 2 Meister, 1840 3 Meister und 1861 7 Meister mit 2 Gesellen. Diese Gewerbe sind wohl sämtlich als handwerksmässige zu betrachten, wobei jedoch die Möglichkeit nicht ausgeschlossen ist, dass unter den für 1861 aufgeführten schon verschiedene Arbeiter für die ersten neuentstandenen Maschinenfabriken mitgezählt worden sind. Denn schon im Jahre 1856 wurde unmittelbar vor dem Kirchthore der Stadt in Giebichenstein eine Maschinenwerkstätte von Ernst Leutert und E. Möves errichtet, welche sich zur Aufgabe stellte, durch den Bau von Förder- und Wasserhaltungsmaschinen, Förderwagen sowie Reparaturen von Bergbaumaschinen dem Bergbau zu nützen. Diese Anstalt ist demnach als die älteste Maschinenfabrik hierselbst anzusehen. Gegenwärtig besteht dieselbe noch fort, jedoch unter ganz veränderter Thätigkeit, da sie sich jetzt vornehmlich auf die Herstellung von Dampfmaschinen, namentlich für den elektrischen Betrieb, geworfen hat. Ein Jahr darauf entstand die Eisengiesserei, Maschinen- und Armaturenfabrik von A. L. G. Dehne, welche sich ursprünglich mit der Erzeugung von Armaturen, später jedoch vornehmlich mit der Herstellung von Apparaten für die Fabrikation von Zucker befasste. Im Jahre 1859 wurde die Firma F. Schmidt gegründet, welche als Spezialität die Produktion von Dampfkesseln und Reservoirs betreibt. Nunmehr war die Bahn für die weitere Entwickelung gebrochen und es folgte Schlag auf Schlag die Gründung von Etablissements der Maschinenbranche, welche infolge der grossen Zahl der Vertreter, der Menge der beschäftigten Arbeiter und der Höhe der Umsätze eine interessante und hochbedeutsame Erscheinung für das Gesamtleben unserer Stadt geworden ist und einen grossen Teil der Blutwelle abgiebt, welche die wirtschaftlichen Adern derselben durchströmt. Auch war es von grossem Vorteil für die Entwickelung dieses Industriezweiges, dass die meisten Fabriken sich auf die Herstellung von Spezialitäten warfen. So beschäftigte sich die 1864 entstandene Maschinenfabrik und Eisengiesserei von F. Zimmermann & Co. nur mit der Herstellung von landwirtschaftlichen Maschinen, auf welchem Felde sie grosse Erfolge im Laufe der späteren Jahre zu erringen wusste. Die Hallesche Maschinenfabrik und Eisengiesserei, Aktiengesellschaft, welche aus der Maschinenfabrik von Riedel & Kemnitz in Verbindung mit einer der ältesten Maschinenfabriken, der der Firma Jung & Must im Jahre 1872 entstand, bethätigte ihre Schaffenskraft vornehmlich in der Einrichtung von Rüben-Zuckerfabriken und Raffinerien. Die Maschinenfabrik von Wegelin & Hübner, gegründet im Jahre 1869, baute in erster Linie Filterpressen, Dampfpumpen, Luftpumpen und Dampfmaschinen, während die im Jahre 1871 gebildete

Firma Weise & Monski sich die Herstellung von Dampfmaschinen mit
Präzisionssteuerung, System Carliss, angelegen sein liess. Die Firma
Victor Lwowsky, bestehend seit dem Jahre 1872, erzeugte Einrichtungen von Spiritusbrennereien, Dampfmaschinen, Dampfkesseln etc.,
während Otto Neitsch seit dem Jahre 1889 eiserne Baukonstruktionen
hervorbrachte und Herbst und Brünning sich mit einem interessanten
Zweige der Maschinenindustrie, der Herstellung von Teigteilmaschinen,
abgaben. Dazu mag noch die Firma Wuth & Diederich erwähnt
werden, welche ihre Thätigkeit fast nur dem Schiffsbaue widmete;
ihre Gründung fällt in das Jahr 1864.

Die grosse Nachfrage, welche in der Stadt selbst und in der
nächsten Nachbarschaft in allen hierbei in Frage kommenden Artikeln
hervortrat, sicherte sämtlichen diesbezüglichen Anstalten von vornherein eine befriedigende und in den meisten Fällen eine überreichliche
Beschäftigung bei ausreichenden Preisen, sodass diese Industrie, abgesehen von steigenden und fallenden Konjunkturen, welche indes in
jedem Gebiete wirtschaftlicher Thätigkeit im Laufe der Jahre hervortreten, wandelvolle Krisen und schicksalschwere Jahre wohl kaum zu
ertragen gehabt hat, wie solches bei der Zuckerindustrie und einigen
anderen Branchen der Fall gewesen ist. Ein Beweis hierfür liegt
schon in der ungemeinen Entwicklung, welche die Maschinenindustrie
und Eisengiesserei hierselbst einschlagen konnte. In der Mitte der
1880er Jahre bestanden nämlich in Halle a. S. 4 grössere Maschinenfabriken mit Giesserei und Blechschmiederei (die Giebichensteiner mit
eingeschlossen) und 3 Maschinenfabriken für die Erzeugung land-
wirthschaftlicher Apparate und Werkzeuge. Ausserdem blühte noch
in Freiimfelde, welches im Jahre 1891 in das Stadtgebiet einge-
gliedert ist, eine Nagel-, Ketten- und Drahtfabrik, in Summa bestanden
demnach 8 Maschinen- bezw. Metallverarbeitungsfabriken. Im Jahre
1891 sind in dem Gesamtgebiete der Stadt 37 grössere Maschinenfabriken vorhanden, wozu noch eine grosse Anzahl von anderen
Metall-Bearbeitungsanstalten hinzugerechnet werden kann. Die
Maschinenindustrie hat sich demnach in einer Art und Weise entfaltet, wie kaum ein anderer Zweig wirtschaftlicher Thätigkeit. Dieses
leuchtet noch mehr ein, wenn man erwägt, dass wohl sämtliche
Fabriken, namentlich die älteren, ihre Anstalten erheblich erweitert,
die Zahl ihrer Arbeitsmaschinen vergrössert und diese verbessert, die
Arbeiterzahl ganz bedeutend vermehrt und die Produktion ungemein
gesteigert haben und zwar so sehr, dass gegenwärtig eine einzelne Fabrik
mehr Fabrikate zu erzeugen imstande ist und auch wirklich erzeugt,
als früher im Jahre 1865 die vorhandenen 8 Fabriken zusammenge-

nommen, und manche dieser Anstalten einen Jahresumsatz aufzuweisen haben, der mehrere Millionen Mark umfasst.

Der Absatz aller dieser Fabrikate konnte sich infolge der ange-
strengtesten Thätigkeit, welche nur wenige Male eine kurze Stockung
erfahren hat, so z. B. in den dem Milliardenfieber folgenden 70er
Jahren, naturgemäss nicht mehr auf die Stadt allein und auf die benachbarten Gebiete erstrecken, sondern musste sich bald auf weitere
Kreise vertheilen. Die grösseren Fabriken setzen ihre Artikel nicht
nur in allen Teilen Deutschlands, sondern auch in Russland, Öste-
reich-Ungarn, Italien, Spanien, Frankreich, England, Schweden und
Norwegen, sowie auch in den Vereinigten Staaten von Nordamerika
und in vielen überseeischen Staaten und Ländern ab. Genaue Zahlenangaben über die Schätzung der Ausfuhr aus hiesiger Stadt giebt es
nicht, doch mag angeführt werden, dass eine der grössten Maschinenfabriken in Halle im Jahre 1890 55 % aller ihrer Artikel innerhalb
der Grenzen des deutschen Reiches vertrieb, während 45 % derselben
zur Ausfuhr gelangten. Da der Export zu verschiedenen Zeiten erheblich schwankt und einige Fabriken in manchen Jahren mehr für ·
Export arbeiten, andere hinwiederum sehr viel weniger, als die hier
ins Auge gefasste, so könnte das Verhältnis der Gesamtausfuhr von
Maschinen etc. zu dem Absatze im Inlande bei der Berücksichtigung
einer längeren Periode, etwa eines Jahrzehntes, sich wohl bei näherungs-
weiser Schätzung durchschnittlich wie 4 : 6 verhalten. In diesem Umstande finden wir den Beweis, dass gerade die Maschinenindustrie
bedeutsam dazu beiträgt, den wirtschaftlichen Wohlstand der Stadt
zu heben, weil durch die Aufnahme von Maschinen, in denen sich
deutsches Erzeugnis mit deutscher Intelligenz und deutschem Arbeits-
fleisse verschmolzen hat, das Ausland an unsere Stadt tributpflichtig
gemacht wird. Den Absatz an das Ausland halten wir für
ausserordentlich wichtig, weshalb uns auch die in den letzten Jahren
mehr und mehr hervorgetretene Klage unserer Grossindustriellen berechtigt erscheint, dass durch die seit einem Jahrzehnte bestehende
Schutzzollpolitik, welche von den übrigen europäischen und auch von
manchen überseeischen Staaten oft sogar in drastischer Weise nach-
geahmt und noch überboten worden, der Absatz deutscher Artikel im
Auslande mehr und mehr eingeengt worden ist und an Boden verloren hat. Von den Nachbarstaaten wurden vielfach Schutzzölle über
Schutzzölle emporgethürmt, welche mehr einem Einfuhrverbote gleich-
kamen, als dass sie einen Schutz für eine nationale Industrie, die vielfach gar nicht vorhanden war, abgeben konnten. In der Gegenwart
scheint jedoch die deutsche Reichsregierung auf die früheren Bahnen

einzulenken und eine Politik der Handelsverträge mit den meisten
europäischen Staaten einzuleiten, welche dieselben nicht allein in
wirtschaftlicher Hinsicht näher zu bringen geeignet ist, sondern auch
von grosser politischer Bedeutung, so z. B. im Sinne der Aufrechterhaltung des Friedens in Mitteleuropa, sich erweisen kann. Deshalb
ist das Bestreben der Reichsregierung mit Freuden zu begrüssen und
auch aus dem Grunde anzuerkennen, weil durch dasselbe die Ausfuhr gehoben, die Industrie zu erneuter Thätigkeit angeregt, wie auch
die Maschinenfabrikation ihre früher innegehabten Absatzgebiete nach
Möglichkeit wieder zu erringen vermag.

Was die Arbeiterschaft in der Maschinenindustrie anbetrifft, so
haben innerhalb derselben vor Jahresfrist einige mehr oder weniger
lange während Lohnbewegungen sich gezeigt, welche das bisherige
gute Verhältnis zwischen Arbeitgeber und Arbeitnehmer, welches
während vieler Jahre bestanden, zeitweilig etwas zu stören, und vorübergehend zu einem gespannten zu gestalten vermocht haben. In
den Jahren angestrengtester Arbeitsthätigkeit und freudigsten Schaffens,
als welche die Zeit von 1887 bis 1890 bezeichnet werden muss,
haben die sporadisch aufflackernden Ausstandserscheinungen durchweg eine Erhöhung der Löhne gebracht. Neue derartige Bewegungen
sind vor der Hand wohl nicht zu befürchten, da eine absteigende
Konjunktur heranzunahen scheint, in welcher die bisher errungenen
Lohnsätze krampfnaft festgehalten werden und weitere Ausstandserscheinungen nur dazu führen könnten, dieselben herabzumindern,
was die Führer der Massen auch wohl einzusehen scheinen. Ausserdem stehen die Arbeitgeber ungerechtfertigten Ansprüchen der Arbeitnehmer nicht mehr ungerüstet gegenüber.

Obgleich zuverlässige Angaben über die Anzahl der beschäftigten
Arbeiter in den Maschinenfabriken fehlen, so dürfen wir dieselbe
wohl mit annähender Sicherheit auf ungefähr 3500 bis 4000 schätzen.

Über den dritten grossen Industriezweig, den Braunkohlenbergbau und die mit demselben verbundene Verarbeitung und Verwertung
der Produkte desselben, können wir uns wesentlich kürzer fassen, denn
obgleich diese eigenartige Industrie für den ganzen Handelskammer-
bezirk Halle eine hervorragende Bedeutung besitzt, hat sie auf die
Stadt selbst nur indirekt in grösserem Masse fördernd eingewirkt.

Neben den verschiedenen im Boden gefundenen Schätzen, als da
sind Porzellanerde, Thon, Gyps, Kalk, Sandstein und Porphyr bilden
ganz besonders die Braunkohlen ein wertvolles Produkt, welches einen
hervorragenden Reichtum der ganzen Gegend bildet und seit dem
Jahre 1846 eine Grossindustrie geschaffen hat, die später durch die

Mineralöl- und Paraffinfabrikation einen Weltruf erlangte. Während im
Jahre 1861 von 192 gewerkschaftlichen Gruben und 3 Staatswerken
etwa 22 Millionen Hektoliter Braunkohlen gefördert wurden, hatte sich
die Förderung im Jahre 1888 auf 88 321 507 Hektoliter gehoben, zu
welcher Zeit jedoch nur 169 Braunkohlengruben im Betriebe waren.
Die durchschnittliche Gesamtförderung einer Grube, welche im Jahre
1861 125 000 hl betrug, hatte sich demnach für das Jahr 1888 auf
522 612 hl erhöht, mithin also fast verfünffacht. Eine solche starke
Steigerung der Produktion wäre unzweifelhaft nicht eingetreten, wenn
man nicht inzwischen verstanden hätte, die Brennbarkeit der Braunkohlen, welche die der böhmischen Braunkohlen vielfach nicht erreicht, weshalb jene unter der Konkurrenz der letzteren sehr zu leiden
hatten, durch Verarbeitung derselben zu Briketts und Nasspresssteinen
nennenswert zu erhöhen. Letztgenannte Artikel haben sich infolge
ihrer bequemen Handhabung bei entsprechend guter Heizkraft zu
einem beliebten Feuerungsmateriale entwickelt, sodass viele Arbeiter
in einer grossen Zahl von Fabriken bei dieser Branche Beschäftigung
finden. Der Verbrauch der genannten Artikel ist in der Stadt Halle
ein so grosser, dass nicht nur fast in allen Haushaltungen dieses
Feuerungsmaterial benutzt wird, sondern dasselbe auch in vielen
Fabriken, namentlich in den kleineren zur Kesselheizung etc. Verwendung findet. Die Nasspresssteine werden ähnlich der Ziegelstein-
fabrikation aus einem feuchten Kohlenbrei durch Pressung vermittelst
Maschinen gewonnen, während die Brikettierung auf der Eigenschaft
der feinkörnigen Braunkohle sich gründet, unter einem Drucke von
1200 bis 1500 Atmosphären ohne Bindemittel sich zu vereinigen,
wenn in derselben hygroskopisches Wasser und Bitumen (Kohlen-
wasserstoffe) nicht fehlen.

Von ganz besonderer Bedeutung für den hiesigen Bezirk ist das
Weissenfels-Zeitzer Revier geworden, da man in demselben nicht allein
Feuerkohlenlager, sondern auch Schweelkohlen in grossen Massen er-
schloss, welche letztere in den Teerschweelereien zu Teer verarbeitet
werden, aus welchen man wiederum Solaröl und das wertvolle
Paraffin gewinnt.

Diese Industrie, welche in ihrer Eigenart wohl einzig in Deutschland dasteht und sich zu so mächtiger Höhe entwickelt hat, würde
hier nicht eine eingehende Erwähnung finden, wenn nicht der Sitz
mehrerer grosser Gesellschaften derselben im Laufe der Zeit nach
Halle a. S. verlegt worden wäre, durch welchen Umstand sich der
Handel mit sämmtlichen erzeugten Artikeln in Halle a. S. konzen-
triert hat und viele Geschäftsinhaber, welche früher an Ort und

Stelle der Fabrikation thätig gewesen waren, ebenfalls nach hier ver-
zogen. Wir sind daher genötigt, einen Blick auf die Gesamterzeugung
zu werfen und kurz die Gesellschaften zu berühren, welche von
Halle a. S. aus ihre vielverzweigten Anstalten leiten.

In dem Regierungsbezirke Merseburg waren mit Einschluss einer
ausserhalb gelegenen im Jahre 1890 44 Teerschwelereien im Be-
triebe, welche das Eigentum von 17 Firmen bildeten; die Zahl der
Öfen bezw. Retorten belief sich auf 1396, in welchen 7 517 183 hl
Feuerkohlen und 12 013 386 hl Schweelkohlen verbraucht wurden.
Von 1072 Arbeitern wurden hierbei 1 103 470 Ztr. Teer gewonnen.
Mineralöl- und Paraffinfabriken gab es 15, welche 11 Firmen gehörten.
In denselben wurden im Jahre 1890 1 105 258 Ztr. Teer verarbeitet,
zu welcher Aufarbeitung 3 015 122 hl Kohlen verwendet werden
mussten. Die Anzahl der Arbeiter in diesen Fabriken zählte 1275.

Das grösste in dieser Richtung thätige Unternehmen wird von
den A. Riebeck'schen Montanwerken gebildet, welche im Jahre 1858
von dem Kommerzienrat Karl Adolf Riebeck gegründet und nach dessen
Tode in eine Aktiengesellschaft mit einem Aktienkapitale von 10 Mill.
Mark umgewandelt worden sind. In 16 Kohlengruben wurden im
Jahre 1890 etwa 24 Millionen Hektoliter Kohlen gefördert, aus welchen
über 4 Millionen Zentner Briketts, 72 Millionen Stück Nasspresssteine
und in 592 Schweelöfen 470 000 Ztr. Teer gewonnen wurden. Letzteres
wurde weiter verarbeitet und aus demselben gewonnen 38 032 Ztr.
Solaröl, 17 500 Ztr. helle Öle, 203 802 Ztr. dunkle Öle und 67 380 Ztr.
Paraffin. Das Paraffin wird in den Giessereien zu beliebten geruchs-
freien und vorzüglich leuchtenden Kerzen verarbeitet. Auch die Rückstände bei der Teergewinnung werden verwertet und als Grudekoks in
den Handel gebracht, von welchem die genannte Gesellschaft in dem
fraglichen Jahre 2¼ Millionen Zentner gewann.

Schon vorher war im Jahre 1855 die Sächsisch-Thüringische
Aktiengesellschaft für Braunkohlenverwertung in Halle a. S. gegründet
worden, welche sich in völlig gleicher Weise wie vorstehende Gesell-
schaft bethätigt. Dieselbe besitzt 6 Schweelereien mit 171 Schamotte-
zylinder, in welche jährlich etwa 150 000 Ztr. Teer gewonnen werden. Die
Jahresförderung der letztgenannten Gesellschaft beträgt 5½ Millionen
Hektoliter Kohlen. Die dritte grosse Gesellschaft, welche in gleicher
Hinsicht wie die vorstehenden arbeitet, ist die Zeitzer Paraffin- und
Solarölfabrik zu Halle a. S., welche im Jahre 1884 gegründet wurde.
Dieselbe hat eine Jahresproduktion von ungefähr 103 000 Zentner Teer.
Ausser diesen verdient noch die Firma Bunge & Corte Erwähnung.

Die Produkte der in Rede stehenden Industrie werden vorzüglich in Deutschland abgesetzt, da im Auslande die schottische Solarölindustrie und die pennsylvanische Petroleumindustrie eine der hiesigen harte Konkurrenz bereiten. Dennoch findet ein regelmässiger und bedeutender Absatz der wertvollsten Produkte wie Paraffin und Paraffinkerzen im Auslande statt und zwar besonders nach südlichen und südöstlichen Ländern wie Spanien, Italien, Österreich-Ungarn, Rumänien etc. In Kerzen werden sogar erhebliche Sendungen nach Nord- und Südamerika ausgeführt. — Das Paraffin, welches von 32° bis 60° Celsius gewonnen wird, hat je nach seinem Schmelzpunkte eine verschiedene Verwendung. Während die harten Sorten zu Kerzen verarbeitet werden, erstreckt sich die Verwendung der weichen und mittelharten Sorten auf die Vermischung mit Wachs und Stearin, auf den Verbrauch zu Appreturzwecken, in der Dynamitfabrikation, als Verdichtungsmaterial und als Konservierungsmittel. Ausserdem werden sie angewandt in der Glasbläserei, in der Buntpapier- und Glanzgarnfabrikation sowie zur Herstellung der schwedischen Zündhölzer. Wegen der vielfachen Verwendung erfreuen sich die genannten Artikel einer grossen Beliebtheit und einer durchweg starken Nachfrage.

Ausser den vorstehend näher betrachteten grossen Industriezweigen stehen in Halle a. S. noch eine Menge von Handels- und Gewerbebranchen, wie z. B. der Kolonialwarenhandel, Zigarrenfabrikation, Zichorienfabrikation, Kakao- und Chokoladenfabrikation, Honigkuchen- und Zuckerwarenfabrikation, ein ausgedehnter Viehhandel, Holzschneidegeschäft und Tischlerei, Korbwarenindustrie, Düngemittelhandel und -Fabrikation, Seifen- und Parfümerieindustrie, Sodafabrikation, Ceresinerzeugung, Schmierölfabrikation, Wagenbau, Pianofortefabrikation, Fabrikation von Damenmänteln und künstlichen Blumen, Blaudruckerei und -Färberei, Leder und Handschuhfabrikation, Erzeugung von Loofahwaren, Papierfabrikation u. s. w., welchen Branchen zumeist eine ansehnliche Bedeutung innewohnt, aber von uns unmöglich in dieser Skizze ihrer Bedeutung für die Stadt Halle a. S. gemäss gewürdigt werden können. Obgleich viele von diesen Zweigen sogar eine erhebliche Ausfuhr besitzen, müssen wir es uns doch versagen, auf dieselben näher einzugehen. Nur mag noch in kurzen Zügen gezeichnet werden, was in der Gegenwart aus jenen Gewerben geworden ist, welche in früheren Jahrhunderten schon zu verhältnismässig hoher Blüte gelangt waren.

Die Salzgewinnung aus der Soole des Gutjahrbrunnens ist gegenüber den übrigen gewaltig in den Vordergrund getretenen Industrien vollständig zurückgedrängt worden, obgleich die Soole in alter Weise

ausgebeutet wird, wobei die Halloren noch wie in der Vorzeit Tagen
ausschliesslich Beschäftigung finden. Im Jahre 1890 wurden in
Summa 170680 Ztr. Siedesalz hervorgebracht. Auch die Stärkefabrikation bildet keinen herrschenden Erwerbszweig für die hiesige
Stadt mehr, wie im 18. Jahrhundert, obgleich dieselbe noch immer
eine nicht zu unterschätzende Bedeutung besitzt. Es bestehen gegenwärtig 19 Fabriken hierselbst, welche mit modernen Maschinen und
Einrichtungen versehen sind, und welche jährlich ungefähr 100000 Ztr.
Weizenstärke erzeugen, was bei einem Durchschnittspreise von vielleicht 22,50 Mk. für den Zentner einem Gesamtumsatz von 2250000 Mk.
entspricht. Berücksichtigt man hierzu noch die nach wie vor ge-
pflegte Schweinemast, so kann man wohl mit Recht behaupten, dass
die Weizenstärkefabrikation, verglichen mit den Tagen der höchsten
Blüte in der Gegenwart noch einen Fortschritt gemacht hat, wenn-
gleich auch diese Entwickelung durchaus nicht mit der Ausgestaltung
und Entfaltung der Stadt gleichen Schritt halten konnte. Im verflossenen Jahre wurden im ganzen 409 Doppelwagenladungen von
Stärke zu je 10000 kg vom hiesigen Bahnhofe versandt. Ausserdem
hat in neuerer Zeit die Fabrikation von Maisstärke sich ebenfalls entwickelt, wie auch der Handel mit Kartoffelstärke grösseren Umfang
angenommen hat.

Die Branntweinbrennerei ist dagegen, nachdem auch in der
Gegenwart die seit mehreren Jahrzehnten aufgekommene Rüben-
spiritusgewinnung aus der Melasse wieder eingegangen ist (da durch
die neuen Methoden der Melasscentzuckerung eine vorteilhaftere
Verwendung derselben gegeben) fast ganz verschwunden. Jedoch
befindet sich hierselbst eine grössere Spiritusrektifikationsanstalt, welche
sich in ununterbrochenem Betriebe befindet. An Bierbrauereien sind
am Platze 18 vorhanden, welche ein gutes, dem jetzigen Geschmacke
zusagendes Bier brauen, sodass die alte Klage, welche auch den
grossen Friedrich so sehr bekümmert hat, nicht mehr in Geltung besteht und die Bürgerschaft sich dasselbe vortrefflich munden lässt.
Erzeugt wurden 40762 hl obergähriges und 173821 hl untergähriges
Bier, wozu über 72000 Ztr. Gerstenmalz verwendet wurden. An
Brausteuer mussten von den 18 Brauereien im Jahre 1890/91,
über welches auch vorstehende Zahlen gelten, 155282 Mk. entrichtet
werden.

Der Getreidehandel hat sich in unseren Tagen fort und fort entfaltet und mit ihm die Mühlenindustrie, da in Halle selbst und in der
nächsten Umgegend, so z. B. in Böllberg, Döllnitz etc. sich grosse
Handelsmühlen ansiedelten, von denen einige schon eine mehrhundert-

jährige Geschichte hinter sich haben. Aus dem früheren Landmarkte, auf welchem die Händler und Getreideproduzenten der Nachbarschaft ihre Ware anboten, ist nach und nach ein lebhafter Grosshandel mit Getreide entstanden, welcher je nach den Zeitumständen auch Beziehungen mit mehreren auswärtigen Staaten unterhält. Da innerhalb des Getreidehandels in den 60er Jahren eine grosse Zersplitterung sich geltend machte und die Zusammenkünfte der Händler an verschiedenen Plätzen in der Stadt sich abwickelten, so hat sich die früher Halle'sche Getreide- und Produktenbörse ein wesentliches Verdienst erworben, indem sie im Jahre 1865 alle am Getreide- und Produktenhandel beteiligten Firmen in einen Verein zusammenfasste und ein eigenes Haus erwarb, in welchem seit der genannten Zeit regelmässig Börsentage abgehalten werden. Durch diese Konzentration ist der Getreidehandel erstarkt und in erspriessliche Bahnen gelenkt worden. Ausserdem hat die Halle'sche Getreide- und Produktenbörse sich bemüht, die staatliche Anerkennung zu erlangen, was auch nach längerer Arbeit gelungen ist. Durch Erlass des Herrn Ministers für Handel und Gewerbe vom 22. November 1888 wurde die Börsenordnung für die Stadt Halle a. S. genehmigt, worauf sich die Halle'sche Getreide- und Produktenbörse auflöste und die „Börse zu Halle a. S." konstituiert wurde. Das Aufsichtsorgan der somit staatlich genehmigten Börse ist die Handelskammer zu Halle a. S. Dieselbe besteht seit dem Jahre 1845. Sie hat nicht zum geringsten Teile mit dazu beigetragen, Handel, Industrie und Gewerbe die Wege zu ebnen und in die Bahnen einzulenken, innerhalb welcher sich der ungemeine wirtschaftliche Aufschwung vollzogen hat. Über die Thätigkeit derselben geben die regelmässig erscheinenden Jahresberichte eingehende Aufschlüsse.

Hand in Hand mit der wirtschaftlichen Entwickelung ist die Verkehrsentfaltung fortgeschritten. Über das Eisenbahnwesen wird an anderer Stelle berichtet. Dazu kommt noch der bedeutende Schiffsverkehr auf der Saale, welcher sich, den neuzeitlichen wirtschaftlichen Verhältnissen entsprechend, ebenfalls vollständig umgewendelt und vermehrt hat.

Folgende Angaben über die Schiffahrt mögen daher nicht ohne Interesse sein. Da die Flüsse natürliche Wasserstrassen bilden, sind dieselben schon in den ältesten Zeiten zur Transportbewegung benutzt worden. Auch boten dieselben im Mittelalter bei dem herrschenden Tribut- und Raubritterwesen oft mehr Schutz als die alten Handelswege, welche dazu noch wenig ausgebaut und zu gewissen Zeiten durch Schlamm und Morast vollständig unpassierbar wurden. Dass die Saale als solche Strasse für den Schiffahrtsverkehr gedient hat, er-

sieht man daraus, dass schon im Jahre 981 die Leiche des Erzbischofs Adalbert zu Schiffe von Frankleben nach Rothenburg und
von da nach Magdeburg gebracht wurde, wie auch der kranke Erzbischof Tapinos im Jahre 1012 von Merseburg nach Rothenburg auf
dem Wasserwege, also an Halle vorbei, geführt werden konnte. Eines
historisch beglaubigten grossen Gütertransportes im 12. Jahrhundert
haben wir schon Erwähnung gethan. Hinzuzufügen bleibt noch, dass
im genannten Jahrhundert verschiedene hölzerne Schleusen in der
Saale erbaut sein müssen, da im Jahre 1172 die Mühle zu Trotha
und im Jahre 1182 die Steinmühle zu Halle a. S. schon vorhanden
waren. Ausserdem erwarb der Rat der Stadt von dem Kloster Neuwerk eine Wasserkraft im Südwesten der Stadt, woselbst von ihm
eine Pulvermühle angelegt wurde. Dieselbe wurde im Jahre 1545
für die Abgabe von 2 Ztr. Pulver für das Jahr von der Stadt verpachtet.
Nach vielfachem Brandunglücke hat dieselbe schliesslich den Betrieb
eingestellt und ist verschwunden, doch erinnern die noch heute so be-
nannten „Pulverweiden" an den Ort, woselbst sie gestanden hat.
Die Regulierung der Saale, die Erbauung von Wehren und die weitere
Errichtung von Schleusen bewirkten es, dass im 13. Jahrhundert noch
4 neue Mühlen hierselbst erbaut wurden und zwar die Mühlen zu
Glaucha (1236), Gimritz (1238), die Neumühle (1283) und Böllberg
(1291). Im Jahre 1530 erwirkte der Erzbischof Albrecht ein kaiserliches
Privilegium, dass die Saaleschleusen, welche sich durchweg für den
bisherigen Verkehr als zu eng erwiesen hatten, erweitert wurden.
Wenn hieraus zu entnehmen ist, dass die Schiffahrt damals recht
rege war, so muss man doch den durch sie bewirkten Transport
mehr als einen Nahverkehr betrachten; denn durch das Stapelrecht
Magdeburgs wurde die Saale und Elbeschiffahrt in engen Schranken
gehalten. Die hauptsächlichsten Transportgegenstände der damaligen
Zeit sind Salz, Getreide, Holz, Steine, darunter auch Kupferschiefer
aus dem Mansfeldischen und Kohlen gewesen. Zu der Zeit des
30jährigen Krieges stockte die Schiffahrt gänzlich und die Schleusen
gerieten in Verfall. Die Wichtigkeit der Schiffahrt für Halle a. S. erhellt aber ganz besonders daraus, dass die Reparatur der Schleusen
das erste gewesen zu sein scheint, worauf man nach dem Kriege das
Augenmerk richtete; denn schon im Jahre 1651 waren dieselben
wieder hergestellt, sodass der Schiffsverkehr sich ungehindert ent-
falten konnte. Nach Besitzergreifung Halles durch den grossen Kurfürsten wurden die Holzschleussen in steinerne umgebaut und die
Arbeit so eifrig betrieben, dass im Jahre 1698 die sieben Saaleschleusen vollständig hergestellt waren. Die Wichtigkeit des Wasser-

transportes für die Güterbewegung ist auch während der folgenden
Jahrhunderte anerkannt worden, bis in der Mitte des gegenwärtigen
Jahrhunderts durch die Entstehung der Eisenbahnen und ihre rasche
Gütervermittelung der Blick von dem Schiffsverkehre etwas abgelenkt wurde. Durch den ungeheuren Güterverkehr, welcher in unserm
industriellen Zeitalter hervorgetreten, ist man aber gegenwärtig wohl
allgemein zu der Überzeugung gelangt, dass die Eisenbahnen den
gesteigerten Verkehrsansprüchen nicht mehr zu genügen vermögen und
dass neben diesem Transportmittel die Wasserstrassen namentlich für den
Massentransport von niedrig bewerteten Gütern, für welche ein Versandt mittelst der Bahn auf weitere Strecken unmöglich ist, nicht nur
unentbehrlich sind, sondern dass sie in Bezug auf Leistungs- und
Konkurrenzfähigkeit den Eisenbahnen sich überlegen erwiesen haben.
Daher geht auch das Bestreben der Regierungen dahin, durch Regulierung der Flüsse und Ströme und durch die Ausgestaltung des
Kanalnetzes neben dem bestehenden Eisenbahnnetze Verkehrsadern
zu schaffen, welche die Vermittelung ungeheuerer Gütermengen auf
sichere, bequeme und billige Weise gewährleisten. Auch der Lauf
der Saale ist einer durchgreifenden Korrektion unterzogen worden,
sodass wesentliche Schiffahrshindernisse auf derselben nicht mehr vorhanden sind und die bestehende Fahrrinne es ermöglicht, dass grosse
Flusskähne mit einem Ladegewichte von 6000 Ztr. auch bei mittlerem
Wasserstande die hiesige Stadt, welche den Endpunkt für die grosse
Flussschiffahrt auf der Saale bildet, erreichen können, ohne ableichten
zu müssen. Ausserdem ist vom Jahre 1884 ab, zu welchem Zeitpunkte die Kette durch den Strom bis Halle a. S. gelegt wurde, eine regelmässige Kettenschleppschiffahrt auf der Saale im Betriebe, von
deren Dampfern oft Züge bis zu 5 Kähnen rasch und sicher bis nach
Halle a. S. befördert werden. Über den Verkehr vermittelst der Kettenschleppschiffahrt mag angeführt werden, dass im Jahre 1888 seitens
der „Kette, deutsche Elbschleppschiffahrtsgesellschaft" 1848 Frachtschiffe geschleppt wurden, von denen 851 mit 2000270 Ztr. beladen
waren; im Jahre 1889 wurden 1858 Frachtschiffe befördert, unter
welchen sich 898 beladene befanden; dieselben enthielten 2279120 Ztr.
Über den gesammten Schiffsverkehr mögen nach den Durchschleus-
ungen der ersten Saaleschleuse zu Kalbe folgende Ziffern einiges
Licht werfen. Es passierten diese Schleuse:

Jahr	Beladene Kähne				Leere Kähne einschl. Kettenschiffe	
	Zu Berg		Zu Thal			
	Anzahl	Ladegewicht t	Anzahl	Ladegewicht t	Zu Berg	Zu Thal
1885	647	49 320	791	86 281	542	233
1888	1204	104 094	1247	163 702	610	175
1890	1329	115 335	1384	190 610	639	227

Eine ganz erhebliche Förderung wird der Schiffsverkehr durch den Bau einer Verbindungsbahn zwischen dem Sophienhafen hierselbst und dem Zentralgüterbahnhofe erhalten, durch welche Halle a. S. zu einem Umschlagsplatze für weitere Gebiete Mitteldeutschlands zu werden berufen ist. Der betreffende Bahnbau ist nach Genehmigung einer bezüglichen Zinsgarantie seitens der städtischen Behörden gesichert. Eine weitere Förderung würde der Saaleverkehr erhalten, wenn die bisher bestehenden Kammerschleusen der Saale in Zugschleusen umgewandelt werden würden, wodurch der unbequeme Aufenthalt beim Passieren der Schleusen wegfiele.

Ebenso wie Gewerbe und Industrie hat der Handel eine ununterbrochene Thätigkeit entfaltet, um die Vermittelung der Güter von der Produktion zur Konsumtion zu bewirken. Auch haben die grossen Geldinstitute und Bankiers hiesiger Stadt dazu beigetragen, für die Bereithaltung und Flüssigmachung der notwendigen Geld- und Kreditmittel zu sorgen, um dem wirtschaftlichen Organismus der Stadt neue Lebenskräfte zuzuführen. Wie stark dieser gewachsen ist, zeigt nachfolgende Tabelle, welche die Umsätze der Reichsbankhauptstelle zu Halle a. S. wiedergiebt:

Jahr	Gesamt-Umsatz ℳ
1876	407 430 200
1878	422 079 200
1881	561 971 100
1884	715 885 900
1887	756 810 100
1890	1 060 494 500

Vorstehende Zahlen beweisen, wie schnell sich auf diesem Gebiete in der letztverflossenen Zeitspanne die Umsätze flüssiger Mittel gesteigert haben: ein Zeichen für die rasche Zirkulation im wirtschaftlichen Gesamtleben der Stadt.

Das Empfangsgebäude des Bahnhofes.

V.

VERKEHR.

1. EISENBAHNVERHÄLTNISSE.

VON

O. KÖNIGER, KGL. EISENBAHN-BAU- U. BETRIEBSINSPEKTOR.

In den ersten Jahren, in welchen auf dem europäischen Festlande Eisenbahnen erbaut wurden, erhielt auch die Stadt Halle eine solche als bedeutendste Zwischenstation der im Jahre 1840 in Betrieb genommenen Bahnlinie Magdeburg-Leipzig. Die Eisenbahnverhältnisse lehnten sich damals noch eng an diejenigen des Postverkehrs an; besondere Empfangsgebäude zur Abfertigung der Reisenden waren, ausgenommen auf den Hauptstationen, nicht vorhanden, vielmehr wurde das ganze Abfertigungsgeschäft in privaten Gasthöfen, welche teils an der neuen Bahnlinie erbaut wurden, teils schon vorher sich daselbst befanden, abgewickelt. In den ersten Jahren des Betriebes wurden dann allerdings besondere Gebäude für diese Zwecke erforderlich, die betr. Gasthöfe blieben jedoch bestehen und dienen bei den meisten Zwischenstationen der Magdeburg-Leipziger Eisenbahn noch heute ausschliesslich zur Bewirtung der Reisenden.

Zu der Magdeburg-Leipziger Linie gesellte sich im Jahre 1846 die Thüringer, im Jahre 1859 die Berliner Bahn. Der Personenbahnhof dieser 3 ältesten Linien war gemeinschaftlich, während jede derselben einen besonderen Güterbahnhof besass. Im Jahre 1865 wurde sodann die Kassler, 1872 die Halberstädter und in demselben Jahre die Sorau-Gubener Linie in Betrieb genommen. Neue Bahnstrecken sind seitdem nicht hinzugekommen. Somit bildet die Stadt Halle bereits seit einer Reihe von Jahren den Knotenpunkt für 7 bedeutende strahlenförmig nach allen Richtungen der Windrose sich verteilende Eisenbahn-Linien und verdankt dieser günstigen Lage nicht zum kleinsten Teil den bedeutenden Aufschwung, welchen sie in dem letzten

Jahrzehnt genommen hat. Das Eisenbahnnetz weist nur noch eine empfindliche Lücke auf, deren Beseitigung jedenfalls von nicht zu unterschätzender Bedeutung für die weitere Entwickelung der Stadt Halle sein wird. Es ist dies die noch fehlende Verbindung zwischen dem Bahnhofe und der Saale. Nachdem im Jahre 1884 die Kettenschiffahrt bis Halle eröffnet war, erkannten die städtischen Behörden im Verein mit der Kaufmannschaft alsbald die Notwendigkeit dieser Verbindung und liessen es seitdem nicht an den nötigen Anstrengungen fehlen, um diesem Mangel durch den Bau einer Verbindungsbahn zwischen dem Bahnhof und dem Sophienhafen abzuhelfen. Neuerdings scheinen erfreulicher Weise die Vorarbeiten soweit gediehen zu sein, dass der Bau der Bahn als gesichert betrachtet und der Verwirklichung des Entwurfs in nächster Zeit entgegengesehen werden kann.

Bis zu der im Anfang der achtziger Jahre erfolgten Verstaatlichung befanden sich die vorerwähnten Bahnlinien im Besitze von nicht weniger als 5 Eisenbahngesellschaften und zwar gehörten die Linien Magdeburg, Leipzig und Kassel zur Magdeburg-Leipziger, die Thüringer Linie zur Thüringischen, die Berliner zur Berlin-Anhaltischen die Halberstädter zur Magdeburg-Halberstädter und endlich die Sorauer zur Halle-Sorau-Gubener Eisenbahngesellschaft. Diese Zersplitterung führte zu einem lebhaften Wettbewerb zwischen den einzelnen Gesellschaften, von welchen jede mit Ausnahme der Halle-Sorau-Gubener Bahn einen eigenen Güterbahnhof besass. Von letzteren befand sich derjenige der Magdeburg-Leipziger Eisenbahngesellschaft auf der Ostseite des Bahnhofs, die übrigen drei Bahnhöfe waren auf der Stadtseite belegen. Um zu dem Magdeburg-Leipziger Güter-Bahnhofe zu gelangen, mussten die Gleisse sämtlicher Linien auf der Delitzscher Strasse in Schienenhöhe überschritten werden.

Der Personenbahnhof war nach wie vor gemeinschaftlich für sämtliche Linien. Das Empfangsgebäude befand sich inselartig zwischen den Personengleisen, sodass im Verkehr mit der Stadt jedesmal die Berliner Gleise in Schienenhöhe überschritten werden mussten. Die stetige Vermehrung der Bahnlinien und die Steigung des Verkehrs hatte einen mehrmaligen Umbau des Empfangsgebäudes zur Folge, ohne dass hierdurch jedoch der vorerwähnte, den Hauptübelstand bildende Gleisübergang beseitigt worden wäre.

Gestaltete sich somit in den letzten Jahrzehnten die Lage des Personenbahnhofs zu einer sehr ungünstigen, so musste die Vielköpfigkeit des auf 4 Bahnhöfe und 4 verschiedene Verwaltungen verteilten Güterverkehrs in bezug auf die Sicherheit und glatte Abfertigung seitens der einzelnen Verwaltungen als eine wahre Plage empfunden werden. Am ungünstigsten war in dieser Hinsicht die Magdeburg-Leipziger Eisenbahngesellschaft gestellt, deren Güterbahnhof durch sämtliche Gleise von der Stadt abgesperrt und bei wachsendem Bahnverkehr immer schwieriger zu erreichen war. Von dieser Verwaltung, welche überdies die zahlreichsten und wichtigsten Linien in Händen hatte, ging denn auch Anfang der 70er Jahre der erste ernsthafte Anstoss für eine durchgreifende Umgestaltung der Halle'schen Bahnhofsverhältnisse aus. Die freundschaftlichen Beziehungen zwischen dieser Verwaltung und der Magdeburg-Halberstädter Eisenbahn liessen einen Teil des Entwurfs, welcher die Vereinigung des Güterverkehrs der beiden Verwaltungen bezwecken sollte, in Gestalt der heute noch bestehenden nördlichen Überführungsbahn und eines gemeinschaftlichen Rangirbahnhofes auf der Ostseite bereits damals zur Ausführung kommen. Ein weiteres war jedoch bei den vielfach sich entgegenstehenden Interessen der einzelnen Verwaltungen nicht zu erreichen. Die Verhältnisse änderten sich auch nicht, als im Jahre 1876 die Kasseler Linie an den Staat verkauft und die förmliche Verschmelzung der Magdeburg-Leipziger mit der Magdeburg-Halberstädter Gesellschaft vollzogen wurde. Erst nachdem im Jahre 1880 das gesamte Magdeburg-Halberstädter Unternehmen an den Staat übergegangen war, besass letzterer, welcher auch damals bereits die Halle-Sorau-Gubener Bahn verwaltete, ein solches Übergewicht über die beiden ausserdem noch vorhandenen Privatgesellschaften, dass nach langen Verhandlungen eine Einigung bezüglich einer vollständigen Neugestaltung des Bahnhofs erzielt wurde. Die dann erfolgende Verstaatlichung der beiden letzten Bahngesellschaften ermöglichte eine weitere Vereinfachung und einheitlichere Gestaltung des Entwurfs, mit dessen Ausführung auch sofort begonnen wurde.

Bevor wir uns mit dieser im vorigen Jahre vollendeten neuen Bahnhofsanlage etwas näher befassen, dürften noch einige Zahlenangaben über die Grösse des Bahnverkehrs von Interesse sein.

Im Personenverkehr wurden im verflossenen Jahre rund 1200000 Fahrkarten in Halle verausgabt, hiervon entfallen 42% auf die Magdeburg-Leipziger und die Halberstädter, 23% auf die Thüringer, 17% auf die Kasseler, 11% auf die Berliner und endlich 7% auf die Sorauer Linie. Im Jahre 1885 betrug die Zahl der gelösten Fahrkarten rund 960000, sodass mithin für die letzten 5 Jahre eine Zunahme des Personenverkehrs um 25% zu verzeichnen ist, während im gleichen Zeitraum eine Steigerung der Einwohnerzahl (einschl. Giebichenstein) von 93000 auf 116000, also um ebenfalls rund 25% stattfand.

Im Güterverkehr betrug der Ein- und Ausgang beladener Wagen im Jahre 1889/90 = 739000 gegen 543000 im Jahre 1884/85, mithin Zunahme = 36 %. Von obigen 739000 Wagen wurden behandelt: auf den Freilade-, Pacht- und Anschlussgeleisen # 88300, am Empfangs- und Umladeschuppen # 60500, am Versandschuppen 20100, am Chemikalienschuppen 8800, mithin zusammen in Halle 177700 beladene Wagen, der Rest = 561300 Wagen entfällt auf Durchgangsgut. Im Jahre 1884/85 betrug die Zahl der für Halle ankommenden und abgehenden beladenen Wagen = 143400, mithin Zunahme des Ortsverkehrs in den letzten 5 Jahren = 19½ %. Dem Gewicht nach wurden behandelt (Eil- und Frachtgut) im Jahre 1888/89 im Empfang 606900 Tonnen, im Versand 242100 Tonnen, gegen 503500 und 220100 im Jahre 1884/85, mithin Zunahme im Empfang 20½ %, im Versand 10 %, im ganzen 18 %. Der Ortsgüterverkehr auf der Eisenbahn hat sich somit nicht völlig entsprechend dem Wachsen der Einwohnerzahl gehoben, ein Umstand, welcher indes lediglich auf die grössere Leistungsfähigkeit der Saaleschiffahrt und den dadurch vermehrten Übergang von Gütern auf den Wasserweg zurückzuführen sein dürfte. Die hauptsächlichsten Gattungen von Gütern sind:

1. Im Empfang:
    Braunkohlen (1889 = 138000 t),
    Getreide (61300 t),
    Rohzucker (49000 t).
2. Im Versand:
    Raffinierter Zucker (24300 t),
    Mühlenfabrikate (22000 t). —

Die Zahl der täglich in Halle ankommenden und abfahrenden Züge beträgt:

Für Richtung	Schnell-züge	Personen-züge	Güterzüge
Leipzig	9	20	24
Thüringen	15	19	24
Magdeburg	7	19	20
Kassel	4	16	21
Berlin	12	13	14
Halberstadt	2	13	15
Sorau	2	8	6
Summa	51	117	124

Zusammen täglich 292 Züge.

Die hauptsächlichsten Aufgaben, welche bei der Neugestaltung des Bahnhofs zu lösen waren, sind folgende:

1. Vollständige Trennung des Güterverkehrs von dem Personenverkehr unter Vermeidung von Kreuzungen verschiedener Bahnlinien in gleicher Höhenlage.

2. Vereinigung des gesamten Güterverkehrs in einem Hauptgüterbahnhof.

3. Schaffung schienenfreier Zugänge zu dem Personen- und Güterbahnhof. Beseitigung der vorhandenen Übergänge in Schienenhöhe und Vermeidung von Gleisüberschreitungen innerhalb des Personenbahnhofs. —

Sämtliche Forderungen liessen sich unter Beibehaltung des alten Bahnhofgeländes und der auf der Ostseite bereits früher von einzelnen Verwaltungen erworbenen Grundstücke erfüllen, ohne dass weiterer nennenswerter Grunderwerb notwendig wurde. Allerdings wurden hierdurch die Schwierigkeiten der Ausführung erheblich grösser, als bei den meisten anderen derartigen Bahnhofsumbauten, bei welchen die Neuanlage auf ein vom Betrieb noch völlig unberührtes Gebiet gelegt werden und demnach ganz unabhängig von diesen zur Ausführung gelangen kann.

Die erste der oben genannten Forderungen bedingte den Neubau getrennter Bahnlinien für die Güterzüge, welche teilweise, behufs Vermeidung von Kreuzungen in Schienenhöhe, bereits in ziemlicher Entfernung vom Bahnhof aus den Stammgleisen abzweigen mussten. Im Norden erstrecken sich diese Linienveränderungen bis auf 6,7, im Süden bis auf 3,8 km Entfernung. Innerhalb derselben waren zahlreiche Bauwerke an den Kreuzungspunkten zweier Linien, sowie an den Schnittpunkten mit Chausseen, teilweise unter erheblichen durch die Aufrechthaltung des Bahnbetriebes bedingten Schwierigkeiten, erforderlich. —

Bei der zweiten Forderung konnte es zweifelhaft sein, ob der Güterbahnhof zweckmässiger auf der West- (Stadt-) Seite, oder auf der Ostseite anzulegen sei. Örtliche Verhältnisse entschieden zu gunsten der letzteren Lage, indem angenommen werden konnte, dass bei einer ausreichend bequemen und schienenfreien Zufuhrstrasse zum Güterbahnhof die etwas grössere Entfernung von der Stadt nicht sehr ins Gewicht fallen, dass hingegen für die weitere Entwickelung der bisher zwischen Saale und Bahnhof eingeengten Stadt die östliche Lage des Güterbahnhofs nur von Vorteil sein könne. Thatsächlich wurde auch bereits vor Fertigstellung des neuen Güterbahnhofs der östliche Bebauungsplan festgestellt und wird gegenwärtig durch Erbauung

eines städtischen Schlacht- und Viehhofes der erste grössere Anfang
zur Besiedlung jener Fläche gemacht. —

Die dritte der obigen Forderungen wurde durch Über- bezw.
Unterführung der beiden vorhandenen bedeutenderen Strassenüber-
gänge, der Berliner Strasse im Norden und der Delitzscher Strasse
in der Mitte des Bahnhofs, erfüllt. Ein weiterer, der sogen. Kanenaer
Übergang am Südende des Bahnhofs, wurde eingezogen und der
nicht erhebliche Verkehr durch Herstellung einer östlichen Verbindungs-
strasse gleichfalls auf die Delitzscher Strasse verwiesen. Da letztere
den bei weitem grössten Verkehr nach dem Güterbahnhof und dem
in Entstehung begriffenen östlichen Stadtteile, sowie ausserdem im
vorderen Teil den gesamten Verkehr nach dem Personenbahnhof aufzunehmen hatte, so erhielt sie im vorderen (westlichen) Teil bis zum
Personenbahnhof die nicht unbedeutende Breite von 25 m, im hinteren
Teil eine solche von 20 m.

Über den vorderen (westlichen) Teil der Delitzscher Strasse führen
5, über den hinteren (östlichen) 8 Gleise mittelst eiserner Brücken in
e i n e r Spannung (ohne Stützen) hinweg. Zur thunlichsten Dämpfung
des Geräusches sind die Gleise nicht unmittelbar auf dem Eisenwerke
befestigt, sondern in Kies eingebettet. In dem Zwischenraum zwischen
dem vorderen und hinteren Teil der Unterführung zweigt rechts (in
südlicher Richtung) der 44 m breite und 120 m lange, von Futtermauern eingefasste V o r p l a t z z u m E m p f a n g s g e b ä u d e, links die
Strasse nach dem E i l g u t s c h u p p e n ab. An dem südlichen Ende
findet der Vorplatz seinen Abschluss durch die nördliche Schmalseite
des Empfangsgebäudes. Vor letzterer ist eine hallenartige Über-
dachung des Bürgersteigs angeordnet, von welcher gerade aus drei
Thüren nach der Haupthalle des Empfangsgebäudes führen. Zu beiden
Seiten des überdachten Bürgersteigs sind noch einige untergeordnete
Räumlichkeiten (Polizei, Gepäckträger, Aborte) in die Futtermauern
eingebaut.

Die H a u p t h a l l e, welche man von der Vorhalle aus betritt und
deren Fussboden sich ebenso wie der der anschliessenden Tunnels
und Wartesäle 3,8 m unter den Gleisen und Bahnsteigen befindet,
bildet ein Quadrat von 34 m Seitenlänge (48,4 m Diagonalmass*)
mit abgestumpften Ecken und nimmt die ganze Breite des Empfangsgebäudes ein. Die Höhe beträgt innen bis zum Gesims 11,5, bis zur
Spitze der Laterne 26 m. Die Halle ist mittels freitragender eiserner
Kuppel (der ersten derartigen Konstruktion), überdeckt, deren Gerippe

Durchmesser der Kuppel der Peterskirche in Rom = 40 m.

7*

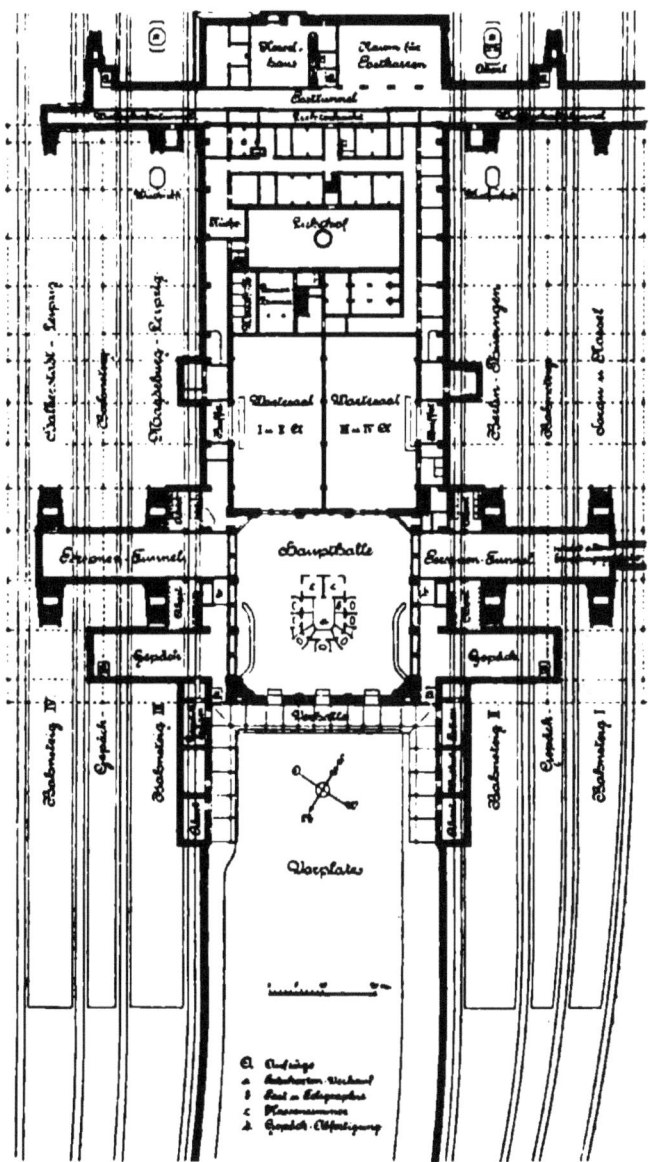

Grundriss des Empfangsgebäudes des Bahnhofs.

mit einer doppelten Wellblechhaut in der Weise bekleidet ist, dass die Hauptteile der Konstruktion sowohl innen als aussen zum Ausdruck gelangen. Auf Umhüllung des Eisenwerks mit Holz oder Stuck wurde verzichtet und die monumentale Wirkung lediglich durch einfache Bemalung angestrebt und erreicht. In der Mitte der Halle befindet sich ein 12 m langer und 8 m breiter hölzerner Einbau, welcher die Schalter für den Fahrkartenverkauf, sowie die zugehörige Kasse und Buchhalterei, desgl. einen kleinen Postschalter enthält. Durch den Einbau wurde zwar die Gesamtwirkung der Halle etwas beeinträchtigt, ein Umstand, der sich mit Rücksicht auf die zweckmässigste Raumausnutzung nicht vermeiden liess. Dagegen bildet der Einbau selbst, vermöge seiner sorgfältigen architektonischen Durchbildung und sauberen Ausführung eine Zierde des Gebäudes. — Rechts und links an den Seitenflächen der Hallen liegen zunächst den Eingängen die Gepäckabfertigungen, an diese anschliessend die Eingänge zu dem östlichen und westlichen Zweig des Personentunnels. Letzterer bildet die einzige Verbindung zwischen dem Empfangsgebäude und der Stadt einerseits und den Bahnsteigen andererseits und hat deshalb die sonst auf keinem Bahnhofe vorhandene ansehnliche Breite von 8,0 m erhalten, welche durch keinerlei Mittelstützen beengt wird. Von dem Tunnel führen je 2 gegenüberliegende Treppen von 3 m Breite zu den Bahnsteigen. Seitlich an den Personentunnel sind beiderseits die Aborte angebaut, welche sich teils unter den Gleisen teils unter den Bahnsteigen befinden. — Die beiden Abschrägungen der hinteren Hallenwand enthalten links einen Raum zur Aufbewahrung von Handgepäck, rechts einen solchen zum Aufenthalt der Bahndiener. Unmittelbar an die hintere Hallenwand schliessen sich die beiden je 32 m langen, 17 m breiten und 10,5 m hohen Wartesäle an, welche eine eiserne Decke von ähnlicher, nur etwas reicherer Ausbildung als bei der Haupthalle, erhalten haben. Auch hier ist eine monumentale Wirkung mit den einfachsten Mitteln angestrebt worden. Besonders wirkungsvoll gestalten sich die Durchblicke von den Wartesälen nach der Halle durch die über den Thüren angebrachten halbkreisförmigen Fenster; auch die in der Mittelwand zwischen den beiden Wartesälen angebrachten Öffnungen tragen zur Erhöhung der Raumund Lichtwirkung bei.

An den Wartesaal I. und II. Klasse schliesst rückseitig ein Waschzimmer, sowie ein geräumigs Damenzimmer an, ferner gelangt man von hier nach der zu den Fürstenzimmern führenden Haupttreppe. Letztere liegen, da die den Bahnhof berührenden Fürstlichkeiten nur selten die Stadt besuchen, in Höhe der Bahnsteige und sind mittelst eines das ganze Gebäude durchquerenden Flures von den auf beiden Seiten liegenden Bahnsteigen aus bequem zugänglich. — Von Interesse sind im Empfangsgebäude noch die teils unter den Bahnsteigen teils im Keller des hinteren Gebäudeteils liegenden und an die Schenktische der Wartesäle anschliessenden ausgedehnten Räumlichkeiten für den Wirtschaftsbetrieb.

Der hintere (südliche) Teil des Empfangsgebäudes wird vollständig für Zwecke der Verwaltung in Anspruch genommen. —

Bei der tiefen Lage des Empfangsgebäudes bot die Schaffung einer auskömmlichen Tagesbeleuchtung namentlich bei den unter den Gleisen und Bahnsteigen belegenen Räumen einige Schwierigkeiten, welche sich indes in zufriedenstellendem Masse durch volle Heranziehung jeder möglichen Lichtquelle beseitigen liessen. Die Vorhalle und die Wartesäle werden der Hauptsache nach durch Oberlicht erhellt, da die zahlreich vorhandenen seitlichen Fenster durch die aussen befindlichen Hallen etwas verdunkelt werden. Demgemäss erhielten die Oberlichter bedeutende Abmessungen und zwar beträgt deren Flächengrösse in der Haupthalle = 80 qm, in jedem Wartesaal = 170 qm.

Die Erleuchtung der Personentunnel erfolgt durch das seitlich von den Treppenläufen einfallende Licht, ausserdem aber zwischen je zwei gegenüberliegenden Treppenläufen durch eine 16 qm grosse Öffnung in der Decke. Die Aborte konnten durch in der Treppenwand angebrachte Fenster eine wenn auch nicht reichliche, so doch für gewöhnlich ausreichende Beleuchtung erhalten. Die unter dem an beiden Seiten des Empfangsgebäudes entlang laufenden Gepäcksteig befindlichen Wirtschaftsräume empfangen ausreichendes Licht durch grosse in der Decke eingesetzte Oberlichtfenster. — Auf jeder Seite des Empfangsgebäudes sind 2 Personenbahnsteige und 2 Gepäcksteige angeordnet. Die für die wichtigeren Linien (Magdeburg-Leipzig und Berlin Thüringen) bestimmten Bahnsteige liegen zunächst dem Gebäude und sind 10 m breit, während die weiter abliegenden nur 8,5 m breiten Bahnsteige dem Verkehr der weniger benutzten Linien Sorau-Kassel und Halberstadt zu dienen haben. Die Bahnsteige sind auf jeder Seite des Gebäudes mittelst zweier Hallen überdacht, deren Säulen jedoch nur auf den Gepäcksteigen stehen, sodass die Personensteige vollständig frei bleiben. — Die Beförderung der Gepäckstücke nach den unter den Bahnsteigen liegenden Abfertigungsräumen erfolgt mittelst 4 durch Druckwasser betriebenen Aufzügen. Für den Postverkehr ist am Südende des Gebäudes ein besonderer in sich abgeschlossener 3,5 m breiter Tunnel angeordnet, welcher unter sämtlichen Bahnsteigen hinführt und mit letzteren ebenfalls durch

Aufzüge und Treppen in Verbindung steht. Ein zweiter neben dem Posttunnel liegender 2,0 m breiter Tunnel vermittelt den Verkehr zwischen den Wirtschaftsräumen und den Bahnsteigen und bildet ausserdem den Zugang zum Verwaltungsgebäude von der Stadt.

Auf jedem der 4 Personensteige befindet sich ein kleines Häuschen für den Stationsbeamten, ferner auf den beiden Hauptbahnsteigen mit durchgehenden Zügen je ein Erfrischungshäuschen und ein Abort.

Die vorbeschriebene inselartige Anordnung des Gebäudes und die tiefe Lage sämtlicher von den Reisenden zu benutzender Räumlichkeiten bietet den Vorteil, dass einesteils die Wege zwischen den Zügen und dem Empfangsgebäude bez. der Stadt die denkbar kürzesten sind und dass andernteils die mit der Vermeidung jeglicher Gleisüberschreitung verbundene erhöhte Sicherheit der Reisenden bereits durch die Überwindung nur je eines Treppenlaufs erreicht wird. Ferner erleichtert die übersichtliche Gruppierung der sämtlichen für die Reisenden bestimmten Räume um die Haupthalle das Zurechtfinden in einem Masse, wie es bei Wahl einer anderen Lage des Gebäudes nicht zu erreichen gewesen sein würde und schliesslich trägt die durch die inselartige Lage des Gebäudes ermöglichte Kürze der unterirdischen Zugänge zu den Bahnsteigen zur schnelleren Übersicht und Vermeidungen von Anstauungen und Irrgängen wesentlich bei.

Die Beleuchtung des Bahnhofs erfolgt bei Nacht durch elektrisches Licht, welches in der in der Nähe der Delitzscher Strasse belegenen Maschinenstation erzeugt wird. Letztere besitzt 3 Dampfkessel, 3 60-pferdige Dampfmaschinen, 3 Dynamomaschinen und eine Akkumulatorenbatterie. Auf dem Güter- und Rangierbahnhof sind zur Erleuchtung der Gleise, Ladestrassen und Schuppen 40 Bogenlampen zu 9 amp. und 40 Glühlampen in Thätigkeit, während die Personenstation zur Beleuchtung des Vorplatzes, der Hallen und des Gebäudes 32 Bogenlampen zu 9 amp., 8 desgl. zu 6 amp. und etwa 400 Glühlichter besitzt. — Die Heizung (gemischte Dampf-Luftheizung) und Lüftung des Empfangsgebäudes wird durch eine Kesselanlage, welche in einem Kellerraum südlich vom Empfangsgebäude aufgestellt ist, bewirkt.

Für die Sicherung der ein- und ausfahrenden Züge sind die neuesten Errungenschaften der Technik in umfassendem Masse zur Verwendung gekommen. Neben einer klaren Anordnung der Gleise, bei welcher Zugkreuzungen gänzlich vermieden sind, wird die richtige Stellung der vom Zuge zu durchfahrenden Weichen durch 7 über den Bahnhof erteilte Stellwerke mit zusammen 170 Stellhebeln gewährleistet. Ferner ist durch Einbeziehung der in den Nachbargleisen

5. Massstab 1 : 37000 (2.7 cm = 1 km)

liegenden Weichen in die Stellwerke ermöglicht, dass nach gegebenem Fahrsignale irgend welche Fahrzeuge in das vom Zug zu durchfahrenden Gleis nicht mehr gelangen können.

————

Zum Schlusse mögen noch einige Zahlen über die Ausdehnung der neuen Bahnhofsanlage, sowie einige Angaben über die Bauausführung folgen.

Die gesamte von Gleisen und Gebäuden eingenommene Grundfläche des Bahnhofs beträgt 102 ha (410 preuss. Morgen). Die Länge der Bahnhofsgleise 80 km, die Anzahl der Weichen 320. An Gebäuden sind vorhanden:

  Das neue Empfangs- und Verwaltungsgebäude (3800 qm Grundfl.),
  das alte Empfangsgebäude, später Verwaltungs- und Postgebäude (2490 qm),
  1 Güterschuppen mit Umladeschupppen und Verwaltungsgebäude (7100 qm),
  4 Dienstgebäude (900 qm),
  5 Maschinengebäude (2000 qm),
  1 Zollschuppen (1100 qm),
  1 Eilgutschuppen (700 qm),
  1 Chemikalienschuppen,
  5 Lokomotivschuppen von 10000 qm Gesamtfläche für 90 Maschinen,
  2 Übernachtungsgebäude (1300 qm),
  2 Wassertürme,
  1 Pumpstation (bei Peissen),
  1 Nebenwerkstatt,
  1 Fettgasanstalt,
  1 Maschinenhaus für die elektr. Beleuchtung und Wasserkraft,
  3 grosse Viehställe (1500 qm),
  7 Türme für Weichen- und Signalstellwerke,
  ausserdem verschiedene kleinere Gebäude.

Im ganzen beträgt die von Gebäuden eingenommene Grundfläche rund 35000 qm (14 preuss. Morgen). Die Bahnsteighallen bedecken ausserdem eine Fläche von 9000 qm.

Von Brückenbauwerken sind zu nennen: Unterführung der Delitzscher Strasse, 20—25 m weit, unter 13 Gleisen, Überführung der Berliner Strasse über 22 Gleise (Verlängerung im Bau begriffen), ferner 10 grössere Unter- und Überführungen.

Die Gesamtkosten des Bahnhofsumbaues betragen rund 11000000 Mark, wovon etwa 2000000 Mark auf das Empfangsgebäude mit Bahnsteigen, Hallen und Zubehör entfallen.

Mit dem Bau wurde im Frühjahr 1885 begonnen. Wie bereits oben erwähnt, konnte mit Rücksicht auf die sehr erschwerte Ausführung nur schrittweise vorgegangen werden; besonders schwierig gestaltete sich namentlich die Herstellung des westlichen Teils der Unterführung der Delitzscher Strasse unter den während der Ausführung dauernd im Betriebe befindlichen Personengleisen, deren Verlegung unthunlich war. Nichtsdestoweniger ist die aufgewendete Bauzeit von 5½ Jahren als eine kurze zu bezeichnen. Die neuen Anschlussstrecken wurden zum Teil im Jahre 1887, der neue Güterbahnhof nebst Unterführung der Delitzscher Strasse am 10. Juli 1889 eröffnet. Erst nachdem dies geschehen, konnte der Personenbahnhof fertiggestellt werden. Die Inbetriebnahme derselben erfolgte am 8. Oktober 1890.

Die vollständige Fertigstellung des Baues einschliesslich der in Folge der Steigerung des Verkehrs erforderlich gewordenen Erweiterung des Güter- und Rangierbahnhofes wird noch etwa 2 Jahre in Anspruch nehmen. —

Die Bauausführung wurde von dem Betriebsamt Wittenberge-Leipzig in Magdeburg bewirkt. Die Oberleitung am Platze war dem Königl. Eisenbahn-Bau- und Betriebsinspektor Nitschmann, die Leitung der Hochbauabteilung Herrn Landbauinspektor Peltz, diejenige der Ingenieurabteilung Herrn Eisenbahn-Bau- und Betriebsinspektor Königer übertragen. Mitwirkende Regierungsbaumeister waren die Herren: Niemann, Buёck, Stampfer, Janensch, Boverman, Gebhard, Winkelmann, Hansing, Michaëlis. — Bei dem inneren Ausbau des Empfangsgebäudes war Herr Professor Jacobsthal in Charlottenburg als Berater zugezogen.

2. STRASSENBAHNWESEN.

VON

v. HOLLY, STADTRAT UND KOLLE, DIREKTOR DER
ALLGEMEINEN ELEKTRIZITÄTS-GESELLSCHAFT IN BERLIN.

Das rege Geschäftsleben in Halle, verbunden mit der räumlichen
Ausdehnung der Stadt, hat bisher zur Errichtung zweier Strassen-
bahnen geführt, von denen die eine mit Pferden, die andere seit diesem
Jahre mit Elektrizität betrieben wird.

Die erstere, welche den Namen

Hallesche Strassenbahn

führt, ist auf Grund der Konzession vom 24. Juni 1882 von den
Unternehmern Heinrich Alfes und Dr. Johann Wilckens in Bremen
gebaut, am 15. Oktober desselben Jahres in Betrieb gesetzt und seitdem in den Besitz der Halleschen Strassenbahn-Aktien-Gesellschaft
übergegangen. Dieselbe durchschneidet die Stadt in der Richtung von
Südosten nach Nordwesten, vom Bahnhof bis nach dem Kirchthor
mit Fortsetzung nach dem Vororte Giebichenstein, und teilt sich in
der innern, vom Promenadengürtel eingeschlossenen Stadt in zwei
Linien, von denen die eine ihren Weg über den Markt, die andere
durch die Poststrasse und alte Promenade nimmt. Zunächst war die
Bahn durchweg eingleisig mit entsprechenden Ausweichegleisen angelegt; im vergangenen Jahre ist jedoch für die breiteren Strassen die
Anlegung eines zweiten Gleises gestattet worden bezw. mit einem
weiteren Kostenaufwand von 97000 M. zur Ausführung gelangt. Für
den Oberbau hat — ebenso wie bei der demnächst zu behandelnden
elektrischen Bahn — das Haarmann'sche System (aus den Osna-
brücker Stahlwerken) mit gutem Erfolg Anwendung gefunden. Die
Spurweite der Gleise beträgt 1 m, die Breite der Wagen 1,90 m.
Letztere sind zum grössten Teil für den einspännigen Betrieb eingerichtet und enthalten 10 Sitz- und 11 Stehplätze. Die Zahl der, anfangs aus der Fabrik Scandia in Randers (Jütland), neuerdings aber
aus der hiesigen Wagenbauanstalt von Gottfried Lindner bezogenen
Wagen betrug bei Inbetriebsetzung der Bahn 16 und beträgt gegenwärtig 26. Die Zahl der im Betriebe verwendeten Pferde ist von 68
auf 104, die des Personals von 40 auf 54 gestiegen. Bis zum Anfang dieses Jahres war der Betrieb in der Weise geregelt, dass auf
der Linie Bahnhof-Markt-Kirchthor die Wagen in Zwischenräumen

von 7½ Minuten, dagegen auf der Linie Bahnhof-Poststrasse-Kirch-
thor in solchen von 15 Minuten führen; seitdem ist aber auf der ersten
Linie der 5-Minuten-Betrieb und auf der letzteren der 10-Minuten-Be-
trieb eingeführt.

Sowohl bei dieser wie bei der elektrischen Bahn ist eine Einrichtung getroffen, welche bei ihrer Einführung hierselbst erst in zwei
europäischen Städten, in Stockholm und Karlsruhe, Anwendung gefunden hatte, das sogen. Fare-box-System. Nach demselben wird
das Fahrgeld nicht von einem den Wagen begleitenden Kondukteur
erhoben, sondern ist von den Fahrgästen unaufgefordert beim Eintritt
in den Wagen in einen an der Vorderwand des Wagenkastens angebrachten und vom Wagenführer kontrolierbaren Zahlkasten einzu-
werfen. Diese Einrichtung, welche den finanziellen Vorteil bietet, die
Kosten für die Kondukteure zu ersparen, ist beiden Bahnen gegen
die Verpflichtung zugestanden, für jede Fahrt innerhalb der Stadt,
ohne Rücksicht auf die Länge der durchfahrenen Strecke, nur den einheitlichen Fahrgeld-Satz von 10 Pfg. erheben zu dürfen. Es wird
hierdurch ein so billiger Einheitssatz erzielt, dass derselbe wohl nur
in wenigen Städten erreicht sein dürfte. Denn während sonst bei den
meisten Strassenbahnen ein Einheitssatz von 4 Pfg. pro Kilometer
oder von 10 Pfg. für 2½ Kilometer der Berechnung der Streckensätze
zu Grunde gelegt ist, kann man hier für das letztgedachte Fahrgeld
von 10 Pfg. bei der Halleschen Strassenbahn ca. 4 km und bei der
elektrischen Stadtbahn 5½ km durchfahren. Die auf ersterer Bahn
erzielte Frequenz ist eine stetig steigende gewesen. Nach den Brutto-
einnahmen ist die Zahl der jährlichen Fahrgäste von ca. 1430000 im
Jahre 1883 auf ca. 1800000 im Jahre 1890 gestiegen. An diesen
Einnahmen steht der Stadt Halle ein Anteil zu, welcher zur Zeit 2%
beträgt, jedoch mit der Vermehrung der Frequenz bis auf 4% steigt.
Ausserdem geht nach Ablauf des auf 38 Jahre geschlosssenen Vertrages das sämtliche in den Strassen liegende und stehende Material
an Schwellen, Schienen, Weichen etc. mit alleiniger Ausnahme des
rollenden Materials, der Pferde und deren Geschirre, sowie der ausserhalb des Bahnkörpers befindlichen Grundstücke unentgeltlich in das
Eigentum der Stadt über.

Zu dieser ersten hiesigen Strassenbahn ist im Jahre 1889 eine
zweite hinzugetreten:

die Stadtbahn Halle.

Dieselbe verbindet den Osten der Stadt, die Merseburger- und Magdeburgerstrasse mit dem Bahnhof, durchschneidet dann die Stadt vom

Nordosten nach dem Südwesten (Steinthor-Steinweg) und besitzt eine Abzweigung nach dem Westen (Mansfelderstrasse) und eine weitere Verbindung mit dem Bahnhof durch das sogen. Königsviertel. Die Bahnanlage wie das Depôt ist von der Stadtgemeinde Halle selbst erbaut und zunächst im Herbst 1889 zum Zwecke des Betriebes mittelst Pferden an den Strassenbahn-Direktor Delius verpachtet. Man hat also hier das in England übliche System verfolgt, wonach die Gemeinde als Eigentümerin des Grund und Bodens derartige Anlagen baut, aber nicht direkt betreibt. Es ist dieses eine Massregel, welche jetzt auch in anderen Städten bei gemeinnützigen Unternehmungen Anwendung zu finden scheint, mit welcher sich auch die Anhänger der Verstaatlichung oder Verstadtlichung des Verkehrsgewerbes einverstanden erklären können. Durch die Uebernahme des Baues, also durch die Schaffung der Anlage, giebt die Stadt einerseits das an dem städtischen Strassenterrain haftende Unternehmen nicht aus der Hand, während sie andererseits sich nicht mit einem neuen Verwaltungsapparat belastet, der nur zu leicht einen schleppenden Geschäftsgang mit sich bringt. Auch übernimmt die Stadt kein Risiko des Betriebes, sondern überlässt dem Pächter alle Einrichtungen desselben, behält sich dagegen auf Fahrplan und Tarif die nötige Einwirkung vor und sichert sich eine normale Verzinsung des aufgewendeten Baukapitals durch die Pachtabgabe sowie eine prozentuale Beteiligung beim Reingewinn des Betriebsunternehmens.

Bereits nach Jahresfrist hat der genannte Betriebspächter mit Zustimmung der Stadtgemeinde seine Rechte an die Allgemeine Elektrizitäts-Gesellschaft in Berlin cediert, welche seit dem 1. Juni 1891 auf dem gesamten Stadtbahnnetz den elektrischen Betrieb nach ihrem System mit oberirdischer Stromzuführung eingeführt hat.

Halle ist die erste Stadt Deutschlands, in welcher der elektrische Bahnbetrieb in grossem Umfange Anwendung gefunden hat. Auf diese Thatsache ist schon mehrfach in der technischen Literatur, in Vereins- und Festschriften hingewiesen worden und dabei das Vorgehen mit dem Bau elektrischer Bahnen in Nordamerika beleuchtet. Ende 1889 betrug in den Vereinigten Staaten

die Zahl der elektrischen Bahnen	109,
ihre Betriebslänge	922 km,
der Wagenpark	946 Stück.

Kaum 11 Monate später, d. i. am 17. November 1890, war

die Zahl der elektrischen Bahnen	240,
ihre Betriebslänge	3526 km,
der Wagenpark	3830 Stück.

Bei allen zur Anwendung gekommenen Systemen hat sich nur das
mit einfacher oberirdischer Stromzuführung — wie solches auch in
Halle angewendet ist — als technisch vollkommen und wirtschaftlich
richtig bewährt. Es wird bei über neun Zehnteln von allen elektrischen Bahnen verwertet. Dass wir es mit einer deutschen Erfindung
zu thun haben, welche wir nicht auszunützen verstanden haben, ist
wohl allseitig bekannt. Wir erhalten die verbesserte Nutzanwendung
unserer Erfindung über Amerika zurück.

Die erste elektrische Strassenbahn von Bedeutung wurde in den
Vereinigten Staaten in Richmond, Virginia von Frank, J. Sprague ausgeführt. Eine Gegend, welche dem Bau mehr Schwierigkeiten bietet,
ist kaum denkbar. Richmond ist eine sehr hüglige Stadt, am Ufer
des James River gelegen, ähnlich wie Albany am Hudson; nur ist
Richmond geteilt durch drei oder vier Thäler quer zur Stromrichtung,
und doch fand man es für gut, elektrische Triebkraft anstatt der
Pferde bei den Strassenbahnen dieser Stadt einzuführen. Als man
von dem Projekt zum ersten Mal hörte, betrachtete man es als toll-
kühn bis zum Unverstand; die allgemeine Verwunderung, als es ausgeführt war, wird am besten ausgedrückt durch die Geschichte von
einem alten Neger, welcher, als er zum ersten Male sah, wie der
elektrisch betriebene Strassenbahnwagen eine Steigung von 10.9/0 ohne
sichtbares Betriebsmittel überwand, die Hände emporhob und ausrief:
„O Gott im Himmel! was werden die Weissen jetzt noch anfangen!
Als die Neger befreit wurden, sagten wir, sie würden alle verhungern
und nun leben sie nicht nur weiter ohne die Neger, sondern haben
sogar dem Maultier den Laufpass gegeben!"

Binnen drei Jahren nach diesem ersten Versuche haben die elektrischen Strassenbahnen in beinahe jeder grösseren Stadt Amerikas die
Pferdebahn verdrängt.

Die verschiedenen Systeme elektrischer Strassenbahnen, soweit
sie bis jetzt praktisch versucht wurden, sind vier an der Zahl.

1) Der Akkumulatoren-Betrieb. Der Strassenbahnwagen ist mit
einem Elektromotor versehen, welcher durch Elektrizität, die in dem
Wagen selbst aufgespeichert ist, betrieben wird. Es wird gewissermassen Elektrizität in metallische Schwämme eingepumpt, welche eine
grosse Menge derselben aufzunehmen imstande sind; dies geschieht
in der Stromerzeugungsstation. Die metallischen Schwämme werden,
mit Elektrizität gesättigt, in den Wagen aufgestellt und diese aufge-
speicherte Elektrizität soll theoretisch den Elektromotor während einer
beträchtlich langen Zeit betreiben können. Ist die Batterie erschöpft,
so wird sie durch eine frische ersetzt und für einen anderen Wagen

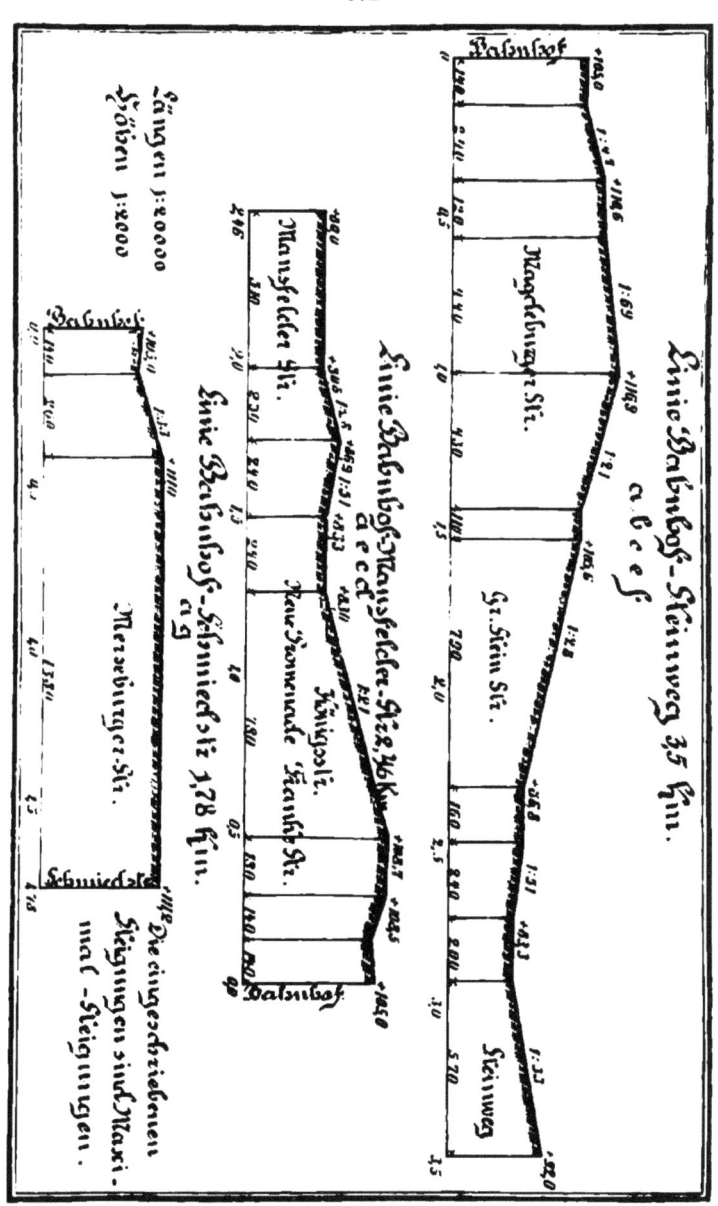

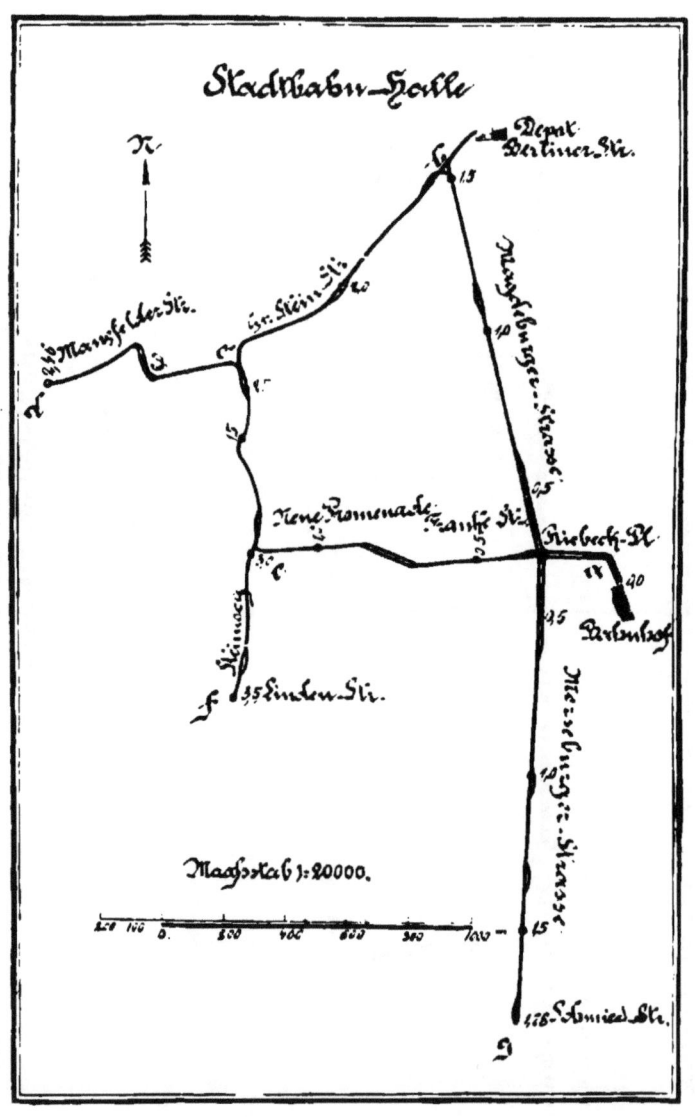

von Neuem geladen. Die Akkumulatoren-Batterie ist zweifellos, wenn einmal vervollkommnet, auf ebenen Strecken ein willkommenes Betriebsmittel für elektrische Strassenbahnen, aber bis jetzt hat sie sich noch nicht erfolgreich gezeigt. Versuche mit diesem System finden eben noch statt auf der Madison Avenue-Linie in New-York, in Beverly, Danvers in Massachusetts und in Washington; aber die grösste Schwierigkeit, welche zu überwinden ist und welche noch lange nicht als überwunden zu betrachten ist, ist die rasche Zerstörung der Batterieplatten und ihr grosses Gewicht. Erstere macht die Betriebskosten zu hoch und letzteres belastet die Wagen zu stark.

2) Das zweite System, welches versucht wurde, ist bekannt als das Kanalsystem. Bei diesem sind die Leitungen, welche den elektrischen Strom dem Wagen zuführen, unterirdisch verlegt und der Strom wird dem Motor durch einen Schlitz in der Erdoberfläche zugeführt. Die Einrichtung wurde im Denver-Boston, New-York City und anderwärts erprobt, ist aber ausserordentlich theuer, unzuverlässig und an genannten Plätzen nunmehr aufgegeben worden.

3) Das dritte System ist bekannt als das System mit doppelter oberirdischer Zuleitung. Es ist auch sehr theuer, beschwerlich und unschön und nur in kleinem Massstabe in etwa 6 oder 8 Städten Nordamerikas zur Anwendung gekommen.

4) Das vierte System mit einfacher oberirdischer Stromzuführung ist das einzige, welches sich als ein technischer und wirtschaftlicher Erfolg erwiesen hat.

In Halle ist das System mit einfacher Oberleitung angewendet. Die Stadt liegt in einem hügeligen Terrain. Auf der Stadtbahn kommen Steigungen von 1 : 21 vor, welche beim Pferdebahnbetriebe ohne Vorspanngestellung nicht zu überwinden sind. Für den elektrischen Betrieb bilden diese Steigungsverhältnisse keine Schwierigkeiten. In den umstehenden Abbildungen sind die Längen-, Krümmungs- und Höhenverhältnisse der elektrischen Eisenbahn näher zu ersehen. Es kommen drei Betriebslinien in Frage, welche zusammen mit 19—20 Motorwagen betrieben werden.

Bei der Einrichtung und dem Betriebe einer elektrischen Bahn sind folgende drei Teile zu unterscheiden:

1) die Kraftstation, wo die elektrische Kraft in einer oder mehreren Dynamomaschinen durch Dampfkraft erzeugt wird,

2) die Hinleitung der elektrischen Kraft nach den auf den Geleisen verkehrenden Wagen,

3) die Motorwagen, in deren elektrischen Triebwerken der Strom in mechanische Arbeit umgesetzt wird.

Die Gebäude des Pferdebahn-Depôts der Halleschen Stadtbahn sind für die elektrische Kraftstation umgebaut. Drei Wasserröhrenkessel (System Steinmüller) von je 151,6 qm Heizfläche, mit je 2,78 qm Treppenrostfläche ausgerüstet, liefern den erforderlichen Dampf, bilden gewissermassen die Kraftquelle. Zwei dieser Kessel reichen für den regelmässigen Betrieb aus, der dritte steht in Reserve. Die ganze Frontbreite der 3 Kessel, welche fast neben einander mit gemeinschaftlichem Mittelmauerwerk liegen, beträgt 8550 mm und wird die Beseitigung von Russ und Flugasche in der vollkommensten Weise von der Vorderfront und Hinterfront der Kessel aus während des Betriebes bewerkstelligt, also nicht seitlich, wie sonst bei Wasserrohrkesseln bedingt. Die Kessel sind für 10 Atm. Betriebs-Überdruck konstruiert. Sie sind mit der besten rauchverzehrenden Feuerung und für die Beschickung der in Halle und Umgegend allgemein Verwendung findenden leichten Braunkohlen eingerichtet. Wasser aus Tiefbrunnen für die Kesselspeisung oder gar für Kondensation war nicht zu erlangen. Der Untergrund besteht aus schwerem Lehmboden und weiter in der Tiefe steht Porphyr. Deshalb war es geboten, das Wasser aus der städtischen Leitung zu nehmen und mit dem Wasserverbrauch sehr sparsam umzugehen. Nebenbei musste auf eine Reinigung des Wassers Bedacht genommen werden, um Kesselsteinbildungen so vollkommen als möglich einzuschränken. Zu dem Zwecke ist eine Einrichtung zur Reinigung des Wassers auf kaltem Wege (System der Maschinenbau-Anstalt Humboldt in Kalk bei Köln) getroffen. Es wird durch Zusatz von Soda und Kalk ein sehr schwach alkalisches Wasser von 4,5° erzielt. Die in dem Leitungswasser enthaltene Magnesia scheidet sich als Schlamm im Vorwärmer ab. Die Kesselsteinbildung ist vermieden.

Die Kessel liefern den Dampf für zwei grosse (von der Act.-Ges. Görlitzer Maschinenbau-Anstalt und Eisengiesserei in Görlitz gebaute) Dampfmaschinen. Dieselben sind als kombiniert liegende und stehende Verbund-Maschinen und — wie schon erwähnt — ohne Kondensation gebaut. Der horizontale Hochdruckzylinder (siehe Abb.) hat 340 mm Durchmesser und 550 mm Kolbenhub und besitzt Ventilsteuerung, Patent Collmann. Der vertikale Niederdruck-Zylinder hat 510 mm Durchmesser und 550 mm Kolbenhub und Schiebersteuerung, sowie Meyer'sche von Hand zu bedienende, während des Ganges veränderliche Expansion. Jede dieser Dampfmaschinen ergiebt bei der normalen Geschwindigkeit von 180 Umdrehungen per Minute bei 8 Atm. Überdruck Admissionsspannung und bei dem ökonomisch vorteilhaftesten Füllungsgrade eine normale Leistung von 125 effektiven

8*

Pferdekräften, die sich jedoch bei 10 Atm. Überdruck in den Kesseln, also ca. 9¹⁄₂ — 9³⁄₄ Atm. Überdruck Admissionsspannung und entsprechend höherem Füllungsgrade auf eine maximale Leistung von über 200 effektiven Pferdekräften erhöht, sodass eventuell jede der beiden Maschinen für sich allein den vollen Betrieb übernehmen kann.

Dampfmaschine der Kraft-Station.

Die Präzisionssteuerung wurde im vorliegenden Falle für den Hochdruckzylinder gewählt, um bei den plötzlich auftretenden bedeutenden Schwankungen in der Belastung der Dampfmaschinen und Dynamomaschinen, wie sie bei elektrischen Bahnbetrieben naturgemäss auftreten, dennoch eine selbstthätige Geschwindigkeitsregulierung und einen dauernd durchaus gleichmässigen Gang der Dampfmaschinen und Dynamomaschinen zu erzielen. Dieser Zweck ist durch die angewandte und an den Maschinen ausgeführte Präzisions-Ventilsteuer-

ung, Patent Collmann, in vorzüglichster Weise erreicht und zwar
derartig, dass die von denselben Dynamomaschinen gespeiste elektrische Beleuchtung gleichzeitig vollkommen funktioniert.

Die Kombination eines liegenden und eines stehenden Zylinders
bot einesteils den Vorteil, die Anordnung der Dampfmaschine mit
Rücksicht auf die wünschenswerte möglichste Raumersparnis zu einer
sehr kompendiösen gestalten zu können, anderenteils wurde durch
diese Kombination die Anwendung einer doppelt gekröpften Schwung-
radwelle mit um 90° versetzten Kurbeln vermieden und bei Verwendung einer nur einfach gekröpften und deshalb betriebssicheren Schwung-
radwelle dennoch gleichzeitig die gegeneinander um einen rechten
Winkel versetzte Arbeit beider Dampfzylinder wiederum erzielt.

Trotz der hohen Geschwindigkeit bis zu 200 Umdrehungen pro
Minute arbeitet die zwangläufige Ventil-Steuerung tadellos und ist
auch, der Gang der Maschine ein ruhiger und geräuschloser.

Mittelst Riemenübersetzung werden von den beiden Dampfmaschinen vier Dynamomaschinen angetrieben, welche, wie sämtliche übrige
elektrische Einrichtungen der Stadtbahn, in den Fabriken der Allgemeinen Elektrizitäts-Gesellschaft zu Berlin gebaut sind. Diese Dynamomaschinen sind mit Nebenschluss-Schaltung versehen, leisten bei 500
Volt 120 Ampère, haben eine Umdrehungszahl von 520 in der Minute
und einen Kraftverbrauch von 90 Pferdestärken.

Die Kraftstation einer elektrischen Bahn hat weit grössere Strom-
schwankungen aufzuweisen, als solche bei Zentralstationen für Beleuchtung vorkommen können. Bei dem Anfahren der Wagen tritt
stets ein grosser Stromverbrauch ein. Das wird leicht verständlich,
wenn man sich den ersten Lehrsatz der Elektrotechnik, d. i. das Ohm-
sche Gesetz ins Gedächtnis ruft. Es ist

$$\text{Stromstärke} = \frac{\text{Spannung}}{\text{Widerstand}}.$$

Die Stromstärke, d. h. die Strommenge wird nach Ampère gemessen,
die Spannung, d. h. die Qualität des Stromes nach Volt und der
Widerstand, den ein Körper dem Durchgange des Stromes entgegensetzt, nach Ohm. Es ist

$$\text{ein Ampère} = \frac{\text{ein Volt}}{\text{ein Ohm}}.$$

Das Vielfache von Ampère und Volt = Voltampère ist der Ausdruck
für die elektrische Arbeit, und zwar entsprechen 736 Voltampère der
Leistung einer mechanischen Pferdekraft. Die Wagen einer elektrischen Bahn sind in den von der Kraftstation ausgehenden Strom-

kreis parallel[1]) geschaltet, d. h. also bei der der Wagenbewegung entsprechenden Arbeit ist die Spannung (Volt) gleichmässig, die Stromstärke (Ampère) dagegen veränderlich. Ein Wagen, der also eine

Inneres der Kraft-Station.

1) Die Parallelschaltung ist die Regel. Jetzt (Frühjahr 1891) ist aber in Rom eine elektrische Bahn in Betrieb genommen, wo die Wagen hintereinander geschaltet werden. Die dort zur Verwendung kommende Stromspannung beträgt über 800 Volt.

Steigung hinauf bewegt werden soll, bedarf zu der dadurch bedingten grösseren Arbeit einer grösseren Strommenge; die Spannung des Stromes bleibt unveränderlich. Bei dem anderen System, dem der Hintereinanderschaltung sind umgekehrt die Volt veränderlich, die Ampère dagegen fest.

Beim Anfahren eines Wagens ist die Wirkung ähnlich als bei dem Übergang der Fahrt von horizontaler Strecke in Steigung.

Aus der Gleichung $\text{Ampère} = \dfrac{\text{Volt}}{\text{Ohm}}$ geht hervor, dass, wenn die Volt konstant sind, der Wert der Ampère steigt, je kleiner der Wert der Ohm. Um bei gegebener Spannung die Strommenge (Ampère) konstant zu erhalten, muss man dahin streben, den Widerstand so einzurichten, dass derselbe sowohl beim Anfahren als während der Fahrt thunlichst der gleiche ist.

Im Augenblick des Anfahrens ist der Widerstand sehr klein, die Strommenge wird daher sehr gross. Das könnte zu einer grossen Wärmeentwickelung mit ihren schädlichen Folgen (Durchbrennen des Ankers) führen; denn die Arbeit setzt sich nach dem Jouleschen Gesetz in Wärme um und entspricht dem Quadrate der Stromstärke. Dieses wird vermieden durch Einschaltung künstlicher Widerstände im Moment des Anfahrens. Kommt der Wagen in Bewegung, so bildet sich in der Dynamomaschine des Wagens ein Gegenstrom, welcher das übermässige Anwachsen der Strommenge verhindert. Immerhin ist aber der Stromverbrauch beim Anfahren wesentlich grösser als bei der Fahrt und die Leistungsfähigkeit der Dynamos in der Kraftstation muss darnach bemessen werden.

Die von den Dynamomaschinen erzeugten Ströme werden in zwei Schienen gesammelt, von denen die eine mittelst isolierter Kabel Anschluss an die Oberleitung hat, während die andere durch eine in die Erde gehende nackte Leitung mit den Schienen verbunden ist. In diese ist ein Ampèremeter für 800 Ampère, sowie eine Bleisicherung für den Gesamtstrom aller Maschinen eingeschaltet. Eine Bleisicherung ist gleichbedeutend mit einem künstlich geschwächten Teil der Leitung. Wenn nun an einer Stelle eine zu grosse Elektrizitätsmenge in die Leitung eingeführt werden sollte, als Letztere nach Massgabe ihres Querschnittes gefahrlos aufnehmen kann, so tritt zunächst eine Erhitzung bezw. ein Schmelzen des absichtlich geschwächten Leitungsteiles, d. i. der Bleischaltung ein. Ist diese geschmolzen, so ist die Stromleitung unterbrochen, der Strom kreist nicht mehr, die Erhitzung, also die Feuersgefahr, ist vermieden.

Der Anschluss einer jeden Luftlinienleitung an die Sammelschiene kann durch einen Hebel unterbrochen werden.

Jede Dynamomaschine ist mit einem Pol an die erste, mit dem anderen an die zweite Schiene angeschlossen und jeder dieser Anschlüsse kann durch einen Ausschalthebel unterbrochen werden und ist durch eine Bleisicherung geschützt.

Zu jeder Dynamomaschine gehört ein Ampèremeter, während ein gemeinsames Voltmeter mittelst eines Umschalters nach Befinden an eine der vorerwähnten Dynamos angelegt werden kann.

Zur Regulierung der Spannung dient für jede Maschine ein in den Stromkreis der magnetischen Spulen geschalteter Regulier-Widerstand. Ein an die beiden Sammelschienen fest angeschlossenes Voltmeter zeigt jederzeit die zwischen diesen herrschende Spannung an.

Die Anordnung der oberirdischen Stromzuführung erfolgt in Halle nach einem besonderen System der Allgemeinen Elektrizitäts-Gesellschaft, welches sich an das von Sprague anschliesst. Es ist dabei zwischen der eigentlichen Stromleitung und den Arbeitsleitungen zu unterscheiden. Die erstere ist isoliert. Sie erfordert in Halle einen Kupferquerschnitt von 50—95 qmm und ist teils oberirdisch, teils unterirdisch verlegt. Im ersteren Falle hängt die Leitung nach Art einer Telegraphenleitung an den Stützpfosten des Leitungsnetzes, im letzteren Falle ist dieselbe als eisenbandamiertes Bleikabel in die Erde gebettet. Die erste Anordnung ist in den breiten Ringstrassen, die letztere in den Geschäftsstrassen der inneren Stadt angewendet. Die Wahl des Kupferquerschnittes richtet sich darnach, dass der Leitung keine grössere Strommenge zugeführt werden darf, als zur Verrichtung der verlangten Arbeit gebraucht wird, damit keine Erhitzung entsteht, also jede Feuersgefahr ausgeschlossen bleibt.

In angemessenen Entfernungen gehen von der Stromleitung Querverbindungen nach der oder den Arbeitsleitungen. Unter einer Arbeitsleitung versteht man einen Draht, welcher über einem Geleise und zwar in der Richtung der Mittellinie desselben angeordnet ist und von dem aus der elektrische Strom in die Triebmaschine der zu bewegenden Wagen geleitet wird. Sind zwei Geleise vorhanden, so gebraucht man auch zwei Arbeitsleitungen und bei jeder eingeleisigen Bahn (wie in Halle) ist ausser der durchgehenden Arbeitsleitung noch bei jeder Ausweichung in der Länge der letzteren eine zweite Arbeitsleitung erforderlich. Stromleitung und Arbeitsleitung laufen also einander parallel und die Verbindungen zwischen beiden Leitungen geben der ganzen Anordnung, wenn man sich dieselbe im Grundriss aufzeichnen wollte, das Ansehen einer Sprossenleiter. Der eine Leiterbaum ist die Stromleitung, der andere die Arbeitsleitung, und die Sprossen sind die Querverbindungen. Die leitenden Querverbindungen bestehen aus dem kostspieligen Okonit-Draht, d. i. dem bestisolierten Leitungsmaterial.

Die diesem System eigentümliche Anordnung besonderer Stromzuführungs- und Arbeitsleitungen hat gerade für den Bahnbetrieb grosse Vorzüge. Wollte man nur eine Leitung herstellen, also Strom- und Arbeitsleitung in einem Draht vereinigen, so würde bei einem Bruch dieser Leitung der hinter der Bruchstelle liegende Teil der Bahn vollständig ausser Betrieb gesetzt sein. Sind dagegen besondere Leitungen vorhanden, so bedeutet der Bruch der einen oder anderen noch keineswegs eine Störung des Bahnbetriebes in diesem Umfange. Der Strom kann immer noch durch eine Leitung kreisen, es findet nur auf eine kurze Strecke an der Bruchstelle selbst eine Unterbrechung des Betriebes statt, auf der gesamten übrigen Strecke kann letzterer dagegen ungestört vor sich gehen. Das ist von hervorragender Bedeutung; denn die Aufrechterhaltung des Betriebes bei solchen Zufälligkeiten ist mit eine der ersten Forderungen, welche man an ein Bahnunternehmen stellen muss.

Die Arbeitsleitungen können in keiner isolierenden Hülle stecken, weil aus ihnen der Strom zur Fortbewegung der Wagen abgelenkt werden muss. Diese Leitung besteht aus einem blanken, sechs Millimeter starken Siliciumbroncedraht, einem Material, welches die aussergewöhnliche Festigkeit von 45 kg pro qmm besitzt, d. i. die dreieinhalbfache Festigkeit des sonst für elektrische Leitungen vielfach beliebten weichen Kupferdrahtes. Sie ist so über Schienen-Oberkante angeordnet, dass sie selbst bei der höchsten Temperatur, also dem stärksten Durchhange noch 5,5 Meter über der letzteren sich befindet.

Die Befestigung der Leitungen erfordert besondere Vorkehrungen. In den engeren Strassen der inneren Stadt sind z. B. in Abständen von vierzig zu vierzig Meter Querdrähte bezw. siebenlitzige dünne Stahldrahtseile zwischen an den Häusern befestigten Wandisolatoren ausgespannt, an denen in der Richtung der Geleismittellinie Isolatoren aufgehängt sind, welche die Arbeitsleitung tragen.

Bei der Arbeitsleitung wird die Befestigung an den einzelnen Aufhängepunkten so gewählt, dass nach unten hin überall der Querschnitt des blanken Siliciumdrahtes freiliegt, sodass eine Rolle, welche unter dem Draht läuft, indem sie von unten gegen diesen drückt, überall frei passieren kann, mithin keine Vorsprünge oder sonstige Stellen berührt, wo eine Ablenkung eintreten könnte.

In den breiteren Strassen von Halle sind für die oberirdische Stromzuführung besondere Pfähle, schmiedeeiserne Gittermaste, aufgestellt, welche oben je ein besonderes Gussstück tragen, an welchem mittelst aufgeschraubter Isolatoren die Stromleitung ihre Stützpunkte findet. Das Gussstück, den oberen Pfahlkopf bildend, trägt ferner eine Spannvorrichtung für die Querdrähte. Es ist auf einen kräftigen Holzkörper (Weissbuchenholz) gesteckt, welcher in Paraffin gekocht und in den Pfahlkopf eingeschwefelt ist. Das Holz ist gegen die Witterungseinflüsse vollständig geschützt, ermöglicht es, dass der Pfahlknopf ohne metallische Berührung mit dem Pfahl selbst bleibt und gewährt den grossen Vorteil, dass jeder Befestigungspunkt der Leitungen nicht nur durch die dort befindlichen Isolatoren, sondern auch nochmals im Pfahl selbst gegen die Erde isoliert ist. Alle Leitungen sind also doppelt isoliert. Die Pfähle sind hinter den Bordschwellen der Bürgersteige etwa in der Linie errichtet, welche für gewöhnlich die Gaslaternen einnehmen.

In den breiteren Strassen sind zwei Pfahlreihen — je eine auf jeder Seite — aufgestellt, welche Querdrähte tragen, an denen die Arbeitsleitung hängt.

Bei dem Bau einer jeden Stromzuführungsanlage ist es von grosser Wichtigkeit, die Drähte von vornherein mit der richtigen Spannung straff zu ziehen. Es muss aber auch andererseits möglich sein, die Spannung eines Drahtes zu regulieren. Die Spannvorrichtungen an den Pfahlköpfen haben Sperrrad und Sperrklinke, um den Draht zu spannen und straff zu erhalten.

Der Bau einer oberirdischen Stromzuführungsanlage ist nicht einfach. Der Durchhang der Arbeitsleitung z. B. darf einen bestimmten Wert nicht überschreiten. Die in den Drähten auftretenden Spannkräfte wachsen mit dem Quadrate der Spannweiten und im umgekehrten Verhältnis zur Grösse des Durchhanges in der Mitte. Zur Zeit der niedrigsten Temperatur — und man muss Temperaturschwankungen von — 25° Celsius bis + 35° Celsius in Rechnung ziehen — soll hinsichtlich der Zugfestigkeit überall vierfache Sicherheit vorhanden sein. Das ist nun bei den gewählten Drahtquerschnitten leicht zu erzielen, aber die Inanspruchnahme der Pfähle, die etwa 6,5 Meter über und 1,5 bis 1,8 Meter im Boden stehen, wird eine verhältnismässig grosse. 120 bis 200 Kilogramm ziehen an einem Hebelarm von 6,0 bis 6,5 Meter und wenn es auch nicht schwierig ist, ausreichend stabile eiserne Pfähle in gefälliger Form dafür zu bauen, so darf auch die unschädliche und unvermeidliche Durchbiegung nicht störend für das Auge werden. Keine Konstruktion eignet sich für diesen Zweck besser als der schmiedeeiserne Gittermast, der ausserdem am wenigsten auffällt und keine Strasse verunziert, wenn er in den richtigen Dimensionen gehalten wird. Bei der Aufstellung dieser Maste ist darauf zu halten, dass dieselben um das Mass ihrer rechnungsmässigen Durchbiegung geneigt nach aussen aufgestellt werden, wodurch bei Anspannung des Drahtwerkes die Maste in die senkrechte Stellung gezogen werden.

Wenn das Gleis im Bogen liegt oder wenn von einem Gleise auf ein anderes übergegangen werden muss, erfordert die Führung der Arbeitsleitungen besondere Vorkehrungen. Es genügt dann nicht mehr die Aufhängung von vierzig Meter zu vierzig Meter zu wählen, es muss vielmehr eine Unterstützung in kürzeren Abständen geschehen. Bei jedem Bogen verfolgt die Arbeitsleitung ein den Bogen umschreibendes Vieleck und an jeder Ecke greift ein Drahtzug mittelst eines besonderen Kurvenisolators an. Die Spanndrähte in den Kurven brauchen nur halb so stark zu sein wie die gewöhnlichen Spanndrähte. Sie werden in der Richtung des Tangentenwinkelpunktes gezogen und dort an einem Stützpunkt (hoher Pfahl) befestigt. Eine andere Art der Befestigung besteht darin, dass die Kurve durch eine entgegengesetzt gespannte Kurve abgefangen wird. Zwischen beiden Gegenkrümmungen befinden sich wie ein Sprossenwerk die einzelnen Spanndrähte.

Der Übergang von einem Gleise auf das andere geschieht mittelst sogenannter Luftweichen, die ein geringes Gewicht haben und aus Aluminiummetall hergestellt werden. Die Luftweichen werden nicht in der Senkrechten über Zungenspitze, sondern in der Senkrechten über dem mathematischen Mittelpunkte der Gleisweiche angeordnet.

Der elektrische Strom macht den Kreislauf von der Kraftstation aus durch die oberirdische Leitung bezw. die Arbeitsleitung bis zum Endpunkte der Bahn und verrichtet die ihm zugedachte Arbeit der Fortbewegung von Wagen, indem er von der Arbeitsleitung aus durch die Maschinerie des Wagens in die Schienen geführt wird, wo er den Rücklauf zur Kraftstation nimmt. In Halle sind die Gleise aus dem vorzüglichen Haarmannschen Oberbau gebaut, dessen kräftiges Profil dem Strome geringeren Widerstand bietet, als die meisten älteren, für Strassenbahnen gebrauchten Schienenprofile.

Um den Widerstand für den Rücklauf des Stromes auf ein Geringstes zu bringen, sind, abgesehen von der Verlaschung, die Schienen durch aufgeniete Metallstreifen an den Stössen leitend verbunden und zwar bei beiden Schienenreihen des Geleises. Die eisernen Querverbindungen des Geleises sichern ferner die metallische leitende Verbindung beider Schienenreihen unter einander. Ein solches Gleis ist zwar nicht isoliert von der Erde, aber doch so hergestellt, dass nur ein verschwindend geringer Teil des Starkstromes seinen Rücklauf durch die Erde selbst nehmen kann, wenn die leitenden Verbindungen irgendwo unterbrochen sein sollten. Der Strom nimmt immer den Weg durch den guten Leiter und in dem Strassenkörper kann er keinen besseren Leiter finden als die Schienen des Gleises es sind.

Der Fahrpark der Stadtbahn besteht aus 25 elektrischen Motorwagen und einer entsprechenden Zahl von gewöhnlichen Tramwagen in Grösse der Einspänner (frühere Pferdebahnwagen), welche bei starkem Verkehr als Anhängewagen Verwendung finden. Mit Einführung des elektrischen Betriebes sind 115 Pferde im Strassenbahndienst verfügbar geworden, also von den Strassen verschwunden und mit ihnen der Schmutz, den sie veranlassen, die Notwendigkeit der Pflastererneuerungen. Der Raum, den die Pferde sonst eingenommen haben, ist frei geworden, deshalb haben einerseits die Motorwagen geräumiger und für die Fahrgäste bequemer gebaut werden können, andererseits ist es möglich geworden, Anhängewagen mitzunehmen, also gewissermassen elektrische Züge zu fahren, ohne damit das Strassenprofil zu beeinträchtigen.

Die Spurweite der Stadtbahn beträgt 1 Meter, die schärfste Kurve hat 12—15 Meter Halbmesser; deshalb war für die Wagen ein enger Radstand Bedingung. Derselbe beträgt 1,5 Meter und gewährleistet eben den Platz für das zwischen den Achsen, d. i. unter dem Wagenfussboden eingebaute elektrische Triebwerk.

Die Motorwagen unterscheiden sich von den gewöhnlichen Strassenbahnwagen äusserlich im wesentlichen durch den auf dem Dache angebrachten langen Arm, den Stromabnehmer bezw. Kontaktarm. Derselbe besteht aus einem 3,0 Meter langen Stahlrohr, welches am oberen Ende gabelartig erweitert ist und eine mit vorstehenden Flanschen versehene Rolle trägt, die bei richtiger Stellung des Armes von unten gegen die Arbeitsleitung drückt. Der Arm ist nach dem Dach in einer Art Universal-Gelenk gelagert, nach der Längen- und Seitenrichtung federnd eingespannt. Dieser Mechanismus sucht den Arm senkrecht einzustellen, d. h. er bedingt den Druck der oberen Rolle gegen die stromführende Leitung und sichert auch bei abweichender Höhenlage der letzteren einen sicheren Kontakt.

Der von der Rolle abgehobene elektrische Strom wird vom Fussende des Kontaktarmes durch die Wagendecke hindurch in isolierter, für die Fahrgäste nicht zugänglicher Leitung durch Umschaltervor-

Wagenuntergestell.

richtungen nach dem Triebwerk und von dort — den Kreis schliessend — durch die Schienen nach der Kraftstation zurückgeführt. Der genaue Weg ist dabei der folgende: Die an den Rollenarm sich schliessende Leitung führt zunächst nach einer unter der einen Wagensitzbank angebrachten Bleisicherung. Sollte der eine oder andere Motor — jeder Wagen ist mit zwei Motoren ausgerüstet — dienstuntauglich werden oder wird durch irgend welche äussere Veranlassungen eine so grosse Strommenge verbraucht, dass dadurch die Zerstörung eines Ankers veranlasst werden könnte, so soll vorher die Bleisicherung schmelzen, damit den Wagen vorläufig stromlos machen. Von der Bleisicherung führt die Leitung an eine Blitzschutzvorrichtung immer unter der betreffenden Bank entlang. Dieselbe führt atmosphärische Entladungen selbstthätig direkt zur Erde und schützt damit den Motor. Vom Blitzableiter gelangt der Strom weiter in den ebenfalls unter der Bank liegenden Hauptumschalter, von wo derselbe durch zwei Perronumschalter, von denen je einer auf einer Wagenplattform steht, den Motoren zugeführt wird, um von dort nach Verrichtung der Arbeit in die Schienen überzugehen. Die Umschalter auf den Perrons dienen für die Fortbewegung des Wagens und die Regulierung dieser Bewegung. Der Wagenführer bedient den Umschalter mittelst einer Kurbel und zwar wird immer nur ein Umschalter benutzt, d. i. der, welcher — von der Fahrrichtung des Wagens aus beurteilt — auf dem Vorderperron steht.

Die Motoren sind, nach einer der Allgemeinen Elektrizitäts-Gesellschaft patentierten Konstruktion mit einem Ende schwingend auf der Laufradachse, mit dem anderen federnd am Mittelträger des Wagenuntergestells aufgehängt. Die Motoren sind Hauptstrom-Dynamos und so gebaut, dass sie bei geringem Gewicht einen grossen Wirkungsgrad geben. Sie laufen ohne jede Bürstenverschiebung vorwärts und rückwärts. Dieses wird durch Umschaltung des Stromes im Anker bewirkt, während der Strom in den Magnetspulen stets in derselben Richtung kreist. Dadurch wird die jeweilige Lage der Pole in den Magneten, sowie im Anker gewechselt und dementsprechend auch die Drehrichtung. Die Kommutatorbürsten bestehen aus Blöcken von Retortenkohle, welche durch Federn gegen den Kommutator gedrückt werden. Kohlenbürsten greifen den Kommutator weit weniger an als Bürsten von Kupfer oder Messing.

Jeder Anker dieser zweipoligen Reihen-Motoren macht 1150 Umdrehungen in der Minute (bei 500 Volt Spannung). Um diese grosse Umdrehungsgeschwindigkeit bei Übertragung auf die Laufachse in die der vorgeschriebenen Geschwindigkeit von 9 km pro Stunde entsprechen-

Elektrisches Triebwerk der Strassenbahnwagen.

den Umdrehungen umzusetzen, um überhaupt die Kraft vom Anker auf die Laufachse zu übertragen, sind zwei Zahnradgetriebe vorhanden, bei denen die grossen Räder aus Gusseisen, die kleinen aus Aluminiumbronze bestehen. Die Zähne sind gefraist. Die schnell laufenden Räder laufen zur Sicherung grösserer Haltbarkeit sowie zur Dämpfung des Geräusches in Öl. In der Abbildung ist die Anordnung eines derartigen Motors wiedergegeben. Die schwingende Aufhängung der Motoren sichert einen vollkommenen Eingriff der Zähne. Indem die Motoren ganz unabhängig vom Wagenkasten auf einem besonderen Rahmen montiert sind, wird die Übertragung von Vibrationen von den Motoren auf den Kasten vermieden.

Von besonderem Interesse dürfte die Einrichtung der Umschalter, d. i. der Steuerungsvorrichtungen der Wagen sein. Äusserlich erscheinen dieselben als am Spritzblech des Perrons angebrachte Kasten. Im Inneren befindet sich je eine senkrecht stehende Holzwalze, die an der Mantelfläche mit Messingsegmenten besetzt ist. An diese Metallflächen legen sich Kontaktstücke, welche durch isolierte Drähte an die oben erwähnte, den Wagen durchziehende Kabelleitung angeschlossen sind. Die Walze wird durch eine Handkurbel gedreht, die sich oberhalb des Umschalterkastens, etwa in gleicher Horizontal-Ebene mit der Bremskurbel befindet. Durch Drehen der Umschalterkurbel wird die Stromrichtung im Anker geändert. Wird die Kurbel rechts herum gedreht, so läuft der Wagen vorwärts, links herum dagegen rückwärts.

Unter der Umschalterkurbel, als Deckel des Umschalterkastens befindet sich ein Zifferblatt mit sieben Teilungen für jede Kreishälfte. Jeder Teilstrich markiert die Stelle, bis zu welcher die Kurbel gedreht werden muss, um einen bestimmten Kontakt herzustellen. Auf jeder Kontaktstelle, d. i. über jedem Teilstrich, wird die Kurbel mittelst einer Sperrklinke arretiert. Bei dem Teilstrich 1, d. i. der ersten Stellung der Kurbel, sind sämtliche Magnetspulen der Motoren hintereinander geschaltet, d. h. die Motoren laufen am langsamsten, bei der letzten (siebenten) Stellung sind die Magnetspulen parallel geschaltet und die Motoren machen die grösste Zahl von Umdrehungen. In den Zwischenstellungen sind die Spulen teils hintereinander, teils parallel geschaltet, wodurch eine Abstufung der Umdrehungszahl der Motoren erzielt wird, d. h. also bei Drehung der Kurbel von 1 auf 7 eine stetig zunehmende Geschwindigkeit vom niedrigsten bis zum zulässig höchsten Wert. Diese Methode der Regulierung durch Umschalten der Spulen erspart die empfindlichen und Raum beanspruchenden Widerstände, die gewöhnlich für derartige Zwecke benutzt werden und giebt zugleich eine wesentlich günstigere Nutzwirkung als diese ältere Methode.

Haltestelle der elektrischen Bahn auf dem Marktplatze zu Halle.

Wird ein Motor beschädigt, so kann dieser ausgeschaltet und der Wagen mit dem anderen Motor allein bewegt werden.

9

Jeder Wagen ist noch mit einer Sandstreuvorrichtung, welche der Führer bequem bedienen kann und die bei schlüpfrigen Schienen, namentlich in Steigungen, in Thätigkeit gesetzt werden, versehen.

Die Abbildung ist eine Aufnahme vom Marktplatz zu Halle und zeigt das modernste Verkehrsmittel in einer Umgebung historischer Bauwerke, ein Stimmungsbild, wie es die amerikanischen Städte nicht bieten. Der elektrische Wagen ist fremd für diese Umgebung, aber man gewöhnt sich bald an Alles. Schliesslich wird die Beesenstielbahn, wie der drastische Witz der Amerikaner die elektrische Strassenbahn bezeichnet, indem der lange Kontaktarm als Beesenstiel idealisiert, die funkende Kontaktrolle als Hexe I. Klasse bezeichnet wird, den Siegeszug in alle grösseren Städte halten. Halle gebührt der Ruhm, bahnbrechend vorgegangen zu sein. Die elektrische Beförderung ist eine epochemachende Erfindung. Möge sie durch alle Fährlichkeiten sich durchkämpfen, möge der Interessenkampf zwischen den Schwachstrom- und Starkstromunternehmungen zu einem befriedigenden Ergebnisse führen.

VI

EINRICHTUNGEN DER ÖFFENTLICHEN GESUNDHEITSPFLEGE.

—

1. ENTWÄSSERUNG UND ABWÄSSER-REINIGUNG

VON

LOHAUSEN, STADTBAURAT.

Die älteren Stadtteile von Halle werden durch fünf unabhängig von einander in die Saale mündende besteigbare Hauptkanäle entwässert. —

Nach dem zur Zeit in Ausarbeitung sich befindlichen Projekt: „Verbesserung der bestehenden Kanalisation" sollen durch Herstellung eines Hauptsammelkanals die einzelnen Mündungsstellen beseitigt und die gesamten Abwässer einer Zentralkläranlage zur Reinigung auf mechanisch-chemischem Wege zugeführt werden. Dieser Entwurf fasst auch die Um- bez. Tieferlegung der alten Hauptkanäle ins Auge, welche in den Jahren 1850—1870 ausgeführt, für heutige Verhältnisse eine viel zu geringe Tieflage haben und in keiner Weise den Anforderungen an eine geordnete städtische Entwässerung entsprechen.

Die günstigen Terrainverhältnisse der Stadt, die von der Ordinate 78 bis 116 über Normal-Null ansteigen, haben es glücklicherweise ermöglicht, die Entwässerung in den neuen Stadtteil derartig anzulegen, dass dieselbe bei Umänderung der vorhandenen Kanalisation ohne tief einschneidende Änderungen bestehen bleiben wird.

Als die Stadt im Jahre 1885 den Bau eines den südlichen Stadtteil mit ca. 10000 Einwohnern und täglich durchschnittlich 900 cbm Effluvien entwässerten 6. Hauptkanals plante, wurde dessen Ausführung seitens der Königl. Regierung nur unter der Bedingung gestattet, dass die Abwässer vor Eintritt in den Fluss einer chemischen und mechanischen Reinigung unterworfen würden. —

Zu diesem Zwecke ist unmittelbar vor Austritt des Kanals in den Fluss am Siechenhausplatz eine Reinigungsstation für die Schmutz-

wässer unter Anwendung des Müller-Nahnsen'schen Reinigungs-Ver-
fahrens erbaut worden. Die Einrichtung derselben ist folgende:

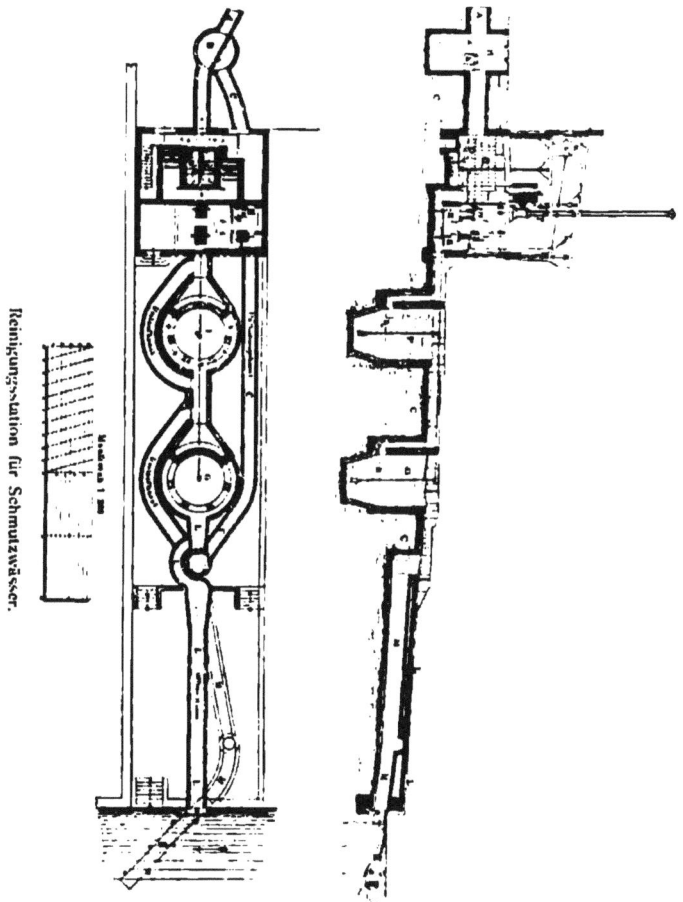

Die aus dem Zuflusskanal A kommenden Abwässer treten zunächst in einen Vorbrunnen B ein, in welchem die gröberen Stoffe
wie Sand und kleine Gerölle zurückbleiben.

Ein daselbst vorhandenes Überfallwehr a mit Schieber b lässt die Abteilung bei grösseren meteorischen Niederschlägen durch einen Umflutungskanal c zu.

Für gewöhnlich fliessen letztere durch ein doppelteiliges Zufluss-Gerinne nach dem Regulierapparat D (Patent der Firma F. A. Robert Müller in Schönebeck), einer durchaus selbstthätig wirkenden Vorrichtung, die das Messen des zuströmenden Wassers und die Beimengung des chemischen Präparats neben ungelöschtem Kalk, in konstantem Verhältnis zu der Menge des ungereinigten Wassers ermöglicht.

Die Einrichtung des Apparates ist im wesentlichen die nachstehend beschriebene:

An der Welle c, deren des geteilten Zuflussstromes wegen zwei vorhanden sind, befinden sich je vier Kästen d. Nach Füllung eines solchen dreht sich die Welle um 90⁰ und bewirkt gleichzeitig den Ausguss der an derselben Axe befindlichen Schöpfbecher e und f, von welchen der eine in Wasser aufgelösten ungelöschten Kalk und der andre eine der genannten Firma gleichfalls patentierte Mischung von schwefelsaurer Thonerde und Kieselsäurehydrat zuführt.

Nachdem die Beimengung der Chemikalien erfolgt ist (das Präparat wird in die Kästen d geleitet, der Kalk fliesst bei g zu), hat das Wasser gezwungen mehrere Siebe und Drahtgitter E zu passieren, um hierdurch die noch beigemengten Stoffe wie Holz und Stroh zurückzuhalten.

Die Effluvien ergiessen sich alsdann in den ersten $7\frac{1}{2}$ Meter tiefen Klärbrunnen F von 4 Meter Durchmesser, treten in diesen $2\frac{1}{2}$ Meter über dem Boden bei h ein, setzen ihre Schlammmassen ab und steigen den ganzen Brunnenquerschnitt ausfüllend nach oben. Alsdann fliessen sie über die Ränder i und machen in dem zweiten Brunnen G denselben mechanischen Reinigungsprozess noch einmal durch. Jeder der beiden Klärbrunnen ist mittelst eines Umlaufkanals vom Betrieb auszuschalten.

Die in den untersten Brunnenteilen zurückbleibenden Schlammmassen werden mittelst einer durch einen Gasmotor H getriebenen Plungerplumpe J nach der Filterpresse K gedrückt, wo sie in feste, so weit als möglich vom Wasser befreite Massen verwandelt werden.

Das geklärte Wasser fliesst aus dem zweiten Brunnen entweder zu Tage durch eine offene Rinne L oder durch den Kanal M unterirdisch ab.

Derselbe hat in einem gusseisernen Rohre N eine Verlängerung erhalten, dessen Mündung unter dem niedrigsten Wasserstande liegt.

Der Regulierapparat und der Mischungsraum ist durch ein aus Eisenblech und Glas bestehendes Gehäuse O möglichst luftdicht abgeschlossen, das den Austritt der den ungereinigten Abwässern anhaftenden und bei den Mischprozessen frei werdenden Gase verhindert. Letztere werden nach einem Gasverbrennungsofen P geführt und verbrannt.

Die Klärbrunnen sind mit diesen durch Ventilationsrohre verbunden, welche die den gereinigten Abwässern noch anhaftenden Gase ableiten.

Die Reinigungsstation ist für ein täglich zu reinigendes Wasserquantum bis zu 3000 cbm errichtet. Die Anlagekosten einschliesslich der Umleitungskanäle von dem Vorbrunnen bis zur Mündungsstelle und der maschinellen Einrichtungen belaufen sich auf 35000 Mark.

Die täglichen Betriebskosten betragen 18 Mark; pro Kopf und Jahr der in Betracht kommenden Anwohner des Kanalbezirks (ca. 10000 Seelen) stellen sich dieselben z. Zt. auf 66 Pf. und einschliesslich Verzinsung und Amortisation auf 83 Pf.

Diese Kosten werden sich nach Herstellung einer Kläranlage für die gesamten städtischen Abwässer und namentlich nach Einführung der Fäkalien noch wesentlich vermindern.

Das Projekt zu der Gesamtanlage wurde im Einvernehmen mit der Firma Müller & Co. in Schönebeck im hiesigen Stadtbauamt aufgestellt und unter der speziellen Leitung des städtischen Oberingenieur Bacher zur Ausführung gebracht.

Die Klärstation ist seit September 1886, mit Ausnahme der Monate April bis Juni 1887, in welcher Zeit dieselbe zur Vornahme einiger baulicher Veränderungen geschlossen war, ununterbrochen im Betriebe und arbeitet zur vollständigen Zufriedenheit.

Die gepressten Rückstände, durchschnittlich täglich 20 Ztr., werden von Landwirten meist unentgeltlich abgefahren. Die agrikulturchemische Versuchsstation des landwirtschaftlichen Zentral-Vereins hat den Wert derselben auf 40 Pf. pro Zentner geschätzt.

Nach Beendigung einer Reihe von Versuchen, welche den Ersatz des Müller-Nahnsen'schen Präparats bezweckten, aber ohne Erfolg blieben, hat die Stadt Halle mit der Firma F. A. Rob. Müller & Co. in Schönebeck einen mehrjährigen Vertrag über Lieferung des von letzterer dargestellten Präparats abgeschlossen.

Über das zur Anwendung kommende Reinigungs-Verfahren und über die Erfolge desselben in chemischer und bakteriologischer Beziehung liegen eine Reihe von günstigen Gutachten vor.

2. WASSERVERSORGUNG

VON

DR. W. SCHRADER, STADTRAT.

Schon seit Anfang des Jahrhunderts, besonders aber seit dem Jahre 1838, war man in Halle darauf bedacht, die überaus dürftige und mangelhafte Wasserversorgung der Stadt zu verbessern. Abgesehen davon, was die Hausbrunnen an sehr verschiedenartigem Wasser lieferten, oder was durch kleinere Leitungen aus benachbarten Quellgebieten oder aus der Saale in die Stadt geleitet wurde, wurde die Stadt durch die städtische Wasserkunst mit Wasser versorgt. Diese aber entnahm das Wasser etwa in der Mitte ihres städtischen Laufes an einer Stelle, wo der Fluss bereits durch Einmündungen städtischer Kanäle, durch die Abwässer von Fabriken, Krankenhäusern und der Anatomie auf das gründlichste verdorben war. Deshalb war es nur natürlich, dass Halle fast andauernd der Sitz von Typhus, von Nerven- und Schleimfiebern war und dass die Cholera, besonders in den Jahren 1849, 1855 und 1866, hier ganz besonders viele Opfer forderte. Es bestätigte sich auch hier die Wahrnehmung, dass die Cholera-Epidemie an Orten mit schlechtem Trinkwasser mehr als dreimal so viel Opfer fordert als dort, wo gesundes Wasser zur Verfügung steht. Der Einfluss des Wassers trat auch im Jahre 1849 darin zu Tage, dass die Francke'schen Stiftungen, welche damals noch sich einer Zuführung gesunden Wassers aus den südlich der Stadt hochgelegenen Feldern erfreuten, von der Cholera-Epidemie verschont blieben. Es war also eine Abhilfe zur unabweislichen Notwendigkeit geworden.

Eine Zeit lang glaubte man, das Wasser für eine städtische Wasserleitung aus der Kiesschicht entnehmen zu können, welche im Südosten der Stadt zwischen der Merseburger und Leipziger Chaussee unter der Ackerkrume liegt, und die sich bei Anbohrungen oder beim Abtäufen von Kohlenschächten als sehr wasserreich erwiesen hatte. Aber sorgfältige Untersuchungen hatten ergeben, dass das Wasser, das aus verschiedenen Stellen dieser Schicht entnommen war, eine verschiedene Beschaffenheit zeigte, und dass die gesamte Schicht, welche für die Wasseraufnahme nur auf atmosphärische Niederschläge angewiesen ist, doch nicht umfangreich genug ist, um auf die Dauer ausreichende Wassermengen hergeben zu können. Man schien also darauf angewiesen zu sein, die Stadt mit künstlich filtriertem Saalewasser zu versorgen. Da wurden die städtischen Behörden auf eine

wasserhaltende Kiesschicht aufmerksam gemacht, welche sich in der
Beesener Aue zwischen Saale und Elster befindet und nach Süden
eine bedeutende Ausdehnung besitzt, auch nach ihrer Lage einen
nicht zu erschöpfenden Wasserzufluss zu besitzen schien. Die nähere
Untersuchung bestätigte die Erwartungen. Unter der Dammerde fand
sich zunächst eine Schicht Ziegelerde, dann kam eine 4—6 Meter
mächtige, mit Wasser erfüllte Kiesschicht. Das Wasser selbst war
krystallklar und schmackhaft wie reines Gebirgswasser, es war etwas
härter als das Saalewasser, hatte weniger Gyps und mehr kohlen-
sauren Kalk und war fast frei von organischen Stoffen. Aus einem
angelegten Brunnen wurde 43½ Tage lang mittelst einer Lokomobile
gepumpt und da der Wasserstand in benachbarten Bohrlöchern nur
wenig dadurch verändert wurde, so glaubte man auf ausreichenden
Wasserzufluss rechnen zu können.

Es wurde nun beschlossen eine Wasserleitung zu bauen, welche
von hier aus das Wasser zu entnehmen hätte und die Ausführung
wurde dem Ingenieur Salbach übertragen. Es kam dabei der Stadt
zu statten, dass der grösste Teil der in Beesen und der Aue benötigten Ländereien als Teile des Kämmereigutes Beesen bereits Eigentum der Stadt war.

Die Wassergewinnungsanlage in der Aue bestand aus einer
Sammelrohrleitung von 519,5 m Länge, die durchlochten Thonrohre
von 47 und 52 cm Weite waren in die Kiesschicht versenkt und in
zwei Sammelbrunnen von 3,76 m und acht Zwischenbrunnen von
1,57 m Durchmesser eingefügt. In einem dichten eisernen Rohre wurde
das durch das natürliche Gefälle bewegte Wasser unter der Elster
hindurch nach dem rechten Elsterufer geführt, wo an einer etwas erhöhten Stelle die Wasserhebungsanlage angebracht war. Diese bestand aus drei Dampfkesseln von fast 2 m Durchmesser und 10 m
Länge, von denen zunächst einer zur Reserve dienen sollte, aus zwei
Kondensationsmaschinen zu je 65 Pferdekräften, und zwei doppelt-
wirkenden Kolbenpumpen mit Glockenventilen. Die Leistung jeder
Pumpe betrug 3 cbm in der Minute. Ein Druckrohr von 39 cm Weite
und 450 m Länge führte das Wasser einem südlich vor der Stadt
etwa 40 m über dem Wasserspiegel der Elster gelegenen Punkte zu,
wo ein aus acht Tonnengewölben bestehendes, 3092 cbm fassendes
Niederreservoir und ein gemauertes 20 m hohes und ein 464 cbm
fassendes schmiedeeisernes Becken enthaltendes Hochreservoir errichtet
waren. Von hier aus wurde das Wasser durch sein natürliches Gefälle dem in eine Hochdruck- und Niederdruckzone geteilten Stadtgebiete zugeführt. Das Rohrnetz hatte eine Gesamtlänge von 43,31 km

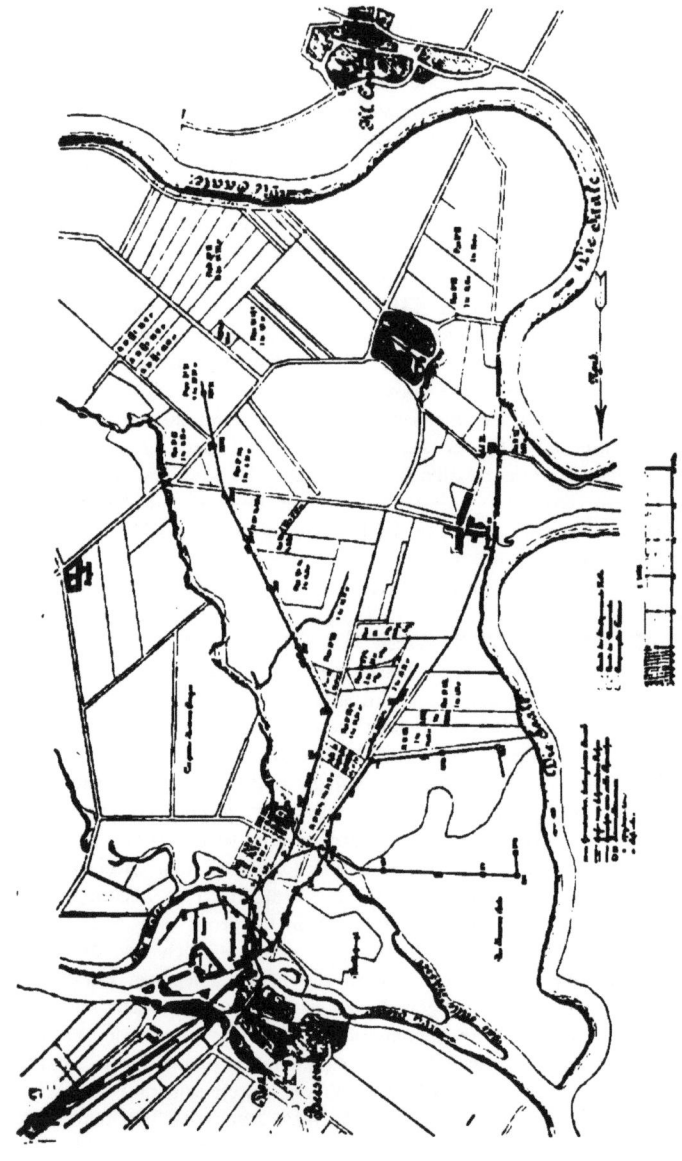

Lageplan der Wassergewinnungs-Anlage.

mit 140 Absperrschiebern und 358 Hydranten. Die Anlagekosten beliefen sich auf 1 267 495,46 Mark.

Am 10. April 1868 wurde das Hochreservoir zuerst mit Wasser gefüllt, vom September ab war die Stadt mit Wasser versorgt. Bis zum 1. Januar 1869 waren etwa 400000 cbm Wasser gefördert, dagegen im Jahre 1869 etwa 1 342589 cbm.

In der Stadt wurden sämtliche öffentlichen Ausflussstellen und Wassertröge der alten Wasserleitung abgeschafft, die Privatrohrwasser-Berechtigten wurden abgefunden und das Wasser der neuen Leitung wurde jedem Hausbesitzer frei bis an die Schwelle geliefert, um ihn zu veranlassen, im Innern das Wasser zur jederzeitigen Entnahme in alle Stockwerke zu leiten. Dabei war festgestellt, dass das Wasserwerk keine Finanzquelle werden sollte. Deshalb wurde das Haus- und Wirtschaftswasser frei geliefert, für gewerbliche Zwecke sollte das Wasser nach Pauschalsätzen oder nach Wassermessern geliefert werden.

Bei Anlage des Wasserwerks hatte man der Ansicht gehuldigt, und auch angesehene Wasserbautechniker waren derselben beigetreten, dass die Flussbetten der Saale und Elster in die Kiesschicht einschneiden und dieselbe mit Wasser durchtränken. Das Delta zwischen Elster und Saale soll demnach ein grosses Wasserbassin sein, in dem sich das Flusswasser durch eine natürliche Filtration reinigt. Vielleicht hat man aus dieser Anschauung geschlossen, dass der Wasserstand in der Kiesschicht sich stets in Übereinstimmung mit dem in der Saale halten würde und hat dann aus diesem Grunde die Sammelrohre nicht tief genug in der Kiesschicht gebettet. Diese Ansicht hat sich aber als irrig erwiesen; das Wasser der Kiesschicht steht in keinem Zusammenhange mit dem Saalewasser, was schon aus der Verschiedenheit der in beiden Wassern aufgelöst enthaltenen Salze folgt. Wenn auch die Flussbetten räumlich in das Kieslager einschneiden, so sind dieselben durch die im Laufe der Zeit in ihnen erfolgten schlammigen Niederschläge so von dem Wasserinhalt der Kiesschicht getrennt, dass ein Eindringen des Flusswassers in die Kiesschicht nicht stattfinden kann. Es ist vielmehr sehr wahrscheinlich, dass das Wasser unserer Kiesschicht fliessendes Grundwasser ist; es ist ja bekannt, dass ein grosser Teil des Grundwassers ebenso wie das Wasser in offenen Wasserläufen sich nach tiefer gelegenen Stellen bewegt, bis es etwa unter der sichtbaren Oberfläche in einen Fluss mündet.

Es bleibt für unseren Fall künftiger Untersuchung vorbehalten, wie stark die Grundwasserströmung ist und ob dieselbe an der Spitze des Deltas in die Saale mündet oder ihre selbständige Bewegung unter dem Bette der Saale hindurch auf dem anderen Ufer der Saale fortsetzt.

Wenn aus dieser Auffassung auch die Hoffnung geschöpft werden kann, dass die gute Beschaffenheit des Leitungswassers sich erhalten wird und dass eine Verschlammung der Kiesschicht durch von der Saale her eindringende erdige Stoffe nicht zu befürchten steht, so folgt doch auch, dass bei starker Wasserentnahme und besonders in heissen Sommern der Wasserstand der Kiesschicht sinken wird und dass die wenig tief eingebetteten Sammelrohre nicht mehr ausreichende Wassermengen liefern, ganz abgesehen davon, dass in den nur unvollständig gefüllten Rohren die Neigung zur Algenbildung befördert wird.

Diese Schwierigkeiten sollten recht bald eintreten. Es hatte aber auch die Bürgerschaft in ihrer Freude über das schöne Wasser, das ihr für den Haus- und Wirtschaftsbedarf in beliebigen Mengen zugeführt wurde, davon überreichlich Gebrauch gemacht.

Nach den in anderen Städten gemachten Erfahrungen hatte man den Gesamtverbrauch von Leitungswasser auf 3 Kubikfuss (etwa 100 Liter) für Kopf und Tag angenommen und hatte daraus geschlossen, dass das Wasserwerk, welches für eine tägliche Förderung von 25000 Kubikfuss eingerichtet war, etwa bis 1885 den Bedürfnissen der Stadt genügen würde, selbst wenn die Einwohnerzahl, welche im Jahre 1869 etwa 45729 betrug, sich bis dahin auf 70 bis 80000 vergrössert haben würde.

Es stellte sich aber bald heraus, dass in der Stadt mehr als 4 Kubikfuss für Kopf und Tag verbraucht wurde, und da auch die Sammelrohrleitung in ihrer Lieferung nachliess, so musste Wassermangel befürchtet werden. Es war also dringend nötig, Abhilfe zu schaffen.

Die Folge war eine bis zum Jahre 1887 nur durch eine vierjährige Pause von 1874 bis 1878 unterbrochene Ausdehnung und Tieferlegung der Saugleitung. Schon im Jahre 1869 wurde die Sammelleitung in der Aue bis zur Gerwische, einem kleinen offenen Wasserlauf in der Aue verlängert, auch auf dem rechten Elsterufer unterhalb des Gutsgartens, wo man dieselbe wasserhaltende Kiesschicht fand, wurde ein Rohrstrang mit drei Brunnen angelegt; derselbe wurde im Jahre 1870 verlängert.

In gleicher Weise bringen die Jahre 1871 bis 1874 Verlängerungen der Leitung in der Aue, zum Teil auf zu hohem Preise angekauften Ländereien. Auch die Jahre 1878 bis 1888 bringen fast ununterbrochen Erweiterungen der Sammelleitung, die sich aus einer einfachen Leitung des Jahres 1868 zu einer siebenfachen entwickelt, und deren Länge von 520 m im Jahre 1868 sich auf 4496 m Thonrohre und 248 m eiserne Rohre vermehrt hatte.

Eine besondere Schwierigkeit wurde dem Wasserwerk durch die Nähe einer Ziegelei bereitet. Eine Sammelleitung befand sich mit einem Endbrunnen in der Nähe eines Wasserloches, welches infolge der Ausziegelung entstanden war. Das Wasser, erwärmt durch die äussere Luftwärme und durch mancherlei Einwirkungen verdorben, war in die Kiesschicht und durch diese in den Sammelbrunnen und die Sammelleitung gekommen. Die Folge war, dass der Brunnen abgebrochen und ein Teil der Leitung herausgenommen werden musste. Um aber für die Zukunft die Sammelleitungen vor dem gefährlichen Herandringen der Ausziegelungen zu schützen, war es nötig, eine grosse Fläche von Wiesenland anzukaufen. So wurden im Jahre 1886 fast 39 Hektar Wiesen zu dem hohen Preise von 262537 Mark erworben. Die wieder verpachteten Wiesen ergeben einen Ertrag, der zwei Prozent der Kaufsumme noch nicht erreicht. Als in Bezug auf eine kleine in der Nähe eines Sammelrohres liegende Wiese die Ausziegelung und damit eine grosse Gefahr für die Wasserleitung angekündigt war, gelang es nur nach langen Verhandlungen und durch einen opferreichen Austausch die Gefahr abzuwenden. Um für die Zukunft die weitere Ausdehnung der Sammelleitung möglich zu erhalten, wurde vom Staate eine über 11 Hektar grosse Wiese gegen ein entsprechendes Stück städtisches Ackerland ausgetauscht. Der Tauschwert ist von der Staatsbehörde auf 51489 Mark festgestellt, und die wieder verpachtete Wiese bringt dem Wasserwerk nahe an 4 Prozent der Ankaufssumme.

Die grossen Wassermengen, welche durch die erweiterte Sammelleitung nach der Pumpstation geschafft wurden, konnten nicht mehr durch die alten Maschinen gefördert werden. Es wurde im Jahre 1873 ein vierter Dampfkessel für 5 Atmosphären Überdruck angeschafft und eine Woolf'sche Dampfmaschine von 125 Pferdekräften und doppeltwirkender Kolbenpumpe mit Glockenventilen aufgestellt. Auch das alte Druckrohr von 392 mm Weite war nicht im Stande, die vermehrten Wassermassen nach der Stadt zu führen, umsoweniger, als sich in demselben eine 45 mm dicke Inkrustation angesetzt hatte, durch welche der Querschnitt der Rohre eine bedeutende Verengung erlitten hatte. Es wurde also ein zweites Druckrohr von 450 mm Weite von der Pumpstation nach der Reservoiranlage beschafft. Nun konnte erst an eine Reinigung des alten Druckrohres gedacht werden. Eine blosse Wasserspülung vom Hochreservoir genügte nicht, ebensowenig die Anwendung einer schwachen Sodalösung, erst als man im Jahre 1884 dem Rohre einen 39 cm weiten Auslauf nach der Elster gegeben und es wiederholt mit verdünnter Salzsäure, dann mit Natronlauge gefüllt und mit Wasser nachgespült hatte, wurden grosse Schlammmassen entfernt, das Eisen endlich frei gelegt und der Druck im Manometer um 1,8 bis 2 Atmosphären gemindert. Die Reinigung hatte 3400 Mark gekostet.

Im Jahre 1881 wurde eine neue, die vierte Wasserhebungsmaschine aufgestellt, eine Compoundmaschine von 150 Pferdekräften mit Plungerpumpen und ebenen Ringventilen. Um sie aufzustellen, musste der Maschinenschuppen erweitert werden.

Inzwischen hatte sich in der Stadt die Wasserverteilung ganz wesentlich verändert. Bis zum Jahre 1871 beanspruchte die Niederdruckzone $^3/_4$, die Hochdruckzone $^1/_4$ des geförderten Wassers, aber schon von 1878 ab hatte sich infolge der vorzugsweise in den höher gelegenen Stadtteilen stattgefundenen Bauten dieses Verhältnis umgekehrt: es kam $^1/_4$ der geförderten Wassermasse auf die Niederdruckzone und $^3/_4$ auf die Hochdruckzone. Diesem Verhältnis konnte nur durch die Errichtung eines zweiten Hochreservoirs genügt werden. Dasselbe wurde auf der freigelegten nordöstlichen Ecke des Stadtgottesackers errichtet, ein gemauerter monumentaler Unterbau von 15,15 m Höhe trägt ein schmiedeeisernes Becken von 1200 cbm Inhalt. Da aber die Magdeburger Chaussee in nächster Nähe vorüberführt, so drang der von dem Geschäftsverkehr aufgeregte Staub auch in das Gebäude und auf die Oberfläche des Wassers. Die zum Teil organischen Bestandteile des Staubes drohten einen gesundheitsgefährlichen Einfluss auf dieses Wasser auszuüben, deshalb wurde im Jahre 1886 mit einem Kostenaufwand von 2140 Mark eine Blechdecke für das Becken dieses Reservoirs beschafft.

Es ist ganz selbstverständlich, dass unter den bezeichneten Umständen auch das städtische Rohrnetz eine grosse Erweiterung erfahren musste. Seine Länge von 43,311 km (5$^1/_1$ preuss. Meile) im Jahre 1869 war bis zum Jahre 1890 auf 85,76 km (11$^2/_3$ preuss. Meile) gewachsen. Eingetretene Inkrustation hatte Auswechslung von Röhren bedingt, die gänzlich veränderte Wasserverteilung erforderte an mehreren Stellen die Einschaltung von Röhren im weiteren Durchmesser.

Die Wasserförderung war von 1097873 cbm im Jahre 1869 bis zu dem im Jahre 1884 erreichten Höchstbetrage von 3427800 cbm gestiegen. Die Wasserlieferung wurde in beschränkter Weise und unter besonderen Bedingungen auf die nördlich von der Stadt liegende und unmittelbar das Stadtgebiet berührende Gemeinde Giebichenstein ausgedehnt.

Die Stadt liess sich zu dieser Gewährung durch die Erwägung bestimmen, dass die am unteren Saaleufer liegende Gemeinde im Gebrauch des durch die städtischen Abflüsse verdorbenen Flusswassers sich beengt sieht. Es wurden der Gemeinde sechs Wasserständer bewilligt, das Wasser wurde durch Wassermesser zugeteilt und muss der Stadt mit 12 Pf. für das Kubikmeter bezahlt werden.

Für den städtischen Verbrauch stellte sich bald die Betrachtung heraus, dass die Menge des verbrauchten Wassers selbst unter Beachtung des entwickelten Gewerbebetriebes in einem viel stärkeren Verhältnis gewachsen war als die Einwohnerzahl. Es musste das ein Beweis dafür sein, dass auf dem Gebiete des Haus- und Wirtschaftswassers, sowie des nach Pauschalsätzen berechneten gewerblichen Wassers eine Wasservergeudung eingetreten sei, die keinem zum Nutzen, aber der Stadt zum Schaden gereichte.

Um diesem Schaden zu einem Teile zu begegnen, beschlossen im Jahre 1885 die städtischen Behörden die teilweise Einführung von Wassermessern. Es sollte alles gewerbliche Wasser und das Wasser zur Besorgung grösserer Gärten unter Wassermesser gestellt, der Preis für das Kubikmeter von 11 auf 12 Pf. erhöht und die früher gewährten Rabatte aufgehoben werden. Frei blieben die Häuser, in denen nur Haus- und Wirtschaftswasser gebraucht wurde, bei den übrigen unter Wassermessern stehenden Häusern wurde von dem zu bezahlenden Wasser für Kopf und Tag jedes Einwohners 25 Liter freigegeben. Der Erfolg war ein auffallender.

Im Jahre 1886/87 war die Wasserförderung um 9 % zurückgegangen und die Einnahme steigerte sich für jedes Kubikmeter um 1,28 Pf. Ausser zur Beschränkung der Wasservergeudung führten die Wassermesser auch zur Aufdeckung von Undichtheiten in den Privatleitungen, wodurch Wasserverluste beseitigt werden, die in einzelnen Fällen 100 bis 500 cbm betragen hatten. Durch die Vermehrung der Wasservorräte hatte sich auch die Beschaffenheit des Wassers gebessert. Infolge des verminderten Verbrauches hatte die Stadtkasse als Bezahlung für das Haus- und Wirtschaftswasser 15712 Mark weniger an das Wasserwerk zu zahlen, nämlich 85386 Mark im Jahre 1888/89 gegen 101068 Mark im Vorjahre.

Diese günstige Wirkung sollte aber keine dauernde sein. Der Wasserverbrauch steigerte sich wieder und hatte im Jahre 1889/90 mit 3254486 cbm fast den oben angegebenen höchsten Betrag des Jahres 1884 85 wieder erreicht.

Um die hierin wieder zu Tage tretende Wasservergeudung zu bekämpfen und um einige Härten zu beseitigen, welche bei einigen Wohnhäusern eingetreten waren, die wegen eines geringfügigen Verbrauchs gewerblichen Wassers zur Annahme von Wassermessern genötigt werden mussten, sah sich das Kuratorium genötigt, bei dem Magistrate die allgemeine Einführung von Wassermessern zu beantragen. Dass zur Zeit der Wasserverbrauch in Halle im Vergleich mit solchen Städten, in denen alles gelieferte Wasser unter Wassermessern steht, ein sehr hoher ist, zeigt sich darin, dass in fünf solchen Städten auf Kopf und Jahr jedes Einwohners 21 cbm Leitungswasser kommen, in Halle aber 33 cbm, also 57 % mehr.

Gelingt es nun durch allgemeine Einführung von Wassermessern, wodurch kein berechtigtes Bedürfnis gestört werden würde, den Wasserverbrauch um diesen Betrag zu ermässigen, so würden einige im andern Falle notwendig werdende kostspielige Erweiterungsarbeiten bei der Wassergewinnung und Wasserhebung noch auf einige Jahre hinausgeschoben werden können.

Die bedeutenden bisherigen Erweiterungen des Wasserwerkes haben mehr Geldmittel in Anspruch genommen als die ursprüngliche Anlage, welche 1267496 Mark erforderte. Bis zum Jahre 1880 waren von der Stadtkämmerei vorschussweise an das Wasserwerk gezahlt 2032006 Mark, dagegen konnten aus den eigenen Mitteln der Anstalt 708880 Mark verwendet werden, sodass die Gesamtkosten bis dahin 2741365 Mark betragen. Die Selbstkosten betragen jetzt für ein Kubikmeter 7,53 Pf., die Einnahme dafür 7,80 Pf.

Die Güte eines Trinkwassers pflegt man jetzt nicht bloss nach seiner physikalischen und chemischen Beschaffenheit, sondern auch nach seinem Gehalt an Bakterien zu beurteilen, und man hält ein Wasser für sehr gut, das im Kubikzentimeter nicht mehr als 150 Bakterienkeime enthält. Nun kommt es aber hierbei weniger auf die Zahl, als auf die Art der im Wasser enthaltenen Bakterien an. Eine grössere Zahl der nicht Krankheit erzeugenden Bakterien ist ziemlich gleichgültig, wenn man bedenkt, wie überaus schnell diese Zahl in der Ruhe und in der Wärme sich steigert. Wollte man aus einem Rohrstrange, der vielleicht zufällig längere Zeit unbenutzt war, Wasser zur Untersuchung ziehen, so kann man leicht Zahlen finden, vor welchen ängstliche Gemüter erschrecken.

Das Halle'sche Leitungswasser, wie es unmittelbar durch die Pumpe aus dem Sammelbrunnen zu Tage gefördert war, zeigte bei

einer sachverständigen Untersuchung 20 Bakterienkeime auf das Kubik-
centimeter, war also hiernach ein vorzügliches Wasser, das in diesem
Punkte von wenigen Gebirgswässern übertroffen wird. Dasselbe
Wasser, durch die Leitung nach der Stadt geführt, zeigte 176 Keime.

Wurde aber aus demselben Brunnen Wasser unmittelbar von der
Oberfläche geschöpft und zur Untersuchung gestellt, so ergaben sich
3350 Bakterienkeime im Raumzentimeter. Darüber darf man nicht
erschrecken, denn die Oberfläche des Wassers im Brunnen wird durch
die Entnahme des Wassers aus den tieferen Schichten durch die Pumpe
wenig gestört, es bleibt also lange Zeit in Ruhe, erhält aber durch
unvermeidliche Ablagerung von Staubteilen Veranlassung und Stoff
zu organischen kleinsten Bildungen, die nur unmittelbar an der Oberfläche bleiben. Aus der reissenden Vermehrung der Bakterien im
ruhenden Wasser folgt auch, dass das beste, in verschlossenen Gefässen weithin zur Untersuchung verschickte Wasser in der Untersuchung Zahlen von Bakterienkeimen liefern kann, die gar keinen
Anhalt zur Beurteilung des Wassers geben.

Zur chemischen Analyse gelangt unfiltriertes Leitungswasser einschliesslich suspendierter Anteile. (Siehe Tabelle S. 145.)

Mikroskopischer Befund und Bemerkungen: Das Wasser der Leitung behielt während des Jahres 1890/91 fast konstant die am Ende des
Vorjahres gewonnene blanke Beschaffenheit bei. Nicht lange andauernde
Trübungen wurden anfangs Oktober, namentlich aber in der Mitte
des Monats März, beobachtet. Dieselben erwiesen sich nur zum klein-
sten Teil als Trümmer von Diatomeen, von Lepthotrix und anderen
niederen pflanzlichen Organismen, vorwaltend als feinste Teile thoniger
Mineralien, sind aber für die Bekömmlichkeitsfrage ohne Bedeutung.
Seit Oktober wird eine erfreuliche Verminderung gelöster organischer
Substanz bemerkbar.

Von Interesse sind wiederum die starken Schwankungen des Ge-
haltes an Mineralstoffen und zwar gleichmässig an Kalkkarbonat,
Sulfaten und Chloriden. Derselbe erreichte das Maximum im Monat
Juni, während die Härtebestandteile im August und Oktober, in welcher Zeit die Flusswasser, speziell die der Saale und Elster, relativ
am härtesten erschienen, in auffälliger Weise abgenommen haben.

Thatsache ist, dass das Halle'sche Leitungswasser den heilsam-
sten Einfluss auf den Gesundheitszustand der Stadt ausgeübt hat.
Als im Jahre 1873 die Cholera wieder in der Provinz verbreitet war
und in manchen Städten, z. B. in Magdeburg, ziemlich heftig auftrat,
kam sie auch in die Nähe der Stadt Halle, die Stadt aber blieb vollständig verschont. Auch ist es wohl dem Wasser zuzuschreiben,
dass andere epidemische Infektionskrankheiten hier selten heftig auftreten.

In einem Liter sind enthalten Gramme:

Tag der Probenahme.	Rückstand frei von Wasser und organischer Substanz.	Kohlensaurer Kalk.	Schwefelsaurer Kalk.	Schwefelsaure Magnesia.	Chlornatrium.	Kieselsäure.	Eisenoxyd.	Salpetersäure.	Salpetrige Säure.	Ammoniak.	Organische Substanz Ausdruck durch Calcium permanganat.
1880. 15. April	0,5925	0,1542	0,1107	0,0598	0,1201	0,0087	0,0025	0,0018		Spur	0,0105
1. Juni	0,5593	0,1500	0,1507	0,0682	0,1075	0,0089	0,0015	0,0015	—	Spur	0,0132
15. August	0,4698	0,1685	0,1131	0,0570	0,1214	0,0041	0,0020	0,0012	—	—	0,0113
20. Oktober	0,4565	0,1608	0,1305	0,0559	0,1108	0,0042	0,0020	—	—	—	0,0089
10. Dezember	0,5975	0,1795	0,1298	0,0831	0,1037	0,0098	0,0011	—	—	—	0,0102
1881. 30. Januar	0,5495	0,1805	0,1587	0,0820	0,1451	0,0052	0,0020	—	—	—	0,0062
9. März	0,4785	0,1645	0,1082	0,0865	0,1065	0,0094	0,0051	0,0030			0,0050

3. BELEUCHTUNG.

VON

DR. W. SCHRADER, STADTRAT.

Bis zum Jahre 1856 musste sich die Stadt Halle für die öffentliche Beleuchtung der Öllaternen bedienen. Die Strassenbeleuchtung war aber so dürftig, dass die quer über den Strassen aufgehängten Laternen, wenn sie angezündet waren, mehr die Dunkelheit anzeigten, als dass sie zur nützlichen Erhellung der Wege dienten. Als nun die städtischen Behörden im Jahre 1856 beschlossen, eine Gasanstalt auf eigene Kosten zu errichten und zu verwalten, vermieden sie einen Fehler, den vorher und auch nachher manche Städte begingen, indem sie die Errichtung und Verwaltung einer Gasanstalt vertragsmässig einer privaten Gasgesellschaft überliessen und zu spät erkannten, dass sie sich für einen grossen Zeitraum die Hände gebunden und der Vorteile beraubt hatten, welche aus dem Aufschwung der Gasindustrie für den Besitzer einer Gasanstalt sich ergeben.

Der Bau der Gasanstalt wurde dem Baumeister Kühnel aus Berlin übertragen. Der Bau der Gebäude wurde im März 1856 auf einem Grundstücke an der Hafentrasse neben einem schiffbaren Arme der Saale begonnen und am 14. Dezember desselben Jahres brannten die ersten Gaslaternen in den Strassen.

Die Anstalt konnte 600 cbm Gas in 24 Stunden liefern, das Rohrnetz war 2700 m lang und die Rohrweiten lagen zwischen 30 und 3 cm.

Es wurden 523 öffentliche Laternen aufgestellt. Die Einrichtungskosten betrugen 556577 Mk. Als später bei wachsendem Bedürfnis die Anstalt so erweitert war, dass sie täglich 12000 cbm Gas liefern konnte, genügte sie dem Bedürfnis auf 21 Jahre.

Als im Jahre 1877 eine Erweiterung nötig war, wurde eine zweite Gasanstalt vor dem Steinthore erbaut; dieselbe konnte anfangs täglich 6—7000 cbm liefern. Diese Produktion steigerte sich im Jahre 1885 auf 13—14000 cbm in 24 Stunden. Bei diesem Erweiterungsbau kamen zuerst hier die Generatoröfen nach dem Hasse-Didier'schen System zur Anwendung. Die alten Öfen waren einfache Rostöfen, wo eine einfache Rostfeuerung unter den Retorten angebracht wird, welche die Zersetzung der Steinkohle bewirkt. Die Generatoröfen aber haben eine Gasfeuerung. Die aus den Retorten gezogenen glühenden Koke fallen durch eine besondere, verschliessbare Öffnung auf einen etwa 3 m unter den Retorten gelegenen Rost und es wird unter diesen

Rost erwärmte Luft (Primärluft) und an einer besonderen Stelle gebildeter Wasserdampf geleitet. Unter dem Rost befindet sich eine Wasserpfanne, welche, wenn glühende Koke durch den Rost fallen, noch weiteren Wasserdampf liefert. Der Wasserdampf wird durch die glühende Kohle zersetzt, und es bilden sich die beiden brennbaren Gase Wasserstoff und Kohlenoxyd. Beide steigen aufwärts und da, wo sie in den Retortenraum gelangen, tritt an sie ein zweiter Strom erwärmter Luft, die Sekundärluft, und es tritt die Verbrennung der Gase ein. Die 9 Retorten liegen in drei Lagen zu je 3 Retorten übereinander. Die brennenden Gase steigen zwischen den Retorten aufwärts, an den äusseren Seiten wieder abwärts, sie verbrennen zu Kohlensäure und Wasser. Die heissen Feuergase geben, ehe sie in den Schornstein übergehen, an das Mauerwerk des Ofens Wärme ab, die zur Vorerwärmung der Sekundärluft und zur Bildung des Wasserdampfes dient. Indem man sowohl den Eintritt der Luft in den Ofen als auch den Austritt der Feuergase in den Schornstein regeln kann, kann man den Feuerprozess vollständig beherrschen. Die Generatorfeuerung giebt einen höheren Ertrag, als die ältere Rostfeuerung; während man in dieser in 24 Stunden etwa 240 cbm Gas mit einer Retorte erzeugen kann, steigert sich dieser Ertrag bei Generatorfeuerung auf 280 bis 290 cbm.

Als im Jahre 1889 trotz der in manche Privatgeschäfte, zuletzt sogar in den Bahnhofsbetrieb eingedrungenen elektrischen Beleuchtung das Bedürfnis nach weiterer Gaslieferung wiederum gestiegen war, die zwar mögliche Erweiterung der zweiten Gasanstalt aus Gründen, die besonders aus der erhöhten Lage dieser Anstalt herrührten, sich als unratsam darstellte, der totale Umbau der ersten Gasanstalt zwar ausführbar, aber während des laufenden Betriebes sehr schwierig erschien, auch die spätere nützliche Verwendung des Platzes dieser Anstalt sich in Aussicht stellte: so beschlossen die städtischen Behörden, die neue Gasanstalt auf dem in der Nähe liegenden städtischen Holzplatz zu errichten. Dieser Platz liegt einerseits an der Schiffssaale, andererseits an der beabsichtigten Verbindungsbahn Bahnhof-Sophienhafen und bietet der künftigen Anstalt günstige Bedingung für An- und Abfuhr der Materialien. Die Anstalt ist inzwischen vollendet und ihre Eröffnung steht unmittelbar bevor.

In der ersten Gasanstalt an der Hafenstrasse befinden sich zehn Rostöfen zu je sechs Retorten. Die Oefen bilden zwei Gruppen mit getrennten Vorlagen, welche die heissen Gase aufnehmen. In diesen Vorlagen setzt sich Teer und Ammoniakwasser ab. Abgekühlt werden die Gase durch die Einwirkung der äusseren Luft zum Teil

in gusseisernen Röhrenkühlern, in denen die Gase zum Auf- und Ab-
steigen genötigt werden, zum Theil in doppelwandigen Blechzylindern.
Hinter den Kühlern werden durch zwei Beale'sche Exhaustoren zwei
Systeme gebildet. Jeder Sauger besteht aus einem ruhenden weiteren
Zylinder, in welchem um eine exzentrisch gelagerte Achse ein kleinerer
Zylinder rotiert; zwei in diesem Zylinder beweglich angebrachte
Schieber, die stets gegen die innere Wand des grösseren Zylinders
gedrückt werden, teilen den Zwischenraum zwischen beiden Zylindern
in zwei veränderliche Räume, von denen der eine sich erweiternde
das von den Retorten kommende Gas aufnimmt und die Retorten von
dem Gasdruck erleichtert, der andere, sich verengende Raum drückt
das Gas weiter und bewirkt, dass dasselbe auf seinem Wege bis zum
Gasbehälter die verschiedenen Widerstände überwinden kann, die ihm
zum Zweck seiner Reinigung entgegengestellt werden müssen. Zunächst muss der übrige noch im Gase befindliche Teer abgeschieden
werden. Das von dem einen Sauger herkommende Gas geht durch
den Teerabscheider von Pelouze und Audouin. Derselbe besteht
aus 4 über einander gestellten Glocken. Aus der innersten Glocke
strömt das Gas durch feine Öffnungen in die zweite Glocke und setzt
hier beim Anstoss gegen die dichte Wandung Teer ab, geht durch
angebrachte Schlitze in die dritte Glocke, strömt hier abermals durch
feine Öffnungen gegen die Wandung der vierten Glocke, um hier den
letzten Teer zu verlieren. Der Teer fliesst von den Wandungen
der zweiten und vierten Glocke abwärts in seine Behälter. Das vom
andern Sauger kommende Gas geht durch zwei Skrubber, mit Kok
gefüllte Zylinder von 1,55 m Durchmesser und 3,20 m Höhe und
setzt an den scharfen Kanten und Ecken der Koke seinen Teer ab.

Die Befreiung des Gases von dem in ihm enthaltenen Schwefel-
wasserstoff geschieht in den Reinigungskästen, horizontale, viereckige
Kästen, deren Deckel durch Wasserabschluss gedichtet sind. In den
Kästen befinden sich übereinander drei Hürden, auf welchen die
Reinigungsmasse: Raseneisenerz (Eisenoxydhydrat) etwa 150 mm hoch
geschüttet wird. Das Gas durchstreicht in jedem Kasten die drei
Hürden und tritt hintereinander in alle vier Kästen.

Eine besondere Schiebervorrichtung macht es möglich, ohne
Störung des Betriebes einen Kasten behufs Neufüllung auszuschalten
und die Gasbewegung so zu regeln, dass das Gas zuletzt mit der
frischesten Reinigungsmasse in Berührung kommt. In diesem Reinigungsprozess verwandelt sich das Eisenoxydhydrat in Schwefeleisen
und hat jetzt einen Verkaufswert, der höher ist, als der Einkaufs-
preis der Reinigungsmasse war.

Nachdem das Gas nun in einem gemeinschaftlichen Stationsgasmesser gemessen ist, gelangt es in die Behälter. Auf dem gesamten
Wege hat das Gas noch Gelegenheit, das noch in ihm enthaltene
Wasser und Ammoniak abzusetzen, was durch entsprechende Pumpen
gesammelt wird.

Gasbehälter hat die erste Gasanstalt drei. Die beiden älteren
haben einfache Glocken mit je 1300 cbm Inhalt, der dritte erhielt eine
neue Glocke, die teleskopiert ist, d. h. aus zwei in einander ver-
schiebbaren Zylindern besteht, wodurch der frühere Inhalt von 2500 cbm
auf das doppelte gebracht ist. Aus den Behältern kehrt das Gas in
die Anstalt zurück und geht von hier durch zwei Hauptrohre von
bezüglich 315 und 250 mm Durchmesser, von denen jedes seinen
besondern Druckregler hat, in die Stadt. Eine Dampfmaschine von
6 Pferdekräften mit zwei Kesseln dient vorzugsweise zur Bewegung
der Sauger. Ausserdem enthält die Anstalt einen Kohlenschuppen,
verschiedene Werkstattsräume und ein Beamtenhaus.

In der zweiten Gasanstalt in der Krausenstrasse besteht die
Ofenanlage aus zwei getrennten Abteilungen, aus 6 Stück Rostöfen
zu je 6 Retorten und aus 5 Stück Generatoröfen zu je 9 Retorten.
Ein gemeinsames Betriebsrohr von 300 mm Durchmesser führt das
Gas zu sechs Luftkühlern, die in einem Gebäude aufgestellt sind und
zwei Abteilungen bilden. Es sind doppelwandige Zylinder von
1 m äusserem und 0,8 m innerem Durchmesser und 7 m Höhe.

Dann kommt wie bei der ersten Anstalt die Saugeranlage, ein
Teerabscheider von Pelouze und Audouin und ein Siebskrubber von
2 m Durchmesser und 7 m Höhe. Doch hat dieser behufs Ab-
scheidung des Ammoniaks Wasserüberrieselung. Um aber dem
Gas das Ammoniak vollständig zu entziehen, ist ein Standardwascher
angebracht. Derselbe besteht in einem in mehrere Abteilungen geteilten horizontalen Zylinder, der etwa zum dritten Teile seiner Höhe
mit Wasser gefüllt ist. In diesem Zylinder bewegt sich um eine
zentrale Achse eine aus Blechflächen gebildete Vorrichtung. Die
Blechflächen benetzen sich mit dem Wasser, durch welches sie streifen;
in dem oberen Teile bewegt sich das Gas hinter einander durch alle
Abteilungen und giebt seinen Ammoniakgehalt an das Oberflächen-
wasser jener Blechflächen ab, und da das Wasser dieser Abteilungen
sich in den Zellen in entgegengesetzter Richtung als das Gas bewegt,
so dass das Gas zuletzt mit ganz reinem Wasser in Berührung
kommt, so erreicht man die vollständige Reinigung des Gases und
ein konzentrierteres Ammoniakwasser. Dann geht das Gas weiter

durch die Reinigerkästen, den Stationsgasmesser in den 5000 cbm fassenden Behälter.

In den ersten Zeiten der Leuchtgasfabrikation befreite man das Gas von dem Schwefelwasserstoff dadurch, dass man es durch Kalkmilch streichen liess, dadurch erreichte man zugleich, dass der Kalk die im Gase enthaltene geringe Menge von Kohlensäure aufnahm, jetzt lässt man die Kohlensäure zurück, wenn dieselbe auch die Leuchtkraft des Gases etwas beeinträchtigt. Als im Jahre 1877 das Behälterbecken gebaut war, zeigte sich noch vor der Inbetriebnahme, dass dasselbe im Boden und in den Seitenwänden Risse bekommen hatte. Man hatte bei der Vorbereitung des Baues die Tragfähigkeit des Untergrundes nicht untersucht, vielleicht auch nicht gewusst, dass an dieser Stelle früher ein Sumpf sich befunden hatte. Es gelang aber, das Becken durch Ausmauerung der Risse, durch Umlegen starker Eisenringe und durch Trockenlegung des Untergrundes mittelst Kanalisation zu retten. Seither ist das Becken ganz dicht geblieben.

Von der Anstalt führt ein mit einem Druckregler versehenes Rohr von 420 mm das Gas in die Stadt, wo beide Rohrnetze mit einander sich verbinden. Eine sechspferdige Dampfmaschine liefert die nötige Kraft, die beiden Dampfkessel dienen zugleich zur Beheizung der Räume.

Auch hier befindet sich ein besonderer Kohlenschuppen, ein Werkstattgebäude und ein Beamtenwohnhaus.

Bei dem Entwerfen der dritten Anstalt gab der auf dem Holzplatze reichlich vorhandene Raum die Möglichkeit, die Anlage so übersichtlich als möglich herzustellen.

Die Anstalt soll einmal im Stande sein, in 24 Stunden 60000 cbm Gas zu bereiten. Sie soll hintereinander in drei Abteilungen, jede für täglich 20000 cbm Gas, hergestellt werden. Zunächst ist die erste Abteilung gebaut, der Anschlag forderte für den Bau die Summe von 9,2000 Mk., die aber infolge ungünstiger Ausschreibungen sich auf 9,34000 Mk. erhöhte.

Das Retortenhaus soll für zwei Abteilungen ausreichen, nimmt aber zunächst in der einen Hälfte die eine Abteilung auf, die aus in zwei gegenüberstehenden Reihen angeordneten 8 Generatoröfen zu je 9 Retorten besteht, die andere Hälfte des Gebäudes dient vorläufig als Kohlenschuppen. Wegen des hohen Grundwasserstandes ist die Generatoreinrichtung zur ebenen Erde ausgeführt, der Ofenflur liegt 3 Meter höher, ein hydraulischer Aufzug wird die Kohlen zu ihm befördern. Die gewonnenen Koke fallen vom Ofenflur durch angebrachte Öffnungen in untergestellte Wagen, welche auf Schienenwegen sie nach dem Kokeplatz bewegen. Die Betriebseinrichtungen sind übrigens ähnlich denen in der zweiten Anstalt, nur grösser. Im Apparatenhaus stehen die Kühler, die Sauger, der Teerabscheider, der Siebskrubber, der Standard-Wascher, die Dampfmaschinen und die Pumpen. Über dem Maschinenraume sind vier Behälter angebracht, zwei für reines Wasser, einer für Teer und einer für Ammoniakwasser. Ebenso befinden sich hier die Kraftsammler für die hydraulischen Aufzüge und die zugehörigen Pumpen. Im Reinigungshause stehen die vier Reiniger, über denselben befindet sich der Masseboden, zu welchem ein hydraulischer Aufzug führt. Im Reglerhause befindet sich der Stationsgasmesser, der Stadtdruckregler und die Ventile für Ein- und Ausgänge. Das Kesselhaus liegt inmitten der Betriebsgebäude und befinden sich in ihm zwei Dampfkessel zu je 23 qm Heizfläche und die Schmiede. Das Betriebsrohr hat 375 mm Durchmesser, die Behälter, Eingangs- und Ausgangsrohre haben bezüglich 650 und 750 mm Durchmesser, das Stadtrohr hat einen solchen von 600 mm. Der Gasbehälter fasst 10000 cbm, ist teleskopiert und überbaut. Das Behälterbecken und die Teer- und Ammoniakwassergruben sind aus Stampfbeton hergestellt. Am Eingange des Grundstücks steht das Beamtenhaus, von welchem aus der ganze Betrieb leicht übersehbar ist.

Wenn die zweite Abteilung ausgebaut wird, muss auch ein besonderer Kohlenschuppen gebaut werden, derselbe kann dann in die beste Verbindung zu der Verbindungsbahn gebracht werden; ob die dritte Abteilung ausgebaut wird, wird von dem Einfluss abhängen, den die sich entwickelnde elektrische Beleuchtung auf das Gasbedürfnis ausübt.

Das Stadtrohrnetz ist 83 km lang mit einem Rauminhalt von 781 cbm. Im Betriebsjahre 1889/90 waren angeschlossen 1865 Stück gewöhnliche Strassenlaternen zu 170 l stündlichem Gasverbrauch, 4 Brenner zu 350 l, 1 Brenner zu 700 l und 22 Siemensbrenner zu 1700 l. Es gab 1723 Privatzuleitungen mit 397 trockenen und 1338 nassen Gasmessern zu 24734 Privatflammen. Es wurden in diesem Jahre 16985736 kg Kohlen verbraucht für 322855 Mk. Erzeugt wurden 5108004 cbm, abgegeben 5102490 cbm, verwertet 4284412 cbm, so dass durch Undichtheit, Rohrbrüche und Kondensation ein hoher Verlust von 16,03 % bestand. Zu Beleuchtungszwecken sind 4029897 cbm, zum Kochen und Heizen 13165 cbm und für 54 Motoren mit 211 Pferdekräften 243350 cbm Gas verbraucht. Erzeugt wurden aus 100 kg Kohlen 30,047 cbm Gas; eine Retorte lieferte für den Tag 267,10 cbm Gas. Als Nebenprodukte wurden 213053 hl

Koke und 777934 kg Teer gewonnen. Im Generatorofen wurden
auf 100 kg Kohlen 13,53 kg Koke zur Unterfeuerung gebraucht. Trotz
der grossen Ausdehnung der elektrischen Beleuchtung in der Stadt
hat die Gaserzeugung noch um 6,16 °/₀ zugenommen, bei einer Ein-
wohnervermehrung um 4,63 °/₀. Der Gaspreis beträgt 18 Pf. für
1 cbm, Rabatt wird gewährt je nach der Menge des Verbrauchs von
25 % bis 2¹/₂ %, der niedrigste Preis beträgt 13,5 Pf., der Durchschnittspreis 15,85 Pf. Der Reingewinn betrug in diesem Jahre
383020 Mk., derselbe war gegen das Vorjahr um 5,90 °/₀ gewachsen,
davon wurden 268378 Mk. in die Stadtkasse gezahlt und es blieb
noch ein Restgewinn von 114642 Mk. Trotz der auch in früheren
Jahren bedeutenden Abführungen an die Stadtkasse, konnte ausser
gänzlicher Abzahlung der Anleihen doch ein so grosser Erneuerungs-
fonds gebildet werden, dass zu dem gegenwärtigen Neubau der dritten
Gasanstalt daraus 600000 Mk. genommen werden konnten.

Elektrische Beleuchtung. Die ungemein grosse Beliebtheit,
welcher sich das elektrische Licht überall da, wo es zur Anwendung
kommt, erfreut, hat auch in Halle die Einführung desselben zunächst
durch Einzelanlagen sehr begünstigt; denn die Zahl der in Benutzung
befindlichen Glühlampen beträgt zur Zeit im Beleuchtungsgebiet der
städtischen Gaswerke schon 4783, ausserdem sind noch 289 Bogenlampen und 1 Elektromotor installiert, zu deren Betriebe gegen 766
Pferdekräfte erforderlich sind. 27 dieser elektrischen Anlagen werden
mit Dampf betrieben, 1 (das Stadttheater) mit Dampf- und Gaskraft,
8 nur mit Gas; 7 bedienen sich der Akkumulatoren.

Trotz dieser Verbreitung kann man einen nachteiligen Einfluss
auf den Gaskonsum im Allgemeinen nicht konstatieren; im Gegenteil
hat an verschiedenen Stellen das Bogenlicht eine nachweisbare Vermehrung des Gaskonsums herbeigeführt.

Das durch die reiche Anwendung des elektrischen Lichtes be-
kundete Bedürfnis nach demselben hat den städtischen Behörden Veranlassung gegeben, über Errichtung einer Zentralanlage für elektrische
Beleuchtung in Beratung zu treten und es gingen bei einer von denselben veranlassten Umfrage schon vor längerer Zeit zahlreiche Anmeldungen auf Entnahme von Glüh- und Bogenlicht ein. Wie schon
oben erwähnt ist, hat die Stadt Halle den Entschluss, die Gasanstalten
auf Kosten der Stadt zu erbauen, nicht zu bereuen gehabt; es ist
deshalb auch erklärlich, wenn jetzt die in Bezug auf allgemeine
elektrische Beleuchtung gefassten Beschlüsse von Erteilung einer
Konzession an Unternehmer absehen und die Errichtung einer
städtischen Beleuchtungsanlage im Auge haben. Die Schwierigkeit in

der Wahl des Systems, welche durch fortwährende Neuerungen auf diesem Gebiete noch vermehrt wird, hat bisher die Verhandlungen noch nicht zum Abschluss kommen lassen.

- - -

4. BAUPOLIZEI UND BAUTHÄTIGKEIT.

VON

v. HOLLY, STADT- UND POLIZEIRAT.

Bis zum Jahre 1879 waren hierselbst für die Übung der Baupolizei nur die auf dieselbe bezüglichen Bestimmungen des allgemeinen Landrechts und vor allem der daselbst ausgesprochene allgemeine Grundsatz massgebend, „dass es Amt der Polizei sei, die nötigen Anstalten zur Erhaltung der öffentlichen Ruhe, Sicherheit und Ordnung und zur Abwendung der dem Publikum oder einzelnen Mitgliedern desselben bevorstehenden Gefahr zu treffen". Hierbei wechselten die Ansichten über das, was zur Erreichung dieses Zieles nötig sei, öfters mit den Personen der die Baupolizei ausübenden Beamten, und selbst in denjenigen Punkten, in welchen sich eine leidlich feste Praxis herausgebildet hatte, offenbarte sich eine Nachsicht gegen die Bauunternehmer, die nicht selten mit den Anforderungen der Gesundheitspolizei schwer in Einklang zu bringen war. So wurde die Errichtung von Neubauten an Wegen zugelassen, die noch keinerlei strassenmässigen Ausbau erhalten, namentlich aber der Kanalisation noch auf Jahre hinaus zu entbehren hatten; es wurde vielfach das Verbauen der Höfe der Altstadt bis auf ein Minimum verstattet, während man für die neueren Stadtteile sich mit einer Hoffläche von 25 □m bei unbeschränkter Gebäudehöhe begnügte; das Abortwesen war ungeregelt, und für Wohnräume im allgemeinen, wie in Kellergeschossen fehlte es an einer grundsätzlichen Bestimmung. Eine mässige Besserung trat ein, als mit dem Anwachsen von Gewerbe und Industrie sich eine Ausdehnung der Stadt notwendig machte, und die Gründung neuer Stadtteile von Unternehmern in die Hand genommen wurde, so die des jetzigen Königsviertels im Süden im Jahre 1857, der Lucken- und Stadtgottesacker-Breite im Osten in den Jahren 1865 und 1872 und der Hospitalbreite im Norden im Jahre 1878. Bei diesen Gelegenheiten gelangte wenigstens der demnächst auf alle neuen Strassen

durch Ortsstatut vom 8. Januar 1877 ausgedehnte Grundsatz zur
Geltung, dass vor der Errichtung von Wohngebäuden die anliegenden
Strassen einen ordnungsmässigen Ausbau zu erfahren haben und
namentlich mit öffentlichen Kanälen versehen sein müssen. Dagegen
enthielten die für die bezüglichen Bebauungspläne aufgestellten Bedingungen nur sporadisch eigentliche baupolizeiliche Vorschriften. Zu
denselben gelangte die Stadt erst durch die Baupolizei-Ordnung vom
18. Juni 1879, ein Werk, welches zwar von vornherein den Stempel
der Unzulänglichkeit wegen der auf Privatinteressen genommenen Rücksicht trug, immerhin aber einen wesentlichen Fortschritt auf dem Gebiete der Feuer- und Gesundheitspolizei zeigte. In letzterer Beziehung
ist namentlich hervorzuheben, dass für Neubauten verlangt wurde,
mindestens $\frac{1}{5}$ der gesamten Grundstücksfläche unbebaut liegen zu
lassen, jedenfalls aber Hofräume vom 40 qm (bei Eckgrundstücken
von 30 qm) mit Minimalabmessungen von 5 m zu beschaffen. Die
Gebäudehöhe erhielt die Beschränkung, dass das zulässige Mass derselben sich nach der Strassenbreite zu richten habe und zwar in
Strassen von weniger als 10 m Breite nur 12 m, in den übrigen
Strassen dagegen nur das $\frac{5}{4}$ fache der Strassenbreite betragen dürfe.
Die Höhe der Wohnräume in Keller- und Bodengeschossen wurde
auf 2,5 m, die in den übrigen Geschossen auf 2,80 m festgesetzt; auch
wurde für Kellerwohnungen die Bestimmung getroffen, dass sie nicht
nur gehörig gegen die Erdfeuchtigkeit zu isolieren, sondern auch mit
ihrem Fussboden bis höchstens 1 m in die Erde zu versenken seien.

Fast gleichzeitig wurde durch Verordnung vom 14. Juli 1879
vorgeschrieben, dass in allen mit öffentlichen Kanälen versehenen
Strassen die anliegenden bebauten Grundstücke binnen einer von der
Polizeibehörde zu bestimmenden Frist eine unterirdische Entwässerung
nach diesen Kanälen erhalten müssen, und ist hierdurch längst der
früher so widerwärtige Abfluss der vom Wirtschafts- resp. vom Gewerbebetrieb herrührenden Wässer durch die offenen Strassengossen verschwunden. Auch erfuhr einige Jahre darauf (durch Verordnung
vom 20. März 1886) das Abortwesen eine Regelung dahin, dass zwar
die Anwendung der drei verschiedenen Systeme: des gewöhnlichen
Gruben-Systems, des Tonnen-Systems und des Spül- oder sog. Water-
Kloset-Systems zur Wahl gestellt wurde, für jedes jedoch sowohl
bezüglich der Einrichtung wie der Entfernung der Fäkalien bestimmte
Vorschriften ergingen, welche den sanitären Verhältnissen voll Rechnung trugen.

Inzwischen hatten sich jedoch die Bestimmungen der ersten Bauordnung immer mehr als unzureichend erwiesen und gab namentlich

die rücksichtslose Ausnutzung des Strassenluftraumes durch Vorbauten den glücklichen Anstoss zu einem Antrage auf Revision derselben. Letztere wurde in gründlichster Weise unter Benutzung der bedeutendsten neuen Bauordnungen, sowie unter Mitwirkung von Vertretern der beiden städtischen Behörden in einem Zeitraume von zwei Jahren bewirkt und erschien als Resultat der Revisionsarbeit die noch jetzt in Geltung stehende Baupolizei-Ordnung vom 10. April 1889. Dieselbe hat nicht nur die sämtlichen bisher teilweise verstreut gewesenen baupolizeilichen Bestimmungen in sich zusammengefasst, sondern auch eine wesentlich höhere Berücksichtigung der feuer- und sanitätspolizeilichen Gesichtspunkte herbeigeführt. So sind im Interesse der gewerblichen Arbeiter Bestimmungen getroffen, durch welche eine polizeiliche Einwirkung auf die Beschaffenheit der Arbeitsräume und die Zahl der in denselben beschäftigten Arbeiter vorbehalten ist. Die Einbauten in den Strassenluftraum sind dahin beschränkt, dass dieselben in Strassen unter 10 m Breite überhaupt nicht mehr, in breiteren Strassen dagegen je nach dem Masse dieser Breite nur noch bis höchstens 1,25 m Vorsprung gestattet sind. Der bei jeder Neubebauung eines Grundstücks unbebaut liegen zu lassende Teil ist von $\frac{1}{5}$ auf $\frac{1}{4}$ des Grundstücks, das Hof-Minimalmass von 40 bezw. bei Eckgrundstücken von 30 qm auf 50 bezw. 40 qm gesteigert. Ausserdem ist die Höhe der den Hof umgebenden Seiten- und Hintergebäude von den Hofabmessungen in der Weise abhängig gemacht, dass dieselbe bei einer Hofbreite von 5 m nur 12 m betragen darf, dagegen für jeden Meter mehr Höhe die Hoflänge und Breite überall um 0,50 m wachsen muss. Auch die Höhe der Gebäude an engen Strassen ist dadurch vermindert, dass dieselbe in Strassen unter 8 m Breite nur noch 11 m (statt früher 12 m) betragen darf, während für die breiteren Strassen im wesentlichen die alten Bestimmungen geblieben und nur eine Maximalhöhe von 20 m für alle Gebäude an Strassen festgesetzt ist. Die Vorschriften für Kellerwohnungen sind dahin verschärft, dass diese unter dem umgebenden Erdboden nirgends tiefer als 0,50 m liegen dürfen (früher 1 m), und an Höfen nur dann, wenn letztere in Länge und Breite mindestens das Mass der Höhe der umgebenden Gebäude erreichen. Endlich ist zur Erreichung eines genügenden Austrocknens der Wohnhaus-Neubauten vor deren Benutzung angeordnet, dass keinesfalls früher als sechs Wochen nach Abnahme des Rohbaues unter den Balken geschalt und an den Decken und Wänden geputzt werden, die Inbenutznahme des betr. Neubaus dagegen, falls er massiv ausgeführt, erst vier Monate, und falls er in Fachwerk hergestellt, erst zwei Monate nach dem Zeitpunkte erfolgen

darf, zu welchem nach der ersteren Vorschrift der Beginn der Putz-
arbeiten gestattet war.

Nachdem in Vorstehendem ein kurzer Überblick über die hiesigen
baupolizeilichen Verhältnisse, namentlich mit bezug auf die Hygiene
gegeben ist, erübrigt noch eine Darstellung der hier in den letzten
Jahrzehnten entwickelten Bauthätigkeit. Dieselbe hat mit dem Anwachsen der Einwohnerzahl nicht nur Schritt gehalten, sondern diese
Steigerung, besonders in den letzten fünf Jahren, sogar erheblich über-
flügelt, — ein Beweis, dass das Bedürfnis nach grösseren, gesunden
Wohnungen zugenommen. Die Zahl der Wohnhäuser hat nämlich:

im Jahre 1875, bei einer Einwohnerzahl von 60419, 3008,

" " 1880 " " " " 71488, 3342,

" " 1885 " " " " 81982, 3679,

" " 1890 " " " " 101277, 4662

betragen. Ausserdem sind aber noch an erheblichen Vergrösserungs-
bauten   in den Jahren 1876—80 595,

" " " 1881—85 242,

" " " 1886—90 430

vorgenommen worden.   Bau Konsense sind erteilt:

in den Jahren	für Wohn- gebäude	für Kanal- anschlüsse	für erhebliche Vergrösser- ungsbauten	für geringe Neu- und Ver- änderungs- bauten	für Wirt- schaftsbauten	für gewerb- liche Anlagen	Summa
1876—80	505	735	595	992	1018	131	3976
1881—85	544	1728	242	1314	727	333	4888
1886—90	1040	1909	430	1707	818	258	6162

Unter den öffentlichen Bauten der letzten zwei Jahrzehnte sind
hervorzuheben: der Komplex der Universitäts-Kliniken an der Magdeburgerstrasse (erbaut in den Jahren 1876—84), die Nervenklinik
(1889—91), die Bauten für das landwirtschaftliche Institut am Mühlrain und in der Karlstrasse (1875—76), das Landgericht (1879—82),
das Oberbergamt (1882—85), die Universitäts-Bibliothek (1878—80),
das physikalische Institut (1887—90), das archäologische Institut
(1889—91), die höhere Töchterschule (1883—84), eine Bürger- und
acht Volksschulen (1877—91), das neue Siechenhaus (im Bau), der
neue Güter- und Personen-Bahnhof (1887—90), das Stadttheater
(1884—86) und die neue Gasanstalt (1890).

5. STADTERWEITERUNG UND STRASSENBAU.

VON

LOHAUSEN, STADTBAURAT.

Auf dem hierzu gehörigen Lageplan sind die vor dem Jahre 1850 bebaut gewesenen Blocks gelb, die von da bis zum Jahre 1880 bebauten blau und die neueren Anbauten rot angelegt. Überdies ist aus dem Plan ersichtlich, in wie weit die Bebauung der Zukunft durch Aufstellung von Bebauungsplänen in sichere Bahnen gelenkt ist.

Im Jahre 1880 zählte die Stadt rund 70000 Einwohner und es wurden zur hiesigen Gewerbe- und Industrie-Ausstellung von 1881 Bebauungspläne ausgearbeitet, die auf eine Verdoppelung der Einwohnerzahl berechnet waren.

Die Pläne bezogen sich namentlich auf das im Norden der Stadt westlich von der Reilstrasse belegene Gebiet zwischen dem Mühlwege und dem Dorfe Giebichenstein (nördlicher Bebauungsplan); auf die Felder nördlich von der Wucbererstrasse und östlich von der Reilstrasse (nordöstlicher Bebauungsplan); auf die Fläche zwischen der Eisenbahn und der Magdeburger Strasse, auf das kleine Gebiet zwischen Taubenstrasse und Thorstrasse (südwestlicher Bebauungsplan) und endlich auf die grosse sich nach der Saale hin abdachende Hochfläche südlich von der Thor- und Lindenstrasse (südlicher Bebauungsplan).

Auf dem Plan gelangte der sogenannte östliche Bebauungsplan, östlich vom Zentral-Güterbahnhof, der erst in jüngster Zeit festgestellt wurde, nicht mehr zur Darstellung.

Es sei noch hervorgehoben, dass der Moritzzwinger, die neue Promenade, die Poststrasse und die alte Promenade einen Dreiviertel-Ring um die innere Stadt bilden, dessen Ergänzung mittels eines westlichen Gliedes an der Saale durch Aufstellung eines besonderen Bebauungsplanes gesichert erscheint. Mühlweg, Wucherer-, Magdeburger- und Merseburger-Strasse bilden mit der neu projektierten Lutherstrasse einen weiteren Dreiviertel-Ring, dessen Schluss im Überschwemmungsgebiet der Saale allerdings nicht abzusehen ist.

Der Strassenbau lag bis zur Mitte der 60er Jahre in hiesiger Stadt noch sehr im Argen.

Die meisten Strassen waren allerdings schon gepflastert, aber mit unregelmässigen, unbehauenen Steinen, sodass der Verkehr darauf für schwer beladene Fuhrwerke mitunter sehr gefährdet war.

Erst mit der Erbauung der Strassenkanäle, Ende der 60er, hauptsächlich aber zu Beginn der 70er Jahre, wurde auf bessere Herstellung des Strassenpflasters gesehen und es kamen besser bearbeitete Steine, sogenannte Reihensteine, bei den Hauptstrassen zur Verwendung.

Mit der fortschreitenden Verbesserung der Kanäle wuchs auch die Verbesserung des Strassenbaues und es kamen schon vom Jahre 1877 ab ganz regelrecht bearbeitete Reihensteine I. und II. Klasse zur Anwendung. Auch die Pflasterbettung wurde nun von 20 bis 25 cm auf eine Stärke von 40 cm gebracht und dadurch eine bedeutende Verbesserung erzielt.

Für die bedeutenderen Strassen hiesiger Stadt werden jetzt ausschliesslich sauber bearbeitete rechtwinklige Reihensteine I. Klasse verwendet und auf eine 25 cm hohe Kies- und 15 cm starke Flusssandbettung versetzt.

Bei Droschkenhalteplätzen sind Versuche mit wasserdichten Fugen (Hart-Asphalt) gemacht und dabei gute Resultate erzielt worden.

Cementbeton hat sich für Droschkenhalteplätze nicht bewährt, weil in Abwesenheit der Droschken schweres Fuhrwerk den Beton befuhr und letzteren beschädigte. Im übrigen sind die Fugen des Strassenpflasters nicht wasserdicht hergestellt, werden aber durch den regen und schweren Lastfuhr-Verkehr in kurzer Zeit nach der Neupflasterung ziemlich dicht und haben in letzter Zeit zu Beschwerden wenig Veranlassung gegeben, zumal fast sämmtliche hiesigen Strassen sehr starkes Gefälle haben und bei Niederschlägen das Wasser sehr schnell abführen.

Mit Asphaltdecke auf Beton ist hier nur eine Privatstrasse (die verlängerte Marienstrasse) befestigt. Auch mit Holzpflaster auf Beton ist vor drei Jahren in einer Hauptverkehrstrasse, der Wuchererstrasse, längs des landwirtschaftlichen Instituts, ein Versuch gemacht. Diese Pflasterung hat sich bis jetzt gut bewährt. Weitere Holzpflasterungen sind bis jetzt nicht ausgeführt worden, weil über die Dauerhaftigkeit derselben noch keine genügenden Erfahrungen gesammelt sind.

Sogenannte Kopfsteinpflasterungen (mit unregelmässigen Steinen) werden hier nur noch als Provisorium in noch nicht ausgebauten Strassen hergestellt.

Die Gesamtfläche der gepflasterten Strassen betrug am 1. April 1891 in hiesiger Stadt 311000 qm Reihenstein- und 83600 qm Kopfsteinpflaster, zusammen 394600 qm Pflasterung.

Für Pflastererneuerungen wurden in den letzten fünf Jahren durchschnittlich pro Jahr 11500 Mk. für Strassen der älteren Stadtteile, etwa 6000 Mk. für die Strassen der Stadterweiterung; für Unterhaltung etwa 1500 Mk., zusammen also im Durchschnitte jährlich 19000 Mk. verausgabt.

Die ungepflasterten Wege waren früher sämtlich nur flüchtig durch Aufbringung von wilden Steinlagen befestigt und daher im Winter für schweren Fahrverkehr fast unpassierbar.

Erst von 1877 ab, als mit den besseren Pflasterungen vorgegangen wurde, wurde auch mit einer solideren Befestigung der ungepflasterten Strassen, hauptsächlich aus dem gewonnenen alten unbrauchbaren Pflastermaterial, vorgegangen. Diese Strassen wurden mit Packlage und Chaussierung versehen und gewalzt; ebenso wurden hierbei die Fusswege mit Bordsteinen eingefasst und für Ablaufrinnen an den Strassen gesorgt.

Da das hiesige Porphyrmaterial sich als Chaussierungsmaterial nicht gut eignet, weil es sich allmählig in Schlamm auflöst, werden nach und nach die chaussierten Strassen gepflastert.

Für Unterhaltung der chaussierten Strassen wurden seit 1877 zunächst 15000 Mk. und bald darauf 18000 Mk. jährlich verwendet.

Gegenwärtig befinden sich hier noch 135000 qm chaussierte Strassen.

Die Reinigung der chaussierten Strassen geschieht durch Schlammabzugsmaschinen und Handbetrieb.

Die städtischen Fusswege und öffentlichen Plätze im Inneren der Stadt waren früher nur mit einer leichten Steinschütung 7 bis 10 cm hoch versehen und dann bekiest worden. In den äusseren Stadtteilen wurden die Fusswege nur durch Kies- oder Koksaschenauflage hergestellt.

Diese Befestigungsmethode hat sich aber in der Winterzeit schlecht bewährt und es wurden deshalb an verkehrsreichen Stellen Mosaikpflasterungen aus Kalkstein und Wurzener Porphyr hergestellt. Für Marktplätze und Plätze, welche mit leichten Handwagen befahren werden, wurden sogenannte Doppel-Porphyr-Mosaiksteine, sowie auch Cementbeton zur Verwendung gebracht. Mosaikpflaster und Beton haben sich hierbei gut bewährt, besonders letzterer für den Fleischer-Marktplatz in der Halle.

Bis jetzt sind noch 83000 qm bekieste Fusswege und öffentliche Plätze vorhanden.

Befestigte Bürgersteige gab es bis zur Mitte der 50er Jahre hier nur wenige und auch diese waren nur durch Kies befestigt oder mit

Kieselsteinen gepflastert. Demnächst wurden vereinzelte Platten, anfangs aus Porphyr, Schiefer und dann auch aus Granit, zu Bürgersteigen verwendet.

In den 60er Jahren wurde angefangen, Granittrottoirs, aber ohne Bordschwellen in den Hauptstrassen herzustellen, während in den 70er Jahren bei der Stadterweiterung allgemein die Bürgersteige mit Granitbordschwellen, Granitplatten und Kalksteinmosaik oder Asphalt zwischen Platten und Häusern belegt wurden. Diese Art von Trottoirs ist nun auch in den älteren Stadtteilen fast durchweg hergestellt.

Das Granitplattenmaterial hat sich, wenn es auch für Neuanlagen etwas teuer ist, am besten bewährt. Besonders bei den vielen Aufgrabungen an Gas-, Wasser- und Kanalrohren sind bei Granitplatten die Wiederherstellungsarbeiten viel leichter und billiger als bei Asphalt, Beton etc.

Jetzt befinden sich in hiesiger Stadt ca. 138000 qm Granittrottoirs und nur ganz vereinzelte Bürgersteige, welche asphaltiert sind.

Mit Cementbeton sind bei den Bürgersteigen noch keine Versuche gemacht.

6. STRASSEN-REINIGUNG UND -BESPRENGUNG.

VON

v. HOLLY, STADT- UND POLIZEIRAT.

Die allgemeine Reinigung der Strassen ist durch Polizei-Verordnung geregelt und erfolgt wöchentlich zweimal an vorgeschriebenen Tagen durch die anliegenden Grundstücksbesitzer. Jeder Eigentümer ist verpflichtet, den Bürgersteig, sowie die Hälfte der Fahrbahn vor seinem Grundstücke zu reinigen und für die Abfuhr des Kehrichts Sorge zu tragen. Vor den städtischen Grundstücken, auf den öffentlichen Plätzen und auf den gepflasterten Strassen in den Promenaden ist die Stadt zur Reinigung verpflichtet. Zu letzterem Zwecke sind Kehrbezirke in der Weise eingerichtet, dass auch hier die Strassen überall wöchentlich zweimal gereinigt werden.

Bis zum 1. April 1890 wurde die Strassenreinigung seitens der Stadt von der Verwaltung des Arbeitshauses durch Korrigenden besorgt; seit der zu dieser Zeit erfolgten Auflösung des Arbeitshauses werden freie Arbeiter gegen festen Lohn angenommen. Für die zeitige Leistung sind 24 Mann täglich erforderlich, welche indessen nur die Reinigung vor den städtischen Grundstücken und an den öffentlichen Plätzen bewirken. Die langen gepflasterten Strassenzüge in den Promenaden werden durch eine bespannte Kehrmaschine von 2 m breiter Arbeitsspur gereinigt, welcher ein Strassensprengwagen zur Verhütung des Staubes vorauffährt.

Die Abfuhr des Strassenkehrichts von der städtischen Reinigung ist an einen Unternehmer gegen einen Pauschalsatz vergeben.

Die Reinigung der Strassen im Winter von Eis und Schnee ist gleichfalls Sache der Hausbesitzer beziehungsweise der Stadt, und werden von letzterer die für sie erforderlichen Arbeiter besonders angenommen. Im letzten Winter 1890/91 waren hierzu 180 Mann erforderlich. Für die Abfuhr von Schnee und Eis ist mit einem besonderen Unternehmer ein Vertrag geschlossen, nach welchem jede geleistete Fuhre zu einem bestimmten Einheitspreise — zur Zeit mit 1,75 Mark — entschädigt wird.

Die für die Strassenreinigung aufgewendeten Kosten betrugen, einschliesslich derer für Schneeabfuhr, im Jahre

1881/82	rot.	14700	Mark
1882/83	„	15800	„
1883/84	„	12800	„
1884/85	„	16500	„
1885/86	„	16700	„
1886/87	„	27000	„
1887/88	„	24700	„
1888/89	„	22400	„
1889/90	„	21800	„
1890/91	„	37500	„

Die Besprengung der Strassen geschieht auf Kosten der Stadt durch Strassensprengwagen, welche aus der städtischen Wasserleitung gefüllt werden und erstreckte sich im Anfange diese Einrichtung nur auf die Hauptverkehrsstrassen im Innern der Stadt. Dem schnellen Wachstum der Stadt entsprechend und zur Verallgemeinerung der mit der Strassenbesprengung verbundenen sanitären Vorteile wurde die Strassenbesprengung eine allgemeine, die eingerichteten Sprengbezirke mussten erweitert und die Zahl der Sprengwagen vermehrt werden. In welchem Masse die Besprengung der Strassen ausgedehnt wurde, zeigt am deutlichsten die nachstehende Zusammenstellung der allmählichen Vermehrung der Sprengwagen.

11

Bei Beginn der öffentlichen Strassenbesprengung im Verwaltungs-
jahre 1879/80 waren 3 Wagen in Dienst gestellt; schon im Jahre
1880/81 waren 5 Wagen in Thätigkeit, von 1881 bis 1884 liefen 6
Wagen, von 1884 bis 1890 stieg die Zahl auf 7 Wagen und 1 Reservewagen, im Jahre 1890/91 waren sämtliche 8 Wagen im Betriebe.
Gegenwärtig, im Jahre 1891/92, ist eine Vermehrung um 4 Wagen
eingetreten, von denen 2 Wagen in Dienst gestellt sind, während die
2 anderen Wagen als Reservewagen dienen, sodass gegenwärtig 10
Wagen das Besprengungsgeschäft besorgen. Von den vorhandenen
12 Wagen sind 10 Wagen mit Brauserohren versehen, haben 1600
Liter Füllung und sprengen in einer Breite von 3 m; 2 Wagen sind
Zentrifugalsprengwagen mit 1200 Liter Inhalt, welche in einer Breite
von 6 m sprengen.

Jeder Wagen legt durchschnittlich bei 30 bis 35 Füllungen 9000 m
in einem Arbeitstage von 10 Stunden zurück, sodass die Gesamtlänge
der täglichen Leistung 90 km beträgt. Hieraus ergiebt sich eine täglich besprengte Fläche von 324000 qm.

Die Besprengung der Strassen findet in der Zeit vom 1. März
bis 31. Oktober, falls nicht Regenwetter diese Arbeit entbehrlich macht,
täglich in der Zeit von Vormittags 6 bis 11 Uhr und Nachmittags
von 1 bis 6 Uhr statt.

Die Füllung der Sprengwagen aus den Hydranten der städtischen
Wasserleitung wurde bis zum Jahre 1889, in welchem eine Berufsfeuerwehr eingerichtet ist, durch angenommene Arbeiter des städtischen
Wasserwerks besorgt; seitdem versehen Mannschaften der Berufsfeuerwehr diesen Dienst.

Die Bespannung der Sprengwagen, einschliesslich der Fahrer,
wird auf Grund eines besonderen Vertrages von einem Unternehmer
gestellt.

Die der Stadtgemeinde aus der Strassenbesprengung erwachsenen
Kosten veranschaulicht die nachstehende Zusammenstellung.

Es wurden, unter Nichtanrechnung des verbrauchten Wassers
(im Vorjahre 25315 cbm), gezahlt im Jahre:

1881/82	rot.	5020 Mark	1886/87 rot. 7050 Mark
1882/83	„	3050 „	1887/88 „ 5300 „
1883/84	„	7740 „	1888/89 „ 7750 „
1884/85	„	8890 „	1889/90 „ 7850 „
1885/86	„	7110 „	1890/91 „ 10280 „

7. FEUERLÖSCHWESEN.

VON

RÜCKERT, STADTBAUINSPEKTOR UND BRANDDIREKTOR.

Das Feuerlöschwesen ist bereits seit langer Zeit durch die Polizeibehörde geordnet, und hat sich deren Wirksamkeit vor allen Dingen der möglichsten Beseitigung aller Feuersgefahr zugewendet. Dies geschah teils durch Erlass von Feuerverhütungsvorschriften, durch Regelung und Beaufsichtigung des Verkehrs und Umganges mit feuergefährlichen Gegenständen, sowie durch Bauvorschriften zur Beförderung möglichster Feuersicherheit der Gebäude; teils durch Verordnungen über die Beschaffung und Instandhaltung der Lösch- und Rettungsgeräthe, über Einrichtung, Ausübung und Überwachung des Feuerwachtdienstes, sowie über die Sicherung der im Brandfalle zur Bedienung der Geräthe erforderlichen Mannschaften und Gespanne.

In dieser Form sind auch die Feuer-Polizei-Ordnungen aus den Jahren 1829, 51, 56, 69 und 90 erlassen.

Bei Erlass der „Feuer-Ordnung für die Immediat-Stadt Halle vom 12. Dezember 1829" war die Stadt im Besitze von 11 Feuerspritzen, 410 Feuereimern, 41 Sturmfässern, 83 Leitern, 72 Haken und 20 Gabeln. Diese Geräthe waren über die ganze Stadt hin verteilt.

Die aufgestellten Sturmfässer waren nach der obigen Verordnung stets mit Soole gefüllt zu halten, während nach der Feuer-Ordnung vom 1. Juli 1851 nur für die Wintermonate Soole zur Füllung verwendet werden sollte.

Den Löschdienst besorgten anfangs auf bestimmte Zeit besonders verpflichtete Bürger; auch wird nach der Feuer-Ordnung von 1829

> „von der hiesigen sämmtlichen Salzwirker-Brüderschaft künftig, sowie zeither, die thätigste Hülfe bei dem Feuerlöschen erwartet, zu der sie ohnehin durch ihre darauf geleistete Pflicht verbunden sei".

Später wurden besondere Kompagnien für die einzelnen Thätigkeitszweige der Feuerwehr bei Bränden gebildet, die erforderlichen Mannschaften anfangs zum Dienst verpflichtet, nachher nur in dem Umfange, als der Bedarf durch freiwillige Meldungen nicht gedeckt wurde. Schliesslich bildete sich neben der allgemeinen Feuerwehr eine freiwillige Turnerfeuerwehr. Beide Feuerwehren hatten eigene Kommandanten und hielten ihre Übungen getrennt ab. Auf der Brandstelle unterstand indessen auch die freiwillige Turnerfeuerwehr dem städti-

11*

schen Feuerdirektor, welcher gleichzeitig Kommandant der allgemeinen Feuerwehr war.

Mit der schnellen Entwickelung der Stadt in den 80er Jahren machte die räumliche Ausdehnung, sowie die Zunahme der Industrie eine gleich schnelle Entwickelung des Feuerlöschwesens nötig.

Besonders wurden als die Grundlagen eines tüchtigen Feuerlöschwesens die Ausbildung des Feuernachrichtenwesens, die Beschaffung einer ständigen Feuerwache und die Einführung ständiger Bespannung ins Auge gefasst.

Zu diesem Zwecke wurde eine Feuertelegraphen - Anlage nach Dörings Patent eingerichtet, welche von der im Rathause belegenen Hauptfeuerwache als Zentralstation ausgeht. Von hier verteilen sich die Telegraphenleitungen, welche oberirdisch über die Gebäude hinweggeführt sind, in Schleifenform derart eigentümlich angeordnet über die ganze Stadt, dass sich die vier eingerichteten Schleifen unter einander schneiden bezw. in einander greifen. Hierdurch ist erreicht, dass bei eintretender Störung in einer Schleife nicht ein ganzer Stadtteil des Mittels der schnellen Herbeirufung der Feuerwehr entbehrt, sondern dass sich immer in der Nähe noch Meldestationen einer anderen Schleife befinden, welche nicht zu der gestörten Leitung gehören. In die vier Schleifen sind die automatischen Feuermelder, zur Zeit 82 Privatanschlüsse und 25 öffentliche Melder, eingeschaltet. Die automatischen Meldeapparate sind in gusseisernen verschlossenen Kästen untergebracht. In der Thür derselben befindet sich in einem besonderen Kasten hinter einer Glasscheibe der Schlüssel zum Melder. Ausserdem sind die Inhaber von Privatmeldern, eine grössere Anzahl Bürger, welche städtische Ehrenämter bekleiden, sowie die Polizeibeamten und die Nachtwächter im Besitze von Schlüsseln, welche sämtliche Melder schliessen.

In dem gusseisernen Kasten wird nach dem Öffnen der Thür die eigentliche Werkplatte des Melders mit der Kurbel sichtbar, welche eine dreimalige Umdrehung gestattet. Durch diese Kurbelumdrehungen wird im Meldewerk eine Feder gespannt, welche nach dem Loslassen der Kurbel das Laufwerk des Melders in Bewegung setzt.

Ein Typenrad, in dessen Peripherie ein bestimmtes Morsezeichen dreimal eingefräst ist, steht mit dem Laufwerk in Verbindung und bewegt sich beim Ablaufen des Werkes unter einer Kontaktfeder weg, dieselbe längere oder kürzere Zeit berührend. Bei der Berührung der Kontaktfeder mit dem Typenrad wird der Stromkreis geschlossen, andernfalls geöffnet. Diese Unterbrechungen erzeugen nun in der Zentralstation auf dem zur Schleife zugehörigen Empfangsapparate

(Normalfarbschreiber mit Selbstauslösung) die dem Typenrade entsprechenden Morsezeichen.

Beim Aufziehen des Apparates zur Abgabe einer Feuermeldung wird die Schleifenleitung unterbrochen und durch den Apparat mit der Erde verbunden; die hintergelegenen Melder sind abgeschnitten. Hierdurch ist erreicht, dass von zwei Meldestellen in derselben Linie etwa gleichzeitig erfolgende Feuermeldungen in der Zentrale nicht verstümmelt ankommen, wie es ohne Einschaltung der Erde sein würde, sondern dass nur die Meldung des der Zentralstation zunächst liegenden Melders richtig und leserlich ankommt, weil die hinter diesem Apparat liegenden Melder während dieser Zeit ausgeschaltet sind.

Ist die Meldung in der Zentrale richtig angekommen und verstanden, so wird die im Melder befindliche Induktionsglocke von der Zentrale aus durch den Magnetinduktor in Thätigkeit gesetzt.

Unter der Kurbel im Melder befindet sich ein Morsetaster, um weitere Hülfe oder Geräthe von der Feuerwache herbeirufen, ausserdem aber auch um Revisions- und Kontrollmeldungen von den Meldestellen aus als solche bezeichnen zu können.

Eine weitere Einrichtung in dem Melder ist der Einschalter, welcher es ermöglicht, bei Kontrollen und Revisionen, im Falle einer eingetretenen Störung oder bei einem Brande ohne weiteres einen tragbaren Morseapparat oder ein Telephon oder ein Galvanoskop in die Leitung einzuschalten und so eine telegraphische oder telephonische Verständigung von jeder Meldestelle aus mit der Hauptfeuerwache herbeizuführen, auch die Art und Lage etwa aufgetretener Störungen ermitteln zu können.

Die von aussen kommenden Leitungen werden bei ihrer Einführung in den Apparat zuerst an einen Blitzableiter geführt, um eine Zerstörung der Apparate durch atmosphärische Entladungen zu verhüten.

Die Schaltung der Feuertelegraphenanlage ist eine Art Sicherheitsschaltung, welche die Vorteile der Arbeitsstrom- und Ruhestromschaltung ohne deren Nachteile aufweist.

Wie schon erwähnt, sind die Meldestellen in mehrere in sich geschlossene Kreisleitungen oder Schleifenleitungen eingeschaltet, ohne dass in der Ruhelage mit diesen Schleifenleitungen bei den Meldestellen die Erde Verbindung hätte. Diese Verbindung erfolgt nur während des Meldens.

In der Zentralstation ist eine Abzweigung von jeder Schleifenleitung nach dem zugehörigen Morseapparat hergestellt, vom Morseapparat führt diese Abzweigung nach der Batterie und von hier zur

Erde. Es befindet sich also weder der Morseapparat, noch die Betriebsbatterie in der Schleifenleitung; es ist nur ein sog. Linienprüfer, ein kleines Galvanoskop mit Kontaktvorrichtung, und eine kleine Batterie eingeschaltet, welche dazu dient, einen geringen Strom durch die ganze Schleifenleitung zu senden. Durch diesen geringen Strom wird die Nadel des Linienprüfers abgelenkt. Wird die Leitung durch Zufall oder Böswilligkeit zerstört, so legt sich die Nadel des Linienprüfers in ihre Ruhelage und giebt Kontakt. Durch einen Lokalstromkreis wird nun die Signalglocke in Thätigkeit gesetzt und auf diese Weise die Leitungsunterbrechung automatisch angezeigt.

Die eigentliche Betriebsbatterie liegt mit einem Pol an Erde und ist in der Ruhelage geöffnet; ein wesentlicher Materialverbrauch tritt deshalb nicht ein. Wird von einem Melder aus eine Depesche oder eine Feuermeldung abgegeben, so legt sich daselbst die Leitung automatisch an Erde und die Betriebsbatterie wird geschlossen.

Entsteht in der Ruhelage der Leitung ein Neben- oder Erdschluss, d. h. wird die oberirdisch geführte Leitung auf irgend eine Weise mit der Erde verbunden, wodurch eine Störung des Betriebes erfolgt, so tritt die Betriebsbatterie sofort in Thätigkeit, der Anker des Morseapparates wird angezogen und die Alarmglocke ertönt, ohne dass eine Depesche oder Meldung einkommt. Es wird somit der Zentrale sofort automatisch hörbar und sichtbar angezeigt, wenn die Leitung durch Unterbrechung, Erdschluss oder Nebenschluss gestört wird.

Die Leitungen für die Feuertelegraphenanlage haben eine Länge von ungefähr 45 km, die Kosten betragen bis jetzt rot. 32000 Mark.

Diese Vervollkommnung des Feuermeldewesens hatte, unterstützt durch die inzwischen gleichfalls eingerichtete öffentliche Fernsprechanlage zur Folge, dass die Brände schnell zur Kenntnis der Feuerwehr gelangten und durch die zum Ausrücken ständig bereite Wache meist im Entstehen schnell unterdrückt wurden, sodass Entwickelungen über Kleinfeuer hinaus fast regelmässig verhindert werden konnten.

Seit dem Jahre 1890 trat an die Stelle der ständigen Wache eine Berufsfeuerwehr, welche aus 30 Mann besteht und durch ihre Thätigkeit die allgemeine städtische Feuerwehr entbehrlich machte, während die freiwillige Turnerfeuerwehr noch bestehen bleiben soll, bis die Berufsfeuerwehr die zur alleinigen Bewältigung grösserer Brände erforderliche Stärke erhalten haben wird.

Die weitere Ausbildung des Feuerlöschwesens wird zunächst in der Vervollkommnung der Löschgeräthe, im Bau eines Hauptfeuerwehrdepôts, sowie danach in der Einrichtung ständiger mit Bespannung ausgerüsteter Zugwachen bestehen. Mit der letzteren Einrichtung wird dann die allmähliche Vermehrung der Mannschaften Hand in Hand gehen. Der Bau des Hauptfeuerwehrdepôts ist bereits begonnen und soll das Gebäude bis Mitte des nächsten Jahres in Benutzung genommen werden können.

An Geräten besitzt die Stadt zur Zeit ausser den verschiedenen kleineren meist tragbaren Spritzen eine Dampffeuerspritze von der Lausitzer Maschinenfabrik vorm. Petzold in Bautzen mit 1500 Liter Leistung pro Minute, 5 grosse Handdruckspritzen, eine 22 m hohe Maschinenleiter, eine 17 m hohe Balanceleiter, eine 14 m hohe Schiebeleiter zum Anstellen, zwei kombinierte Personen- und Gerätewagen, sowie zwei weitere Gerätewagen. Schlauchwagen sind fünf vorhanden, von denen zwei so ausgerüstet sind, dass sie selbstständig Wasser geben können.

Das vorhandene Schlauchmaterial besteht teils in rohen Hanfschläuchen, namentlich aber in gummierten Hanfschläuchen, und hat eine Gesamtlänge von 2500 m; die Verbindung der einzelnen Schläuche erfolgt durch Verschraubungen mit sächsischem Normalgewinde.

Für die Bespannung der Fahrzeuge stehen vier Pferde Tag und Nacht angeschirrt zur Verfügung der Feuerwehr.

Ausser der Hauptfeuerwache, welche sich im Rathause befindet, sind für die Nacht zwei Nebenwachen eingerichtet, die eine im Polizei-Revier III in Glaucha, die andere im Polizei-Revier II in der Blücherstrasse; erstere wird mit vier Mann von der Berufsfeuerwehr, letztere mit sechs Mann von der freiwilligen Turnerfeuerwehr bezogen.

Sicherheitswachen werden von beiden Feuerwehren gemeinschaftlich gestellt und zwar für

| Stadttheater | 8 Mann | Viktoriatheater | 2 Mann |
| Walhallatheater | 3 „ | Kaisersäle | 2 „ |

Die Thätigkeit der Feuerwehr bei Bränden in den letzten Jahren veranschaulicht die nachstehende Zusammenstellung.

	Brände.	Grossfeuer.	Mittelfeuer.	Kleinfeuer.
1884/85	62	2	17	43
1885/86	85	1	25	59
1886/87	79	2	17	60
1887/88	79	1	21	57
1888/89	103	5	26	72
1889/90	119	2	10	107
1890/91	111	3	5	103

Die Kosten für das Feuerlöschwesen betrugen:

1884/85	10800	Mark
1885/86	13100	„
1886/87	13610	„
1887/88	14300	„
1888/89	12800	„
1889/90	25800	„
1890/91	42400	„
1891/92	51200	„

8. ÖFFENTLICHE ANLAGEN.

VON

FUBEL, STADTRAT.

Die Stadt Halle, an dem westlichen Abhange des rechten Saaleufers gelegen, war in alter Zeit von einem breiten Walle mit doppelten Festungsmauern umgeben. Die Mauern sind gefallen, die Wallgräben mit fruchtbarer Erde ausgefüllt und an deren Stelle in den die Altstadt begrenzenden Strassen (der alten Promenade, der Poststrasse, der neuen Promenade und dem Moritzzwinger) sind schattige Promenadenwege entstanden, neben welchen sich Pflanzungen blühender Sträucher hinziehen, zeitweilig durch Rasenpartien unterbrochen, die ihrerseits durch Gruppen von Blattpflanzen, durch Blumen- und Teppichbeete oder einzelne Solitärsträucher geschmückt sind. An diese Anlagen sodann schliessen sich teils unmittelbar, teils durch kurze mit Bäumen bepflanzte Strassen verbunden, grössere Plätze an. So der Franckeplatz, der Königsplatz, der Riebeckplatz in der Nähe des Bahnhofs, die Plätze am Wasserturm, vor dem Stein- und am Kirchthore. Diese Plätze sind sämtlich mit Alleebäumen, Strauch- und Blumengruppen besetzt. In weiterem Bogen schliesslich ziehen sich breite Fahrstrassen, ebenfalls mit Alleebäumen bepflanzt, um die Stadt, zum Teil die Neustadt mit umfassend. Wir meinen die Merseburger-, die Magdeburger-, die Wuchererstrasse, und bezüglich der Magdeburgerstrasse sei der weiten Parkanlagen, mit welchen die Universitätskliniken umgeben sind, noch besondere Erwähnung gethan. Ausgedehnte Parkanlagen weisen ausserdem auf: der botanische Garten,

das städtische Hospital, sowie der Stadtgottesacker, der Südfriedhof
und der Nordfriedhof.

Bieten die erwähnten Anlagen zahlreiche Gelegenheit, schon innerhalb der Stadt der Ruhe und der Erholung pflegen zu können, so ist
dies noch mehr der Fall, wenn wir unsere Schritte heraus aus dem
Weichbilde der Stadt nach dem Saalethale zu lenken.

Wir betreten dasselbe vom Jägerplatze her durch eine leichte
Brücke über den Mühlgraben, der als Nebenarm der Saale mit dieser
eine grosse Insel bildet. Zunächst ist hier die 4 Hektar umfassende
sogenannte Würfelwiese in eine Parkanlage umgewandelt, welche auf
schattigen Wegen angenehme Ruhepunkte und eine freundliche Aussicht auf das jenseits der Saale gelegene Gimritz bietet, während auf
seiten der Stadt der Blick auf die Moritzburg fällt. Diese mächtige
Ruine, in breiter Front an dem Saalearm hingelagert, gewährt mit
ihren zerfallenen Türmen, Erkern und Fenstern der Prunksäle von
den Durchschnittspunkten der Parkanlagen aus einen ebenso anziehen-
den, als grossartigen Hintergrund. Die Umwandlung der Würfelwiese
in eine Parkanlage ist das Werk des verstorbenen Justizrates Fiebiger.
In dankbarer Erinnerung hat ihm die Halle'sche Bürgerschaft an der
Stätte, welcher er neben den Amtsgeschäften vornehmlich seine Thätigkeit zugewandt hat, ein Denkmal gesetzt. Auf einem Untergrunde
von Steingeröll erhebt sich ein Obelisk, der den Namen des Förderers
der öffentlichen Anlagen von Halle trägt. Unfern von diesem Denkmal, linker Hand von ihm beschatten hohe Parkbäume ein zweites
Denkmal. Unter dem letzteren ruhen die Gebeine der nach der Schlacht
bei Leipzig in Halle verstorbenen Freiheitskämpfer.

Von der Würfelwiese führt eine Kastanien-Allee über die Schleusen-
brücke nach der grossen fiskalischen Ziegelwiese, welche ringsum von
einem breiten, durch hohe Bäume beschatteten Promenadenwege umgeben ist, während ein gleicher Weg die Wiese durchquerend zur
Schiffssaale und zu der Fähre führt, die den Übergang zur Peissnitz
vermittelt.

Wir betreten auf dieser 55 Hektar umfassenden Insel den schönsten Teil des romantischen Saalethales. Die Stadt Halle hat die Peissnitz erst vor wenigen Jahren, als sie das Rittergut Gimritz kaufte,
dessen Wohn- und Wirtschaftsgebäude auf dem südlichen Teile der
Peissnitz liegen, mit dem Rittergut zusammen erworben. Während
in früherer Zeit, wo die Insel sich noch in Privatbesitz befand, der
Zutritt nur wenigen, mit Karten versehenen Personen gestattet war,
ist derselbe jetzt für jedermann frei. Und tausende strömen insbesondere an Sonn- und Festtagen hinaus, um auf dieser schön bewaldeten

Insel sich zu ergehen, zu erholen und auch den Tönen der Nachtigallen zu lauschen, deren viele auf der Insel sich aufhalten und welche ihr auch den Namen der „Nachtigalleninsel" gegeben haben. Gleich beim Austritt aus der Fähre fesselt eine in üppigstem Grün prangende Wiese (9 Hektar gross) den Blick des Besuchers. In sinnigem Parkstyle ist sie von einem früheren Besitzer, dem verstorbenen Amtsrat Bartels, im Anfange unseres Jahrhunderts angelegt worden. Einzelne Gruppen von Parkbäumen: Platanen, Ahorn, Linden, Kastanien, Rüstern und Birken erzeugen schöne Laubschattierungen, werfen ihre Schatten über die Wiesenfläche und bilden für den Besucher, welcher die Wiese unter mächtigen Bäumen umwandelt, stets abwechselnde Durchblicke. An dem westlichen Rande der Wiese erhebt sich ein Porphyrhügel mit einem von der Natur gebildeten Thore. Dieser Hügel ist von Laub- und Nadelholz dicht bewaldet und giebt der grossen Wiesenfläche einen romantischen Stützpunkt. Eine einfache Gärtnerwohnung dient zur Zeit als Restauration.

An die Wiese schliesst sich nach Norden, nach Giebichenstein und Cröllwitz zu, ein dichter Wald von 12 Hektar an und innerhalb desselben führt ein breiter Promenadenweg an den Ufern der Schiffs- und der wilden Saale herum. Der Wald selbst ist von Laubholz verschiedener Art: hundertjährigen Eichen, Ahorn, Rüstern, Eschen, Birken, Platanen bestanden. Erst an der Nordspitze der Insel mündet der Weg auf eine grössere, wiederum als Park behandelte Lichtung.

Gewährt schon der Weg durch den Wald an der Schiffssaale entlang schöne Durchblicke auf die am jenseitigen Ufer belegenen Porphyrfelsen, welche teilweise als nackte Felsmassen erscheinen, teilweise aber auch mit Laubholz bewachsen sind, so eröffnet sich auf der Nordspitze der Insel dem Auge ·ein wahrhaft bezauberndes Bild. Das linke Saaleufer, dessen Berge zum Teil bewaldet und vom Verschönerungs-Verein sorgfältig mit Anlagen und Wegen versehen sind, steigt über die hochgelegene Bergschenke hinauf bis zum Ochsenberge. Auf dem rechten Ufer aber erhebt sich hart an der Saale auf schroffem Felskegel die Burg Giebichenstein, von welcher die Sage Ludwig den Springer sich in die Saale stürzen lässt. Das Bild wird durch eine vorliegende Felswand abgeschlossen, gegen welche der Fluss sich in scharfem Winkel bricht. —

Zur Pflege und Ausschmückung der öffentlichen Anlagen besitzt die Stadt Halle eine eigene Gärtnerei, in welcher mehr als 200000 Pflanzen jährlich gezogen werden.

9. KÖNIGLICHE IMPFANSTALT.

VON

DR. RISEL, SANITÄTSRAT UND KREISPHYSIKUS.

Die Darstellung der Entwickelung der hiesigen Staatsimpfanstalt hat zunächst der Grundlagen zu erwähnen, auf denen dieselbe entstand. Es ist dies um so mehr der Fall, als die mannigfachen Umgestaltungen, denen gerade Halle während der Jahre 1806 bis 1813 in politischer und administrativer Beziehung nach jeder Richtung hin unterworfen war, alle Nachrichten verloren gehen liessen, aus denen die Zeit und die näheren Umstände der Gründung der Anstalt zu entnehmen wären.

In dem letzten Dezennium des vorigen Jahrhunderts war es in Deutschland vor allem ein geborener Hallenser, Dr. Johann Christian Wilhelm Juncker, der in unermüdlichem Eifer um die planmässige Bekämpfung des epidemischen Auftretens der Menschenblattern sich mühte. Zunächst galt es der Überzeugung allgemeine Geltung zu verschaffen, dass die Menschenblattern lediglich eine ansteckende und durch Beobachtung besonderer Vorsichtsmassregeln zu verhütende Krankheit seien. Zu dem Zwecke veröffentlichte der in seiner Vaterstadt ansässige Professor der Medizin einige populär gehaltene Schriften[1]) und gründete einen über ganz Deutschland und die Schweiz ausgedehnten Verein, der unter reger Mitwirkung zahlreicher Ärzte diese Anschauungen im Volke zu verbreiten und für die praktische Verwertung derselben die Landesregierungen zu gewinnen wusste. In einer periodisch erscheinenden Schrift[2]) berichtete dieser Verein durch Veröffentlichung der jährlichen Zahl der Pockentoten, wie sie durch die einzelnen Landesregierungen festgestellt war, über das jeweilige epidemische Auftreten der Pocken in Deutschland sowie über die eingeschlagenen Schutzmassregeln, welche neben einer strengen Absperrung eines jeden Pockenkranken, womöglich in besonderen Pockenhäusern, auf eine systematische, aber nur bei vollkommener Absperrung in besonderen Anstalten vorzunehmende Einimpfung der Menschenblattern bei allen Pockenfähigen ausgingen. Das Entgegenkommen,

---

1) Gemeinnützige Vorschläge und Nachrichten über das beste Verhalten der Menschen in Rücksicht der Pockenkrankheit. Erster bis dritter Versuch. Halle 1792 bis 1799.

2) Archiv der Ärzte und Seelsorger wider die Pockennoth. 1. Stück 1796, 7. Stück 1799.

welches Juncker bei fast sämtlichen deutschen Staaten fand, liess ihm die Verwirklichung seines Planes in allen Staaten Europas möglich und den damals tagenden, sonst nur mit politischen Dingen beschäftigten Rastatter Kongress geeignet erscheinen[1]), das Zustandekommen gleichsam einer internationalen Konvention gegen die epidemische Verbreitung der Menschenblattern anzubahnen.

Die in dasselbe Jahr fallende Veröffentlichung der Entdeckung Jenners schnitt Junckers Bestrebungen den Lebensfaden durch, jedoch enthob ihn sein bereits zwei Jahre später erfolgter Tod des Schmerzes, der Zuschauer des schnellen Verfalles des von ihm begonnenen ausgedehnten Baues zu sein. Wenn auch Juncker mindestens als Zweifler an dem Werte der Kuhpockenimpfung starb, jedenfalls hat er das grosse Verdienst, ihr durch jahrelange, rührige Agitation die Wege bestens geebnet zu haben. In Halle selbst fand diese einen eifrigen Förderer in dem berühmten Kliniker Johann Christian Reil, der vordem mit Juncker Schulter an Schulter gestanden hatte.

Die erste Nachricht über die hiesige Staatsimpfanstalt reicht bis in das Jahr 1812 zurück und findet sich in einer im März 1826 aufgestellten Nachweisung der „Anzahl derjenigen, welche laut geführtem Journal vom Jahre 1812 bis 1825 im Institut vacciniert worden sind". Sie weist als Zeugnis für das Blühen der Anstalt für dieses Jahr die stattliche Zahl von 383 Geimpften noch in der seit 1806 in ihrer Einwohnerschaft sehr stark reduzierten (1812 höchstens 16500 Seelen) und durch Kriegskontributionen bis aufs Äusserste ausgesaugten Stadt. Wie sich aus einer Bekanntmachung der Königl. Regierung zu Merseburg aus dem Mai 1819 ergiebt, lag die Leitung der Anstalt dem jeweiligen Stadtphysikus ob, der in seiner Thätigkeit von dem Kreischirurgus unterstützt wurde. Keiner der beiden Medizinalbeamten erhielt für diese seine Bemühungen eine Besoldung, auch gewährte der Staat ihnen keinen Ersatz für die durch den Lymphversand erwachsenen Auslagen, lehnte 1826 sogar ein dahin gehendes Gesuch der Regierung direkt ab. Das Gedeihen der Impfanstalt war somit durchaus abhängig von dem Eifer der Medizinalbeamten für die gute Sache und von deren „Rücksicht auf das gemeine Beste". Erst im Jahre 1827, als zur Durchführung der für die ganze Monarchie angeordneten und auf alle in den letzten 12 Jahren nicht geimpften Kinder auszudehnenden „Generalimpfung" in Halle eine „Impfstation" errichtet wurde, in der bestimmte öffentliche Impftermine abgehalten

---

1) Mémoire adressé au Congrès de Rastatt concernant la petite vérole. Halle, ce 8. May 1798.

wurden, erhielten die Beamten für diese öffentlichen Impfungen eine
im Voraus festgesetzte Entschädigung, aber ausschliesslich aus Kom-
munalfonds. Dieses kontraktliche Verhältnis zwischen dem Magistrat
und dem für die Anstalt thätigen ärztlichen Personale ist bis zum
Jahre 1872, also volle 46 Jahre, das für die Besoldung der letzteren
Massgebende gewesen.

Bereitete schon der Zweifel an dem Werte der Schutzpockenimpfung, welche die seit Anfang der 20er Jahre stetige Zunahme der Fälle von Menschenblattern bei Vaccinierten in immer
stärkerem Masse wach rief, der Impfanstalt nicht geringe Schwierigkeiten, so wuchsen dieselben noch mehr, nachdem durch Königl.
Kabinetsordre im Jahre 1829 jeder direkte Impfzwang beseitigt war.
Somit ist es wohl ausschliesslich dem Verständnis des Magistrats für
die hohe Bedeutung der Schutzpockenimpfung zu danken, wenn er
trotz der damals noch schwierigen finanziellen Lage der Stadt die
Impfstation Halle nicht aufhob und so nach Möglichkeit das Fortbestehen der Impfanstalt sicherte.

Aber noch andere Umstände kamen hinzu, welche ihren ohnehin
schon eng gewordenen Wirkungskreis noch weiter einschränkten und
ihre Existenz, wie es scheint, Jahre hindurch vollkommen in Frage
stellten. Es war vor allem die Konkurrenz der klinischen Institute,
welche zur Unterweisung der Studierenden in der Schutzpockenimpfung eine für die Verhältnisse der Stadt recht beträchtliche Anzahl
von Impflingen bedurften. Wer die Bedeutung kennt, welche die
Poliklinik Peter Krukenberg's fast vier Jahrzehnte hindurch für die Bevölkerung Halles hatte, wird es erklärlich finden, wenn es der Impfanstalt immer schwerer fiel, „eine genügende Anzahl von Impflingen
zu erhalten, um des Impfstoffes halber nicht in Verlegenheit zu geraten". Auch die im Jahre 1836 auf Veranlassung der Regierung
seitens des Magistrates den Almosengenossen gegebene Anweisung,
ihre Kinder in der Anstalt impfen zu lassen, konnte so wenig eine
Besserung der Verhältnisse anbahnen, dass sich die Regierung im
Herbste desselben Jahres veranlasst sah, die Kreisphysiker davon in
Kenntnis zu setzen, „dass sie in Anbetracht der der Unterhaltung des
Impfinstitutes entgegentretenden Hindernisse nicht versichert sein könne,
dasselbe werde jederzeit imstande sein, das Gesuch der Impfärzte um
Impfstoff zu berücksichtigen, und dass sie infolge dessen Bedenken
finde, diese an jenes durch eine Aufforderung im Amtsblatt zu ver-
weisen. Sie müsse sich daher beschränken, dem Kreisphysikus es
allein zu überlassen, bei ihm anzufragen, ob sie nötigenfalles von
ihm Impfstoff erhalten können, um den Privatmedizinalpersonen, welche

sich keiner portofreien Rubrik bedienen können, vergebliche Auslagen zu ersparen."

Der Mangel an Impflingen und dementsprechend an versendbarem Impfstoff einerseits und der infolge der Aufhebung des Impfzwanges stete Rückgang der Nachfrage nach Impfstoff andererseits brachte erstere in den folgenden Jahren derart in Verfall, dass der im Jahre 1843 neu bestellte Leiter der Anstalt wähnen konnte, er habe in dieser seiner Bestallung den Auftrag zur Gründung einer vollkommen neuen Einrichtung erhalten. Und in der That handelt es sich auch in gewissem Sinne um eine solche, denn in der betreffenden Bestallungsurkunde wird der Regierungsbezirk Merseburg als der Wirkungskreis der Anstalt bestimmt bezeichnet und die Portofreiheit für die Sendungen der Anstalt besonders ausgesprochen. Aber noch mehr, es ist in ihr zum ersten Male von einer finanziellen Leistung des Staates für die Anstalt die Rede. Freilich beschränkte sich dieselbe auf die Rückerstattung der notwendig gewesenen baren Auslagen; für die persönlichen Mühewaltungen wurde auch jetzt eine Entschädigung nicht einmal in Aussicht gestellt.

Eine dauernde Wendung zum Besseren in den Verhältnissen der Anstalt konnte aber weder diese Neuordnung, noch die während der nächsten beiden Dezennien erlassenen neuen Impfordnungen herbeiführen. Der Umstand, dass die hiesigen Einrichtungen stets ohne direkten Zuschuss von seiten des Staates bestanden, dass die betreffenden Medizinalbeamten keine Rechenschaft über die Wirksamkeit der Anstalt zu geben hatten, und um die umständliche Rechnungslegung zu umgehen, es auch vermieden, die Rückerstattung ihrer baaren Auslagen zu verlangen, führte allmählich dahin, das Verhältnis der Regierung zur Anstalt nahezu ganz zu lösen und in Vergessenheit geraten zu lassen. So war gegen das Ende der 60er Jahre die Abgabe von Impfstoff seitens des die öffentlichen Impfungen auf Kosten der Stadt besorgenden Medizinalbeamten lediglich zu einer Art persönlicher kollegialer Gefälligkeit geworden, die zu erweisen ihn das von den Vorgängern überkommene Herkommen, nicht aber eine übernommene amtliche Verpflichtung veranlasste. Wenn trotz alledem gerade zu dieser Zeit und namentlich während der letzten grossen Pockenepidemie die Anstalt sich leistungsfähiger zeigte als je, wenn sie ihren Wirkungskreis bereits auf die ganze Provinz und über dieselbe hinaus erstreckt hatte, so lag dies lediglich in einem Zusammentreffen günstiger Umstände. Einmal hatte die Klinik ihre Impfungen nahezu eingestellt, dann aber hatte die in die Mitte der 60er Jahre fallende Pockenepidemie der Vaccination wieder zu grösserem An-

schen beim Publikum verholfen: Beides führte den öffentlichen Ter-
minen von Jahr zu Jahr eine grössere Zahl von Impflingen aus der
inzwischen beträchtlich angewachsenen Stadt zu. Auf der anderen
Seite brachte es die stetige Zunahme der Medizin Studierenden mit sich,
dass die hiesigen Verhältnisse in immer weiteren Kreisen bekannt geworden waren, also auch die Nachfrage nach Impfstoff sich immer
reger gestaltete.

Aus alldem geht hervor, dass die damaligen Einrichtungen den
Grund ihrer Leistungsfähigkeit, wenn letztere auch dem vorhandenen
Bedürfnis durchaus entsprach, nicht in sich, sondern vorzugsweise in
den persönlichen Eigenschaften ihrer Träger bargen, mithin nicht die
geringste Gewähr für das unveränderte Fortbestehen dieser Leistungsfähigkeit, namentlich bei einem etwaigen Ausscheiden der in Betracht
kommenden Persönlichkeiten, gegeben war.

Auf derartige Zustände traf im Jahre 1873 die für die Monarchie
bezw. für das ganze Reich geplante Neuordnung des Impfwesens.
Der Staat nahm nunmehr energisch die Reorganisation der Anstalt in
die Hand, welche nun erst auch in der That zu einer Staatsanstalt
wurde und die Provinz Sachsen zur Versorgung zugeteilt erhielt.
Durch besondere Anweisung wurde ihre Thätigkeit geregelt und die
alljährliche Berichterstattung über letztere angeordnet. Der neu bestellte Vorsteher der Anstalt erhielt eine besondere Remuneration, für
die sachlichen Bedürfnisse wurde eine bestimmte Summe ausgeworfen.

Seitdem ist die Anstalt kräftig weiter gediehen und ist nicht nur
in der Lage gewesen, den an sie vom Staate gestellten Anforderungen
voll zu entsprechen, sondern hat auch Gelegenheit gehabt nach verschiedenen Richtungen hin bahnbrechend zu wirken.

Zunächst waren es die in der hiesigen chirurgischen Klinik —
bekanntlich einer der ersten in Deutschland, in der die antiseptische
Wundbehandlung geübt und weiter ausgebildet wurde — empfangenen
Eindrücke, welche von Einfluss auf die Massnahmen der Anstalt waren.
Der unter dem Lister'schen Verbande vollkommen reaktionslose Verlauf von Wunden jeder Art, sowie die damals allgemein gültige Anschauung über die Bedeutung des Fiebers hatten dazu geführt, das
Auftreten jeder entzündlichen und fieberhaften Erscheinung als etwas
den Organismus an und für sich Schädigendes zu betrachten. Vollkommen gerechtfertigt musste es also erscheinen, bei der Entwickelung
der Schutzpocken die analogen Erscheinungen im gleichen Sinne auf-
zufassen und ihre Beseitigung zu erstreben, somit den reaktionslosen Verlauf der Vaccine als den idealen Zustand hinzustellen. Neben der
Absicht, „das in der Lymphe enthaltene erysipelatöse Gift zu zer-

stören", führte zu der Vermischung der Lymphe mit den Lösungen
antiseptischer Stoffe die Hoffnung, durch dieselbe die Lymphe vor
Zersetzungen zu bewahren, sie mithin längere Zeit wirksam zu
erhalten und überdies noch ihre Menge in gleicher Weise zu vermehren, wie dies bis dahin durch den Zusatz von Glycerin geschehen
war. Für die bezüglichen Versuche wählte man die wässrige Thymol-
lösung, welche gerade damals in der chirurgischen Klinik mit Vorliebe
verwendet wurde. Die Mitteilung des Vorstehers der Anstalt über die
Ergebnisse dieser Versuche[1] gab den Anstoss, nicht nur die Thymol-
lymphe im Grossen zu verwenden, sondern auch eine beträchtliche
Reihe anderer Stoffe nach der gleichen Richtung hin zu prüfen und
die gemachten Beobachtungen zu veröffentlichen.

Die weitere Erfahrung hat gezeigt, dass der eingeschlagene Weg
ein Irrweg war. Ihn weiter zu verfolgen, hinderten schon vor dieser
Erkenntnis die Aufgaben, welche den Impfanstalten sehr bald aus
der Ausführung des Impfgesetzes erwuchsen, und deren Lösung hierorts dem Schreiber dieser Zeilen zufiel.

Noch am Ende der 70er Jahre wähnte man vielfach die auf
dem Rinde erzeugte Vaccine mit einer ganz besonderen Schutz-
kraft ausgestattet. Da überdies noch ihre Verwendung vor der Übertragung von Krankheiten sicherte, welche bei der Impfung von Arm
zu Arm thatsächlich vereinzelt vorgekommen war und nunmehr den
Gegnern des Impfgesetzes einen thatsächlichen Grund zu ihren Angriffen
bot, musste das Bestreben der Impfanstalten dahin gerichtet sein, diese
Lymphequelle für ihre Zwecke nutzbar zu machen und vor allem die
Schwierigkeiten zu überwinden, welche damals noch die Züchtung
der Vaccine auf dem Rinde begleiteten.

Bereits im Jahre 1880 wurden die Versuche zur Züchtung von
Tierlymphe in Angriff genommen und zwar im landwirtschaftlichen
Institut hiesiger Universität, dessen Direktor dieselben durch Über-
lassung geeigneter Tiere und Räumlichkeiten förderte. Da es indess
erforderlich war, diesen Versuchen einen grösseren Umfang zu geben,
im landwirtschaftlichen Institut aber die benötigte Anzahl von Tieren
nicht zur Verfügung stand, auch die Verwendung von Kälbern gegenüber den bis dahin benutzten älteren Tieren mancherlei Vorteile bot,
war man genötigt, dieselben in den Ställen benachbarter Rittergüter
fortzusetzen.

Vorzugsweise wurde die Übertragung von Menschenlymphe auf
das Tier versucht, und das Ergebnis derselben gestaltete sich derart,

---

1) H. Köhler, Über thymolisierte Vaccinelymphe, Deutsche Zeitschrift für prakt.
Heilkunde, 1878, Nr. 21.

dass man sehr bald die Technik der Impfung des Kalbes vollständig beherrschte und ein nicht unzweckmässiges Verfahren der Gewinnung des Impfstoffes vom Kalbe gefunden hatte. Dabei erwies sich der gewonnene Impfstoff durchaus wirksam und kräftig, und namentlich in der Form genügend haltbar, die ihm hier bereits im Jahre 1883 durch Verreibung mit Glycerin (Glycerinemulsion) gegeben wurde und die seitdem überall die ausschliesslich gebräuchliche geworden ist. Dabei war der Ertrag des einzelnen Kalbes schon in diesem Jahre ein so ansehnlicher (mindestens 1500 Impfungen), dass an eine Verwertung der Tierlymphe im grossen gedacht werden konnte. Letzteres war um so mehr der Fall, als die von derselben Zeit an den Lymphsendungen beigegebenen Zählkarten, auf denen die Impfärzte die Erfolge ihrer Impfungen selbst eintragen, im ganzen und grossen durchaus befriedigende Resultate berichteten. In den nächsten Jahren gestalteten sich die Verhältnisse noch günstiger, sodass 1884 zwei und 1885 schon sieben landrätlichen Kreisen zur Ausführung sämtlicher Impfungen und Wiederimpfungen regelmässig Tierlymphe geliefert werden konnte. Die im Herbst des Jahres 1884 stattgehabte Versorgung des grössten Teiles der Militärärzte des IV. Armeekorps mit der für die Revaccination der Rekruten benötigten Tierlymphe gab dem Königl. Kriegsministerium Veranlassung, die Verwendung derselben für diesen Zweck späterhin allgemein einzuführen.

Unter diesen Umständen konnte anfangs des Jahres 1886 von dem Anstaltsdirigenten an den Herrn Kultusminister das Gesuch um Gewährung der Mittel für den Bau eines Kälberimpfhauses gerichtet werden, für welchen wiederum der Direktor des landwirtschaftlichen Institutes, Herr Geheimrat Prof. Dr. Kühn, in seinem Haustiergarten Grund und Boden zur Verfügung gestellt hatte. Der Herr Kultusminister genehmigte nicht nur dieses Gesuch, sondern ging noch über dasselbe hinaus, indem er der Anstalt die Aufgabe stellte, in Zukunft mindestens die ganze Provinz Sachsen mit der benötigten Menge von Tierlymphe zu versorgen. Im Herbste 1886 wurde der Bau des Impfhauses begonnen, sodass, nach Anstellung eines zweiten Arztes und Anweisung reichlicher Mittel für ihre sachlichen Bedürfnisse, die Anstalt als die erste ihrer Art in Preussen im Frühjahr 1887 ihre neue Thätigkeit beginnen konnte. Seit dieser Zeit hat sie alljährlich durchschnittlich das Material für reichlich 20000 Impfungen geliefert, eine für den Bedarf von etwa zwei Provinzen ausreichende Menge. Freilich ist die Beschaffung geeigneter Impfkälber auf mancherlei Schwierigkeiten gestossen, welche in dem Mangel eines Schlachtviehhofes und in den Eigentümlichkeiten des landwirtschaftlichen Betriebes in

12

der weiten Umgegend von Halle, sowie des hiesigen Viehhandels gegeben sind. Der Umstand, dass die Anstalt nur verhältnismässig
junge Kälber für ihre Zwecke verwerten kann, ist auch der Grund,
dass, so vielseitig die nach dieser Richtung hin angestellten Versuche
auch waren, eine zuverlässige Fortzüchtung der Vaccine auf dem
Kalbe bisher nur ausnahmsweise gelang. — Neben der Versorgung der
Impfärzte haben sich die Ärzte des Instituts wissenschaftliche Untersuchungen nach verschiedenen Richtungen hin angelegen sein lassen,
zu denen die Hülfsmittel das bei Umformung der Anstalt geschaffene
bakteriologische Laboratorium, sowie die im Jahre 1883 gegründete
und gegenwärtig über 1000 Nummern zählende Bibliothek bieten.

10. STÄDTISCHER SCHLACHT- UND VIEHHOF (IM BAU).

VON

LOHAUSEN, STADTBAURAT.

Der Bauplatz liegt im Osten der Stadt auf dem Terrain des
früheren Ritterguts Freiimfelde und ist dem für jenes Terrain festge-
setzten Bebauungsplan angepasst, so zwar, dass der Bauplatz von
zwei Seiten, nach Osten und nach Süden zu, durch breite Strassen
begrenzt wird; den westlichen Abschluss bildet eine zum Zentral-
Güterbahnhof gehörige Zufahrtstrasse, während nach Norden zu der
städtische Lagerplatz für Strassenbaumaterialien die Grenze bildet.
Das Gesamtareal hat eine Grösse von rot. 4,5 Hektar und umfasst
sowohl die Gebäude für den Schlachthofbetrieb, als auch für den
Viehmarkt. — Die Hauptzufahrt befindet sich an der Kreuzung der
beiden oben erwähnten Strassen und ist mit diesen durch einen freien
Vorplatz, in dessen Mitte ein Pförtnerhäuschen errichtet wird, verbunden.

Dem Haupteingang zunächst liegt rechts das Verwaltungsgebäude,
links das Restaurationsgebäude; an letzteres schliesst sich ein geräumiger Hofraum mit einem Ausspann-Pferdestall und Hundestall und
einer offenen Wagenremise zur Unterbringung der Transportwagen
der Fleischer an. — An diesen Gebäuden entlang führt eine 10 m
breite Fahrstrasse zu den an der Westseite des Platzes gelegenen

drei Markthallen, welch letztere durch Rampen und Ladebuchten mit einer Anzahl von Anschlussgeleisen in unmittelbare Verbindung gebracht sind. Mittelst dieser Geleise, welche nach dem anstossenden Güterbahnhofe führen, wird die direkte Verladung von Vieh ermöglicht.

Den Mittelpunkt der Anlage bilden die drei Hauptschlachthallen, welche mit ihrer östlichen Giebelseite an eine gemeinschaftliche, 15 m breite, bedeckte Verbindungshalle stossen und auf diese Weise sowohl unter sich, als auch mit dem auf der anderen Seite der Verbindungshalle gelegenen Kühlhause und der Untersuchungsanstalt in möglichst bequeme Verbindung gebracht sind.

Im Anschluss an das Kühlhaus ist nördlich von demselben das Maschinenhaus mit Kesselraum und Kohlenschuppen vorgesehen, südlich die Untersuchungsanstalt und die Abwässerreinigungsstation. — Zu beiden Seiten der Schlachthalle befinden sich die für Unterbringung des Gross- und Kleinviehes erforderlichen Schlachtviehstallungen, während die Stallungen für die Schweine mit der Schweineschlachthalle unter einem Dache liegen.

Die Kuttelei hat ihren Platz in der Nähe der Grossviehschlachthalle, von welcher aus sie am meisten benutzt werden wird, erhalten. Mit dieser steht naturgemäss die Düngerstätte in Verbindung, deren Lage an der nördlichen Grenze des Schlachthofterrains eine bequeme Abfuhr des Düngers, sowohl durch Landfuhrwerk, als auch durch Eisenbahnwagen ermöglicht. Eine Sanitätsanstalt mit Stallung und Schlachthaus für krankes bezw. verdächtiges Vieh liegt in der Nähe des Haupteingangs an der Zufahrtstrasse nach den Markthallen, und endlich ist in der südwestlichen Ecke des Bauplatzes die Pferdeschlächterei, bestehend aus Stall- und Schlachthaus, vorgesehen, zu welcher eine besondere Zufahrt von einer der Hauptstrassen führt.

Sämtliche Gebäude werden in Ziegelrohbau mit mässiger Verwendung von Sandstein errichtet und erhalten Schieferbedachung. Zu den Einzelanlagen sei noch folgendes bemerkt:

Das Verwaltungsgebäude, welches unterkellert ist, enthält im Erdgeschoss die Bureau- und Kassenräume, in den oberen Stockwerken Wohnungen für die Oberbeamten. — Das Restaurationsgebäude besteht aus einem mehrgeschossigen Hauptgebäude und einem eingeschossigen Anbau, in welchem der Restaurationssaal liegt.

Das Erdgeschoss des Hauptgebäudes enthält im Anschluss an den erwähnten Anbau noch einige für Restaurationszwecke bestimmte Räume nebst den zugehörigen Wirtschaftsgelassen, wie Küche, Speisekammer etc., und nach Süden zu einige Kommissionszimmer. Im

12*

Obergeschoss befinden sich die Wohnräume des Wirtes und einige
Logierzimmer für fremde Viehhändler, im Dachgeschoss Schlafräume
für das Dienstpersonal und eine Unterbeamtenwohnung. Der Ausspann-Pferdestall bietet Platz für 20 Pferde, der Hundestall für 22
Hunde bezw. Hundepaare. — Dieselben werden in zwei übereinander
liegenden Reihen von Verschlägen mit Gitterthüren untergebracht.

Der Wagenschuppen ist rot. 38 m lang und 7 m tief.

Die Gebäude des Viehhofes umfassen vorläufig drei gleich grosse
Markthallen. Je ein Drittel dieser Hallen ist zu überwölbten Stallungen
eingerichtet. Über den Stallungen befinden sich die Futterräume,
welche je rot. 350 qm Flächenraum bieten.

Vor die dem Schlachthof zugekehrten Giebelfronten sind Anbauten
gelegt worden, welche einen Raum für die Treppe nach dem Futterboden, eine heizbare Wärterstube und einen gemeinschaftlichen Vorplatz enthalten. In dem Treppenraume liegen jedesmal drei Aborte
unter der Treppe. Die Eisenkonstruktion der Dächer ist so angeordnet,
dass event. jederzeit die Trennungsmauer zwischen den Stallungen
und der Halle, sowie die Gewölbe der Stallungen entfernt werden
können, ohne die Hauptgebäudemassen zu beeinträchtigen.

Die Markthalle für Grossvieh, einschliesslich des überwölbten
Teiles für Stallungen, bietet Platz für 150 Stück Grossvieh bei 1 m
Standbreite pro Stück.

Hiervon entfallen auf die freie Halle 102 und auf die Stallung
48 Stände. In der Halle sind ausserdem zwei Grossviehwagen vorgesehen. Die Stände sind paarweise an drei 2,50 m breite Eintriebgänge gelegt, in deren Axen auch die Hauptgiebeleingänge liegen.
Je ein besonderer Eingang zur Halle ist noch in den beiden Längs-
wänden geschaffen worden. Zwischen den Ständen bezw. den Aussenwänden entlang sind 1,50 m bezw. 1 m breite Futtergänge angeordnet.

Sämtliche Stände sollen Futterkrippen aus Thon erhalten. Die
Stirnseiten der Standabteilungen besitzen Schutzwände aus Bohlen
gegen die Zugluft.

Die Markthalle für Schweine enthält 84 Buchten, in welchen bei
1 qm Standfläche per Stück rot. 480 Stück Schweine untergebracht
werden können. Hiervon entfallen auf die Stallungen 140 Stück in
24 Buchten. Die Buchtenreihen schliessen sich paarweise an drei
1,20 m breite Eintriebgänge, welche an jeder Stelle durch die Buchten-
thüren abgeschlossen werden können, um hierdurch die Schweine zu
zwingen, den ihnen durch die Gänge und die geöffneten Buchten-
thüren vorgeschriebenen Weg einzuschlagen. Ausser diesen Eintriebs-
gängen sind für den Personenverkehr zwischen den Buchtenreihen

vier 2,50 m bezw. 2,25 m breite Haupteingänge angeordnet. Im Zuge der Eintriebsgänge ist je eine Viehwage gelegt. Wie in der Grossviehmarkthalle münden auch hier die Eintriebsgänge in nach aussen führende Thüren. Ausserdem sind an den westlichen Giebel- und den beiden Längsfronten weitere vier Eingänge angeordnet worden.

Die Buchten werden durch Bohlenwände zwischen aufrechtstehenden ⊏-Eisen gebildet und sind durch schmiedeeiserne Gitterthüren verschlossen.

Die Markthalle für Kleinvieh bietet in 46 Buchten Platz für ca. 900 Stück Kleinvieh bei einer Standfläche von durchschnittlich 0,70 qm per Stück.

Der sich gegen das gegenwärtige Bedürfnis ergebende Überschuss an Raum dürfte reserviert bleiben für aussergewöhnlich starken Zutrieb von Schweinen, der nach Ansicht einiger Schlächtermeister bis auf 1500 Stück per Tag sich steigern kann.

Die Buchten sind wie die der Schweinemarkthalle konstruiert, dagegen sind hier nur drei Haupteingänge von 2,50 m bezw. 3 m Breite angeordnet. Diese Anordnung der Eingänge entspricht der der Grossviehmarkthalle. Zu beiden Seiten des Mittelganges sind zwei Viehwagen angeordnet.

Längs der westlichen Giebelfronten der Markthallen sind für die Entladung der verschiedenen Tiergattungen Rampen im Anschluss an das Eisenbahngeleis angeordnet. Die Rampen sind gleichzeitig mit Zählbuchten versehen, welche durch kräftige gusseiserne Pfosten und schmiedeeiserne Verbindungsstangen gebildet werden und unter sich durch Thüren verbunden sind. Zwischen Buchten und Markthallen ist eine 5 m breite Durchtriebstrasse gelegt, nach welcher von jeder Bucht eine 2,10 m breite zweiflügelige Thür mündet.

Die Rampen sind in einer Steigung von 1 : 5 mit Klinkern in Zementmörtel abgepflastert und nach dem Geleis hin mit einer Granitbordschwelle abgeschlossen.

Der Schweineschlachthalle, der grössten der drei zu errichtenden Schlachthallen, sind seitlich die Stallungen und die Kuttelei angefügt. Die Schlachthalle selbst ist in der Längsrichtung wieder in zwei Teile geteilt und zwar in den Abstech- und Brühraum und in den Ausschlachteraum. Beide Teile sind oberhalb der Laufschienen für die Transportwagen durch eine Monier'sche Patentwand getrennt. Dieselbe soll verhindern, dass die den Brühkesseln entströmenden Dämpfe in den Ausschlachtraum und an das frische Fleisch gelangen. Über dem Brühraume sind eine grössere Anzahl Lüftungsschlote angeordnet, ausserdem soll die Monier-Trennungswand nicht ganz bis zur

Dachfläche durchgeführt werden, damit die Dünste aus dem Brühraume auch durch die Jalousien der Dachlaternen entweichen können. Der Brühraum wird durch Oberlicht, der Ausschlachtraum durch Oberlicht und Seitenlicht (Glasjalousien des Dachreiters) erleuchtet.

Der Schweineschlachtstall enthält 18 Buchten, welche durch Zementbetonwände gebildet und durch eiserne Gitterthüren mit zweiseitigem Verschluss abgeschlossen sind.

Sie bieten Raum für ca. 100 Schweine.

Der Schweinestall ist mit dem Brühraum durch drei Thüren verbunden. Im Brühraum sollen 5 Drehkrähne mit Sicherheitswinden, 5 Brühkessel und 10 Enthaarungstische Aufstellung finden. Der Ausschlachtraum enthält rot. 320 m Hakenrahmen, welche sämtlich durch 11 Laufwinden mit Differenzialflaschenzügen erreichbar sind. Der Ausschlachtraum ist wiederum durch drei Öffnungen, welche durch Wellblechschiebethüren verschliessbar sind, mit der Kuttelei verbunden. Letztere wird durch Seitenlicht erleuchtet und durch 22 Lüftungsschlote entlüftet.

Die Ausrüstung besteht in 28 Kaldaunenwaschgefässen mit Tischen und den erforderlichen Hähnen für kaltes und warmes Wasser.

In der Schlachthalle für Grossvieh sind an den beiden Längsfronten je 12 Grossviehwinden angeordnet, an welchen täglich mindestens 96 Stück Grossvieh geschlachtet werden können. Die Tiere werden an Rollenspreizen geschlachtet und vermittels derselben auf dem über jeder Winde angebrachten Spreizenträgerpaare weiter transportiert. In der Mittelaxe ist ein 4 m breiter Gang angeordnet, in welchem ein hängendes Laufschienensystem angebracht ist. Letzteres führt direkt nach dem Vorkühlraum des Kühlhauses. Je zwei Laufschienenpaare sind durch eine Drehscheibe verbunden, sodass auf den Laufschienen wechselweise Transportwagen sich bewegen können, welche die ausgeschlachteten Tiere, nach dem Auskühlen an den Rollenspreizen hängend, nach dem Vorkühlraum bringen. Die Überführung der Rollenspreizen auf die Transportwagen geschieht durch einen einfachen und sicher funktionierenden Mechanismus. Zwischen den Winden an den Fensterpfeilern und an den Säulen sind Hakenrahmen zum Aufhängen kleiner Fleisch- und Eingeweideteile vorgesehen.

Die Schlachthalle für Kleinvieh ist durch einen 4 m breiten Mittelgang in drei Abteilungen geteilt. In der rechten Ecke an der Verbindungshalle ist eine grössere Abteilung geschaffen, welche zur Aufstellung einer Fleischwage benutzt werden kann. Es sind im ganzen 230 lfd. m Hakenrahmen vorhanden, welche Länge den weitgehend-

sten Ansprüchen an Bequemlichkeit beim Schlachten gerecht werden
dürfte.

Gleichwie in der Halle für Grossvich ist auch hier ein Quergang
in der Mitte des Gebäudes angelegt, in dessen Axe je eine Thür nach
aussen führt.

Die Thüren in den Längsfronten der drei Schlachthallen sollen
einen schnelleren Verkehr der Schlachthallen unter sich vermitteln und
das Eintreiben des Viehes thunlichst erleichtern.

Die an der östlichen Giebelseite dieser drei Schlachthallen vorge-
baute Verbindungshalle vermittelt, unabhängig von Witterungs-Ein-
flüssen, den bequemen Verkehr von dieser Halle nach dem Kühlhause
und der Untersuchungsanstalt. Der Verkehr nach aussen geschieht
durch zwei grosse Öffnungen in den Giebeln und zwei desgleichen
in der Längsfront nach den Schlachthallen. Seitlich der Hauptöff-
nungen sind je zwei kleinere Öffnungen für den Fussgängerverkehr
angeordnet. Die Beleuchtung der Halle erfolgt durch seitliches Oberlicht. Das Innere der Halle ist gleich dem Äusseren in einfachem
Ziegelrohbau projektiert.

Das Kühlhaus ist in zwei Abteilungen geteilt, in den eigentlichen
Kühlraum und den Vorkühlraum. Der Vorkühlraum ist durch ein
Laufschienensystem direkt mit der Grossviehschlachthalle in Verbindung gesetzt; und es geschieht das Überführen der an den Schlacht-
spreizen hängenden Tiere auf die Träger in umgekehrter Weise wie
in der Schlachthalle.

In dem Vorkühlraum soll die bereits auf 6^0 bis 7^0 C. erwärmte
Luft des eigentlichen Kühlraumes eingetrieben und durch starke Ven-
tilation ein kräftiger Luftwechsel hervorgerufen werden, sodass die
Abkühlung des Fleisches bis auf 12^0 C. in kürzester Zeit erreicht ist
und dasselbe zerlegt und in den Kühlraum gebracht werden kann.
Zum Zerlegen der Tiere sollen an den Wänden des Vorkühlraums
Klapptische angebracht werden. Der Vorkühlraum bietet Platz für
ca. 60 Stück Grossvieh. Das Kühlhaus selbst besteht aus zwei
Stockwerken und enthält in jedem Stockwerk 113, durch Schiebe-
thüren verschliessbare, aus schmiedeeisernen Gitterwänden gebildete
Zellen, welche mit den erforderlichen Hakenrahmen ausgerüstet sind.
Das Untergeschoss, welches für die spätere Erweiterung reserviert
bleibt, soll die gleiche Anordnung der Zellen erhalten, wie das Obergeschoss. Die Umfassungswände des Kühl- und Vorkühlraums sind
1,08 m stark mit dreimaliger 7 cm starker Luftschichtisolierung, welche
in Zwischenräumen von 1 m durch horizontale Binderschichten abgedeckt sind. Der Vorkühlraum soll nicht unterkellert werden. Die

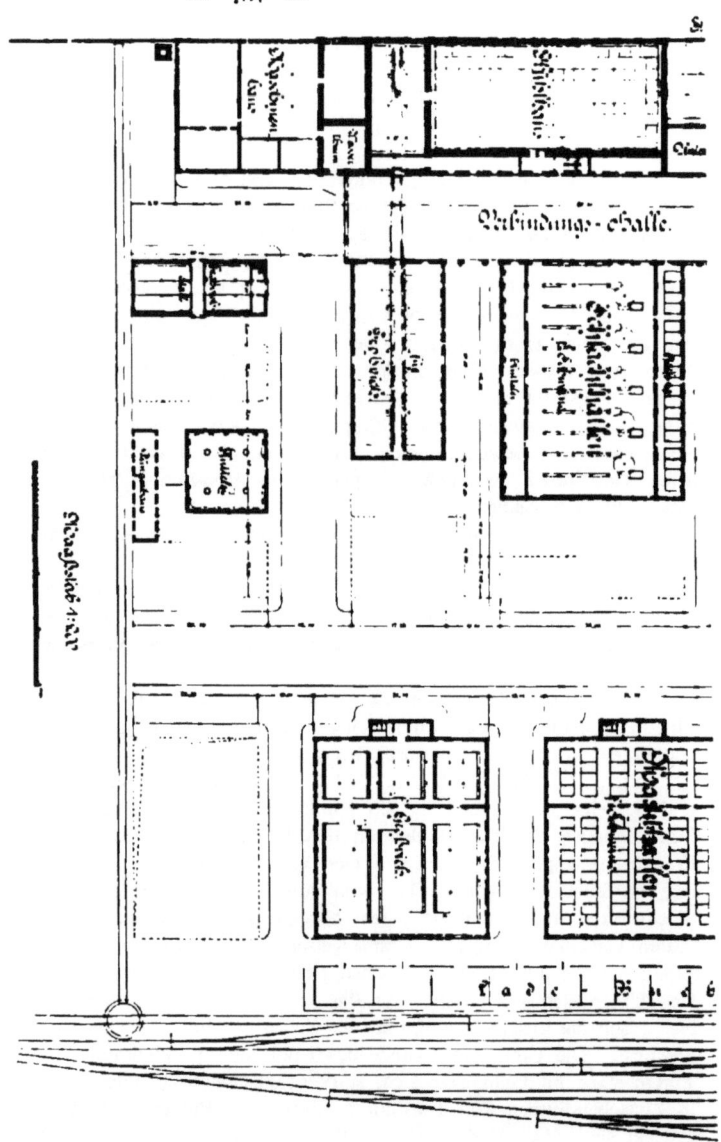

Lageplan des städtisch

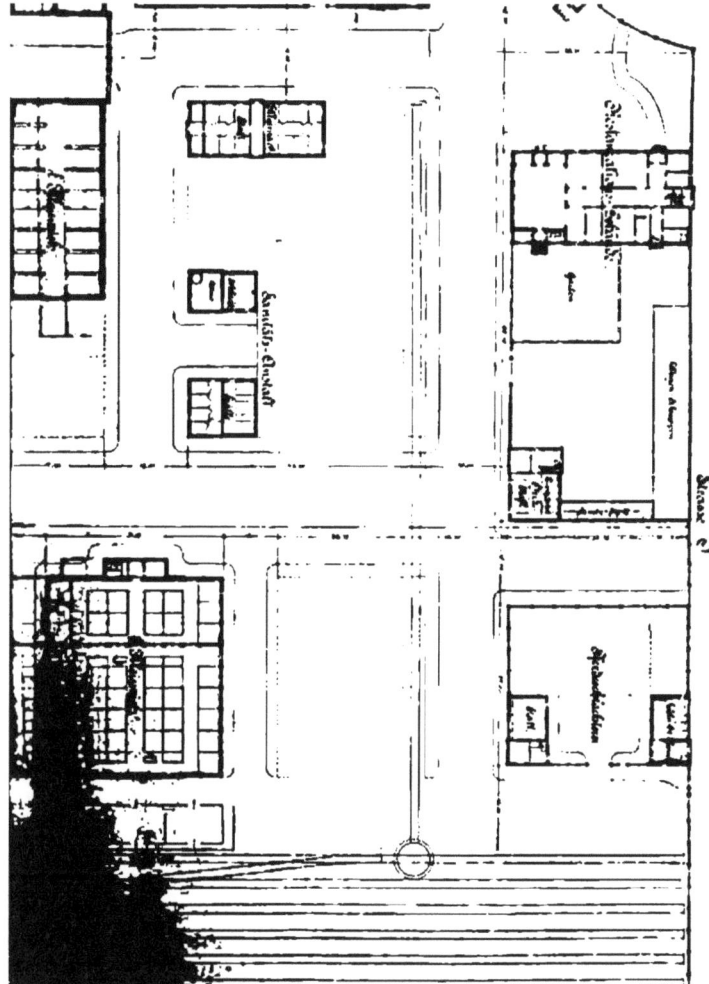

Schlacht- und Viehhofes.

Fussböden des Vorkühlraums und des Kühlhauskellers werden gegen Erdfeuchtigkeit und Wärme gut isoliert. Dies wird durch eine starke Schicht trockener Kohlenasche und durch eine doppelte Betonschicht und doppelte Asphaltlage erreicht.

Unmittelbar an das Kühlhaus lehnt sich rechts die Untersuchungsanstalt an, welche einen Raum für die Fleischbeschau, in denen Tische und Fleischhakengerüste Aufstellung finden sollen, ein dreifenstriges Zimmer für die trichinenschauenden, ein Bureau für den buchenden Beamten, eine Gesellenstube mit den erforderlichen Kleiderschränken und Waschgefässen, ein Raum für Pissoire und ein solcher für Aborte enthält.

Der Fleischbeschauraum hat einen Eingang direkt von der Verbindungshalle und einen solchen von einem Vorplatz, welcher vor die Eingänge nach dem Trichinenschauraum und dem Bureau gelegt ist. Die Gesellenstube und das Pissoir haben gleichfalls einen gemeinschaftlichen Haupteingang von der Verbindungshalle, und einen Vorplatz erhalten.

Links vom Kühlhause liegt der Wasserturm, welcher im ersten Obergeschoss ein Warmwasserreservoir von rot. 77 cbm Inhalt aufnehmen soll. Im zweiten Obergeschoss ist ein 300 cbm haltendes Kaltwasserreservoir untergebracht, und es ist die Oberkante dieses Reservoirs so hoch gelegt, dass letzteres von der städtischen Wasserleitung gespeist werden kann.

Der Wasserturm ist durch eine Plattform abgedeckt, welche durch eine eiserne Treppe zugängig gemacht und durch einen Fahnenmast bekrönt ist.

Im Maschinenhaus ist ein gut isolierter Raum für die Refrigeratoren angeordnet, welcher unter ein Dach mit dem Kühlhaus gebracht ist und sich mit der kurzen Seite an den Wasserturm anschliesst. Der Refrigeratorraum, sowie der sich anschliessende Maschinenraum sind reichlich gross gewählt, um die erforderlichen Maschinen für die spätere Erweiterung des Kühlhauses etc. aufnehmen zu können. In gleicher Weise ist im Kesselraume Platz für einen dritten Kessel vorgesehen. Ausserdem ist anschliessend an den Maschinenraum bezw. Kesselraum ein Raum für Pumpen, eine Werkstätte und ein Kohlenraum projektiert. An die Stirnseite des Maschinenhauses schliesst sich eine offene Kohlenladerampe, welche durch Geleisanschluss direkt per Eisenbahn erreichbar ist.

In dem neben der Schlachthalle für Grossvieh gelegenen Grossviehstall reihen sich an einen 2,5 m breiten Mittelgang beiderseitig 18 Grossviehstände an, welche nach der Längsrichtung wiederum durch zwei massive Scheidewände und einen 2,20 m breiten Quergang getrennt sind.

Die Teilung hat den Vorteil, dass nach dem Aufenthalte eines verseuchten Tieres nicht der ganze Stall gesperrt und desinfiziert zu werden braucht, sondern nur die betreffende Abteilung. Die Stalldecke ist gewölbt. Die Lüftung des Stalles erfolgt durch um horizontale Axen drehbare Klappfenster, sowie mittels der durch Decke und Bodenraum führenden Schlote mit Drosselklappenverschluss. Über den Stallungen befindet sich ein geräumiger Futterboden, welcher durch eine an der Stirnseite des Gebäudes in besonderem Raume liegende Treppe zugängig gemacht ist. Unter der Treppe ist ein Abort zum allgemeinen Gebrauch vorgesehen.

Entsprechend dem Treppenraume ist links vom Mittelgang ein heizbares Wärterzimmer angeordnet worden.

Der Kleinviehstall zeigt dieselbe Anordnung wie der Grossviehstall und unterscheidet sich von demselben nur durch den Tausch der Stände mit den Buchten. Der Kleinviehstall bietet in 14 Buchten Platz für ca. 200 Stück Kleinvieh. Die Buchten bestehen aus Bohlenwänden zwischen C-Eisen. Schmiedeeiserne Gitterthüren mit einseitigem Verschluss schliessen die Buchten ab.

Die Kuttelei hat der Grossviehschlachthalle gegenüber und in der gegenüberliegenden äussern Längswand die Eingangsöffnungen erhalten, welche durch Wellblechschiebethüren zu verschliessen sind. Den Aussenwänden entlang sind 32 Kaldaunenwaschgefässe mit Tischen angeordnet. Ausserdem haben in derselben zwei Stück Warmwasserbottiche und zwei Kessel zum Brühen der Füsse und zwei grosse Entfettungstische Aufstellung gefunden. Die Lüftung erfolgt durch feststehende Glasjalousien der sich auf die ganze Länge des Gebäudes erstreckenden Dachlaterne.

Das Projekt für das Düngerhaus steht in seinen Einzelheiten noch nicht fest, es soll indessen das Prinzip verfolgt werden, den Dünger möglichst schnell zur Abfuhr gelangen zu lassen; ein längeres Lagern des Düngers, etwa in Gruben etc., soll auf jeden Fall vermieden werden.

Das Schlachthaus der Sanitätsanstalt ist in zwei Räume geteilt, von denen der eine zum Schlachten von Grossvieh, der andere zum Schlachten von Kleinvieh und Schweinen dienen sollen. Beide Räume sind durch eine Thür verbunden und haben ausserdem jeder für sich einen direkten Eingang von aussen erhalten. Im Schlachtraum für Grossvieh sind zwei Grossviehwinden und die erforderlichen Hakenrahmen und Kaldaunenwaschgefässe vorgesehen. Der Schlachtraum für Schweine und Kleinvieh ist mit einem Brühbottich mit direkter Feuerung, Kaldaunenwaschgefässen und Hakenrahmen ausgestattet.

Für gute Lüftung der Räume ist durch Anordnung einer Anzahl Lüftungsschlote im Dach und durch um horizontale Axen drehbare Klappfenster ausreichend gesorgt.

Der Krankviehstall ist ebenfalls in eine Abteilung für Grossvieh und eine solche für Kleinvieh und Schweine geteilt. Erstere bietet Platz für 8 Stück Grossvieh und ist überwölbt. Der Stall für Kleinvieh und Schweine ist in fünf Buchten eingeteilt, welche im Durchschnitt Platz für 45 Tiere bieten. Jeder der beiden Räume hat einen direkten Eingang von aussen erhalten. Die Lüftung erfolgt ebenfalls durch Lüftungsschlote und Klappfenster.

Das Schlachthaus für Pferde enthält einen grösseren Raum zum Schlachten der Tiere und einen kleineren zum Reinigen und Brühen der Kaldaunen.

Ersterer ist mit vier Grossviehwinden und Hakenrahmen, letzterer mit einem Brühbottich (mit direkter Feuerung), vier Waschgefässen und Tischen und den erforderlichen Hakenrahmen ausgestattet. Schlachtraum und Kuttelei sind durch eine Thür verbunden.

Der zugehörige Stall enthält, ausser einem Stallraume für fünf Pferde, eine heizbare Knechte-' bezw. Wärterstube und einen Futterraum. Der Stall steht mit letzteren Räumen vermittels eines kleinen Vorplatzes in Verbindung. Die Wärterstube hat ausserdem einen direkten Eingang von aussen erhalten.

Im allgemeinen sei noch bemerkt, dass allenthalben genügend Platz für spätere Erweiterungen bei jeder Einzelanlage vorgesehen ist; diese reservierten Terrainflächen sollen mit einer Schicht Mutterboden gedeckt und mit Gras angesäet werden.

Sämtliche Strassen und Bürgersteige innerhalb der Anlage werden gepflastert. Die Fahrdämme und die Überführungen von Fahrwegen über die Bürgersteige erhalten Reihensteinpflaster, die Bürgersteige werden in Mosaikpflaster hergestellt, sämtliche Bürgersteige mit Granitbordschwellen eingefasst.

Die Begrenzung des Grundstücks nach den zwei neuen Hauptstrassen erfolgt, soweit dies nicht schon durch Gebäude geschehen ist, durch eine $2^1/_2$ m hohe Mauer. Nach Westen am Bahnweg und nach Norden wird das Grundstück von einem $2^1/_2$ m hohen Lattenzaun zwischen Eisenpfosten begrenzt. Die Gärten des Direktors und der Restauration, sowie der Vorplatz zwischen Verwaltungs- und Restaurationsgebäude sind durch ein eisernes Gitter auf gemauertem Sockel begrenzt.

Die Entwässerung des gesamten Schlachthofgrundstücks erfolgt
durch ein Netz von glasierten Thonröhren nach einem städtischen
Kanal. — Sämtliche Abwässer werden einer Reinigungsanlage zugeführt; für dieselbe ist das Müller-Nahnsen'sche System angenommen
worden. Zu Zeiten starken Regenfalles sollen die durch diese grossen
Wassermengen stark verdünnten Abwässer durch ein Umlaufrohr direkt
nach dem Strassenkanal geführt werden. Um ein Verstopfen der
kreisrunden Rohrkanäle nach Möglichkeit vorzubeugen, sind sämtliche
Einführungen der Nebenstränge in die Hauptstränge unter einem spitzen
Winkel von 45° angeordnet. — Um ferner ein Ablagern aller Sink-
stoffe innerhalb der Gebäude zu verhüten, sind die Abwässer-Ein-
läufe ohne Schlammfang hergestellt und nur mit einem gusseisernen
Roste versehen, während der senkrechte Hals, auf dem der gusseiserne
Rahmen des Rostes aufsitzt, mittels eines Bogenstücks sich direkt
an den Kanalstrang anschliesst. Da einesteils die Kanäle fortwährend
gespült werden, andernteils die Nebenstränge der Regenabfallrohre in
den Scheitel der Kanäle einmünden und somit die Kanäle in die
oberen Luftschichten entlüften, so wird auf diese Weise wirksamer
der Entstehung und dem Eindringen von üblen Gasen in den bezw.
in die Schlachthallen etc. vorgebeugt, als solches durch Schlammfänge
oder Wasserverschlüsse, welcher Konstruktion sie auch sein mögen,
möglich ist, da die Schlammfänge ja eben die übelriechenden Stoffe
abfangen und dort gerade übelen Geruch zu verbreiten beginnen, wo
derselbe ganz besonders vermieden werden soll.

Um ein biswilliges Verstopfen der Einläufe zu verhüten, sind
die gusseisernen Roste nur mittels eines besonderen Schlüssels zu
öffnen.

Schlammfänge oder vielmehr Sandfänge sind nur unter den Rinn-
steineinläufen auf den Strassen geplant. Sämtliche Nebenkanäle bezw.
alle Ausläufer des Kanalnetzes sind in min. mit 15 cm Durchmesser angenommen, sodass wohl kaum eine Verstopfung eintreten kann.

An den Brechpunkten der Hauptstränge und überall da, wo mehrere Hauptstränge sich vereinigen, ist ein Einsteigeschacht eingelegt,
welcher jedoch keinen Schlammfang besitzt, sondern an seiner Sohle,
den einzelnen Hauptkanälen entsprechend, abgerundet ist, um auch
hier das Ablagern jeglichen übelriechenden Schmutzes zu vermeiden.

Der Hauptsammelkanal ist in die Axe der Verbindungshalle und
deren Verlängerung gelegt, und es nehmen die Dimensionen desselben
mit jeden aus den rechtwinklig anstossenden Strassen einmündenden
Kanälen entsprechend zu.

Der gesamte Wasserverbrauch des Schlachthofs wird von der städtischen Wasserleitung gedeckt und zwar wird die Hauptwasserzuleitung nach dem 300 cbm haltenden Reservoir geführt, von wo aus die Verteilung des Wassers nach sämtlichen Gebäuden stattfinden soll. Damit das Reservoir ständig gefüllt ist, soll der Zufluss durch ein Schwimmerventil reguliert werden.

Ausserdem ist noch ein Überlaufrohr angeordnet.

Im Hauptabflussrohr ist unterhalb des Reservoirs der Hauptsperrschieber angeordnet, ausser diesem sind vor den verschiedenen Gebäuden eine grosse Anzahl Absperrschieber und -Hähne vorgesehen. Für eine gute und ausreichende Verteilung der Zapfhähne in den einzelnen Gebäuden und Räumen ist Sorge getragen. Ebenso sind für die Strassenreinigung eine Anzahl tiefliegende Hydranten mit Strassenklappen vorgesehen worden.

Zur Speisung der Brühbottiche in der Schweineschlachthalle und der Grossviehkuttelei, sowie der Zapfhähne über den Kaldaunenwaschgefässen in der Grossvieh- und Schweinekuttelei ist unterhalb des Kaltwasserreservoirs ein ca. 77 cbm haltendes Warmwasserreservoir projektiert.

Die Erwärmung des Inhalts soll in erster Linie durch den Abdampf der Dampfmaschine erfolgen, ausserdem soll aber auch eine direkte Dampfleitung vom Kessel aus angebracht werden, sodass in jedem Falle für warmes Wasser ausreichend gesorgt ist. Das Warmwasserreservoir bezieht das Wasser aus dem Kaltwasserreservoir und soll der Zufluss ebenfalls durch ein Schwimmkugelventil reguliert werden.

Sämtliche Gebäude des Schlachthofes und Viehmarktes — das Kühlhaus ausgenommen — sollen mit Gas beleuchtet werden und zwar sollen in den Schlachthallen, in den Kutteleien und einem Teil des Restaurationsgebäudes Patent-Intensiv-Lampen Verwendung finden, während für die übrigen Räume einfache Schnittbrenner gewählt worden sind. Zum Absperren ganzer und kleinerer Leitungsteile sind genügend Absperr-Schieber und -Hähne vorgesehen worden.

Im Kühlhaus sollen 15 Stück 16kerzige Glühlampen über den Gängen und im Vorkühl- und Refrigeratorraum je 4 Stück solcher Lampen angebracht werden.

Die Dynamomaschine von 2200 Volt. wird durch Transmission mit der Dampfmaschine der Kühlanlage in Verbindung gebracht und getrieben.

Das Baukapital beträgt rot. 200000 Mark.

11. BEGRÄBNISWESEN.

VON

DR. HÜLLMANN, GEH. SANITÄTSRAT.

Halle besitzt sieben Begräbnisplätze, von denen drei: der Stadtgottesacker, der von Glaucha und der der Strafanstalt im Innern der
Stadt; zwei, der von Neumarkt und der der jüdischen Gemeinde dicht
an der Peripherie; zwei, der Nordfriedhof und der Südfriedhof, weiter
ausserhalb, der letztere neueste etwa 2 km von der südlichen Stadt-
grenze liegen. Die zwei im Innern der Stadt gelegenen städtischen
Gottesäcker werden jetzt nur noch zu Erbbegräbnissen benutzt und
in absehbarer Zeit vollkommen geschlossen werden; desgleichen der
von Neumarkt. Der Stadtgottesacker ist auf seinem östlichen und
südöstlichen Teile schon zu Promenadenzwecken aufgeschlossen und
wird binnen wenigen Jahren in grösserer Ausdehnung als Stadtpark
verwertet werden. Die Erbbegräbnisse auf ihm werden nur bis zum
Jahre 1983 verliehen, während sie auf dem Nord- und Südfriedhofe
erst nach 100 Jahren in den Besitz der Stadt wieder übergehen.

Als allgemeine Begräbnisplätze kommen zur Hauptsache der
Nord- und Südfriedhof in Betracht.

Der Nordfriedhof wurde im Jahre 1850 errichtet und im Früh-
jahre 1851 der Benutzung übergeben. Die Cholerajahre 1848 und
1849 hatten den Stadtgottesacker in so ungewöhnlich starker Weise
gefüllt, dass die bei dem allmählichen schnelleren Anwachsen der
Stadt schon in Aussicht genommene Schaffung eines neuen Friedhofs
etwas früher, als man meinte, realisiert werden musste.

Von der Eröffnung des Nordfriedhofs an wurde der noch freie
Rest des Stadtgottesackers nur zu Erbbegräbnissen verwendet, welche
anfangs mit 70, jetzt seit Jahren mit 100 Thalern pro Grab verkauft
werden.

Der Nordfriedhof, in Gestalt eines verschobenen Vierecks, auf
leicht geneigter Ebene freiliegend, mit kiesig-lehmigem Untergrund,
hatte ursprünglich etwas über 32 Morgen Flächenraum, wurde 1868
um 22 Morgen auf seiner Nordseite erweitert, war im November 1885
schon wieder vollständig belegt, sodass, da der Südfriedhof noch nicht
fertig war, mit der Wiederbelegung der ältesten Reihengräber begonnen werden musste, jedoch mit der Massgabe, dass die Konservierung eines älteren Reihengrabes auf 20 Jahre durch Erlegung der
tarifmässigen Gebühren bewirkt werden konnte. Der Friedhof enthält

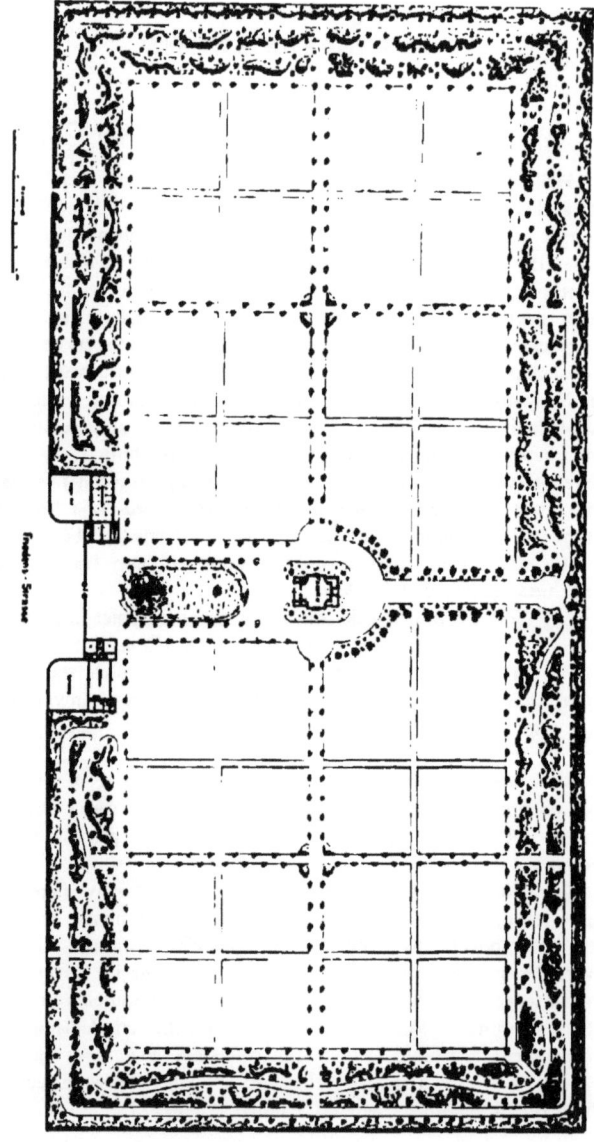

Lageplan des Südfriedhofes.

eine Kapelle und ein Beamtenwohnhaus nebst Leichenhalle, welche
— weil sie absolut unbrauchbar sind — demnächst durch neue, den
Ansprüchen der Neuzeit entsprechende, ersetzt werden. Die Pläne
sind in Arbeit.

Als die Stadt von den 70er Jahren an schneller anwuchs und
die unzureichende Grösse des Nordfriedhofs klar wurde, beschlossen
die städtischen Behörden, einen zweiten Begräbnisplatz im Süden der
Stadt anzulegen. Deshalb wurde 1883 ein rechteckiger Ackerplan,
auf der südlichen Hochebene ganz frei gelegen, 83 Morgen gross,
zum Preise von 300000 Mark gekauft. Da der lehmige Untergrund
auf diesem Plateau als feucht bekannt war, so wurden erst an verschiedenen Stellen des Grundstücks Beobachtungen über die Grund-
wasserstände durch ³/₄ Jahre hindurch gemacht, und da diese ein
zeitweiliges Ansteigen des Grundwassers auf 80—90 cm unter der
Oberfläche ergaben, der 47 Morgen grosse mittlere Teil des Areals,
welcher zunächst zur Benutzung in Aussicht genommen war, in 2¹/₂ m
Tiefe drainiert. Der Effekt dieser Drainage ist ein vollständiger, sodass die Beerdigungen am 22. Dezember 1887 beginnen konnten.
Der Friedhof enthält ein Wohnhaus für die Friedhofsbeamten, eine
Leichenhalle mit 12 Zellen und einem Sektionszimmer, eine Kapelle,
und ist quadratisch abgeteilt. Die Lisièren dieser an den Hauptwegen
gelegenen Quadrate werden zu Erbbegräbnissen à 100 Mark auf 100
Jahre verliehen, während der übrige Teil der Beete zu Reihengräbern
dient.

Auf dem Südfriedhof, ebenso wie auf dem Nordfriedhof und Stadtgottesacker ist je ein Inspektor angestellt. Zu dieser Stellung werden
neuerdings nur gärtnerisch durchgebildete Männer genommen und,
wie es scheint, mit sehr gutem Erfolge für die Ordnung und deko-
rative Ausstattung der Friedhöfe.

Von allgemeinem Interesse dürften noch folgende Bestimmungen
aus unserer Begräbnisordnung sein:

1) Der Turnus der Wiederbelegung der sogen. Reihengräber ist
   auf den beiden städtischen Begräbnisplätzen auf 20 Jahre
   festgesetzt.

2) Die Tiefe der Gräber beträgt auf dem Südfriedhofe 1,50 m für
   Erwachsene und 1,20 m für Kinder; auf den übrigen Gottes-
   äckern: 1,80 resp. 1,50 m; für Doppelgräber, wie sie leider
   auf dem Stadtgottesacker und Nordfriedhof noch zugelassen
   werden: 2,8 m. Doch wird hierbei bemerkt, dass eine Stelle
   des Stadtgottesackers, welche noch zu Erbbegräbnissen benutzt wird und sich wiederholt als zeitweilig grundwasser-

haltig erwies, im letzten Jahre mit nicht unerheblichen Kosten drainiert worden ist.

3) Die Särge dürfen inkl. Füsse die Höhe von 1 m nicht übersteigen.

4) Die Länge der Gräber beträgt 1,24 resp. 2,17 m; die Breite 0,56 resp. 1 m.

Zwischen je zwei Gräbern muss überall ein 0,30 m breiter Raum bleiben. Schliesslich sei noch erwähnt, dass der Tarif für sämtliche Funeralien vier nach dem Vermögen des Verstorbenen bemessene Sätze enthält und dass das Begräbnisamt nach diesem billigen Tarife alles zur Beerdigung notwendige, von der Überführung der Leiche nach der Leichenhalle an, bis zur Bestellung der Leichenträger, des Leichenwagens und der Begleitkutschen übernimmt, ohne dass sich der Überlebende um etwas zu kümmern hat.

VII

DIE UNIVERSITÄT UND IHRE ANSTALTEN.

NACH DEN BERICHTEN DER INSTITUTSDIREKTOREN ZUSAMMMENGESTELLT VON

Dr. J. BERNSTEIN, PROFESSOR AN DER UNIVERSITÄT.

————

DIE UNIVERSITÄT.

Die Universität Halle[1]) wurde im Jahre 1817 mit der Universität Wittenberg vereinigt und führt seitdem den Namen „Vereinigte Friedrichs-Universität Halle-Wittenberg". Grosse Verdienste um ihr Gedeihen erwarb sich der langjährige Kanzler derselben, August Hermann Niemeyer. Es wirkten an ihr seit dieser Zeit eine Anzahl hervorragender Gelehrter, unter denen in der theologischen Fakultät Gesenius, Wegscheider und Tholuck, in der juristischen Pernice und Witte, in der philosophischen als Geschichtslehrer Leo und Max Duncker, als Philologen Bergk und Bernhardy, der Philosoph Rosenkranz und als Naturforscher der Physiker Schweigger, der Chemiker Marchand, der Astronom Rosenberger, die Botaniker Sprengel, v. Schlechtendal, de Bary zu nennen sind. Das Studium der Medizin gelangte namentlich durch den Anatomen Joh. Fr. Meckel und den Kliniker Peter Krukenberg zu grösserer Blüte, besonders durch die vortreffliche Organisation der medizinischen Poliklinik. Zugleich lehrten hierselbst der Chirurg Dzondi, alsdann als Physiologe und Anatom Alfred W. Volkmann, und in neuerer Zeit der Sohn desselben, der Chirurg Richard von Volkmann.

Die Universität befand sich 1817 noch in dem Wage-Gebäude des Rathauses. Indessen waren hier nur eine Aula und Geschäfts-

————

1) Die frühere Geschichte der Universität siehe S. 17.

13 *

räume vorhanden, während die Vorlesungen in vielen in der Stadt
zerstreuten, gemieteten und privaten Auditorien der Dozenten gehalten
wurden. Dieser Zustand dauerte bis zum Einzug in das jetzige
Gebäude.

Das Universitätsgebäude, an der Promenade dem Theater schräg
gegenüber gelegen, wendet seine Front dem Universitäts-Platze am
Schulberg zu. Es wurde nach einem Plane von Schinkel erbaut,
doch sind leider die beabsichtigten Seitenflügel hierbei nicht zur Ausführung gekommen. Am 3. August 1832 fand unter grossen Feierlichkeiten die Grundsteinlegung des Gebäudes statt.

Das Gebäude ist bis heute in seiner ursprünglichen Gestalt und
inneren Räumlichkeiten dasselbe geblieben. Nur in Bezug auf die
Verwendung der Räume sind im Laufe der Jahre einige Veränderungen
eingetreten, namentlich indem das zoologische Museum in die alten
Kliniken am Domplatze hin verlegt wurde, sodass die frei gewordenen
Räume zu Auditorien benutzt werden konnten. Ebenso wurden die
Räume für die Sitzungen des akademischen Senats, für das Gerichts-
zimmer und die Kasse im Jahre 1874 in das Verwaltungsgebäude
hinaus verlegt.

Gegenwärtig befinden sich in dem Parterre des Gebäudes ein
Saal für das Generalkonzil der Professoren und die Versammlungen
der Dozenten, in welchem eine Anzahl von Ölgemälden berühmter
Gelehrter älterer Zeit aufgehängt sind, ferner ein Prüfungszimmer und
Professoren-Sprechzimmer, ausserdem die Wohnung des Portier.

Das Gebäude enthält 14 Auditorien verschiedener Grösse, von
denen Nr. 1—5 zu je 40—100 und 140 Plätzen im Parterre, Nr. 6—11
zu je 40, 130 und 300 Plätzen im ersten Stock und Nr. 12—14 zu
65, 108 und 276 Plätzen im zweiten Stock gelegen sind, wo sich
ausserdem ein Raum für die geographische Sammlung befindet. Das
weite Treppenhaus in der Mitte des Gebäudes führt auf Granitstufen
zu den Räumen der beiden Stockwerke. In den Korridoren des ersten
Stockes sind zwischen den Thüren der Auditorien in Nischen die Büsten
von Homer, Demosthenes, Sokrates, Sophokles, Äschylos, Euripides,
Plato und Aristoteles auf Piedestalen aufgestellt. Im zweiten Stock des
Treppenhauses sind in den Jahren 1884—1888 von dem Maler Professor Spangenberg vier grosse Wandgemälde ausgeführt worden,
welche die vier Fakultäten versinnbildlichen. Die theologische Fakultät
ist durch die Busspredigten des Täufers Johannes und des Apostel
Paulus in Athen dargestellt; die Bildnisse von Luther und Melanch-
thon sind diesem Gemälde beigegeben. Die juristische Fakultät ver-
tritt das Urteil des Königs Salomo und die Freisprechung der Susanna;

hierzu die Gemälde von Thomasius und Böhmer. Die medizinische Fakultät wird durch die Heilung des Tobias und durch die des Lahmen vor der Thür des Tempels durch Petrus vorgestellt, woran sich die Bilder von Reil und Krukenberg anschliessen. Der philosophischen Fakultät sind zwei Gemälde gewidmet, von denen das eine Sokrates beim Mahle vorstellt, das andere Aristoteles und seine Schüler. Zwischen den Gemälden sind allegorische Figuren eingefügt.

Im ersten Stock befindet sich die für akademische Feierlichkeiten bestimmte Aula, welche für etwa 700—800 Personen Raum bietet. Dieselbe ist im Jahre 1872 durch den damaligen Rektor, Professor Dr. Knoblauch, renoviert, mit Wand-Gemälden ausgestattet und mit einer Gedächtnistafel für die im Kriege 1870/71 gefallenen Studierenden hiesiger Hochschule versehen worden. Es sind ferner die Bildnisse hohenzollernscher Fürsten, welche bei verschiedenen Anlässen verliehen wurden, daselbst aufgehängt, von denen die Bildnisse des Kurfürsten Friedrichs des Weisen und Friedrich Wilhelms III. ebenfalls von Professor Dr. Knoblauch der Universität geschenkt wurden. Die Büsten einzelner berühmter Gelehrten hiesiger Universität, Niemeyer, August Wolff, Reil, Krukenberg, Schleiermacher und Gesenius sind auf Piedestalen längs der nördlichen Wand der Aula aufgestellt.

Das ganze Gebäude wird durch Luftheizung erwärmt, deren Anlage sich im Kellerraume befindet. Die Beleuchtung geschieht bisher durch Gas.

Das Universitäts-Verwaltungsgebäude, auf demselben Platze gelegen, ist im Jahre 1874 erbaut und enthält die Geschäftsräume des Königl. Kuratoriums, der Universitätskasse, des Universitäts-Sekretariats, des Rektors und Universitätsrichters. Im ersten Stock befindet sich ferner der Senatssaal, im zweiten die Räume des Universitäts-Lesevereins nebst der philologischen Seminarbibliothek.

Die Frequenz der Universität betrug im Wintersemester 1890/91 1603 Studierende, 85 Hospitanten und 81 Hörer mit verlängertem akademischen Bürgerrecht, also im ganzen 1769; unter diesen befanden sich 693 Studierende der theologischen, 131 der juristischen, 272 der medizinischen und 507 der philosophischen Fakultät; in der letzteren studierten 55 Mathematik und Naturwissenschaften und 133 Landwirtschaft.

Im Sommersemester 1891 war die Zahl der Studierenden 1483, nebst 43 Hospitanten und 75 Hörern mit verlängertem akademischen Bürgerrecht, in Summa 1601; von diesen gehörten 650 der theologischen, 143 der juristischen, 270 der medizinischen und 420 der

philosophischen Fakultät an; von letzteren studierten 44 Mathematik
und Naturwissenschaften, 94 Landwirtschaft.

Die Zahl der Universitätslehrer beträgt in diesem Jahre im ganzen
124, wovon 12 der theologischen, 13 der juristischen, 30 der medizinischen und 69 der philosophischen Fakultät zugehören. Unter diesen
befinden sich 20 Dozenten für Mathematik und Naturwissenschaften.

1. DIE NATURWISSENSCHAFTLICHEN ANSTALTEN.

DAS PHYSIKALISCHE INSTITUT.

Bis zum Anfange dieses Jahrhunderts hat die Universität Halle
keine eigene physikalische Sammlung besessen. Professor Gren,
welcher neben dem Lehrstuhl der Physik auch den der Chemie be-
kleidete, las mit eigenen, von ihm aus Privatmitteln angeschafften
Apparaten. Die Vorlesungen wurden damals meist in den Wohnungen der Dozenten oder in von mehreren gemeinsam gemieteten
Lokalen gehalten.

Die von Grens Nachfolger, Gilbert, von den Erben jenes erkaufte
Sammlung ging im Dezember 1801 durch Kabinetsordre König
Friedrich Wilhelms III. für 1000 Thaler in den Besitz der Universität
über und empfing seit 1804 eine jährliche, aber wechselnde Dotation
von einigen Hundert Thalern. Auch fiel dem immerhin sehr mangelhaften physikalischen Apparat 1811 seitens des Pädagogiums zu Kloster-
berge eine Sammlung technologischer Modelle zu. Der Krieg, an
welchem Gilberts Nachfolger, Kastner, teil nahm, liess alles in Stocken
geraten; Professor Schweigger trat 1820 die klägliche Erbschaft von
Wittenberg an.

Sein wesentliches Verdienst ist, dass er im Frühjahr 1824 den
Ankauf eines Privatgrundstücks in der Jägergasse Nr. 2 erwirkte und
dadurch den Grund zu einem physikalischen Institut legte. Die
Räume in diesem waren jedoch so beschränkt und die Apparate so
unzureichend, dass sein Amtsnachfolger Knoblauch 10 Jahre hindurch
genötigt war, die Vorlesung über Physik in seiner Privatwohnung
(Märkerstrasse Nr. 6) vornehmlich mit Hülfe seines eigenen, recht vollständigen physikalischen Kabinets zu halten.

Erst nach Schweiggers Hinscheiden und dem Aufbau eines zweiten
Stockwerks auf dem Gebäude in der Jägergasse war es möglich, seit
dem Frühjahr 1863 das ursprüngliche Auditorium im Erdgeschoss

wieder zu benutzen und die gesamten physikalischen und technologischen Sammlungen in zwei Stockwerken aufzustellen.

Sie dienten hier ausser der Vorlesung und den Arbeiten des Institutsdirektors auch den Übungen der Seminaristen und den wissenschaftlichen Untersuchungen der Vorgeschrittneren, und ist in 27 Jahren manche wertvolle Forschung aus diesen Räumen hervorgegangen.

Im Sommer 1881 begann Prof. Oberbeck an provisorischer Stelle die Einrichtung eines besonderen physikalischen Laboratoriums, welches im Sommer 1886 an Prof. Dorn überging.

Inzwischen war, um den Forderungen der fortgeschrittenen Wissenschaft vollständiger zu genügen, wozu das Grundstück in der Jägergasse nicht ausreichte, an dem Neubau eines physikalischen Instituts (an Stelle der ehemaligen Universitätsbibliothek) am Paradeplatz Nr. 7 gearbeitet und dasselbe im Frühjahr 1890 seiner Bestimmung übergeben worden.

Das physikalische Institut ist 1887—1890 erbaut. Das aus einem Mittelbau und zwei Flügeln bestehende, von einem hohen Turm überragte Gebäude ist ganz in Ziegelrohbau ausgeführt und enthält ein Untergeschoss, ein erhöhtes Erdgeschoss und zwei Stockwerke.

Das Untergeschoss enthält zunächst die Kessel der beiden Zentralheizungen einer Luft- und einer Niederdruckdampfheizung (von Käuffer in Mainz), von denen die erstere die beiden Hörsäle und einige angrenzende Zimmer, die letztere die Mehrzahl der übrigen Räume versorgt. Weiter befindet sich daselbst die Wohnung des Hausmannes, eine Schmiede, Keller für Feuerung und sonstigen Bedarf, Batterieräume und ein Maschinenraum. Hier ist ein Deutzer Zwillingsmotor von 6 Pferdestärken aufgestellt, der hauptsächlich zum Betriebe der dynamoelektrischen Maschine von Schuckert dient, jedoch auch unter Benutzung einer Transmission für andere Zwecke verwandt werden kann. Die dynamoelektrische Maschine kann sowohl als Serien- wie als Nebenschluss- und Kompoundmaschine benutzt werden, und ein einfacher Umschalter gestattet, bei jeder dieser Verwendungsarten die beiden Hälften der Maschine parallel und hintereinander zu schalten. Dadurch ist die Möglichkeit geboten, je nach Belieben starken Strom (bis gegen 50 Ampère) oder hohe Spannung (bis gegen 150 Volt) zur Verfügung zu haben.

Der Batterieraum des Laboratoriums enthält auch eine kleine Anlage Tudor'scher Akkumulatoren für 17 Ampère Entladungsstrom.

Das Erdgeschoss enthält das physikalische Laboratorium, welches unter der Leitung des Professors für mathematische Physik, Prof. Dr. Dorn, steht und nach dessen Angaben eingerichtet ist.

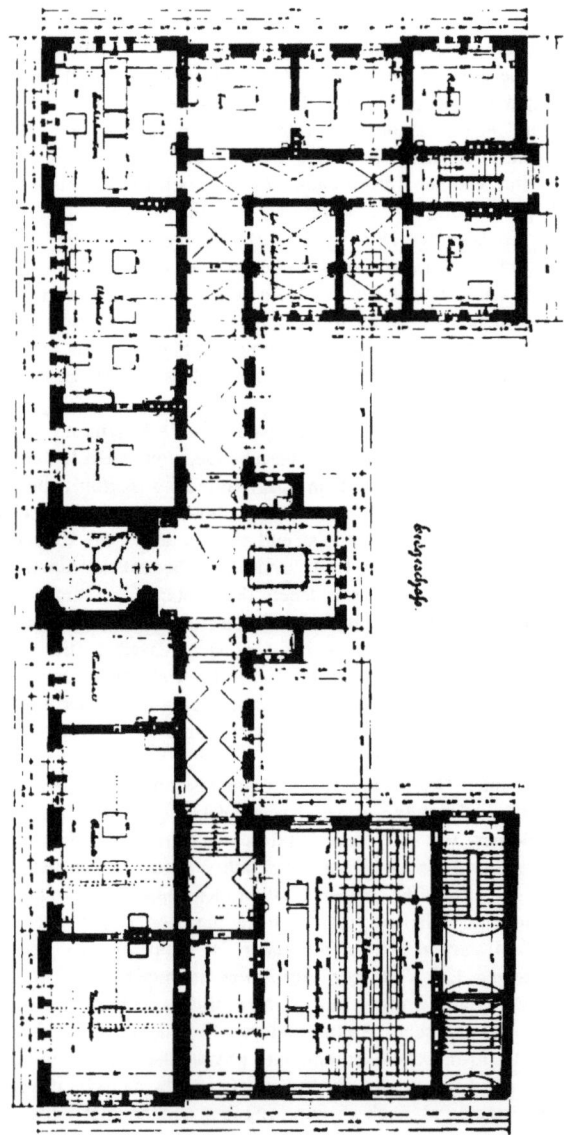

Physikalisches Institut.

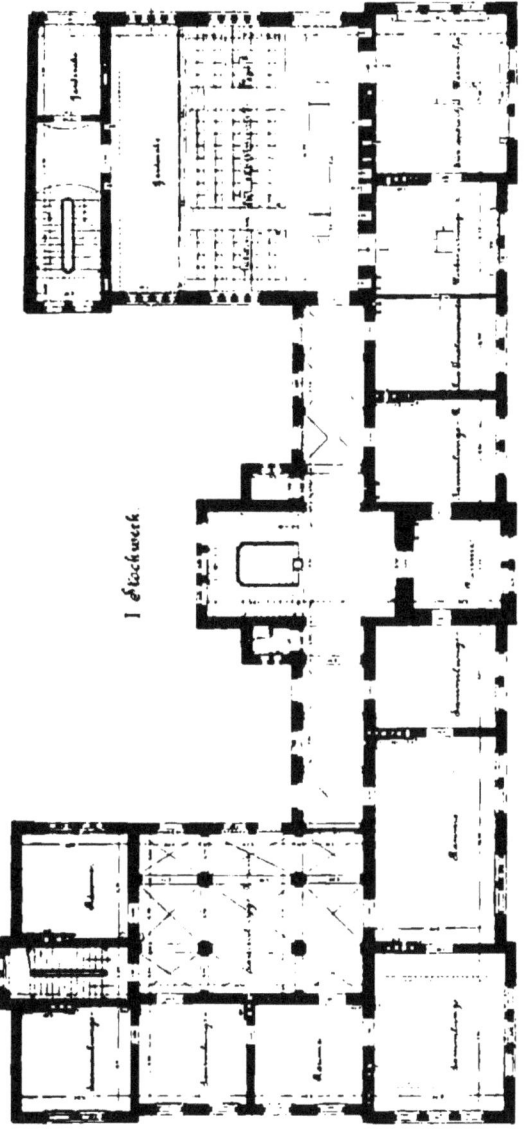

Physikalisches Institut.

Im südlichen Flügel des erhöhten Erdgeschosses ist ein Hörsaal von etwa 70 Sitzplätzen untergebracht, neben demselben befindet sich ein Vorbereitungszimmer. Die südwestliche Ecke wird von einem verdunkelbaren Zimmer für selbständige optische Untersuchungen eingenommen, woran das Amtszimmer des Professors und eine Werkstätte sich anschliesst. Weiter folgen zwei Räume für die Übungen der Anfänger, einer davon ebenfalls mit Verdunkelungsvorrichtung versehen; weitere vier nach Nordwesten und Norden ruhig gelegene Räume dienen besonders für magnetische und galvanische Messungen. Dieselben sind fast eisenfrei (unter Verwendung von Zink, Blei, Kupfer und Deltametall für Leitungen und Baubeschläge) hergestellt.

Drei kleinere nach dem Hofe gelegene Zimmer sind für anderweitige selbständige Untersuchungen verfügbar.

Besondere Sorgfalt ist der erschütterungsfreien Aufstellung der Apparate zugewandt. In der nordwestlichen Ecke ist ein von Grund auf vom Gebäude getrennter Mauerpfeiler aufgeführt, welcher eine in der Fussbodenebene des Erdgeschosses liegende Sandsteinplatte trägt. An mehr als 20 Stellen sind auf dem Kellergewölbe fundirte Sandsteinplatten im Fussboden eingefügt. Dazu kommen zwei grosse auf schweren Steinkonsolen ruhende 2 m lange, 0,6 m breite Steintische für Wagen und eine Anzahl Steinkonsolen in den Ecken von etwa 0,16 qm Oberfläche für Galvanometer u. s. f. Auch die Fensterköpfe sind in Sandstein ausgeführt.

An verschiedenen Stellen — namentlich im Batterieraum — sind Abzüge für lästige und schädliche Dämpfe und Gase angebracht.

Endlich bestehen Durchbrechungen der Zwischenwände, welche lange Lichtwege für optische Versuche herzustellen gestatten.

Nach allen Arbeitsräumen, sowie nach den Hörsälen führen elektrische Leitungen vom Maschinenraum wie von den Batterieräumen.

Im ersten Stockwerk befindet sich der durch zwei Etagen hindurchgehende Hörsaal für Experimental-Physik mit ansteigenden Sitzreihen zu 162 Plätzen. Neben demselben ist ein besonders für optische Zwecke bestimmtes, sechsfenstriges und anschliessend ein kleineres, zweifenstriges Zimmer eingerichtet, welche beide leicht zu verfinstern sind. Ein Vorbereitungszimmer dient zur Anordnung komplizierterer, in der Vorlesung zu zeigender Versuche.

In zehn darauf folgenden Zimmern ist die sehr reiche Sammlung physikalischer Instrumente aufgestellt, an welche ein grösserer gewölbter Raum mit Apparatenschränken sich anschliesst. Für elektrische Versuche befinden sich im Souterrain galvanische Batterien und die oben erwähnte, durch einen Gasmotor getriebene, dynamoelektrische Maschine, deren kräftiger galvanischer Strom in jedem Stockwerk verwandt werden kann. Leuchtgas, Wasser-Zu- und Abflüsse stehen in allen Räumen zur Verfügung.

Im zweiten Stockwerk ist die technologische Sammlung in zwei Sälen, sowie eine Bibliothek aufgestellt. Ein mit steinernen, besonders fest fundamentierten Platten und steinernen Konsolen versehenes, sowie zu Versuchen mit Sonnenlicht ausgestattetes Experimentierzimmer dient zu wissenschaftlichen Untersuchungen.

Das physikalische Kabinet, die technologische Sammlung und das physikalische Seminar besitzen noch besondere Bibliotheken.

Der Turm des Gebäudes (welcher um 16,62 m das 16,53 m hohe Hauptgebäude überragt) ist zu meteorologischen Zwecken, Höhenmessungen mittels des Barometers oder Siedepunktsthermometers, Fernrohrprüfungen, Fall- oder Pendelversuchen etc. bestimmt.

Im dritten Stockwerk befindet sich eine mechanische Werkstätte.

Die Hälfte des zweiten Stockwerks dient zur Amtswohnung des Institutsdirektors Prof. Dr. Knoblauch. Ein Diener und ein Assistent sind dem Institute beigegeben.

DAS CHEMISCHE INSTITUT.

Bis zum Jahr 1842 war ein besonderer Lehrstuhl für Chemie an hiesiger Universität nicht vorgesehen; Chemie und Physik wurden von demselben Lehrer vorgetragen, und zwar damals von Joh. Sal. Chr. Schweigger[1]), welcher durch seine krystallelektrische Theorie der chemischen Affinität und die Erfindung des Multiplikators zur Messung galvanischer Ströme bekannt ist. Pharmazie lehrte ein Professor extraord. Dr. K. Steinberg[2]), welcher auch pharmazeutisch-chemische Übungen in einem staatlich subventionierten Privatlaboratorium abhielt. Im Frühjahr 1843 wurde Dr. Rich. Fel. Marchand[3]), welcher sich ausser durch viele kleinere Arbeiten hauptsächlich durch die mit O. L. Erdmann gemeinschaftlich ausgeführten Atomgewichtsbestimmungen bekannt gemacht hat, als Lehrer der Chemie hierher berufen, und damit beginnt die Geschichte unseres chemischen Instituts.

---

1) Geb. 8. April 1779 zu Erlangen, gest. 6. September 1857 zu Halle a S.

2) Geb. 1812 zu Köthen, gest. 1852 zu Halle a/S.

3) Geb. 1813 zu Berlin, 1838 Lehrer an der Artillerieschule und Privatdozent an der Universität daselbst, 1843 Extraordinarius, 1846 Ordinarius, gest. 1850 zu Halle a S.

Marchand setzt zwar alsbald die dringende Notwendigkeit aus-
einander, für die Universität ein eigenes chemisches Institut zu erbauen
und entsprechend zu dotieren, muss sich aber damit begnügen, dass
ihm, um einige Zimmer in einer gemieteten Privatwohnung zum
Laboratorium einzurichten, ein einmaliger Betrag von 1000 Thlr.
und zum Unterhalt des Laboratoriums einschliesslich Mietentschädigung
ein Jahresetat von 425 Thlr. bewilligt wird. Auch diese bescheidenen
Zuwendungen verdankt er hauptsächlich dem Entgegenkommen seines
Kollegen Schweigger, welcher die aus mehreren Jahren angesammelten
Erübrigungen an seinem Etat für die Einrichtung und die Hälfte
des seitherigen Etats des physikalisch-chemischen Instituts für den
Betrieb des neuen chemischen Laboratoriums zur Verfügung stellte,
überhaupt die Wirksamkeit des neuen Kollegen in jeder Weise zu
unterstützen und zu fördern sich angelegen sein liess.

Die gewährten Mittel erwiesen sich sofort als unzulänglich und
der neue Chemiker musste die Ausgaben für seine zahlreichen wissenschaftlichen Arbeiten grossenteils aus eigener Tasche bestreiten. Er
hat fortwährend um ausserordentlichen Zuschuss zu petitionieren,
findet jedoch nur laue Unterstützung bei dem damaligen Universitäts-
kurator, welcher zwar der hervorragenden wissenschaftlichen Tüchtigkeit Marchand's die Anerkennung nicht versagt, im übrigen aber an
dem neuen Professor so viel auszusetzen findet, dass er dessen Beförderung zum Ordinarius für bedenklich erklärt. Marchand war
voll Lebenslust und Geistesfrische; in jugendlicher Lebhaftigkeit mag
er seiner freiheitlichen und freigeistigen Gesinnung bei festlicher Gelegenheit auffallenden Ausdruck gegeben haben, und das gereichte unter
damaligen Verhältnissen nicht eben zur Empfehlung, am wenigsten
dem Chemiker, der ob seines neuen und ungewöhnlichen Faches ohnehin schon etwas Verdächtiges an und um sich hatte.

Kaum hatte Marchand in dem neu eingerichteten Laboratorium
seine Thätigkeit begonnen, als er durch den Verkauf des Hauses zur
Übersiedelung in eine andere Wohnung genötigt wurde. Er nimmt
daraus Gelegenheit, die Notwendigkeit der Erbauung eines eigenen Universitätslaboratoriums zu erörtern und in einer ausführlichen Denkschrift
(1844) eingehend zu begründen. Aber seine Vorschläge, obwohl von
der Fakultät auf Grund eines von Schweigger erstatteten Gutachtens
warm befürwortet, werden durch Ministerialreskript vom 8. Juni 1846
vorerst und bis auf weiteres zurückgestellt; man müsse zuvor die
kgl. Entschliessung über den Ausbau der Moritzburg abwarten, deren
ausgedehnte Gewölbe von dem Kurator als zur Aufnahme des
chemischen Instituts besonders geeignet geschildert worden waren.

Im Sommer 1850 wurde Marchand durch die Cholera dahingerafft. Sein Nachfolger Wilh. Fr. Heintz [1], welcher im Frühjahr 1851 als Extraordinarius von Berlin nach hier berufen wurde, musste seine Thätigkeit wiederum mit einem Auszug beginnen. Das Laboratorium kam jetzt in das damals der Witwe Gruber gehörige noch heute stehende Haus, Barfüsserstrasse 10, wo es bis zur Vollendung des jetzigen Instituts verblieb. Die Kosten der Übersiedelung und Neueinrichtung betrugen 258 Thlr. 2 Sgr. 5 Pf.

Selbstverständlich war das Laboratorium äusserst beschränkt: eine Stube für den Professor, eine für Praktikanten und den Assistenten, eine Materialkammer, eine Remise im Hinterhaus war zum Auditorium befördert worden.

Mit Anfang seiner Lehrthätigkeit an hiesiger Universität tritt Heintz sofort für die Verbesserung der Lehrmittel aufs energischste ein. Er greift die Vorschläge seines Vorgängers wieder auf und begründet sie von Neuem in einer ausführlichen Denkschrift (1852); da wird mit grossem Freimut dargethan, dass Preussen in der Sorge für die Lehrmittel des naturwissenschaftlichen und namentlich des chemischen Unterrichts hinter den süddeutschen Staaten weit zurückgeblieben und selbst von Österreich überholt sei. Im Anschluss an Liebig's diesbezügliche Abhandlung aus dem Jahre 1840 wird die Bedeutung der Chemie für Technik und Industrie, für die Medizin und die übrigen Naturwissenschaften erörtert und die Notwendigkeit der Erbauung eines eigenen Universitätslaboratoriums eingehend nachgewiesen. Heintz liess in diesen Bemühungen nicht nach; es dauerte aber lange, bis sie einen wenigstens für kurze Zeit befriedigenden Erfolg herbeiführten

Vorerst musste es schon als Gewinn erscheinen, dass 1853 auch die andere Hälfte des Erdgeschosses im Gruber'schen Hause gemietet und zum Laboratorium eingerichtet werden durfte, auch der Etat des Instituts erhöht wurde. Die durch den Tod des Prof. Dr. Steinberg erledigte Stelle für pharmazeutische Chemie war nicht wieder besetzt und somit die seitherige Subvention des pharmazeutischen Laboratoriums mit 400 Thlr. disponibel geworden; davon wurden 270 Thlr. dem Etat des Heintz'schen Laboratoriums zugewiesen. Der Rest von 130 Thlr. kam zwar auch mehrenteils dem chemischen Institut zu gut, musste aber durch wiederholte und alljährlich mit grosser Regelmässigkeit wiederkehrende Gesuche um ausserordentlichen Zuschuss für Deckung von Etatsüberschreitungen, Anschaffung neuer Apparate,

---

1) Geb. 4. November 1817 zu Berlin, gest. 2. Dezember 1880 zu Halle a S.

kostspielige Reparaturen, Remuneration von Assistenten und dergl. mehr in kleinen Pöstchen abgezupft werden.

In den kommenden Jahren nahm die Zahl der Zuhörer und Praktikanten langsam aber stetig zu, so dass es sehr bald für die kleinen Räume zu viel wurde. Aber erst als 1860 durch die Verlegung der chirurgischen Klinik ein der Universität gehöriges Grundstück verfügbar wurde, sah Heintz den Erfolg seiner wiederholten und immer dringlicher werdenden Vorstellungen aus nebelhafter Ferne in greifbare Nähe heranrücken. Unterm 24. Februar 1862 verfügt der kgl. Staatsminister v. Bethmann-Hollweg, dass Bauinspektor Herr beauftragt werde, im Einvernehmen mit Professor Heintz eine Skizze für den Neubau eines chemischen Instituts auszuarbeiten. Derselben seien die Einrichtungen des chemischen Laboratoriums in Breslau zu Grunde zu legen, und die Grössenverhältnisse auf eine Zahl von etwa 40 Praktikanten abzumessen.

Der Bau, welcher auf den Fundamenten der ehemaligen chirurgischen Klinik aufgeführt ist, begann im Juli 1862 und wurde derart gefördert, dass die Übersiedelung in das neue Institut in den Sommerferien 1863 erfolgen konnte.

Der Zeitpunkt für den Bau des Instituts war kein glücklicher. Ende der fünfziger Jahre beginnt die technische Herstellung der Anilinfarben, welche zum ersten Mal auf der Londoner Weltaustellung 1862 in Massen erscheinen, durch Pracht und Feine staunende Bewunderung erregen und durch hohe Preise unglaubliche Konkurrenz hervorrufen. Aus diesen Anfängen entwickelt sich im Laufe der sechziger Jahre die Teerfarbenindustrie, welche nicht nur an sich ein nach Tausenden zählendes Heer von gelernten Chemikern verlangt und gewinnbringend beschäftigt, sondern auch mittelbar durch grossen Verbrauch an Chemikalien aller Art die gesamte chemische Industrie zu einer niemals geahnten Ausdehnung entwickelt. Die natürliche Folge war ein ganz ausserordentlicher Zudrang zu dem Studium der Chemie, welcher sich namentlich seit Ende der sechziger Jahre bemerklich macht. So ist es denn nicht zu verwundern, dass unser Institut, welches geplant und gebaut ist, gerade bevor diese Flutwelle an den deutschen Universitäten zu spüren war, gegenüber den nur wenige Jahre später gebauten Instituten in Berlin, Bonn, Leipzig höchst bescheiden und dürftig, verglichen mit den neuesten Prachtbauten in Strassburg, Göttingen, Zürich völlig antiquiert erscheint.

Schon wenige Jahre nach der Erbauung ist das Institut den Bedürfnissen nicht mehr gewachsen; unterm 6. Januar 1868 legt Heintz bereits einen Plan für die Vergrösserung des Instituts vor, auf den freilich nicht eingegangen wurde; man behalf sich mit Änderungen in der Einrichtung der Räume, weiterhin , mit Ausquartierung des Dieners, wodurch die Aufnahme einer grösseren Schülerzahl ermöglicht wurde. Erst ganz neuerdings verwirklicht sich die Erweiterung des Instituts durch einen Anbau, welcher, bereits in Ausführung begriffen, noch in diesem Jahr unter Dach kommen soll.

Das Grundstück des chemischen Instituts liegt am Ufer des Saalearmes „Mühlgraben", nördlich an die Strasse „Mühlpforte" anstossend, nach Osten von der Rückseite des zoologischen Instituts, nach Süden vom Domgarten begrenzt; es hat 3304,20 qm Fläche und enthält fünf Gebäude; das Haupthaus mit dem chemischen Institut, das baufällige frühere pathologische Institut, das seither als Dienerwohnung benutzte frühere Reil'sche Bad, endlich zwei Schuppen mit Aborten und Kohlenlager.

Das Hauptgebäude, 31,5 m lang, 13,75 m tief, parallel dem Mühlgraben, von welchem es durch ein kleines Gärtchen getrennt ist, enthält im Erdgeschoss und ersten Stockwerk sämtliche, den Zwecken des Unterrichts dienenden Räume des chemischen Instituts, im zweiten Stockwerk die Dienstwohnung des Direktors, im Dachgeschoss mehrere Zimmer für Dienstwohnungen der Assistenten und Speicher; unterkellert ist nur ein kleiner Teil des Gebäudes; von den drei sehr kleinen Kellerräumen gehören zwei zur Dienstwohnung des Direktors, eine ist für Gasanalyse eingerichtet.

Das Erdgeschoss ist durchweg gewölbt; da die Gewölbescheitel nur 2,8 m hoch, die Mauern sehr dick und die Fenster verhältnismässig klein sind, so hat das Erdgeschoss kellerartigen Charakter. Der Teil rechts vom Eingang, zwei Stuben, Kammer und Küche, war ursprünglich zur Dienstwohnung des Dieners bestimmt und wurde als solche benutzt, bis 1872 der Diener in das Erdgeschoss des an der Strasse stehenden Hauses übersiedeln konnte. Die Räume der früheren Dienerwohnung wurden jetzt zu einem Laboratorium für Anfänger in der Analyse notdürftig eingerichtet. Sie enthalten 20 Arbeitsplätze von je 0,70 m Breite und einen Arbeitsplatz von 5 m in einem gesonderten Verschlag für den Extraordinarius, dem der Unterricht im Erdgeschoss obliegt (Prof. Dr. O. Doebner); ferner vier Digestorien, welche jedoch teilweise, weil die Abzugsröhren auf weite Entfernung horizontal geschleift sind, nur sehr mangelhaften Zug haben.

Die Räume im Erdgeschoss links vom Eingang waren anfänglich zum gemeinsamen Gebrauch der im Laboratorium über einer Stiege beschäftigten Schüler für Glühoperationen, Destillationen, Verbrennungen und alle präparativen Arbeiten, welche grössere Apparate benötigen, bestimmt und mit vielen Windöfen, Muffeln, Sandbädern, Sandkapellen, Destillierblasen reichlich ausgestattet, ferner mit einer eingemauerten Retorte zur Gaserzeugung aus Ölen und einem Ofen zur Bereitung von Kalium versehen. Im Jahre 1883 wurde durch Herausnahme einer Zwischenwand ein grösserer Arbeitsraum von 13 : 7 m hergestellt, mit einem gutziehenden Digestorium von 3 m Front versehen und mit Hilfe alter Arbeitstische aus dem alten pathologischen Institut für die Aufnahme von etwa 20 Schülern eingerichtet. Dieser Arbeitsraum steht in Verbindung mit zwei Nebenräumen, welche Steintische für Verbrennungen und Destillationen, Glühöfen, Trockenschrank, Gasuhr und eine grosse kupferne Destillierblase zur Erzeugung von destilliertem Wasser und zur Heizung der Trockenschränke enthalten. Das Erdgeschoss enthält ausserdem noch einen Spülraum für den Diener, ein Wagezimmer, sowie Waschküche und Kohlenlager für den Direktor. Im Erdgeschoss sind zur Zeit 34 Praktikanten beschäftigt.

Das erste Stockwerk hat 5 m lichte Höhe und ist durch grosse Fenster durchweg gut beleuchtet. Der Hauptarbeitssaal in demselben, von 13 : 7 m Grundfläche, enthält 42 Arbeitsplätze; da diese jedoch nur 0,8 m Front haben und die Arbeitstische nur 2,8 m Achsenentfernung, so können nicht mehr als etwa 24 Schüler gleichzeitig in demselben beschäftigt werden. Zwei Digestorien von 2,80 und 1,80 m Front werden durch je zwei gemauerte und einen nicht verputzten Schornstein von 13 : 13 cm Querschnitt mangelhaft ventiliert; für eine Luftverneuerung in dem Raume ist keinerlei Vorsorge getroffen. Der Raum ist gegenwärtig mit 27 Schülern besetzt.

Dieser Arbeitssaal steht in Verbindung mit einem Zimmer von 5 : 5 m Grundfläche, welches das Privat-Laboratorium des Direktors enthält, und mit einer Materialkammer; ein Kabinet zwischen den beiden letzteren, welches mit dem Arbeitssaale nicht in direkter Verbindung steht, dient zur Aufbewahrung von Metallinstrumenten und enthält die Wage des Direktors. Die Etage enthält ferner ein Zimmer von 6 : 5 m, welches gleichzeitig als Wage- und Bibliothekraum benutzt wird, ein Auditorium mit 60 Sitzplätzen, einen Raum für die Sammlung und ein kleineres Vorbereitungszimmer, welche beide mit dem Hörsaal verbunden sind.

Zur Erweiterung des Instituts wird soeben ein Neubau aufgeführt, welcher aus einem das Haupthaus bis zur Strasse verlängernden, mit der Längsfront nach dem Fluss gerichteten Anbau und einem im rechten Winkel anschliessenden Flügel bestehen wird.

Die Verlängerung des Hauptbaues soll enthalten: im Parterre und über einer Stiege je einen Arbeitssaal von 14 : 12³/₄ m mit 18 lauf. m Arbeitstisch und 16 m Digestorium, nebst einem mit dem Arbeitssaal direkt verbundenen Stinkzimmer, ferner ein Stiegenhaus; nach der Strasse zu parterre zwei Sammlungsräume und ein Vorbereitungszimmer, welches an das neue Auditorium anstösst; über einer Stiege nach der Strasse hin einen kleineren Arbeitssaal von 7 : 12³/₄ m mit 30 ⸱ lauf. m Arbeitsplatz, welcher besonders für den praktischen Unterricht der Medizinstudierenden bestimmt ist. Der Flügel längs der Strasse wird ein Auditorium mit 150 Sitzplätzen, die Dienerwohnung, einen besonderen Aufgang zu dem Auditorium und Aborte enthalten.

Im Kellergeschoss sind Räumlichkeiten für Gas- und Spektralanalyse, Glühoperationen, Vorratsräume, Packraum, Werkstatt, Ventilations- und Heizungsanlage, Waschküche vorgesehen.

Zur Ventilation der Räume soll durch eine Gaskraftmaschine Luft eingetrieben werden, welche vorgewärmt werden kann. Für den Abzug der Luft werden die vielen Abzugsröhren der Digestorien vollkommen ausreichen, sodass dafür besondere Kanäle nicht vorzusehen sind. Die Digestorien erhalten für jeden laufenden Meter ein Abzugsrohr aus innen glasiertem Thonrohr von etwa 400 qcm Querschnitt, welches durch ein Gasflämmchen geheizt werden kann und senkrecht über Dach geführt ist. Die Digestorien der Stinkzimmer stehen mit einer weiten Esse in Verbindung, welche in dem Raume selbst in die Höhe geführt ist und durch das Rauchrohr der Zentralheizung und des Wasserdestillierapparates geheizt wird.

Der Neubau wird also drei Arbeitsräume mit zusammen 126 lauf. m Arbeitsplatz enthalten. Die Arbeitssäle des alten Instituts sollen teils zur Einrichtung eines zweiten Auditoriums, teils für grössere Privat-Laboratorien der Professoren verwendet werden. Der Altbau wird an Arbeitsräumen nunmehr enthalten einen Saal mit 24 lauf. m Arbeitsplatz, sowie in Erdgeschoss und Etage je einen für Verbrennungen und Kanonenöfen besonders eingerichteten, an die Arbeitssäle des Neubaues direkt anstossenden Raum. Wagezimmer, Bibliothek, Sprechzimmer der Professoren, Material- und Instrumentenkammer verbleiben im alten Gebäude.

Als Bedachung ist für den Neubau der vielen das Dach durchsetzenden Röhren wegen Holzzementdach gewählt.

An dem Entwurfe des Erweiterungsbaues haben sich nach einander verschiedene Baubeamte beteiligt; die Ausarbeitung erfolgte im Einverständnis mit dem Institutsdirektor durch den Königl. Bauinspektor

Gorgolewski. Die Ausführung ist dem Königl. Reg.-Baumeister Frey-
tag übertragen.

Das chemische Institut steht gegenwärtig unter der Leitung des
Prof. Dr. Volhard, welchem vier Assistenten und ein Diener beigegeben
sind. Die praktischen Übungen finden unter Mitwirkung des Prof.
Dr. Doebner statt.

DAS BOTANISCHE INSTITUT.

Der botanische Garten, in den man von der gr. Wallstrasse eintritt, macht durch seinen alten, zum Teil noch von der Gründung
(1787) herstammenden Baumwuchs den Eindruck eines Parks, in
dessen freie Flächen die für Unterricht und Wissenschaft dienenden
Anlagen eingestreut sind; er bildet auf diese Weise, früher nur „bei
Halle", jetzt fast mitten in der Stadt gelegen, eine wertvolle Verschönerung derselben.

Gleich am Eingang steht, von mächtigen Kastanien umgeben,
das „Institutsgebäude" (7), und an demselben beginnt eine 1820
von Kurt Sprengel angelegte Allee, welche den vorderen, leicht von
Ost gegen West ansteigenden Garten in zwei Teile zerlegt. Links
davon, gegen Süden, befinden sich das „Pflanzensystem" (1) und
die „Arzneigewächse" (2), nach Norden und gegen die Lauren-
tiuskirche zu die „Farnanlage" (3), das „Alpinum" (4) und während des Sommers, zu geographischen Gruppen (5) vereinigt,
die Aufstellung fremder Gewächse.

Am oberen Ende der Allee, zwischen den Farnhügeln hindurch,
gelangt man an die Glashäuser (6), Palmen- und Neuholländerhaus einer-, grosses Kalthaus und „Vermehrung" andrerseits; auf
einem weiterhin, rechts um den Laurentiuskirchhof sich erstreckenden
Planum sind die Kulturkästen, das „Reservestück", die annuellen
Pflanzen und die Betriebsgebäude vereinigt.

Zwischen dem Palmenhaus und der „Sternwarte" kommt man
auf die Anhöhe, wo die Gärtnerwohnungen liegen und hübsche Durchblicke nach der Moritzburg und auf die Saalauen sich darbieten;
zwischen Bäumen und Gebüsch steigt man von hier rasch an die
Westgrenze des Gartens nieder, die von einem Saalearm gebildet wird
und wo neben Gehölzanlagen auch die „Baumschule" sich findet.

1. Das „System" nimmt von dem Areal des Gartens (46688
qm) leichthin ein Drittel in Anspruch, und soll eine Vorstellung von
der natürlichen Verwandtschaft der Blütenpflanzen geben, zu deren

Repräsentation hier etwa 1000 Arten versammelt sind. Ausführliche
Etikettierung und aufgestellte Plänchen dienen dazu, auf diesem
wichtigsten Teile des Freilandes bequem sich zurecht zu finden. Der
von der Allee zuführende Weg spaltet sich, dem natürlichen System
entsprechend, alsbald in einen linken, der nach den Monokotylen weist,
und einen rechten, der in die Dikotylen führt. Der letztere teilt sich
nach kurzem in einen bei den Kompositen endigenden Ast, der Sympetalen, und einen längeren, vor dem Palmenhaus rückläufigen, an
dem die Choripetalen liegen. In diesem Teile des Gartens finden im
Sommer täglich Demonstrationen und Besprechungen für die Studierenden statt.

Von dem sympetalen Wege aus (bei der Familie der Scrophu-
lariaceen) kommt man an die Südgrenze des Gartens, zu der Abteilung der

2. „Arzneigewächse". Dieselben, soweit sie im Freien aus-
dauern, sind in drei Gruppen geteilt und diese durch zugehörige Ge-
hölze getrennt: Giftpflanzen, welche je nach der Entschiedenheit ihrer
Wirkung mit roter Schrift oder schwarz mit roter Berandung ausgezeichnet sind; offizinelle Gewächse der Pharmakopoea germanica und
die sogenannten obsoleten Pflanzen.

3. Die beiden Hügel am oberen Ende der Allee sind mit Farnen
besetzt; der rechtsseitige insbesondere beherbergt zwischen Steinfeldern
die Mehrzahl der deutschen Farne in zahlreichen Exemplaren. Von
da gelangt man zu dem

4. „Alpinum", einer grossen, zur Herstellung möglichst vieler
Kulturbedingungen mannigfaltig gestalteten Anlage aus Porphyrblöcken.
Es ist darauf verzichtet, die alpine Flora geographisch zu ordnen und
nur versucht, das Gedeihen zu begünstigen. Die zahlreichen (gegen
900 Arten), zum Teil seltenen und überaus zierlichen Formen dieses
Gebietes haben bei uns ihren Hauptflor im Frühling und Sommer.
Das von den „Alpen" kommende Wasser wird nach einer Mooranlage
geleitet, wo hierfür qualifizierte Gewächse angepflanzt sind. Vor dieser
letzteren stehen im Sommer die Kalthauspflanzen in

5. „geographischen Gruppen". Die Vegetation der Mittel-
meerländer, die neuholländischen, die chinesisch-japanischen Pflanzen,
die Gewächse des Kaplandes sind am reichsten vertreten. Es ist un-
bestimmbar, ob zur Zeit der Naturforscher-Versammlung diese Gruppen
noch im Freien existieren werden; denn selbstverständlich beziehen
je nach der Witterungsgunst Mitte oder Ende September diese Repräsentanten wieder die Glashäuser.

14*

6. Unter diesen letztern sind eine Anzahl nur Kulturhäuser und demnach für die Besichtigung durch das Publikum ungeeignet. Nur in dem Palmenhaus und dem sogenannten Neuholländerhaus ist eine Anordnung der Pflanzen derart möglich, dass sie den Besuch ohne Störung des Betriebes gestattet. Die Kultur unserer Pflanzen geschieht ohnehin lediglich für Zwecke des Unterrichts und der Wissenschaft.

7. Der „Lehr- und Sammlungsapparat" im Institutsgebäude, der bisher gänzlich unzureichend war, soll nunmehr eine den Bedürfnissen unserer Universität entsprechende Einrichtung erfahren. Bis jetzt ist nur die sehr ansehnliche Bibliothek des Instituts endgültig aufgestellt und ein physiologischer Arbeitsraum benutzbar, die Räume für Mikroskopie und der neue Hörsaal sind zur Zeit noch unausgeführt. Das Gleiche gilt von den Räumen für das nicht unbedeutende, im Jahre 1867 erworbene, von Schlechtendal'sche Herbarium, das bisher nebst den sonstigen Sammlungen keine Aufstellung finden konnte.

Unter den gegebenen Verhältnissen sind demnach die wissenschaftlichen Sammlungen und Apparate zur Zeit unzugänglich. Über die Besuchszeit des botanischen Gartens (der Regel nach von morgens bis abends) geben die Anschläge an Ort und Stelle nähere Auskunft.

Das Institut steht unter der Leitung des Professor Dr. Kraus, welchem zwei Assistenten, der botanische Gärtner nebst Arbeitern, sowie ein Diener unterstellt sind.

DAS MINERALOGISCHE INSTITUT.

Mineralien, Gesteine und einzelne Versteinerungen sind schon vor 1800 für die Lehrzwecke der Universität gesammelt worden. Indess blieben diese Anschauungsmittel selbst nach Hinzufügung einiger alten Wittenberger Sammlungsstücke unbedeutend.

Erst seit den Zeiten des Wirkens von Ernst Fr. Germar kann man von einem hiesigen mineralogischen Museum reden.

Dieser hatte sich 1812 hier habilitiert und wurde nach Steffens Tod als dessen einstweiliger Stellvertreter mit der Leitung des „Mineralienkabinettes" betraut; aber die Westfälische Regierung hob am 19. Juli 1813 die Universität wieder auf. — Nach deren Wiedereröffnung erhielt Germar zwar 1817 einen ausserordentlichen Lehrstuhl für Mineralogie, aber von 1819 bis 1822 war K. v. Raumer

Ordinarius für das Fach und Direktor des Mineralienkabinettes. Erst 1824 trat Germar an dessen Stelle.

Die Bedürfnisse der in der Nähe belegenen Königl. Bergämter und der „Bergeleven", von denen nicht wenige hier studierten, erheischten Erweiterung der Lehrmittel. Diese erfolgte durch die Einrichtung eines Museums. Anfangs befand sich die „oryktognostische Sammlung" in gemieteten Räumen. Nachdem aber 1840 die chirurgische Klinik aus der Residenz heraus verlegt wurde, konnte das inzwischen durch die rege Thätigkeit Germars und durch grosse Schenkungen — darunter die für die Geognosie der Umgegend bedeutende Gebirgsprobensammlung des hochverdienten Berghauptmanns W. v. Veltheim — erheblich herangewachsene Museum dorthin übergeführt werden. Im grossen Saale wurden die Schausammlungen untergebracht, von fünf weiteren Räumen diente einer als Hörsaal, der zweite als Vorbereitungszimmer, der dritte als kleinerer Sammlungssaal, die beiden übrigen enthielten Gesteinsreihen und zurückgesetzte Dinge. Germar starb am 8. Juli 1853.

Sein Nachfolger, Girard, verwendete zwanzig Jahre lang mit grösster Sparsamkeit die dürftigen, ihm zur Verfügung gestellten Gelder dazu, die vorher bei vorwiegender Pflege der Versteinerungskunde minder berücksichtigten Sammlungsteile: den mineralogischen und den petrographischen, zu vervollständigen.

Aber die Mittel waren allzu gering, erheblichere Schenkungen fehlten, und so war Halle im Jahre 1874 ärmer an Lehrmitteln für Mineralogie und Petrographie wie für Geologie und Paläontologie als die meisten anderen Universitäten. Die Sammlungen enthielten freilich vieles, was mit Recht ausgezeichnet genannt wurde und noch jetzt besondere Zierden bildet: so die Stücken, welche den Arbeiten von Germar und von Andrä über Wettin, auch die, welche manchen Veröffentlichungen Giebels und anderer zugrunde gelegen haben.

Doch bestanden in allen Sammlungsteilen sehr grosse Lücken; es fehlte an fast allen jenen Hilfsmitteln, Instrumenten und Vorrichtungen, die sich zu eingehenden Arbeiten auf den Gebieten der Mineralogie und der Felsartenlehre unentbehrlich gemacht hatten.

Das Königliche Kultusministerium entschied sich dafür, der Universität ein mineralogisches Institut zu schaffen, das der Provinz Sachsen und der reichen Entfaltung des Bergbaues in derselben, wie aller der Anstalten und Gewerbe, die sich auf den Bodenreichtum gründen, würdig sei.

Ein solches Ziel war ohne viele Opfer nicht erreichbar; auch gehörte viele Zeit dazu. Denn eine Vorbedingung war die Raum-

erweiterung des Institutes und eine weitere die Bewältigung vieler
Arbeit. Bei sehr zahlreichen anderen notwendigen Aufgaben der
Universität konnte leider der Neubau eines mineralogischen Institutes
nicht bewilligt werden.

Dagegen lag es nahe, zuerst die Räume, welche bis 1882 noch
das anatomische Institut enthielten, zum mineralogischen Institut hin-
zuzuziehen und ihm anzugliedern, sowie für eine nur wenig ferner
liegende Zukunft eine noch weitere Ausdehnung desselben in angrenzenden Teilen der Residenz ins Auge zu fassen.

Die Vergrösserung der Sammlungen und die Anschaffung von
Instrumenten konnten glücklicherweise schon vor der Raumerweiterung
beginnen, damit für die Lehrzwecke einigermassen gesorgt werde.

1885 erst fing die Umgestaltung an, noch im Sommer 1888 waren
die Bauarbeiter und Handwerker thätig, bevor die Neuaufstellung der
Lehrmittel zur ersten vorläufigen Abrundung gebracht werden konnte.

Schon im August desselben Jahres wurde das Institut in seiner
neuen Gestalt der hier tagenden Generalversammlung der Deutschen
geologischen Gesellschaft vorgezeigt und im nächsten Jahre von Teil-
nehmern am IV. allgemeinen deutschen Bergmannstage besucht.

Das Erdgeschoss enthält den Hörsaal, zwei Räume für Vorles-
ungsvorbereitungen und Repetitorien, ein kleines, auf drei Gelasse
verteiltes, chemisches Laboratorium, ein Mikroskopierzimmer mit an-
stossendem Dunkelzimmer zu krystallographischen Arbeiten, drei Arbeitszimmer, ein Dienerzimmer und mehrere Vorplätze und Nebenräume.

Im oberen Stockwerke liegen drei grössere, sowie zwei kleinere
Sammlungssäle, zwei Arbeitszimmer, ein Bibliothekszimmer und ein
Besuchszimmer.

Im Dachstocke befinden sich Arbeitszimmer, Aufbewahrungs-
räume und Bodengelasse. In einem Seitengebäude hat der Diener
seine Wohnung.

In bescheidenem Masse ist das Institut mit den krystallographischen, petrographischen und chemischen Instrumenten und Apparaten
versehen, welche zu Untersuchungen und Forschungen auf unseren
Wissensgebieten erforderlich sind.

Die für die regelmässigen Vorlesungen und Übungen dienenden
Gegenstände sind als besondere, den Studierenden stets zugängliche
Lehrsammlungen von den allgemeinen Hauptsammlungen
abgesondert und in den Nebenräumen des Hörsaales untergebracht.

Ebenso bilden die unter Glas ausgestellten Stücken besondere
Schausammlungen.

Nur diesen Letzteren können hier einige Worte gewidmet sein.

Der grösste Saal — in welchem nach der Mühlberger Schlacht die Begegnung Karls V. mit Philipp von Hessen stattgefunden haben soll — ist durch den Umbau sehr verschönert und besser beleuchtet worden.

Er enthält in geognostischer Ordnung ca. 5300 Nummern Versteinerungen, welche der Provinz Sachsen und den angrenzenden Landschaften entstammen. Die Ausdehnung der Provinz nach dem Werrathal bei Allendorf und das Vorhandensein der getrennt liegenden Teile bei Suhl und Schleusingen, bei Ziegenrück und bei Gefell unweit Hof rechtfertigen es im Verein mit den Naturverhältnissen der Landschaft, dass wesentlich das Gebiet zwischen 50° und 53° n. Br. und zwischen 9½° und 12½° ö. L. von Greenwich, nur wenig aber die östlicheren und die nördlichsten Teile der Provinz berücksichtigt sind. —

Auf die Zusammenstellung und Vervollständigung dieser Heimatssammlung wird vor allen Dingen grösster Eifer verwendet. Denn keinem anderen Museum kann dieselbe Aufgabe gestellt werden, wenn auch überall die Beschauer der Sammlungen eine würdige Vertretung einheimischer Funde zu sehen wünschen. Andere Orte haben teils zu engeren Gebieten, teils zu wesentlich anderen ihre Beziehungen, wenn auch das „Heimatsgebiet" der Universitätssammlungen von Göttingen z. B. zum sehr grossen Teile mit dem unsrigen zusammenfällt.

Noch ist die Halle'sche Heimatssammlung in manchen Dingen lückenhaft, doch bietet sie schon jetzt in manchen Abteilungen (Diluvialfaunen, Flora und Fauna der hiesigen Braunkohlenbildungen, Pflanzen und Tiere der Kreidebildungen am Harzrande, Triasversteinerungen aller Art, Versteinerungen des Zechsteins, des unteren Rotliegenden, des Wettiner Kohlengebirges, auch einiger Schichtenreihen des Thüringer Schiefergebirges) besondere Reichhaltigkeit.

Im zweiten Saale befindet sich eine allgemeine paläozoologisch geordnete Sammlung, von geringer Grösse zwar, ca. 2200 Nummern, doch mit manchen beachtenswerten Teilen, besonders unter den fossilen Säugetieren, z. B. guten Stücken von Maragha in Persien.

Der dritte Saal ist den fossilen Pflanzen eingeräumt, die in wenigen andern deutschen Universitäten in gleicher Art vertreten sind; die Ausstellung umfasst ca. 1200 Nummern.

In den beiden kleinen Sälen befindet sich die Aufstellung der Mineralien, etwa 2650 Stücken darbietend. Aus den Sammlungen von Hessenberg und von Saik rühren sehr viele der ausgezeichnetsten

Stufen her, welche hier sichtbar sind. Leider ist die Verteilung der Sammlung auf zwei Säle etwas störend. Die Mineralien mussten aber an diese Stelle kommen, weil in den nächsten Jahren der Süd- flügel des Gebäudes zum Institut hinzuzufügen ist, wobei an Stelle der jetzigen Karzer ein lichtheller grösserer Mineraliensaal eingerichtet werden wird. Nur bei der jetzigen Raumverteilung kann diese bald bevorstehende Erweiterung ohne grosse Störung der anderen Teile des Institutes erfolgen und mit Rücksicht auf die etwa notwendig werdende Trennung einer mineralogisch-krystallographischen von der paläontologisch-geologischen Lehranstalt vorgenommen werden.

Endlich mag hier noch der Ausstellung technisch wichtiger Reihen von Vorkommnissen und einiger grosser Stücken sonstiger merkwürdiger Gegenstände, z. B. bemerkenswerter erratischer Blöcke, die z. T. „Kantengeschiebe“ oder „Dreikanter“ sind, in den Vorplätzen und Treppenräumen gedacht werden. Modelle hiesiger Braunkohlen- gruben, eine in besonders lehrreicher Weise zusammengestellte Bohr- probenreihe aus dem Salzbohrloche von Zscherben, die zur Verdeut- lichung der geognostischen Verhältnisse der hiesigen Umgebung dient, und eine Reliefkarte der Nordhäuser Gegend mit geologischer Aus- führung sind weiterhin in den Vorplätzen angebracht.

Weitaus die grössere Menge der in allen Sammlungsteilen vor- handenen Gegenstände — sowohl in den Schausammlungen als in den verschlossen gehaltenen und in Schubladen befindlichen — sind erst seit 1874 Eigentum des Institutes geworden.

Das Königl. Ministerium der geistlichen, Unterrichts- und Medi- zinalangelegenheiten hat durch Bewilligung grösserer Summen für den Ankauf ganzer Sammlungen, durch Erhöhung des Jahresetats und durch Überweisung zahlreicher, vorher dem zoologischen Museum der Universität angehöriger Gegenstände ungemein viel für diese Ver- mehrung der Lehrmittel gethan.

Indess ist sehr vieles auch durch opferfreudige Geschenkgeber hinzu gekommen, so besonders durch Zuwendungen von seiten des hiesigen Königl. Oberbergamtes und mehrerer Beamten desselben, ins- besondere des jetzigen Herrn Oberberghauptmanns Dr. Huyssen und des verstorbenen Herrn Bergrates Hecker, ferner durch Geschenke der Mansfelder Kupferschieferbauenden Gewerkschaft, der hiesigen Pfänner- schaft, der Riebeck'schen Montanwerke, weiter durch die grossartigen Schenkungen der verstorbenen Herren: Rentner Aug. Sack und Dr. E. Riebeck, und durch grössere oder kleinere Gaben vieler anderer,

deren Namen aufzuzählen nur der knappe diesem Berichte zuge-
messene Raum verbietet.

Das Personal des Instituts besteht aus dem Direktor Prof. Dr.
Freiherrn v. Fritsch, zwei Assistenten und einem Diener.

DAS ZOOLOGISCHE INSTITUT.

Das zoologische Institut der Universität existiert als solches erst
seit Ostern 1896, nachdem die Sammlungen aus dem obersten Geschoss des Universitätsgebäudes, wo sie in völlig unzureichender Weise
untergebracht waren, in die frühere Klinik am Domplatz übergeführt
worden waren. Das betr. Gebäude musste entsprechend der neuen
Verwendung einem ziemlich eingehenden, namentlich die innere Einrichtung berührenden Umbau unterworfen werden.

Das Gesamtareal des Instituts umfasst 3939 qm Bodenfläche.
Auf demselben erhebt sich, zwischen Dom und Mühlgasse einge-
schlossen, nach vorn vom Domplatz, nach hinten vom Chemischen
Institut begrenzt, das aus einem Frontbau und zwei angebauten langen
Seitenflügeln bestehende Institutsgebäude in zwei Etagen, mit der
Stirnseite nach SO gerichtet. Nur das Parterre des linken, domseitigen
Flügels gehört nicht zum Institut; in ihm hat die Bibliothek der
Leopoldo-Carolinischen Akademie der Naturforscher, welche auch einen
besonderen Eingang von der Domseite her hat, ihr Unterkommen
gefunden.

Vor dem Gebäude befindet sich ein kleiner Vordergarten, ein etwas
grösserer zwischen dem Nordflügel und der Mühlgasse. In letzterem
befindet sich ein Bassin mit Fontäne, ein Drahtbauer zur Aufnahme
von Tieren, ferner eine noch aus der klinischen Vergangenheit des
Gebäudes herrührende Baracke. — Auch der freie Raum zwischen
beiden Flügeln ist zum Teil mit Rasen besäet und mit Buschwerk
bepflanzt.

In dem ausgedehnten Souterrain befinden sich, ausser einer Dienstwohnung für den Institutsdiener, zahlreiche Kellerräume, die zur Aufbewahrung von Brennmaterial, von Glasvorräten, ferner als Ställe für
Versuchstiere benutzt werden. Einige derselben sollen noch für
Aquarien, sowie zur Aufnahme von Macerier- und Entfettungsapparaten
eingerichtet werden.

Die Räume, welche die Sammlungen enthalten, konnten nicht in
der Weise zusammengelegt werden, wie es etwa wünschenswert er-

scheinen könnte, wären diese in erster Linie Schausammlungen für das grosse Publikum. Es musste aber in erster Linie Rücksicht genommen werden auf die Arbeitsräume und Auditorien, die doch den Charakter eines akademischen Lehrinstitutes bestimmen. So sind die Sammlungen nicht nur auf beide Etagen verteilt, sondern auch sonst auseinandergerissen. Dies hätte sich nur vermeiden lassen, entweder auf Kosten der Lehrräume, oder durch tiefeinschneidende Änderungen im Bauplan, für welche die Mittel fehlten.

Betritt man das Gebäude vom Domplatze aus, so liegen nach links drei ineinandergehende grössere Räume, in welchen mit Ausnahme der isolirten Schädel sich alles befindet, was auf die Säugetiere Bezug hat: ausgestopfte Bälge, Skelete und in Weingeist oder sonst konservierte Weichteile derselben. Was irgend anging, wurde in Holzschränken, die aus der früheren Zeit stammen, aber einer Umarbeitung unterzogen wurden, untergebracht; nur die grösseren Säugetiere (keineswegs Muster in der Art der Konservierung) stehen frei.

Nach rechts, an der hofwärts gelegenen Portierloge vorbei, führt ein Korridor, der sich mit einem ebensolchen im rechten Flügel in Verbindung setzt. An ersterem liegen, gegen den Domplatz gerichtet, das Arbeitszimmer des Inspektors, dann ein kleiner, zur Aufnahme von Schränken mit Insekten-Doubletten bestimmter Raum und schliesslich das grosse Eckzimmer, in welchem die Insektensammlung untergebracht ist. In dieser dürfte namentlich auf die Schmetterlinge hingewiesen werden, die einen bei Universitäts-Sammlungen nicht oft vorkommenden Reichtum an Formen, einheimischen sowohl wie exotischen, aufweisen, da die grosse Sammmlung des † Landgerichtsrat a. D. Keferstein (Erfurt), zusammen mit der entomologischen Bibliothek desselben, testamentarisch an unser Museum fiel. Ausserdem enthält sie die Suffrian'sche Käfersammlung, die uns ebenso durch letztwillige Verfügung des früheren Besitzers zu Teil wurde, leider aber stiftungsgemäss nicht mit der Hauptsammlung verschmolzen werden darf. — In den Wandschränken befinden sich anatomische, entwickelungsgeschichtliche und biologische, auf Insekten bezügliche Präparate, an deren Vervollständigung stetig gearbeitet wird.

Die im Parterre des rechten (nördl.) Flügels befindlichen Räume erhalten ihr Licht sämtlich von Norden. Über ihre Verwendung sei hier nur soviel bemerkt, dass die beiden ersten dem Präparator zu seinen Arbeiten eingeräumt sind; von den beiden folgenden ist eines Wohn-, das andere Arbeitszimmer des Assistenten. In einem weiteren befindet sich die Konchyliensammlung (exklus. der Weingeistpräparate) in neuer Anordnung. Die weiterhin folgenden sind Reserveräume, die event. Praktikanten eingeräumt werden.

Die Verbindung des Parterre mit dem obern Stockwerk wird durch drei Treppen vermittelt: durch die Haupttreppe im neuerbauten Treppenhause auf der Hofseite des Vordergebäudes; dann durch eine zweite, im Anfange, endlich durch eine dritte, in der halben Länge des nördlichen Flügels gelegene.

Gelangt man über die erstere in das obere Geschoss, so hat man rechts und links geräumige, helle Korridore, die noch zur Aufnahme von Sammlungsobjekten Verwendung finden; die darauf ausmündenden, ihr Licht vom Domplatze her empfangenden Zimmer sind zu Arbeits-, resp. Lehrräumen benutzt. Am weitesten links (gegen den Dom zu) liegen die zwei Zimmer des Direktors. An diese stösst ein helles, geräumiges Bibliothekzimmer an, in welchem eine Anzahl von Handbüchern, Monographieen und wissenschaftlichen Zeitschriften sich finden. Besonders hervorzuheben sind die in grösserer Zahl vorhandenen Kupferwerke über Schmetterlinge, die aus dem Kefersteinschen Legate (siehe oben) stammen.

Auf die Bibliothek folgt das grosse Auditorium, mit stufenweise sich erhebenden Sitzen neuer Konstruktion, die für 96 Zuhörer Raum bieten. Dasselbe ist dreifensterig und hat ausserdem noch ein grosses Oberlicht.

Im Anschluss daran findet sich weiterhin ein kleines Vorbereitungszimmer, zur Aufnahme des Demonstrationsmateriales und der Wandtafeln und Tafelgestelle. An dieses schliesst sich wieder an das kleine Auditorium, das die NO-Ecke des ersten Stockwerkes einnimmt und 40 Zuhörer fasst. Beide Auditorien sind mit dem von ihnen eingeschlossenen Vorbereitungszimmer durch Thüren verbunden, um eine bequeme Kommunikation zu ermöglichen.

Von der Sammlung befindet sich der grössere Teil im oberen Stockwerk, und zwar, wie schon erwähnt, in den rechts und links von der Treppenmündung gelegenen Korridoren, besonders aber im südlichen, gegen den Dom zu gelegenen Flügel. Im nördlichen Korridor sind die isolierten Säugetierschädel untergebracht, im südlichen fanden die Cölenteraten (ausser den Korallen) und die Echinodermen Aufstellung.

Die Räume des Flügels, früher sämtlich durch Thüren auf einen langen, den ganzen Flügel auf der Südseite durchziehenden Gang mündend, wurden durch partielle Entfernung der Abtrennungsmauern gegen den Gang hin, so dass nur breite Pfeiler stehen blieben, sozusagen zu einem einzigen riesigen Sammlungsraum vereinigt. Da einige der Trennungswände der Zimmer unter sich aus bautechnischen Gründen erhalten bleiben mussten, so ist der ganze Raum gleichsam in eine Anzahl grosser Nischen geteilt, in die man vom Hauptgange aus gelangt. Hier sind fast ausschliesslich neue Schränke in Eisenkonstruktion aufgestellt, welche nach den in der Anatomie befindlichen gebaut wurden.

Im ersten auf den Korridor des Vordergebäudes folgenden Raum haben die Würmer, Crustaceen, Arachniden und Myriapoden Unterkunft gefunden. Dann kommen die Weichtiere (in Spiritus), Tunikaten und Fische; weiterhin die Amphibien und Reptilien; endlich die den weitaus grössten Raum beanspruchenden Vögel. Im Anfang des Längsganges sind in zwei Schränken die Korallen untergebracht.

Der nördliche Flügel enthält im oberen Geschoss ausschliesslich Arbeitsräume: ausser einigen kleineren Zimmern für selbständig arbeitende Praktikanten befindet sich darin ein sechsfenstriger, geräumiger Saal zur Abhaltung der zootomischen und mikroskopischen Kurse für Anfänger. — Zwei der Zimmer sind seit einigen Jahren Herrn Prof. Dr. Zopf interimistisch abgetreten, der darin ein kryptogamisches Laboratorium eingerichtet hat. Selbstverständlich ist in allen den Lehrzwecken gewidmeten Räumen auf Gas- und Wasserzufuhr Bedacht genommen; auch sind sie teils durch eiserne, teils durch Kachelöfen heizbar. In den Sammlungsräumen wurde auf Heizung verzichtet.

Das Institut wird durch den Direktor Prof. Dr. Grenacher geleitet und besitzt einen Inspektor Prof. Dr. A. Taschenberg, einen Kustos Prof. Dr. O. Taschenberg, einen Assistenten, Konservator und einen Diener.

DAS LANDWIRTSCHAFTLICHE INSTITUT.

Der im Jahre 1862 an hiesiger Universität gegründete Lehrstuhl für Landwirtschaftswissenschaft wurde im Februar 1863 durch Errichtung eines landwirtschaftlichen Instituts erweitert. In völliger Übereinstimmung mit den übrigen Universitäts-Instituten bildet dasselbe den Vereinigungspunkt aller Hilfsmittel für Lehre und Forschung auf dem Gebiete der speziellen Fachdisziplin. [1] —

1) In solcher allein korrekten und von Anfang an scharf begrenzten Auffassung war das landwirtschaftliche Institut hiesiger Universität zur Zeit der Errichtung das erste seiner Art. Derartige, den naturwissenschaftlichen und medizinischen Universitäts-Instituten ganz analoge landwirtschaftlichen Institute dürfen — wie jedoch häufig

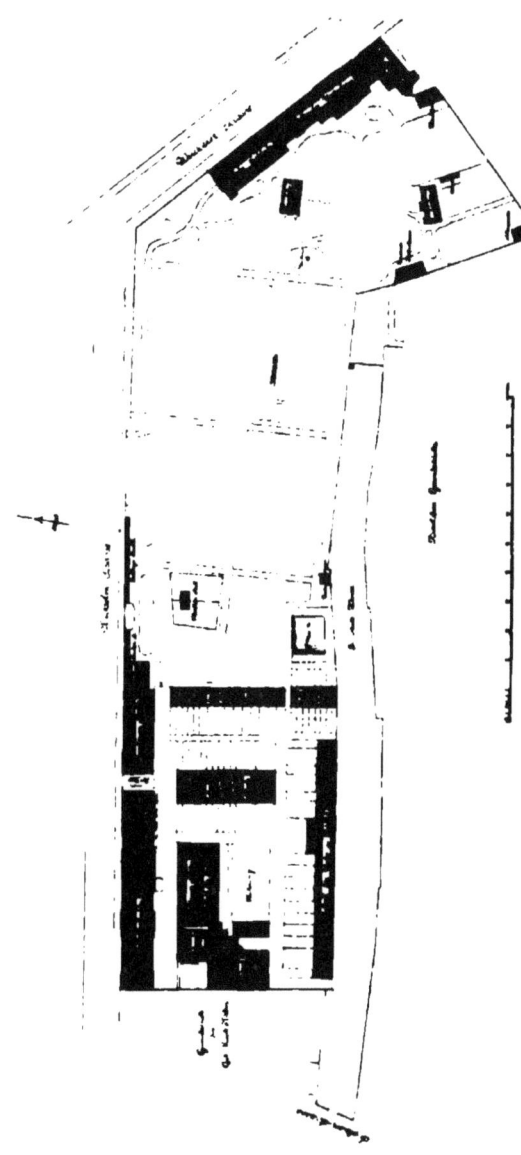

Lageplan des landwirtschaftlichen Instituts.

Das nur 12 Minuten vom Universitätsgebäude entfernte, an der
Wucherer- und Wilhelmstrasse gelegene und von der Universität erworbene Institutsgrundstück umfasst 2,89 ha. Über die Verwendung
desselben und über Lage der Gebäude giebt der Plan Seite 221 nähere
Auskunft. Ausserdem gehört zum Institut das von demselben ca. 13
Minuten entfernte Versuchsfeld, welches ausschliesslich aus erpach-
tetem Lande besteht. Es grenzt, unfern von der Klinik für Nerven-
krankheiten, an den Mühlrain.

Von den einzelnen Teilen des landwirtschaftlichen Instituts sind
folgende hervorzuheben.

1. Das Auditorium.

Wie es bei den übrigen Universitäts-Instituten der Fall ist, so
besitzt auch das landwirtschaftliche Institut seinen eigenen Lehrsaal,
der in dem unteren Stockwerk des an der Wuchererstrasse gelegenen
Lehrgebäudes sich befindet. Derselbe ist zunächst für die Landwirt-
schaftsdozenten bestimmt, es benutzen ihn aber auch die Dozenten
der Tierheilkunde, der Maschinenlehre und der Agrikulturchemie. Die
Grundwissenschaften ihres Faches hören die studierenden Landwirte
teils in den Hörsälen des Universitätsgebäudes, teils in denen der verschiedenen sonstigen Universitäts-Institute. — Es ist dies von grossem
Wert, weil die Studierenden der Landwirtschaft dadurch, dass sie bei-
spielsweise die Experimentalchemie im Auditorium des chemischen
Instituts, die Botanik im Lehrsaal des botanischen Instituts, die Na-
tionalökonomie im Universitätsgebäude mit den übrigen Studierenden
der Universität gemeinschaftlich hören, ungleich mehr sich in den
Geist des Universitätslebens eingewöhnen und dadurch einen grösseren
Erfolg für ihre innere Entwickelung gewinnen, als es der Fall sein
würde, wenn sie nur im Auditorium des landwirtschaftlichen Instituts
ihren Unterricht erhielten.

2. Das landwirtschaftlich-physiologische Laboratorium.

Das landwirtschaftlich-physiologische Laboratorium liegt über
dem Auditorium, im zweiten Stock des Lehrgebäudes. Es zerfällt in
zwei Abteilungen, in denen einerseits chemisch-physikalische, anderer-

geschieht — nicht verwechselt werden mit Lehr-Instituten, welche als besondere
landwirtschaftliche Unterrichts-anstalten mit Universitäten in eine nähere oder entfern-
tere Verbindung gebracht wurden. Die ersteren sind bezeichnend für die nach jeder
Richtung hin vollständige Einfügung des Landwirtschaftsstudiums in
den Gesamtorganismus der Universität

seits mikroskopische Arbeiten zur Ausführung kommen. Es ist charakteristisch für landwirtschaftliche Untersuchungen, dass meistens mehrseitige Ermittelungen nötig sind, um ein wirklich massgebendes Resultat zu erhalten, es gehen daher die Arbeiten in dem Raume für chemisch - physikalische Untersuchungen mit den mikroskopischen Übungen im Mikroskopiersaale Hand in Hand, sie ergänzen sich gegenseitig.

3. Die Handbibliothek für die Studierenden der Landwirtschaft und das Lesekabinet.

Die Handbibliothek für die studierenden Landwirte soll nach der fachlichen Seite die Universitäts-Bibliothek ergänzen. Sie enthält ca. 1700 selbständige Werke und ca. 2800 Bände von Zeitschriften. Zu ihr gehört das Lesekabinet, das mit landwirtschaftlichen, naturwissenschaftlichen und nationalökonomischen Zeitschriften reich ausgestattet ist und den Studierenden Gelegenheit bietet, sich mit den neuesten Erscheinungen auf diesen Gebieten der Literatur bekannt zu machen. Dasselbe befindet sich im Erdgeschoss des an der östlichen Grenze des Institutsgrundstückes liegenden Sammlungsgebäudes, während die Bibliothek im unteren Stock des an das Lehrgebäude sich anschliessenden Hauses plaziert ist, dessen obere Etage die Dienstwohnung des Institutsdirektors enthält.

4. Die landwirtschaftlichen Sammlungen.

Durch den vollen Eintritt der Landwirtschaftswissenschaft in den Studienkreis der Universität ist ein grosser Vorteil auch insofern gewonnen, als die reichen Sammlungen derselben den Landwirtschaftstudierenden nicht nur äusserlich zugänglich sind, sie empfangen vielmehr unter ihrer Benutzung und Unterstützung ihren Unterricht, wie es bei den Studierenden der Medizin, der Mineralogie, der Botanik etc. der Fall ist. Zu diesen mannigfaltigen Unterrichtsmitteln treten nun noch die landwirtschaftlichen Sammlungen. Diese sollen nicht die gesamten Unterrichtsmittel für das Landwirtschaftsstudium umschliessen, denn dahin gehört nach dem oben erwähnten der ganze wissenschaftliche Apparat der Universität, sondern nur die besonderen Hilfsmittel für das Studium der Fachwissenschaft enthalten. Ihre einzelnen Teile, die je nach ihrer speziellen Bestimmung in dem Sammlungsgebäude, dem Mikroskopiersaale des Lehrgebäudes, in der Maschinenhalle etc. sich vorfinden, sind folgende: die Bodensammlung, die Sammlung landwirtschaftlicher Maschinen und Geräte, welche teils in voller Ausführung, teils in Modellen vorhanden sind,

die Sammlung von Düngemitteln, die Samensammlung, das
Herbarium land- und forstwirtschaftlich wichtiger Pflanzen; die
pflanzenpathologische Sammlung, die Sammlung mikroskopischer Präparate, die Sammlung landwirtschaftlicher
Produkte, die Wollsammlung, die Sammlung landwirt-
schaftlich schädlicher Insekten. Eine besonders bedeutsame,
den Hauptbestand des grossen Sammlungsgebäudes ausmachende
Abteilung bildet die Sammlung für Osteologie der Haustier-
rassen. Sie besteht aus Skeletten, zum Teil auch aus Fellen und
inneren Organen und zwar zum weitaus grössten Teile von solchen
Tieren, welche in dem Haustiergarten des Instituts gehalten und im
Leben eingehend beobachtet wurden, deren Bildungs- und Entwicke-
lungsweise, deren Abstammung, Futterausnutzungsvermögen und
Leistungsfähigkeit genau festgestellt und registriert worden ist. Es
befinden sich darunter ganze Reihen von Geschlechtsfolgen. Diese
Sammlung ist einzig in ihrer Art; sie bildet die erste umfassende
Grundlage für exakte Untersuchungen zur allseitigen Klarlegung der
Beziehungen der Formen unserer Haustiere zu jenen Eigentümlichkeiten derselben, auf welchen ihr Nutzungswert beruht und die wohl
unterschieden werden müssen von den für den Rassetypus charakteristischen Gestaltungen.

5. Der landwirtschaftliche Pflanzengarten.

In demselben sollen die Kulturpflanzen in ihren Arten und wichtigsten Abänderungen zur Anschauung gebracht werden. Diejenigen
Formen, welche sich durch günstigere Entwickelung auszeichnen,
werden dann auf dem Versuchsfelde in grösserer Ausdehnung kultiviert und in ihrer Nutzbarkeit weiter geprüft. Es werden gegenwärtig 402 Sorten Halmgetreidearten, 170 Sorten von Hülsenfrüchten
und 175 Sorten sonstiger Kulturpflanzen angebaut. Eine besondere
Abteilung umfasst 154 ausdauernde Grasarten und krautartige Futter-
pflanzen. Zur Förderung einer genaueren Kenntnis der Pflanzenkrank-
heiten gelangen auch zahlreiche Pflanzenparasiten, insbesondere Brand-
formen, zum regelmässigen Anbau. Auch tierische Parasiten der
Kulturpflanzen, wie Anguillulenformen, werden gezüchtet, um einerseits die Entwickelungsverhältnisse und die Methoden zu ihrer Bekämpfung zu untersuchen, andernteils um Demonstrationsmaterial für
die Vorlesungen und für die Übungen im Laboratorium zur Hand
zu haben.

An der der Wilhelmstrasse entlang sich erstreckenden Nordgrenze
des landwirtschaftlichen Pflanzengartens befindet sich das geolo-

gische Profil, vor dem auf der einen Seite eine Gruppe kalk-
steter und auf der anderen eine Gruppe kieselsteter Gewächse
auf die näheren Beziehungen zwischen Bodenbeschaffenheit und Pflan-
zenentwickelung hinweist. Der Boden ist das Verwitterungsprodukt
der Gesteine, eine wissenschaftliche Betrachtung und praktische Wür-
digung desselben muss sich daher auf die Kenntnis der letzteren
stützen. Diese zu fördern und für das in der Vorlesung Gehörte, wie
auf Exkursionen Beobachtete eine übersichtliche Anschauung zu gewähren, ist der Zweck des geologischen Profils. In demselben sind
die in dem hiesigen näheren und entfernteren Exkursionsgebiete vorkommenden Gesteinsarten in ihrer natürlichen Beschaffenheit und nach
ihren thatsächlichen Lagerungsverhältnissen repräsentiert, wodurch ein
überaus wertvolles Anregungs- und Demonstrationsmittel gewonnen
wurde, das nicht nur für die studierenden Landwirte, sondern auch
für die Studierenden anderer Disziplinen, insbesondere vom Standpunkt
der Hygiene aus, für die Studierenden der Medizin von Bedeutung
ist. — Der für die Herstellung des geologischen Profils erforderliche
erhebliche Betrag von 12716 Mark wurde in höchst anerkennens-
werter Opferwilligkeit durch die Landwirtschaftstudierenden aufgebracht und der Universität zum Geschenk gemacht.

6. Der Haustiergarten.

Der Haustiergarten soll nach Seite der Tierzuchtlehre ganz dasselbe darstellen, was der landwirtschaftliche Pflanzengarten für die
Lehre vom speziellen Pflanzenbau ist. Wie hier die mannigfachsten
Varietäten der Kulturpflanzen zur Anschauung gebracht und in ihrer
Ausdauer und Nutzbarkeit geprüft werden, so soll der landwirtschaftliche Tiergarten Repräsentanten möglichst zahlreicher Rassen der Haustiere und der diesen verwandten Tierarten in sich vereinigen, um dem
Unterrichte in der Rassenkunde und der speziellen Tierzuchtlehre das
erforderliche Demonstrationsmaterial darzubieten; zugleich soll der
landwirtschaftliche Tiergarten aber auch der tierzüchterischen Forschung den weitesten Spielraum gewähren. Der Gedanke, einen solchen
Haustiergarten einzurichten, war völlig neu, folgte aber mit logischer
Konsequenz aus der Grundidee der hiesigen Organisation des Land-
wirtschaftstudiums. Wenn die Landwirtschaftswissenschaft als eine
selbständige Disziplin und zwar als Physiologie und Biologie
der Kulturorganismen[1]) in die Universität sich einführen und be-

---

[1]) Vergl. Julius Kühn, Das Studium der Landwirtschaft an der Universität Halle. Eine Festschrift zur Feier des 25jährigen Bestehens des landwirtschaftlichen Instituts der Universität. Cottbus 1888, Seite 27.

währen wollte, so müsste sie nach doppelter Seite, für die Kulturpflanzen und für die Kulturtiere, das erforderliche Demonstrations- und Untersuchungsmaterial sich zu verschaffen suchen. Es müsste daher die Gründung eines landwirtschaftlichen Tiergartens als eine unerlässlich notwendige Vervollständigung des Lehr- und Forschungsapparates eines landwirtschaftlichen Instituts angesehen werden. Was in demselben für Anschauung und scharfes Erfassen der Rasseformen am lebenden Tiere zu gewinnen ist, kann weder durch Abbildungen noch plastische Nachbildungen ersetzt werden. Dazu gesellt sich aber der Umstand, dass selbst, wenn dies möglich wäre, der Haustiergarten immerhin nötig bliebe, weil er dem Vertreter der Landwirtschaftswissenschaft den einzig möglichen Weg darbietet, selbständig und unbeeinflusst von äusseren Rücksichten tierzüchterische Versuche ausführen zu können, wie denn der hiesige Haustiergarten die **erste öffentliche Stätte für systematische tierzüchterische Forschung** ist. Ausführliche Mitteilungen über die Einrichtung dieses Teiles des Instituts und über die in demselben bisher gewonnenen Forschungsergebnisse enthält die unten angezogene Schrift S. 123 u. f. — Der gegenwärtige Bestand des Haustiergartens umfasst 686 Tiere, welche 117 Arten und Rassen und 15 Formen von Kreuzungen repräsentieren.

Den Zwecken des Unterrichtes in der Tierzuchtlehre dienen auch die dem Haustiergarten sich anschliessenden Einrichtungen für Demonstrationen und Übungen im Molkereiwesen und im Untersuchen und Beurteilen von Wolle, wie sie in dem an der Wilhelmstrasse liegenden **Molkereigebäude** und in dem in einer Abteilung der Maschinenhalle befindlichen **Wollkabinet** gegeben sind.

7. Das Versuchsfeld.

Das gegenwärtig ein Areal von 110 ha 84 ar umfassende Versuchsfeld konnte durch eine glückliche Fügung der Umstände so gewählt werden, dass es dem Institutsgrundstück verhältnismässig nahe liegt und anderseits sämtliche Acker-Bonitätsklassen der halleschen Flur einschliesst. Für die speziellen Versuchszwecke würde ein so bedeutendes Areal nicht erforderlich sein, aber um den im Haustiergarten gewonnenen Dünger in angemessenem Verhältnis verwenden und zugleich für den Tierbestand desselben Futter und Stroh nicht nur billiger, sondern auch in gleichmässigerer Qualität zu erzeugen, war die jetzt vorhandene Fläche als mindestes Mass der Ausdehnung zu erstreben. Es wurde dadurch zugleich der grosse Vorteil gewonnen, bei einem umfänglicheren Versuchsbetriebe alle Verhältnisse nach Mass und Gewicht genau feststellen zu können, um so für die landwirtschaftliche Verhältniskunde die wertvollsten Anhalte zu gewinnen. Es wird dabei auch der chemische Gehalt der angewandten Dungstoffe wie der gewonnenen Ernteprodukte genau festgestellt. Nähere Auskunft über die Einteilung und Benutzungsweise des Versuchsfeldes und über die auf demselben gewonnenen, wissenschaftlich und praktisch bedeutsamen Resultate finden sich in der angezogenen Schrift über das Landwirtschaftsstudium an hiesiger Universität.

8. Institute der Hilfsdisziplinen.

Im Interesse eines vollständigen Studiums der Landwirtschaft war es erforderlich, auch Dozenten für Disziplinen anzustellen, welche in der Universität früher nicht vertreten waren und die doch nicht von dem Professor für Landwirtschaft mit übernommen werden konnten. So wurden Dozenten für Maschinen- und Gerätekunde, für Baukunde und für Tierheilkunde berufen. Dieselben gehören der philosophischen Fakultät an und sind als Dozenten von dem Ordinariate für Landwirtschaft völlig unabhängig. Nur soweit dieselben Lehrmittel des landwirtschaftlichen Instituts benutzen, haben sie Beziehungen zu dem „Direktor" dieses Lehrapparates. Für Maschinen- und Gerätekunde, sowie für Baukunde sind die betreffenden Lehrmittel in der an der Wilhelmstrasse gelegenen Maschinenhalle vereinigt. Im Erdgeschoss derselben befindet sich ein grosser Raum zur Aufstellung umfänglicherer Maschinen und zur Ausführung von Maschinenprüfungen. In der oberen Etage ist ein Sammlungsraum für kleinere Maschinen und Geräte und ein Zeichensaal vorhanden. Dieser schliesst in den Wandschränken die Modellsammlung und die Sammlung für Baukunde ein.

Für den Unterricht in der Tierheilkunde standen an den früheren landwirtschaftlichen Akademien (Waldau, Eldena, Proskau und Poppelsdorf) den betreffenden Dozenten nur Sammlungen beschränkten Umfanges zur Disposition. Es erschien dies aber bei der Organisation des Landwirtschaftsstudiums an hiesiger Universität nicht ausreichend und es wurde alsbald für diesen Zweck die Errichtung einer Tierklinik, für welche zunächst das Tierhospital schon im Jahre 1865 gebaut war, in Angriff genommen und zwar auf privatem Grund und Boden mit dem Recht des Abbruches. Später ward derselbe, wie das ganze Institutsgrundstück, vom Staat übernommen, und die Tierklinik fand dann auch einen weiteren Ausbau. Obwohl sie in ihrer gegenwärtigen Ausstattung ihrem Zweck in trefflichster Weise dient und für die Landwirtschaftstudierenden ein überaus wichtiges Förderungsmittel des Unterrichtes in der Tierheilkunde ist, so lässt sich doch nicht verkennen, dass durch ihre unmittelbare Verbindung mit dem Haustiergarten nicht unerhebliche Nachteile sich ergeben. Die Tierklinik ist zwar bei der Lage an der westlichen Grenze des Institutsgrundstückes und bei einem eigenen Eingange von der Wilhelmstrasse her einigermassen isoliert, aber immerhin bleibt der Anschluss und Verkehr ein zu inniger, um nicht für den wertvollen Viehbestand des Haustiergartens einige Gefahr zu bieten. Es wird auch der Leiter der Tierklinik in der Aufstallung kranker Tiere durch die notwendige Rücksicht auf diese Gefahr in hohem Grade beschränkt. Sodann bildet die Tierklinik aber auch in dem landwirtschaftlichen Institut ein fremdes Element, das eigentlich nicht dahin gehört — sie musste nur in dieses aufgenommen werden, wenn im Jahre 1865 ihre Inslebenführung überhaupt erreichbar sein sollte. — Für die weitere Entwickelung ist es unstreitig in hohem Grade wünschenswert, dass die Tierklinik vom landwirtschaftlichen Institut getrennt und in ein selbständiges Institut umgewandelt werde. Ein dahin gehender, vor einigen Jahren durch den jetzigen Leiter der Tierklinik, Herrn Prof. Dr. Pütz, gestellter Antrag ist auch von seiten des Direktors des landwirtschaftlichen Instituts aufs wärmste befürwortet und in gleicher Weise von dem Königl. Universitäts-Kuratorium unterstützt, höheren Ortes aber leider vorläufig abschläglich beschieden worden. Es steht zu befürchten, dass diese Frage ihre definitive Entscheidung erst finden wird, wenn es gelingen sollte, an den Universitäten allgemeine Lehrstühle für vergleichende Pathologie zu begründen und mit selbständigen, allen Anforderungen der Zeit entsprechenden Instituten auszurüsten

Das gesamte Institut steht unter der Leitung des Geh. Reg.-Rat Prof. Dr. Kühn, welchem ein Administrator, ein Kustos, drei Assistenten, zwei Verwalter, ein Portier und ein Diener beigegeben sind. Prof. Dr. Pütz leitet die Veterinär-Klinik, an der ein Assistent angestellt ist.

2. DIE MEDIZINISCHEN ANSTALTEN.

Die meisten medizinischen Anstalten der Universität befanden sich früher in der sogenannten alten Residenz, dem Gebäudekomplex, welcher den alten Dom umgiebt. Hier waren in düstern und zum Teil ungesunden Räumen dicht bei einander die Anatomie, die gynäkologische

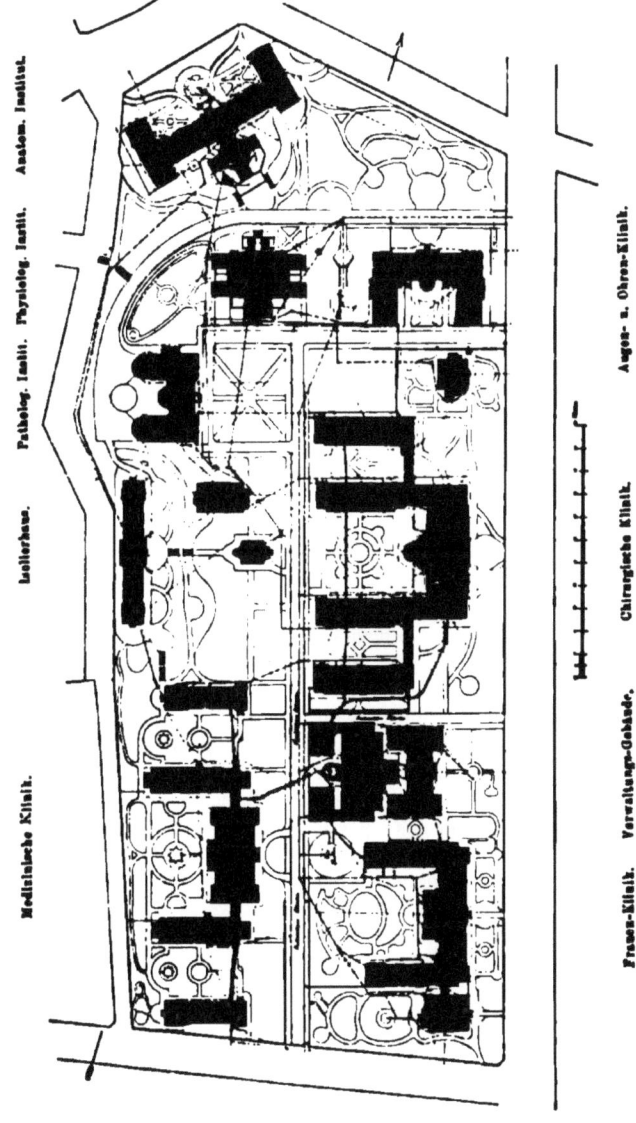

Medizinische Klinik.   Lettorhaus.   Patholog. Instit.   Physiolog. Instit.   Anatom. Institut.

Frauen-Klinik.   Verwaltungs-Gebäude.   Chirurgische Klinik.   Augen- u. Ohren-Klinik.

Lageplan der medizinischen Institute der Universität Halle.

Klinik, die medizinische und chirurgische Klinik und auf dem Vorplatz des chemischen Laboratoriums in einem unansehnlichen kleinen Hause das pathologische Institut untergebracht. Ein physiologisches Institut wurde erst im Jahre 1870 in einem gemieteten niederen ärmlichen Häuschen auf dem Harz angelegt.

Die bald unerträglich beschränkten und gesundheitswidrigen Zustände in diesen Anstalten machten das dringende Bedürfnis nach Luft und Licht rege, und nachdem das grosse Terrain vor dem Steinthore (die Maillenbreite) von der Universität angekauft war, ging der Neubau der Institute in den Jahren 1875 bis 1885 unter der Leitung des damaligen Landbauinspektors v. Tiedemann ziemlich schnell vor sich.

Das Terrain, auf welchem die neuen medizinischen Anstalten der Universität stehen, liegt an der Ostseite der Stadt, umfasst 79496 qm und grenzt im Osten an die Magdeburgerstrasse, im Süden an die Schimmelstrasse, im Norden an die Steinstrasse und Steinthor und im Westen an den Franzosenweg, welcher von der Stadt in einen Promenadenweg umgewandelt werden soll. Das Terrain, welches zum grössten Teil eben ist, fällt an der nördlichen und nordwestlichen Seite um etwa 12 m ab.

Es liegen an der Magdeburgerstrasse, von Süden nach Norden folgend, die gynäkologische Klinik mit einem Wohnhaus des Direktors, das Ökonomiegebäude mit dem dahinter befindlichen Kesselhause, die chirurgische Klinik und die Augen- und Ohrenklinik. An einer inneren in derselben Richtung ziehenden Strasse folgen die medizinische Klinik mit dahinter gelegenem Isolierhaus, die Kapelle, ein Block der chirurgischen Klinik und das pathologische Institut.

An einer Querstrasse liegt auf abschüssigem Baugrunde das physiologische Institut und an der Nordseite das Anatomiegebäude. Auf dem nordöstlichen, noch freiliegenden Gartenterrain ist im Laufe dieses Sommers der Bau eines pharmakologischen Instituts in Angriff genommen worden.

Die Heizung aller Institute geschieht mit Dampf von dem gemeinsamen Kesselhause aus durch Röhrenleitungen, welche 1 m tief unter der Erde liegen. Zugleich findet eine Ventilierung der Gebäude dadurch statt, dass aus ihnen Kanäle in den 40 m hohen, 5 m breiten Ventilationsthurm einmünden, welcher zwei gusseiserne, 1,5 m breite Schornsteine zur Abführung der Feuergase aus je fünf Kesseln enthält.

Reichliche Wascheinrichtungen mit Kalt- und Warmwasserzufluss sind in den Kliniken überall angebracht.

Die Abwässer und Fäkalien werden durch ein Röhrensystem einer grossen Klärgrube zugeleitet, welche zwischen der Augenklinik und dem physiologischen Institut liegt. Das System ist bis zur Einführung einer allgemeinen Kanalisation nur ein provisorisches.

DAS ANATOMISCHE INSTITUT.

Das anatomische Studium und die anatomischen Sammlungen haben in dem am meisten nördlich gelegenen der in den Jahren 1875 bis 1885 erbauten medizinischen Institute eine reiche und in vielen Beziehungen musterhaft eingerichtete Heimstätte gefunden.

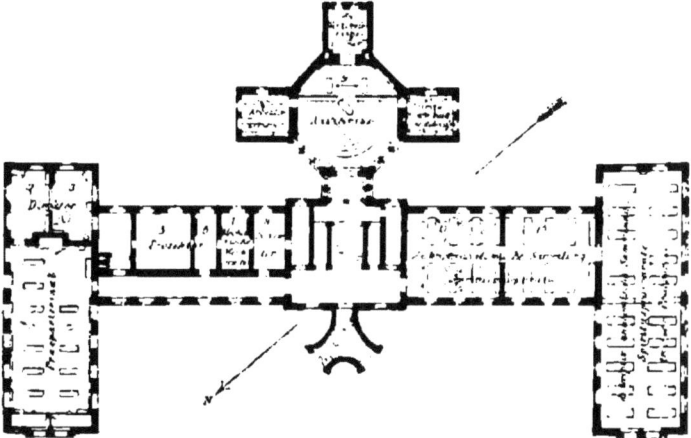

Anatomisches Institut.

Der Plan des mit seiner Langseite und seinem Eingang nach der Steinstrasse gelegenen Institutes (vergl. den Grundriss des Erdgeschosses) ist ein überaus einfacher und übersichtlicher. Mittelbau mit Façade nach Nordwest, an beiden Enden ein Seitenflügel. An der Südfaçade des Mittelbaues ist ein Oktogon angefügt, welches den amphitheatralisch eingerichteten Hörsaal für die deskriptive Anatomie, im Erdgeschoss Macerationsräume, Froschteich, Kaninchenställe enthält. Im Erdgeschoss des westlichen Flügels finden sich die Dienerwohnungen, in dem des östlichen Flügels die Räume für Aufnahme, Injektion und Konservation der Leichen. Im Erdgeschoss ist die westliche Hälfte des Hauses, in vier grosse, saalartige Zimmer zer-

fallend, der Sammlung für menschliche Anatomie gewidmet, die in
32 achtthürigen, verglasten eisernen Schränken aufgestellt ist. Die
östliche Hälfte des Mittelbaues enthält der Reihe nach die Arbeitszimmer des Inspektors, Prosektors und des Direktors; der östliche
Seitenflügel den Präpariersaal. In dem ersten Stockwerk findet sich
westlich in vier, denen des Erdgeschosses entsprechenden Räumen der
die Wirbeltiere umfassende (fast ganz von Meckel herrührende) Teil
der vergleichend-anatomischen Sammlung — 21 Schränke —, während
der östliche Teil des Gebäudes die Räume des Professors der Histologie
enthält.

Das in sehr zweckentsprechender Weise ausgebildete Dachgeschoss
umfasst in der westlichen Hälfte und im Zentrum drei stattliche Räume,
in welchen anatomisches und vergleichend-anatomisches Rohmaterial,
sowie Doubletten beider Sammlungen untergebracht sind, während im
östlichen Flügel, mit dem Arbeitszimmer des Direktors der histologischen
Abteilung durch eine Lauftreppe verbunden, der ihm unterstellte Teil
der vergleichend anatomischen Sammlung: die wirbellosen Tiere, sich
findet.

Es ist in hohem Grade dankenswert, dass die Regierung die Mittel
gewährt hat, den Schätzen der Hallischen anatomischen (ursprünglich
„Meckel'schen") Sammlung einen so kostbaren, zweckentsprechenden
Aufbewahrungsraum zu bereiten, wie die erwähnten, nach dem Vorgange A. B. Meyer's und den näheren Angaben Professor Welcker's
konstruierten eisernen Schränke. Die Präparate sind in ihnen, da das
dünne eiserne Rahmwerk nichts verdeckt, dem Blicke der an den
Präparaten Studierenden von allen Seiten zugänglich und, infolge des
staubdichten Verschlusses, vor jedem Verderb geschützt. Übersicht-
lichkeit der Aufstellung, Schaffung solcher Schaustücke, welche dem
Besucher der Sammlung, selbst ohne Herausnahme der Präparate aus
dem Schranke oder Glase, zum Unterrichte dienen können, indem die
wichtigeren Teile flach ausgebreitet, durch Sonden, Indices verschiedener
Art (eingebohrte farbige Borsten, angeheftete Buchstaben und dergleichen) markiert sind, waren Gesichtspunkte, welche die Direktion
bei der Behandlung der Sammlung geleitet haben.

Im Erdgeschoss des Hauses befindet sich ein Macerations- und
Entfettungsapparat nach den Angaben Professor Planer's, desgleichen
sechs grosse, mehr als je zwölf Leichen fassende, luftdicht schliessende,
aus Schieferplatten hergestellte Spirituskästen nach den Angaben
Professor Welcker's. Der Präpariersaal, in welchen die Vorräte dieser
Kästen, sowie die frisch zu verarbeitenden Leichen durch einen Fahr-
stuhl gehoben werden, hat Arbeitsplätze für 90, bei Einschiebung

einiger Supplementärtische für 120 Präparanten. — Das Auditorium hat mehr als 100 Sitzplätze.

Das Institut für mikroskopische und vergleichende Anatomie befindet sich im ersten Stock des nordöstlichen Flügels. Es enthält einen Mikroskopiersaal mit 30 Plätzen, ein Auditorium mit 50 Plätzen, zwei Arbeitszimmer für den Direktor, von denen das eine zugleich als Vorbereitungszimmer benutzt wird, ein kleines Kabinet für chemische und bakteriologische Arbeiten, ein Assistentenzimmer, ein Zimmer für mikroskopische Arbeiten und einen Raum für den Diener. Zu dem Institut gehören ferner der oben erwähnte Raum für eine vergleichend anatomische Sammlung der Wirbellosen und eine Vorratskammer, welche sich beide unter dem Dache befinden und Oberlicht besitzen.

Das Personal besteht aus den Direktoren Geheimer Medizinalrat Professor Dr. Welcker und Professor Dr. Eberth, Prosektor Dr. P. Eisler, einem Assistenten, einem Inspektor und zwei Dienern.

DAS PHYSIOLOGISCHE INSTITUT.

Das mit der Vorderseite nach Nordnordwest gerichtete Gebäude ist im Jahre 1881 erbaut. Im Kellergeschoss liegen nach hinten Keller, Tierställe und Werkstätte, nach vorn Dienerwohnungen; im Erdgeschoss befinden sich die Haupträume des physiologischen Laboratoriums nebst dem Auditorium; im ersten Stockwerk und Dachgeschoss des Gebäudes ist seit dem 1. Oktober 1889 das hygienische Institut untergebracht.

An der Vorderseite führt eine grosse Freitreppe durch die Halle und den Korridor, welcher durch Glaswände von dem Treppenhause des hygienischen Instituts getrennt ist, zu den einzelnen Räumen des physiologischen Institutes. Diese sind: 1. der grosse Arbeitssaal, 2. das Zimmer des Direktors, 3. das mikroskopische Zimmer, 4. das physikalische Zimmer, 5. das Zimmer des Assistenten, 6. das Quecksilberzimmer, 7. das chemische Zimmer, 8. das Wagezimmer, 9. die Bibliothek, 10. das Sammlungszimmer, 11. das optische Zimmer, 12. das Vorbereitungszimmer, 13. das Auditorium.

Der grosse Arbeitssaal dient vornehmlich als Raum zur Anstellung von Vivisektionen; ein Gasmotor im Kellergeschoss steht durch Transmissionen mit einem Blasebalg für künstliche Athmung und anderen Vorrichtungen des Arbeitssaales in Verbindung. Das mikroskopische Zimmer ist mit zwei langen Fenstertischen an der Nord- und Ostseite versehen.

Das physikalische Zimmer wird hauptsächlich zur elektro-physiologischen Untersuchung benutzt und enthält eine auf einer Konsole zwischen den Fenstern aufgestellte Bussole; ein besonderer Pfeiler für diese und das Fernrohr war, da das Terrain sehr erschütterungsfrei liegt, nicht erforderlich.

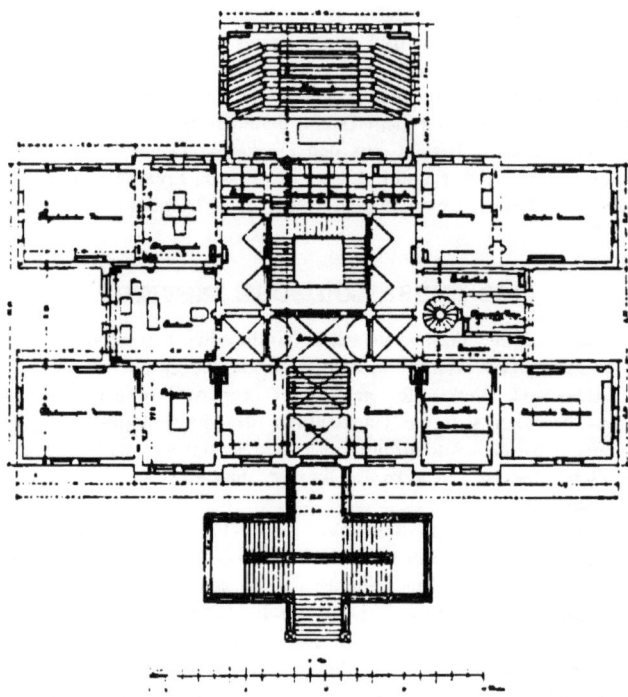

Physiologisches Institut. (Erdgeschoss.)

Das Quecksilberzimmer dient zur Aufstellung einer Quecksilber-Luftpumpe und Unterbringung zugehöriger Apparate. Der Fussboden ist dort, wie im chemischen Zimmer und in den Korridoren, mit Mettlacher Fliesen bedeckt. Das chemische Zimmer enthält in der Mitte einen grossen chemischen Arbeitstisch, zwei Fenstertische und mehrere

Abdampfkapellen. Das nahe gelegene Wagezimmer ist durch zwei Thüren davon getrennt.

Die Bibliothek umfasst eine Zahl von ca. 900 Bänden.

Das optische Zimmer hat von Süden und Westen Licht. Dasselbe kann durch schwarze Rolljalousien von Holz ganz verdunkelt werden. Um einen Heliostaten anzubringen, wird ein Holzladen mit Ausschnitt für denselben in das Fenster eingesetzt und die Jalousie auf diesen herabgelassen.

Das in der Nähe des Auditoriums befindliche Sammlungszimmer enthält mehrere Schränke zur Unterbringung von Apparaten, insbesondere solcher zur Vorlesung.

Das amphitheatralisch gebaute Auditorium ist für etwa 80 Zuhörer berechnet. Die Fenster können durch Rolljalousien zu optischen Versuchen verdunkelt werden. Mit Hilfe einer am Katheder befindlichen elektrischen Lampe, deren Lichtmaschine im Keller aufgestellt ist, können spektroskopische und mikroskopische Demonstrationen angestellt werden; die elektrische Leitung geht auch in das optische Zimmer hinein; das etwas kleinere mit Oberlicht versehene Vorbereitungszimmer dient nur zum Aufstellen von für die Vorlesungen bestimmten Instrumenten, Zeichnungen u. s. w. Unter der Wandtafel befindet sich eine von hier aus zu öffnende Klappe zum Durchreichen von Präparaten und dergl.

Im Kellergeschoss schliessen sich an die Korridorräume an: 1. die Tierställe: Hundestall, Froschkammer mit Bassin, Kaninchenstall; an der Seite des Hunde- und Kaninchenstalles liegen zwei Höfe zum Aufenthalt der Tiere im Freien. 2. Die Werkstatt, in welcher der oben erwähnte Gasmotor von 4 Pferdekräften und eine dynamo-elektrische Maschine aufgestellt sind. 3. Wohn- und Wirtschaftsräume etc.

Die westliche Seite des Kellergeschosses gehört zum hygienischen Institut.

Das physiologische Institut leitet als Direktor Prof. Dr. Bernstein, dem ein Assistent und ein Diener beigegeben sind.

Die sachlichen Ausgaben des Instituts mit Gas- und Wasserverbrauch ohne Heizung betragen 2844 Mark.

DAS HYGIENISCHE INSTITUT.

Das hygienische Institut ist im Jahre 1889 gleichzeitig mit der Errichtung einer ordentlichen Professur für Hygiene begründet und in den oberen Stockwerken des physiologischen Institutes, welche vor-

mals dem Direktor desselben als Dienstwohnung zugewiesen waren,
untergebracht worden. Es nimmt das erste Stockwerk und das Dachgeschoss des physiologischen Institutes ein, doch ist der Grundriss
des Institutes dadurch von dem darunter gelegenen Erdgeschosse verschieden, dass die an den vier Ecken des letzteren belegenen Räume
oben nicht überbaut, sondern als Plattformen ausgebildet wurden, die
von den danebengelegenen Räumen aus zugänglich sind und zu verschiedenen im Freien vorzunehmenden Arbeiten verwendet werden
können. Ebenso ist der Hörsaal des physiologischen Institutes nicht
nach oben fortgeführt worden.

Der Zugang zum hygienischen Institute liegt in der Mitte des
Gebäudes, ist aber vom physiologischen Institute vollkommen abgetrennt. Vom Treppenhause gelangt man im Souterrain zu einer
Wohnung für den Diener, welche jedoch wegen der eigentümlichen
Lage des Gebäudes an einem Abhange nicht als Kellerwohnung angesehen werden kann, da ihre vier Räume vollständig über Terrain
liegen. Hinter dieser Wohnung befinden sich mehrere Keller zur
Aufbewahrung von Kohlen etc., welche zum Teil auch zu Stallungen
verwendet werden können.

Vom Treppenhause aus betritt man im ersten Stocke angelangt
einen hufeisenförmigen Vorplatz, zugleich als Garderobe dienend; auf
diesen münden und um ihn gruppieren sich sämtliche Räume des
Institutes. Letztere liegen rechts vom Eingange beginnend, in folgender Ordnung nebeneinander. Rein südlich gelegen 1. ein kleines Vorzimmer und 2. das Arbeitszimmer (Schreibzimmer) des Direktors. Von
diesem aus betritt man die südöstliche Plattform und das nach Osten
gelegene, Kurszwecken dienende, 3. chemische Laboratorium der
Studierenden.

Nach Norden sehend und wieder mit einer Plattform verbunden
folgt 4. das Laboratorium des Direktors, an welches sich 5. der Hörsaal, 6. das physikalische und 7. das bakteriologische Laboratorium
anschliessen. Durch einen Verbindungsgang gelangt man von letzterem
in das nach Westen gerichtete 8. Sammlungs- zugleich Assistentenzimmer. Nach Süden gelegen folgt dann noch ein Raum, welcher dem
Diener als Spülraum und zur Ausführung von Sterilisierarbeiten zugewiesen ist; daneben zwei Aborte. Über den beschriebenen Räumen
befindet sich ein durch eine Wendeltreppe zugängliches Dachgeschoss,
in welchem vier grosse heizbare Räume für sich abgetrennt wurden;
leider haben letztere mit Rücksicht auf die Façade eine so kümmer-
liche Tagesbeleuchtung erhalten, dass sie zum Arbeiten nicht geeignet

sind, sie dienen vorerst als Vorratsräume für Glas, Chemikalien, Utensilien und Demonstrationsobjekte.

Das chemische Laboratorium, in welchem die Kurse (hygienisches Praktikum, bakteriologischer Kurs) abgehalten werden, bietet zwölf Praktikanten Arbeitsplatz, darunter allerdings nur vier Plätze am Fenster zum Mikroskopieren geeignet. Dieses, sowie das Laboratorium des Direktors ist mit einem Digestorium versehen. In allen Laboratorien sind Tische von verschiedener Höhe aufgestellt, entlang den Fenstern solche von 80 cm Höhe zum Arbeiten im Sitzen, an den Wänden und in der Mitte des Zimmers solche von 1 m Höhe zum Arbeiten im Stehen. Für Gas- und Wasserzufluss ist reichlich gesorgt, ebenso für Wasserablauf.[1]

Der Hörsaal, der grösste Raum im Institute ist für die Zahl der Studierenden zu klein. Bei vollkommener Besetzung aller Plätze treffen auf einen Anwesenden nur 3,5 kbm Raum. Der daraus resultierenden Gefahr hochgradiger Luftverderbnis ist dadurch begegnet worden, dass zu Zwecken der Beheizung und Ventilation ein eiserner Mantelofen aufgestellt und andererseits die Beleuchtung zu Ventilationszwecken herangezogen wurde. Vier Regenerativbrenner, System Butzke, sind an der Decke so angebracht, dass deren Verbrennungsprodukte unmittelbar in ein durch die Decke geführtes Thonrohr einmünden, durch welches infolge der Erwärmung auch noch Luft aus dem Saale in den darüber gelegenen Bodenraum abgeführt wird. Der Kohlensäuregehalt der Luft steigt während einer gut besuchten Vorlesung bis auf 2 %/₀₀ am Ende der Stunde an.

Um die künstliche Beleuchtung zu einer möglichst guten zu machen, wurden die Wände des Hörsaales hell gemalt und die Regenerativbrenner mit Reflektoren versehen. Die Flammen befinden sich in einer Höhe von 2,7 m über den Tischplatten und geben eine genügende Helligkeit von 10 Meterkerzen ziemlich gleichmässig auf allen Plätzen.

Die knappen Mittel zur Einrichtung des Institutes gestatteten nicht, ein aufsteigendes Podium für die Subsellien anzulegen, durch Höherstellung des Experimentiertisches wurde diesem Missstande abgeholfen.

Auch an der Konstruktion der Bänke selbst musste gespart werden, doch sind dieselben bequem zum Sitzen; sie haben Nulldistanz; der Abstand der inneren Tischkante von der vorderen Kante der Sitzbank beträgt 31 cm, die Breite der Tischplatte 34, und die der Sitzbank 38,5 cm. Eigene Lehnen sind nicht vorhanden, die Vorderfläche

---

[1] Ein eigenes Wagezimmer fehlt, die Wagen wurden daher im physikalischen Laboratorium aufgestellt.

der nächstfolgenden Subsellie dient als solche und ist daher ganz glatt gehalten.

Direktor des hygienischen Institutes ist zur Zeit der Professor Dr. Renk, ihm ist ein Assistent und ein Diener beigegeben. Für sachliche Ausgaben ist ein jährlicher Etat von 2400 Mk vorhanden.

DAS PATHOLOGISCHE INSTITUT.

Das pathologische Institut liegt hart am westlichen Rande der Hochebene, auf welcher die klinischen Anstalten sich befinden. Es ist mit seiner Längsrichtung in der Linie von Nord nach Süd erbaut, so dass seine Hauptfront sich gegen Osten richtet. Seine Lage an einem Abhang, welcher sich gegen Westen abdacht, hat es ermöglicht, das Kellergeschoss an der Westseite des Gebäudes, sowie an einem Teile der Nord- und Südseite so hoch herzustellen, dass es an seiner ganzen hinteren Front Eingänge und Fenster von der Höhe wie in einem Erdgeschoss erhalten konnte. Ausser dem Kellergeschoss besteht das Gebäude aus einem Erdgeschoss und einem Stockwerk, welches letztere jedoch nur zum Teil über die beiden nach Westen gerichteten kurzen Flügel des Hauses hinausreicht. Der Platz vor der Westseite ist grösstenteils angeschüttet. Auf ihm findet der Leichenverkehr (Einführung der Leichen von den klinischen Instituten und der Stadt aus und Beerdigungen) durch besondere Eingänge vom Institute aus statt, während der Zugang zum Institut für Studierende an der Ostseite und zwar direkt in die Mitte des Erdgeschosses vorhanden ist. Das Kellergeschoss enthält im nördlichen Flügel die Leichenräume, nämlich einen geräumigen Leichenkeller und zwei kleine Räume zum Waschen und Einsargen der Leichen, von denen die eine auch für gerichtsärztliche Leichenuntersuchungen zur Verwendung kommt; ferner die heizbare Kapelle für Begräbnisfeierlichkeiten, welche vollständig über der Erde liegt.

Der Mittelbau enthält eine Macerationsküche und den Froschkeller, der südliche Flügel eine Dienerwohnung, den Hunde- und Kaninchenstall.

Im Erdgeschoss sind rechts vom Eingang die Räume für den Direktor und die Assistenten sowie für eine Handbibliothek. An das Laboratorium des Direktors schliesst sich ein grösserer, für die Arbeiten geübterer Studierender bestimmter Raum, an welchen der Sektionssaal grenzt. Dieser ist absichtlich nicht mit amphitheatralischen Sitzen versehen worden, sondern es ist vielmehr eine grössere Anzahl von Schemeln in ihm zum Gebrauch gestellt, welche eine verschiedene Höhe besitzen, die höchsten etwa 50 cm die niedrigsten handhoch. Auf diese Schemel stellen sich die Zuhörer in annähernd amphitheatralischer Form um den Sektionstisch auf. In dem Lokal haben zwei Sektionstische bequem Platz; der Saal wird bei Tage durch sieben in seiner Umfassungsmauer befindliche Fenster und durch ein Oberlichtfenster beleuchtet. Abends erfolgt die Beleuchtung durch einen über dem Hauptsektionstisch angebrachten achtarmigen Gaskronleuchter und durch fünf an den Fensterpfeilern befindliche Gasarme.

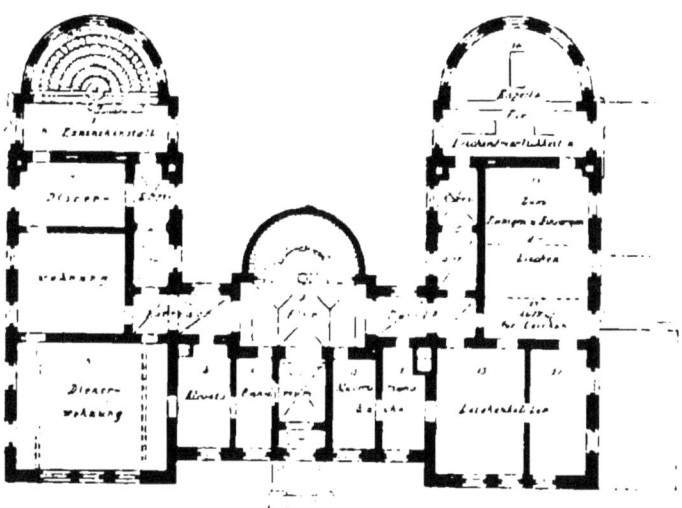

Pathologisches Institut. (Kellergeschoss.)

Erdgeschoss. 1. Demonstrationssaal. 2. Bakteriologisches Laboratorium. 3. Vivisektionszimmer. 4. Hörsaal. 5. Präparatenzimmer. 6. Garderoben. 7. Korridore. 8. Portierloge. 9. Vestibül. 10. Eingangshalle. 11. Bibliothek. 12. Vorzimmer des Direktors. 13. Arbeitszimmer des Direktors. 14. 1. Assistent. 15. Mikroskopirzimmer der Gehbören. 16. Sektionssaal. 17. 2. Assistent. — Erstes Stockwerk. 2—4, 6. Sammlungen. 5. Zum chemischen Laboratorium gehörig. 7. Korridore. 8. Zum chemischen Laboratorium gehörig. 9. Vestibül. 10—12. Chemisches Laboratorium. 13—15. Mikroskopiersaal.

In der links vom Eingang gelegenen Gebäudehälfte befinden sich: Der Hörsaal, das Sektionszimmer, ein bakteriologisches Laboratorium, der Demonstrationssaal und Nebenräume.

Der Hörsaal besitzt keine festen Subsellien, sondern nur eine Anzahl von 20 cm breiten, auf eisernen Füssen ruhenden festen Tischplatten, an denen die Studierenden auf Stühlen sitzen. Es wird damit ermöglicht, dass der Dozent zwischen den Sitzreihen überall hindurchgehen kann, um auf den Vortrag bezügliche Präparate etc. aus nächster Nähe zu zeigen.

Im Vivisektionszimmer befinden sich die wichtigsten Apparate für künstliche Atmung, Bestimmung des Blutdrucks, für feinere Injektionen und ein ausreichendes Armamentarium für physiologischpathologische Operationen.

Das bakteriologische Laboratorium, welches in seiner gegenwärtigen Gestalt vor drei Jahren eingerichtet ist, enthält ausser allen Apparaten der modernen bakteriologischen Methodik auch ein Mikroskop von Zeiss in Jena mit drei apochromatischen Linsensystemen, von denen das eine für homogene Immersion bestimmt ist.

Der Demonstrationssaal mit 50 bis 60 Plätzen unterscheidet sich von den gewöhnlichen anatomischen Theatern hauptsächlich dadurch, dass die Sitzreihen sich möglichst eng an den Demonstrationstisch aufbauen und in progressiv zunehmender Höhe hergestellt sind. Aus dem ersten Grunde besitzen sie eine nur geringe Tiefe, welche aber durch die Anwendung von Klappsitzen jede Unbequemlichkeit verloren hat. Der Raum, welcher dem Dozenten zum Aufenthalt dient und seiner ganzen Breite nach mit dem halbkreisförmigen Zuschauerraum in Verbindung steht, ist rechteckig. Die Fenster liegen im Rücken der Zuhörer, werden aber durch die letzteren so sehr verdunkelt, dass sie ihren Zweck, das Licht konzentrisch auf den Demonstrationstisch fallen zu lassen, nicht erfüllen. Auch ein ausserdem angebrachtes Oberlicht, sowie zwei seitliche, in dem oblongen Teile des Zimmers befindliche Fenster, sind für diesen Zweck nicht genügend. Der Saal ist daher für seinen Gebrauch bei Tage nicht ausreichend beleuchtet. In dem erwähnten rechteckigen Raum können in der Nähe der beiden seitlichen grossen Fenster mikroskopische Demonstrationen vorgenommen werden, die entweder während des Vortrages stattfinden oder sich diesem anschliessen.

Die Studien am Mikroskop erfordern längere Zeit und Sammlung, und ihr Nutzen wird um so grösser, je ruhiger und selbständiger die Arbeit betrieben werden kann. Darum ist im pathologischen Institut für einen sehr geräumigen Mikroskopiersaal Sorge getragen, der den ganzen rechten Flügel im oberen Stock einnimmt. Sehr helle, bis in das Innere des Gebäudes hineinreichende Beleuchtung, unter Bevorzugung der Lage nach Norden, war hier die Hauptsache. Die Plätze im Inneren des Zimmers sind deshalb kaum weniger wertvoll, als die Fensterplätze. Die Studierenden arbeiten an

Tischen mit je zwei Arbeitsplätzen, die in drei Reihen hintereinander aufgestellt sind. Der Raum hat bequem Platz für fünfzig Beobachter.

Den Mittelbau des Obergeschosses nehmen zwei geräumige Laboratorien für pathologische Chemie ein, welche mit allen erforderlichen Apparaten ausgerüstet sind. Der linke Flügel hat einen grossen Sammlungssaal.

Die Baukosten mit Einschluss des Mobiliars betrugen 180000 Mk.

Das Institut, in welchem zwei Assistenten und ein Diener angestellt sind, wird von dem Geh. Medizinalrat Professor Dr. Ackermann dirigiert.

DIE MEDIZINISCHE KLINIK.

In der medizinischen Klinik sind die drei bewährtesten Bausysteme für Krankenhäuser vertreten, das Korridorsystem, das Pavillonsystem und das Barackensystem; und zwar aus dem Grunde, weil jedes derselben seine eigentümlichen Vorzüge für verschiedene Krankheitsformen hat. Die Kombination dieser verschiedenen Bausysteme hat sich hier vortrefflich bewährt.

Das Hauptgebäude besteht aus einem Mittelbau und zwei hervortretenden Seitenflügeln. Es enthält ein Kellergeschoss, ein Erdgeschoss, ein Stockwerk und Bodenräume. Der linke südliche Flügel enthält die Frauenstation, der rechte nördliche die Männerstation. In dem Mittelbau liegen die Räume für Lehrzwecke und wissenschaftliche Untersuchungen, der klinische Vorstellungssaal mit 90, das Auditorium mit 100 Sitzplätzen. Ausserdem befinden sich in demselben ein poliklinischer Wartesaal, ein Untersuchungszimmer, ein Zimmer für Inhalation zerstäubter Flüssigkeiten, ein Zimmer für Elektrotherapie, ein Zimmer für Laryngoskopie, ein Zimmer für chemische und mikroskopische Untersuchungen, ein Zimmer für Massieren und Mechanotherapie und eine kleine pneumatische Kammer. Endlich die Wohnungen für die Assistenz- und Volontairärzte und das Wartepersonal und zwei Krankenräume für Kranke zweiter Klasse.

Die Seitenflügel enthalten in dem Kellergeschoss, Erdgeschoss und Stockwerk Krankensäle und Einzelzimmer mit zusammen etwa 100 Betten, dazu drei Wärterzimmer.

Neben den grösseren Krankensälen befindet sich ein Isolierzimmer zur Unterbringung schwererer oder störender Kranker, eine Badestube, ein Kloset und eine Veranda, um den Kranken das Liegen oder Sitzen in freier Luft möglich zu machen.

Im Kellergeschoss befindet sich die Abteilung für Syphilis- und Hautkrankheiten.

Die Fenster der Krankenzimmer liegen nach Süden, in den Pavillons und Baracken auch nach Norden. Die Einzelzimmer werden zur Aufnahme von Kranken erster und zweiter Klasse verwendet.

Ausser dem Hauptgebäude sind noch in geringer Entfernung von beiden Seitenflügeln zwei einstöckige Krankenbaracken zu je 16 Betten und etwas weiter entfernt ein Isolierhaus für ansteckende Kranke errichtet. Im Isolierhaus ist eigene Koch- und Wascheinrichtung vorhanden, damit keine Kommunikation mit der Zentralküche und der Waschanstalt stattzufinden braucht.

Für sämtliche Räume ist Dampfheizung vorgesehen. Die Dampfrohre liegen aber, um das unangenehme Geräusch zu vermeiden, ausserhalb der Zimmer und führen diesen nur die erwärmte Luft zu.

Sämtliche Gebäude sind von Gartenanlagen umgeben.

Die Kurkosten betragen pro Kopf und Tag in erster Klasse 8 Mk., in zweiter Klasse 4 Mk., in dritter Klasse 1,00 Mk. und 1,50 Mk. Ausserdem stehen noch vier Freistellen, sowie zwei Freibetten der Riebeck-Weber-Stiftung zur Verfügung.

Im Rechnungsjahre 1890/91 wurden behandelt:

in der Klinik Männer 950, Weiber 626, Summa 1576 Kranke,

in der Poliklinik Männer 5535, Weiber 6154, Summa 11689 Kranke.

Direktor der Klinik ist Geh. Medizinalrat Prof. Dr. Weber, Direktor der Poliklinik Prof. Dr. v. Mering. Es fungieren sechs Assistenzärzte und drei Volontäre; davon gehören drei Assistenzärzte der Poliklinik an.

DIE CHIRURGISCHE KLINIK.

Die chirurgische Klinik ist unter der Leitung Richard v. Volkmanns erbaut worden; dieselbe besteht aus einem mit seiner Front nach Osten gerichteten Hauptgebäude, an das vier im Barackenstyl aufgeführte, von Osten nach Westen ziehende Krankensäle durch verdeckte Gänge angeschlossen sind. Hierzu kommt noch ein völlig isolierter Pavillon mit je einem Krankensaal in beiden Stockwerken.

1. Das Hauptgebäude enthält im Erdgeschoss und ersten Stockwerk sämtliche für den Lehrzweck und die klinische Verwaltung bestimmten Räume, während im Kellergeschoss die Wohnungen für das Wartepersonal und Vorratsräume sich befinden. An den mit Oberlicht ver-

sehenen Vorflur schliessen sich beiderseits breite, durch das ganze Gebäude führende Korridore an, auf welchen rechts vom Eingange die nach der Hauptfront gelegenen Zimmer des klinischen Direktors (39 und 39a), die Bibliothek (40) und das Laboratorium (41), links die Garderobe (37) für die Studierenden und das neu eingerichtete aseptische Operationszimmer (36) münden, und endlich noch drei Räume, welche vor etwa Jahresfrist zu poliklinischen Zwecken hergerichtet sind: Abfertigungs- (33) resp. Verbandraum für poliklinische Patienten und getrennte Warteräume für Männer (35) und Frauen (34). Unmittelbar neben dem Abfertigungsraum führt eine Granittreppe zu der dem Verwaltungsgebäude vis-à-vis gelegenen Pforte. Indem diese von den polikinischen Patienten als Ein- und Ausgang benutzt wird

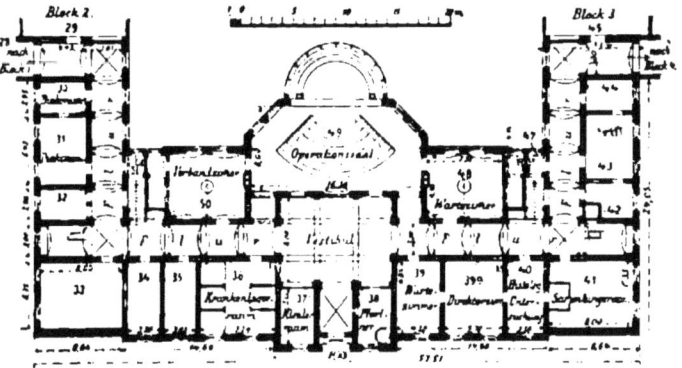

Chirurgische Klinik. (Erdgeschoss).

und ausserdem der vor den poliklinischen Räumen gelegene Korridor-Abschnitt durch eine zwischen denselben und dem Laparotomiezimmer hergestellte Glasthür von dem übrigen geschieden ist, lässt sich der Verkehr der poliklinischen Patienten von den klinischen Räumen fast vollständig fern halten.

In der nach Westen gelegenen Hälfte des Hauptgebäudes und zwar in dem mittleren Abschnitt befindet sich der in diesem Sommer neu erbaute Operationssaal (49)[1]), welcher mit dem Vorflur durch zwei dem Haupteingang vis-à-vis gelegene Thüren verbunden ist und in zwei Teile zerfällt: den innerhalb des Hauptgebäudes gelegenen

---

1) Der beigefügte Plan der chirurgischen Klinik enthält den früheren Operations-saal. Der neue Operationssaal ist auf S. 244 dargestellt.

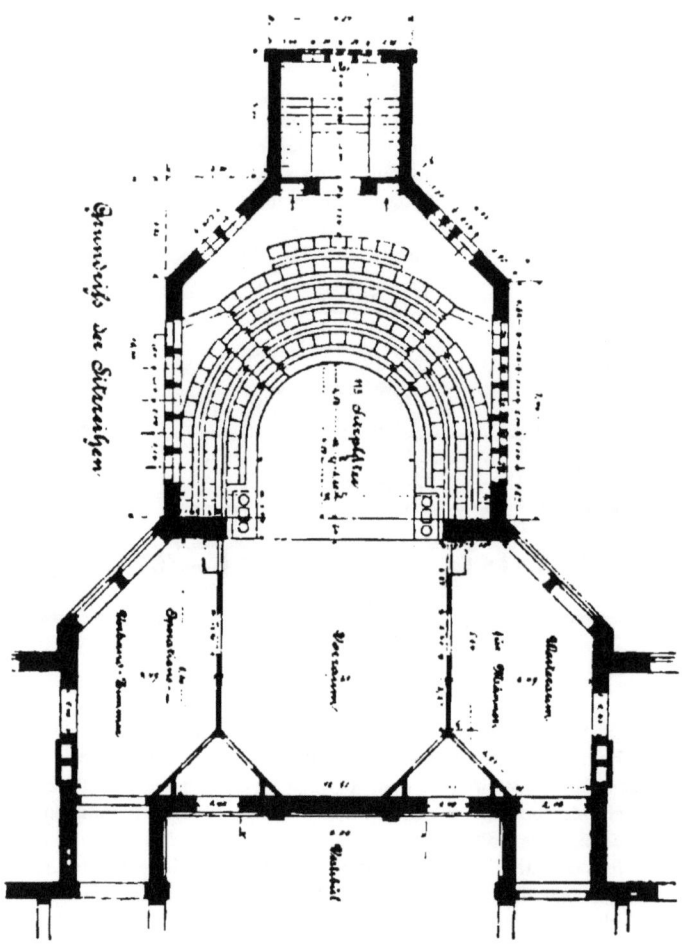

Chirurgische Klinik. Der neue Operationssaal.

sogenannten Vorraum und den eigentlichen Operations- und Zuschauerraum, welche ausserhalb des Hauptgebäudes in einem nach dem Garten vorspringenden, halbelliptischen Ausbau untergebracht sind. Da der letztere sich dem Hauptgebäude unmittelbar anlehnt und diesem möglichst angepasst werden musste, so waren sowohl der räumlichen Ausdehnung, wie der architektonischen Gestaltung des Baues von vornherein gewisse Schranken gezogen, durch welche die Lösung der überaus schwierigen Aufgabe, die in der Kombination von Operations- und Zuschauerraum gegeben ist, nichts weniger als erleichtert wurde. Der dem Korridor zunächst gelegene Raum stellt das mittlere Dritteil des früheren Auditoriums dar, in welchem die Sitzreihen früher Aufstellung gefunden hatten; die seitlichen zwei Dritteile des letzteren, welche von dem mittleren durch neu aufgeführte Wände geschieden sind, dienen als Warteräume für die zu operierenden Frauen und Kinder resp. Männer. Da jeder Warteraum sowohl mit dem Operationssaale und ebenso wie dieser auch mit dem Haupt-Korridor durch Thüren verbunden ist, so ist der Transport der eben chloroformierten resp. operierten Patienten aus dem Operationssaale nach den Krankenräumen direkt möglich, ohne dass die im Warteraume der Operation harrenden Patienten jener ansichtig werden. Die Warteräume erhalten ihr Licht durch grosse Fenster, deren Brüstung nur ca. 45 cm beträgt, weil der eine oder andere dieser Räume nötigenfalls für Operationen, welche ausschliesslich Seitenlicht beanspruchen, verwendet werden soll. Der zwischen den Wartezimmern gelegene Vorraum des Operationssaales ist etwa 8 m lang, 7,28 m breit und 7,30 m hoch und geht nach Westen unmittelbar in jenen, oben schon erwähnten, den eigentlichen Operationsraum und das Auditorium enthaltenden halbelliptischen Ausbau über. Die Wände des letzteren, wie das die Sitzbänke tragende Podium sind massiv ausgeführt, während das ganze Dach fast nur aus Glas und Eisen besteht, sodass ein überaus reichliches Oberlicht geliefert wird. Gleichzeitig ist aber auch für ausreichendes Seitenlicht dadurch gesorgt, dass in der ganzen, die Rotunde umgebenden Wand zahlreiche, nahe aneinander gelegene, 2 m hohe Fenster angebracht sind, welche bis etwa 3 m von dem Fussboden des Operationssaales herabreichen. Um das sogenannte Seitenlicht möglichst auszunutzen, war es notwendig, die oberste Sitzreihe beiderseits erst 40 cm unterhalb der Fenster anzulegen und infolge dessen auf nur drei Sitzreihen sich zu beschränken, um denselben eine ausreichende Steigung sichern zu können. Um aber trotzdem eine den hiesigen Verhältnissen entsprechende Zahl von Sitzplätzen zu schaffen, wurden in dem mittleren, dem Operationsraume direkt vis-à-vis gelegenen grösseren und tieferen Raume fünf Sitzreihen errichtet, sodass das Podium der letzteren nahezu in gleicher Höhe mit dem Fensterkopf gelegen ist. Ausser den auf diese Weise gewonnenen 113 Sitzplätzen liefert die zwischen der letzten Sitzreihe und der Aussenwand befindliche Gallerie noch mindestens 30—40 Stehplätze.

Der Fussboden des Auditoriums, wie die seitlich angelegten, von der obersten Sitzreihe in den Operationsraum führenden Treppen sind aus poliertem Zement hergestellt. Die Sitze sind Klappsitze und wie die vor ihnen befindlichen 15 cm breiten, glatt polierten Tischplatten auf runden, in den Fussboden eingelassenen Eisenstangen befestigt. Das ganze Gestühl, der Fussboden, wie die Wände und Decke des Auditoriums sind mit weisser Ölfarbe gestrichen. Der Zugang der Studierenden zu dem Auditorium erfolgt durch einen Eingang vom Garten her, durch welchen sie zunächst in das Treppenhaus und in die zu beiden Seiten desselben unter den Sitzreihen eingerichteten Garderoberäume und auf einer bequemen eisernen Treppe zu der Gallerie und den Sitzen gelangen.

Die eigentliche Arena des Operationsraumes ist gegen das Auditorium bez. die erste Sitzreihe durch eine bis zu deren Tischhöhe reichende, mit poliertem Cement bedeckte, massive Wand abgeschlossen. Der Fussboden ist, wie der des Vorraumes, aus genau aneinander gefügten besten Mettlacher Fliesen hergestellt und neigt sich in beiden Räumen allseitig nach der Mitte einem Abflussrohre zu, durch welches sowohl die bei der Desinfektion und Operation der Patienten auf den Boden gelangenden Flüssigkeiten, wie das zur Desinfektion des Zuschauerraumes verwandte Leitungswasser sofort der Kanalisation zugeführt werden. Im vordern Teile der Arena sind beiderseits Waschvorrichtungen angebracht, welche aus je zwei in einer weissen Marmorplatte befestigten Kippbecken bestehen. Die über dem Becken angebrachten Leitungsrohre für kaltes und warmes Wasser, sowie die unterhalb der Tischplatte vollkommen freiliegenden Abflussrohre sind aus glattem poliertem Metall hergestellt. Wegen des beschränkten Raumes und aus Sparsamkeits-Rücksichten mussten leider auch die für die Erwärmung der Arena bestimmten Heizschlangen unter der Waschtischplatte angebracht werden.

Über den Waschtischen sind beiderseits in entsprechender Höhe Spiegelglasscheiben (wie sie von Herrn Socin angebracht sind), in die Wand eingelassen, um die durch die hängenden Spiegel gegebenen Staubfänge zu vermeiden.

Der Anstrich der Wände und Decke des Vorraumes, ist gleich dem Zuschauerraum und den Wartezimmern in weisser Ölfarbe ausgeführt und die Wände des ersteren in etwa 2 m Höhe mit einem Panneel in sogenannter Emaillefarbe versehen. An den Seitenwänden dieses Raumes, nahe den Waschtischen, sind beiderseits die durch eine doppelte eiserne Fallthür verschliessbaren ca. 50 cm im Durchmesser haltenden röhrenförmigen Abfallschächte, je einer für Verbandstoffe und Wäsche, angebracht, welche in vollkommen gesonderte, gut ventilierte Räume des Souterrains führen. Die letzteren, mit glatten Wänden und Asphaltfussboden versehen, werden täglich geleert und wie die Abfallschächte selbst desinfiziert, zu welchem Zwecke auch eine direkte Entwässerung in die Kanalisation vorgesehen ist.

Die künstliche Beleuchtung des Operationsraumes wird durch elektrische Bogenlampen besorgt, während das Auditorium selbst, wie die Warte- und Krankenräume der Klinik wegen Mangel an Geld durch Gas beleuchtet werden müssen.

Die Instrumenten- und Verbandschränke etc. wie die Operationstische sind fast ganz aus Metall und Glas konstruiert und mit weisser Ölfarbe gestrichen.

In dem Vorraum haben endlich noch ein kleiner Rietschel-Henneberg'scher Sterilisationsapparat für Verbandstoffe und ein ähnlicher von Lautenschläger zur Desinfektion der Instrumente Aufstellung gefunden.

Zwei aus Marmor gearbeitete viereckige fahrbare auf Eisenfüssen ruhende Becken sind zur Aufnahme der für die einzelnen Operationen erforderlichen Instrumente bestimmt, ein drittes ähnliches zum Waschen der Instrumente nach der Operation und ein viertes, aber tieferes Becken endlich zum Einlegen der Gypsbinden; alle sind mit Abflussvorrichtung versehen.

An den links gelegenen Warteraum schliesst sich ein grosses Zimmer (50) an, welches als Vorratsraum für Verbandstoffe und zugleich zur Zubereitung derselben (Schneiden der Verband-Bindengaze etc.) benutzt wird und in welchem ausserdem ein grosser Desinfektor von Rietschel-Henneberg aufgestellt ist, welcher zum Sterilisieren der bei den Operationen erforderlichen Wäsche, Handtücher, Laken, sowie aller in grösseren Quantitäten erforderlichen Verbandstoffe, wie der gewöhnlichen Watte u. s. w. benutzt wird. Um eine Verunreinigung des Raumes durch die für die Heizung erforderlichen Kohlen zu vermeiden, ist dem Wunsche des Direktors entsprechend, die Heizvorrichtung in einen kleinen Nebenraum (50a) verlegt und die Verbindung des den Wasserdampf liefernden Kessels mit dem eigentlichen Sterilisationsraume mittels eines die dünne Wand durchsetzenden weiten Rohres hergestellt.

In dem Zimmer (48), welches sich dem Warteraume rechts anschliesst, sind Turngeräte und orthopädische Apparate zur Behandlung von Scoliose etc. untergebracht, gleichzeitig ist dasselbe zum Anlegen von Gypskorsetts und Gypsverbänden, sowie zur Anfertigung von Gypsbinden etc. bestimmt. Eine kleine daneben gelegene Dunkelkammer wird zu photographischen Zwecken benutzt.

Im ersten Stockwerk des Hauptgebäudes befinden sich ausser den Wohnungen und dem Kasino für die Assistenten ein Saal für theoretische Vorlesungen, ein grosser, den ganzen südlichen Flügel einnehmender Evakuationssaal und ein bakteriologisches Laboratorium.

2. Die in dem Nord- und Südende des Hauptgebäudes im Erdgeschoss befindlichen Zimmer (30—32 und 43—44) dienen als Wohnräume für die in der Klinik beschäftigten Diakonissinnen und liegen an den von dem Hauptkorridor rechtwinkelig abgehenden Korridoren, welche eine Verbindung mit jenem Gange herstellen, der beiderseits zwischen je zwei Blocks sich hinzieht und diese so mit dem Hauptgebäude zugleich verbindet. Die Wände und Decken aller Korridore sind vor einem Jahre mit Ölfarbe gestrichen, der Fussboden mit Fliesen belegt.

Die vier Blocks sind ganz leicht aus Fachwerk aufgeführt. Aus dem Gange gelangt man zunächst in einen Vorraum, welcher durch eine halbhohe Bretterwand in zwei Teile zerlegt wird, von welchen der eine als Durchgangs- und zugleich als Verbandraum benutzt wird, während in dem hinter der Wand gelegenen Raume die Theeküche etc. untergebracht ist. Daran schliesst sich der eigentliche Krankensaal, an dessen entgegengesetztem Ende die erforderlichen Nebenräume angebracht sind. Der Terrazzo-Fussboden hat sich im ganzen gut bewährt, ebenso die Heizungs- und Ventilationsanlage.

An der Südseite eines jeden Blocks verläuft eine durch mehrere Thüren zugängliche, überdachte Veranda, welche den Kranken den Aufenthalt im Freien auch bei schlechtem Wetter ermöglicht. In der Mitte des Krankensaales befindet sich die für den Arzt und das Personal bestimmte Waschvorrichtung. Zu beiden Seiten stehen die Betten mit dem Kopfende gegen die Seitenwände gerichtet. Die Bettstellen sind aus Gasröhren, zum Teil mit umlegbaren Fussenden (zur Verlängerung der Betten) hergestellt und auf freiliegenden Sprungfedern mit einer zweigeteilten Seegras- und darüber einer dreigeteilten Rosshaarmatratze ausgestattet. Die Wände sind mit Brettern verschaalt, die Balken des Dachgestühles ragen frei in den Saal hinein.

Block III (24 Betten) und IV (30 Betten) sind für Männer, Block II (24 Betten) für Kinder und I (30 Betten) für Frauen bestimmt.

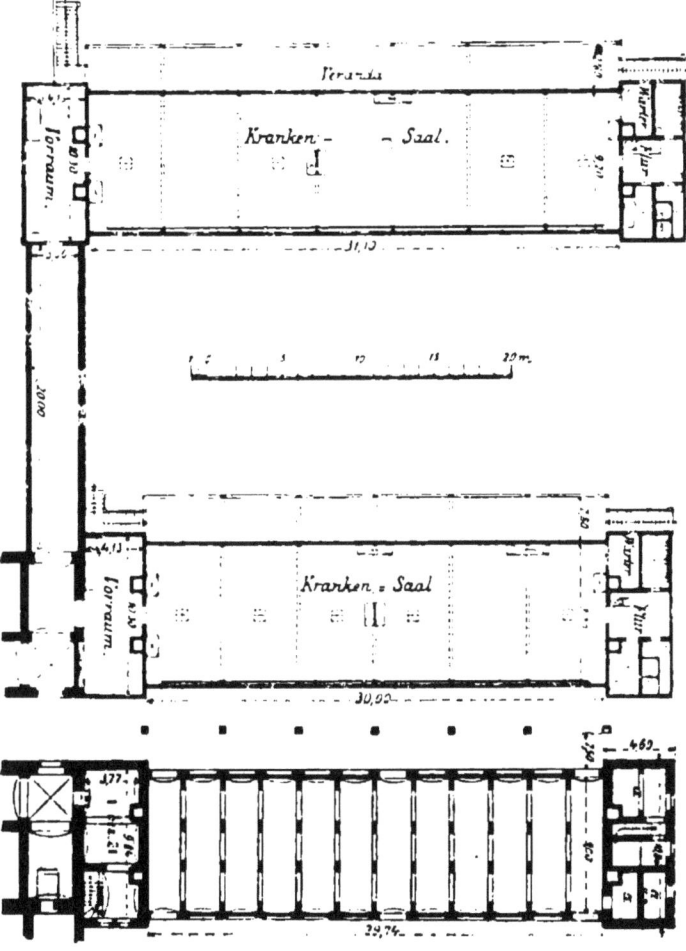

Block 1—3 und Unterbau.

3. Der westlich vom Hauptgebäude völlig abgesondert liegende Pavillon (Block V) enthält im Erdgeschoss eine Assistenten-Wohnung,

während die entsprechenden Räume des ersten Stockwerkes für Diphtheriekranke hergerichtet sind. Im übrigen enthalten beide Stockwerke einen die ganze Breite des Hauses einnehmenden Krankensaal mit Nebenräumen, ferner zwei Isolierzimmer. Im Kellergeschoss befinden sich Wärterwohnungen u. s. w. Fussboden und Betten sind die gleichen wie in den vier Hauptblocks. Statt der Veranda ist am Westende jedes Krankensaales ein Tageraum vorgebaut. Block V, mit 25 Betten für Männer, dient vorzugsweise zur Aufnahme der Stadtkranken, zu deren Behandlung die Klinik durch einen Vertrag verpflichtet ist.

Die Anzahl der Betten beträgt 160 in vier Verpflegungsklassen. Die Preise der Plätze sind 10—6 Mark I. Klasse, 4 Mark II. Klasse, 1,50 und 1 Mark III. Klasse für den Tag.

Der Etat ist für sämtliche Kliniken gemeinsam; die Gesamtausgaben belaufen sich für das Jahr 1890/91 auf 394897 Mark, der Zuschuss aus der Universitätskasse beträgt 142304 Mark.

Im Rechnungsjahre 1890/91 wurden in der königl. chirurgischen Klinik behandelt:

in der stationären Klinik   1713 Patienten
in der Poliklinik   12057   „

An grösseren Operationen wurden im verflossenen Jahre ausgeführt 518 und zwar:

1) Amputationen 58
2) Resektionen an Knochen 30
3) Exartikulationen 11
4) Gelenk-Resektionen und Arthrektomien . 41
5) Osteotomien 12
6) Nekrotomien . . . . 70 .
7) Gelenkeröffnungen und Drainage . . . 12
8) Tracheotomien wegen Diphtherie . . . 40
9)   „   „   Neubildungen . . 2
10) Laryngofissur 3
11) Kehlkopfexstirpation 1
12) Laparotomien 13
13) Darmresektionen und Naht 6
14) Rektumexstirpationen wegen Karcinom . 4
15) Herniotomien 24
16) Echinokokkenoperationen 3
17) Hydrocelenoperationen 24
18) Sectio alta mit folgender Naht in . . . 7
    Fällen

19) Urethrotomien 3
20) Exstirpation maligner Weichteiltumoren . 45
21) Strumaexstirpationen 3
22) Plastische Operationen 51
23) Empyeme 10
24) Grosse Abscesse und Phlegmonen . . . 30
25) Neurectomien 2
26) Unterbindung grosser Gefässe 6
                                      518

Nach dem Tode des Direktors, Prof. Dr. R. v. Volkmann, hat Prof. Dr. v. Bramann seit April 1890 die Leitung der Klinik und Poliklinik übernommen. Fünf Assistenten sind angestellt, ausserdem drei Volontairärzte.

DIE GEBURTSHÜLFLICH-GYNÄKOLOGISCHE KLINIK.

Diese Klinik wurde unter der Direktion des Geh. Medizinalrat Prof. Dr. Olshausen erbaut und nach zweijährigem vom damaligen Bauinspektor von Tiedemann geleitetem Baue im April 1879 bezogen. Dieselbe besteht aus einem mittleren, mit der Vorderseite gegen die Magdeburgerstrasse gerichteten Längsbau, an den sich rechts und links zwei nach rückwärts gegen Gartenanlagen hin vorspringende Flügel anschliessen. In dem rechts vom Haupteingange gelegenen Flügel ist die geburtshülfliche, links die gynäkologische Abteilung untergebracht, während der Mittelbau im wesentlichen die Unterrichts-, Operations- und andere Räume von allgemeiner Bedeutung einschliesst.

Das Untergeschoss enthält die Wohnräume für das Dienst- und Wartepersonal, Schlaf- und Essräume für Schwangere, Vorratsräume, Waschküche etc. Im Erdgeschoss des mittleren Teiles, welcher nach dem Garten hin vorspringt, liegen ein kleiner Hörsaal für theoretische Vorlesungen und Operationsübungen, zwei Operationsräume (Laparotomiezimmer und Vorbereitungszimmer, in welchem die Kranken narkotisiert werden) und Dienstzimmer, daneben ein Assistentenzimmer und zwei Zimmer für Volontärärzte. Nach rechts schliessen sich das Sammlungszimmer, in welchem eine umfangreiche Beckensammlung und zahlreiche fachwissenschaftliche Präparate untergebracht sind, ausserdem zwei weitere Zimmer für Ärzte an. Nach links liegen drei Privatzimmer für Kranke erster Klasse, ein Badezimmer, Krankenaufzug.

Das erste Stockwerk enthält im Mittelbau den grossen Hörsaal mit über 100 Sitzplätzen, Untersuchungs- und Sprechzimmer für gynäkologische Kranke, Wartezimmer für poliklinische Kranke, Wohnung der Oberhebamme. Nach rechts schliessen sich, mit Front gegen die Strasse, drei grosse Wöchnerinnen-, links drei gynäkologische Krankensäle mit den üblichen Nebenräumen, wie Badezimmer, Theeküche u. s. w. an.

Der rechte Flügel enthält im Erdgeschoss ein Mikroskopierzimmer, sowie zwei Assistentenzimmer, einen Schlaf- und Aufenthaltsraum für Schwangere; im ersten Stockwerk zwei Wöchnerinnen-, das Kreisszimmer nebst einem Warteraum für die Studierenden. Das Kreisszimmer liegt am äussersten Ende des geburtshülflichen Flügels und schliesst dessen ganze Breite ab. Es enthält zwei Kreissbetten, zwei dreiteilige Waschtische, sowie besondere Vorrichtungen für Beschaffung heissen Wassers, welches in jedem Zimmer zur Verfügung ist. Im linken Flügel sind zu ebener Erde drei Krankenzimmer für Privatkranke erster und zweiter Klasse und Wartezimmer für Privatkranke, im ersten Stockwerk vier Krankenzimmer für gynäkologische Kranke erster und zweiter Klasse mit den erwähnten Nebenräumen untergebracht. Für gynäkologische Kranke erster und zweiter Klasse stehen je 6, für Kranke dritter Klasse 20 Betten zur Verfügung; auf der geburtshülflichen Abteilung können 20 Schwangere und 18 Wöchnerinnen aufgenommen werden.

Unterrichts-, Vorstellungs- und Operationsräume sind ebenso wie die Zimmer der Assistenten durch verschliessbare Glasthüren von Kranken- und Wochenzimmern getrennt, sodass Kranke und Wöchnerinnen vollständig von jeder Berührung mit Studierenden und poliklinischen Kranken abgeschlossen sind. Ebenso ist eine strenge Trennung der geburtshülflichen und gynäkologischen Abteilung durchgeführt. Da das entsprechend den neusten Anforderungen ausgestattete aseptische Operationszimmer zu ebener Erde liegt, so musste für einen Krankenaufzug gesorgt werden, welcher im linksseitigen Teile des Mittelbaues untergebracht ist.

Es bestehen vier Verpflegungsklassen, zu 6—9 Mark, 4 Mark. 1,50 Mark und 1 Mark, sowie 8 Freibetten.

In direkter Verbindung mit der stationären Klinik steht eine Poliklinik für gynäkologische Kranke und eine geburtshülfliche Poliklinik, welch' letztere sich sowohl auf Stadt- wie Landbezirk erstreckt und in ausgedehntem Masse für die weitere Ausbildung der Studierenden benutzt wird.

Die von Jahr zu Jahr sich steigernde Wirksamkeit der Klinik und Poliklinik ergiebt folgende Zusammenstellung der letzten drei Rechnungsjahre:

	Klinik.			Poliklinik.		
	1888/89	1889/90	1890/91	1888/89	1889/90	1890/91
Anzahl der Entbun-denen	294	327	365	438	493	505
Darunter mit Kunst-hülfe	41	64	74	221	388	414
Anzahl der gynäko-logischen Kranken	480	563	547	2004	2201	2100
Darunter behandelt an:						
Krankheiten der Scheide . .	36	45	39	280	277	256
— des Uterus .	230	287	279	837	762	743
— der Ovarien und Eileiter .	60	78	72	157	189	141
— der Ligamente und des an-grenzenden Peritoneums.	49	55	47	211	271	284

Wichtige Operationen wurden ausgeführt:

Operationen:	1888/89	1889/90	1890/91	Zu-sammen.	Todes-fälle.
Vaginale Totalexstirpation des Uterus	25	23	22	70	1
Myomotomien	4	13	13	30	6
Hohe Excision des Collums . .	10	7	6	23	1
Kaiserschnitte		1	3	4	—
Ovariotomien wegen Kystom . .	28	32	34	94	1
— Tumor . .	3	7	10	20	2
Kastrationen	4	4	3	11	
Salpingotomien	7	10	6	23	1
Operationen bei Extrauterin-Gra-vidität	2		5	7	1
Fisteloperationen	5	6	3	14	—

Operationen:	1888/89	1889/90	1890/91	Zu-sammen.	Todes-fälle.
Kolporhaphien zugleich mit Kol-poperineo-rhaphie	38	37	48	123	—
Perineoplastik bei kompleten Dammrissen	7	9	8	24	—
Laparotomien aus anderen Ur-sachen	10	8	4	22	2
Laparotomien überhaupt . . .	121	63	86	270	15

Direktor der Klinik ist gegenwärtig Geh. Medizinalrat Prof. Dr. Kaltenbach; ausserdem sind vier Assistenten, sowie ein Portier und ein Hausdiener angestellt. Ständige Wohnung haben ferner in der Klinik drei Volontärärzte, die sich teils aus studentischen, teils aus ärztlichen Kreisen rekrutieren.

DIE AUGENKLINIK.

Die Augenklinik besteht aus einem mit der Hauptfront nach Norden gelegenen Mittelbau und zwei auf diesen senkrecht gerichteten Seitenflügeln. Der Mittelbau enthält die Räumlichkeiten für die Poliklinik, das Auditorium, den Operationssaal und die Wohnungen der Assistenten, während die Kranken der stationären Klinik ausschliesslich in den geräuschlosen Flügeln untergebracht sind, so zwar, dass die Kinder im Erdgeschoss der westlichen Seite, darüber die Frauen und im ersten Stock der östlichen Seite die Männer sich befinden; im Erdgeschoss des östlichen Flügels liegen die stationären Kranken der Ohrenklinik.

In der Mitte der Nordseite des Hauses liegt dem Haupteingang gegenüber die Haupttreppe, an der Südseite, in beiden inneren Ecken, zwischen den Flügeln und dem Mittelbau, je ein Treppenthurm mit Wendeltreppe, die bis in das Kellergeschoss hinabreicht und in die Korridore jedes Flügelgebäudes einmündet.

Der Haupteingang wird vorzugsweise von den Studierenden benutzt; die Eingänge an der Südseite sind vorzugsweise für die Poliklinik bestimmt.

Das ganze Gebäude ist unterkellert; die nördlichen Fenster des Erdgeschosses liegen hoch über der Erde, darunter die Fenster der für das Warte- und Dienstpersonal bestimmten Wohnräume; das

Mittelportal muss erst durch eine Treppe von sieben Stufen erstiegen werden.

Die Anstalt enthält keine Privatzimmer für zahlende Patienten, jedoch lassen sich in den seltenen Bedarfsfällen die Isolierzimmer, von denen jede Station eines enthält, hierzu verwenden. Ausser dem Isolierzimmer befinden sich auf jeder Station drei Krankensäle — auf der Kinderstation nur zwei — von annähernd gleicher Grösse mit ca. 60 qm Bodenfläche und mehr als 5 m Höhe und sind für je sechs Betten eingerichtet. Es sind 45 Betten vorhanden; bei der grossen Zahl der Patienten reicht indes der Raum nicht aus, so dass

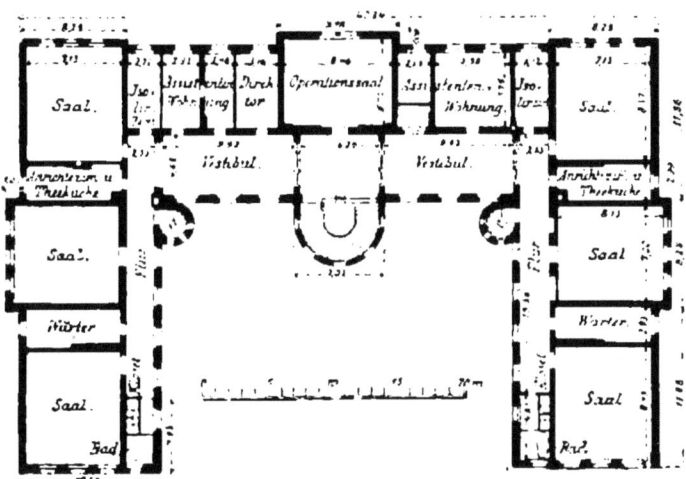

Augen- und Ohren-Klinik. (Erdgeschoss.)

ein grosser Teil derselben in benachbarten Häusern untergebracht wird; in einem derselben befinden sich ausschliesslich Trachomkranke.

Das Fehlen der Küche im eigenen Hause hat die Anlage von im ganzen vier Anrichtezimmern und Theeküchen, deren jede ca. 20 qm Bodenfläche hat, erforderlich gemacht.

Der Operationssaal hat eine beträchtliche Grösse, ein einziges, aber sehr grosses Fenster nach Norden heraus und erhält dadurch eine ganz vorzügliche Beleuchtung. —

An der innern Seite der von Nord nach Süd gerichteten beiden Flügel, welche die Krankensäle enthalten, verläuft jederseits ein Korridor von etwa 20 m Länge und nicht ganz 2½ m Breite — mithin von

einer Bodenfläche von gegen 50 qm. Die Fenster des Korridors im
östlichen Flügel öffnen sich nach Westen, die der westlichen nach
Osten. Dieser Raum dient als Wandelgang und wird von den Kranken
besonders im Winter viel benutzt, während im Sommer die schattigen
Anlagen, welche die Klinik umgeben, gern aufgesucht werden. An
dem südlichen Ende jedes Korridors befinden sich die Klosets und
Baderäume.

In dem Hauptgebäude liegt nach Süden, jederseits von dem in
der Mitte befindlichen grossen Vorraum der Haupttreppe, ein breites
Vestibül, welches mit dem Korridor des entsprechenden Flügels
kommuniziert. Nur der Raum, welcher vor den zur Abfertigung der
Poliklinik bestimmten Zimmern liegt, wird benutzt, und zwar in Ermangelung ausreichender Warteräumlichkeiten als Wartezimmer; von
den Kranken dagegen wird er — als Tagesaufenthalt etwa — nicht
betreten.

Bei allem Reichtum an Platz und einer fast verschwenderischen
Verteilung des Raumes ist jedoch ein Laboratorium, sowie Arbeitszimmer für die Assistenten und Studenten, nicht vorgesehen worden;
es hat dann nachträglich das im oberen Stock westwärts gelegene,
sehr geräumige und mit drei Fenstern versehene Vestibül in ein
Laboratorium für mikroskopische und bakteriologische Arbeiten umgewandelt werden müssen.

Der Verpflegungssatz der Kranken beträgt 1,50 Mk. pro Tag,
welcher unter besonders dringenden Umständen auf 1 Mk. (halbe
Freistelle) ermässigt werden kann. Auch sind einige Freistellen zur
Verfügung, vorzugsweise für solche Erkrankungsfälle, welche ein
hervorragendes wissenschaftliches Interesse beanspruchen.

Was den Krankenverkehr anbelangt, so beträgt die Anzahl der
in der Klinik Hülfesuchenden, wenn nur die zum ersten Male Kommenden gezählt werden, durchschnittlich 5700 bis 6000 pro Jahr; werden
auch diejenigen mitgerechnet, welche früher schon behandelt worden
sind und von neuem kommen, 7500 bis 8000. Die Anzahl der grösseren
Operationen (die kleineren sind nicht mitgezählt) beläuft sich auf ca. 700
pro Jahr, die in der stationären Klinik behandelten Kranken auf 700
bis 800.

Die Klinik leitet als Direktor Geh. Medizinalrat Prof. Dr. Gräfe,
dem zwei Assistenten beigegeben sind; ausserdem wirken stets zwei
oder mehrere unbesoldete Volontärärzte unterstützend mit.

DIE OHRENKLINIK.

Diese Klinik befindet sich mit der Klinik für Augenkrankheiten in demselben Gebäude. Operationssaal und Auditorium sind gemeinschaftlich, alle übrigen Räumlichkeiten getrennt. In drei Krankensälen und einem Isolierzimmer stehen zwanzig Betten für Erwachsene und zwei Kinderbetten zur Verfügung.

Als Wartezimmer wird das Vestibül benutzt; ausserdem sind vorhanden zwei Untersuchungszimmer, ein Geschäftszimmer für den Direktor, Wohn- und Schlafzimmer für einen Assistenzarzt, ein Anrichtezimmer und im Kellergeschoss die Wohnräume für das Wartepersonal.

Die Verpflegungskosten betragen 1,50 Mk. für den Tag.

Vom 1. April 1890 bis 31. März 1891 wurden 1005 Kranke behandelt, wobei die aus dem Vorjahre übernommenen, in Behandlung verbliebenen Fälle nicht mitgerechnet sind.

In der stationären Klinik wurden 184 Kranke behandelt; die durchschnittliche Aufenthaltsdauer derselben in der Klinik betrug 36 Tage.

Direktor der Klinik ist Geh. Medizinalrat Prof. Dr. Schwartze, welchem zwei Assistenzärzte unterstellt sind.

DIE PSYCHIATRISCHE UND NERVENKLINIK.

Die in den Jahren 1889 bis 1891 nach den Entwürfen des zeitigen Direktors derselben, Prof. Hitzig, erbaute psychiatrische und Nervenklinik ist zur Aufnahme von 11 Kranken erster, 6 Kranken zweiter Klasse, 20 Nervenkranken und 73 Geisteskranken dritter Klasse bestimmt. Sie setzt sich aus zehn den verschiedenen ärztlichen, wirtschaftlichen und akademischen Zwecken angepassten Einzelbauten zusammen. Diese sind auf einem etwa 10½ Morgen umfassenden Areal von der Strasse, dem Mühlrain, durch einen breiten Vorgarten getrennt in vier Reihen geordnet.

Die Strassenfront wird durch das etwas vorspringende Hauptgebäude und zwei mit demselben durch kurze Gänge verbundene Krankenbaracken gebildet. In dem Erdgeschoss des Hauptgebäudes gruppieren sich um einen geräumigen Flur die für die Nervenpoliklinik bestimmten Räume, die Administrations- und Aufnahmezimmer, der Betsaal, eine kleine Apotheke und die Wohnung eines Arztes. Im ersten Stockwerk befindet sich der Hörsaal mit drei anstossenden, für

17

mikroskopische und sonstige wissenschaftliche Arbeiten bestimmten
Zimmern, die Bibliothek, das Geschäftszimmer des Direktors und die
Wohnung eines Arztes.

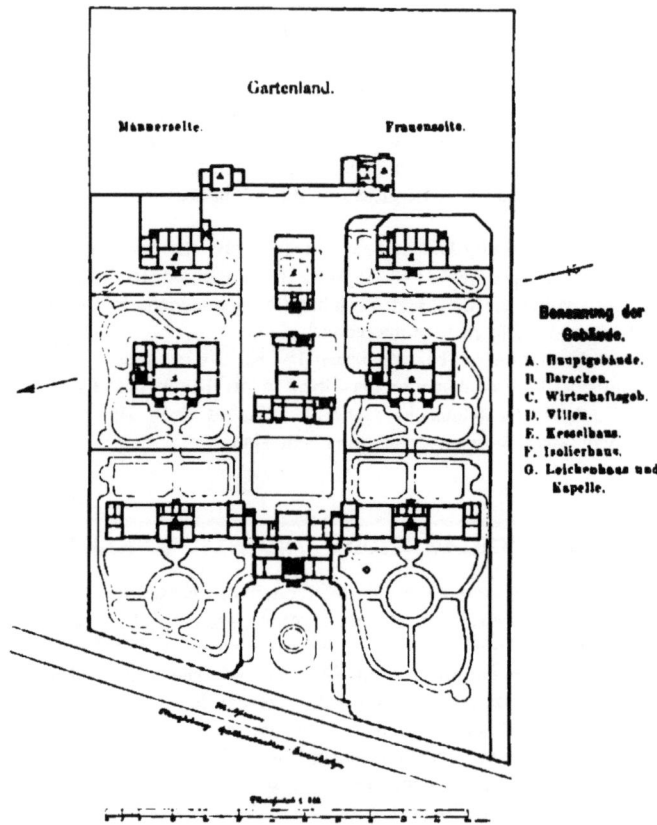

Lageplan der Psychiatrischen und Nervenklinik.

Zu beiden Seiten des Hauptgebäudes sind rechts die Frauen,
links die Männer untergebracht. Für diejenigen Kranken, welche einer
ganz besonderen körperlichen oder geistigen Pflege und Überwachung
bedürfen, sind die bereits erwähnten Baracken bestimmt. Hier werden
in je zwei von einander durch Korridore getrennten Sälen und je fünf

Einzelzimmern jederseits etwa 22 Nervenkranke und Geisteskranke
unter besonders günstigen hygienischen Verhältnissen Aufnahme finden.
Hohe, von zwei Seiten Licht empfangende, mit reichlichem Luftraum
ausgestattete Räume, deren Anordnung die wirksamste Pflege mit
verhältnismässig geringen Mitteln gestattet, werden die besten Bedingungen zur Heilung der schweren hier zur Behandlung kommenden
Krankheitsfälle gewährleisten.

In der zweiten Reihe finden wir, allseitig von Gärten umgeben,
zur Seite des freistehenden Wirtschaftsgebäudes je eine Villa für
Rekonvaleszenten und leichter Erkrankte jedes der beiden Geschlechter.
Durch eine Veranda gelangt man in zwei geräumige Wohn- und
Speisezimmer, denen sich auf der Frauenseite noch eine Nähstube
anschliesst. Um diese Tagräume gruppieren sich die verschiedenen,
für je einen bis fünf Kranke bestimmten Schlafzimmer und, durch
einen kleinen Korridor abgetrennt, die Nebenräume, Badezimmer und
dergleichen. An der Schmalseite der Villa führt ein besonderer Eingang in das für die Kranken erster und zweiter Klasse eingerichtete,
mit zahlreichen Einzelzimmern versehene und mit einem Balkon ausgestattete erste Stockwerk.

Das Wirtschaftsgebäude enthält neben den Wohnungen für den
Inspektor und sonstige Bedienstete die dem Koch- und Waschbetrieb
dienenden Räumlichkeiten, in denen durch Dampf betriebene Koch-
und Waschmaschinen zur Aufstellung kommen werden.

Die dritte Reihe wird von zwei, für je fünf Kranke bestimmten
Isolierhäusern eingenommen, zwischen denen sich das Dampfkessel-
haus befindet, und in letzter Reihe ist eine ganz isoliert stehende,
durch einen besonderen Zufahrtsweg zugänglich gemachte Leichen-
kapelle, sowie ein Stall für Versuchstiere vorgesehen.

Durch die beschriebene Anordnung der Baulichkeiten ist zunächst
eine vollständige Trennung der Krankenräume von den Wirtschaftsräumen und den sonstigen Annexen ermöglicht. Aber auch die
einzelnen Gruppen der Kranken: Nervenkranke, bettlägerige und gleichzeitig körperlich leidende Gemütskranke, Tobsüchtige, leicht Erkrankte,
Rekonvaleszenten, Kranke der höheren Stände, alle sind so untergebracht, dass sie einerseits die zweckmässigste Existenzbedingung
für die besondere Art ihres Zustandes finden, andererseits weder ihre
Leidensgenossen stören, noch von ihnen gestört werden. Ganz besonders dürfte zur Erreichung dieses Zweckes noch die verhältnismässig bedeutende Zahl von Einzelzimmern beitragen. Während
nämlich das Institut im ganzen 110 Kranke wird aufnehmen können,

17*

werden 33 von diesen gegebenenfalls in eigenen Schlafzimmern unterzubringen sein.

Die durch den Staatshaushalt bewilligte Bausumme beläuft sich
auf 665000 Mk. Hätte man ein kasernenartiges Gebäude errichten
wollen, so wäre ein so grosser Teil dieser Summe durch die Anlage
von Korridoren und Treppenhäusern verschlungen worden, dass ein
Teil der im vorstehenden bezeichneten Intentionen schon an dem
Kostenpunkte gescheitert wäre. Glücklicherweise lief die Geldfrage
diesmal der Sorge für das Wohlsein und die Behaglichkeit der Kranken
parallel. Geisteskranke fühlen sich nun einmal in Korridorbauten,
die nur zu leicht an Gefängnisse erinnern, erfahrungsgemäss unbe-
haglich.

Das Institut wurde am 20. April 1891 seiner Bestimmung übergeben und war Ende Mai bereits fast vollständig belegt.

Dem Direktor, Geh. Medizinalrat Prof. Dr. Hitzig, sind drei
Assistenzärzte beigegeben.

3. ALLGEMEINE ANSTALTEN.

DIE UNIVERSITÄTS-BIBLIOTHEK.

Die Bibliothek der vereinigten Friedrichs-Universität Halle-Wittenberg ist in einem der neuen Stadtteile von Halle, in welchem weder
grössere Fabrikanlagen noch Kaufläden sich finden, und nur ungefähr fünf Minuten von dem Auditoriengebäude der Universität entfernt,
von dem dermaligen Universitätsarchitekten von Tiedemann nach
wiederholten längeren Beratungen mit dem zeitigen Bibliotheksvor-
stande Dr. Hartwig entworfen und in den Jahren 1878—80 erbaut
worden.

Nachdem das alte Bibliotheksgebäude schon längere Zeit allseitig
als ungenügend anerkannt war, trat die Königl. Staatsregierung 1871
dem Projekte eines Neubaues näher und erwarb zu diesem Zwecke
das Grundstück von 6282,86 qm Grösse in dem nördlichen Schneide-
winkel der Friedrich- und Wilhelmstrasse.

Erst im Jahre 1876 begann man aber mit der Ausarbeitung von
Bauplänen. Die Ausführung derselben wurde dann so beschleunigt,
dass am 1. November 1880 die Bibliothek in ihren neuen Räumen der
Benutzung durch das Publikum vollständig übergeben werden konnte.

Der Bau derselben hat sich so gut bewährt, dass seitdem nur ganz unbedeutende Veränderungen an der ganzen Anlage (Änderungen an der Abführung des Grundwassers und der Luftheizung) haben vorgenommen werden müssen. —

Die Längsaxe der Bibliothek liegt von Westen nach Osten parallel mit der Wilhelmstrasse, von der sie 26 m absteht. In ihr kann sie in kommenden Jahrhunderten fast um das Doppelte verlängert werden.

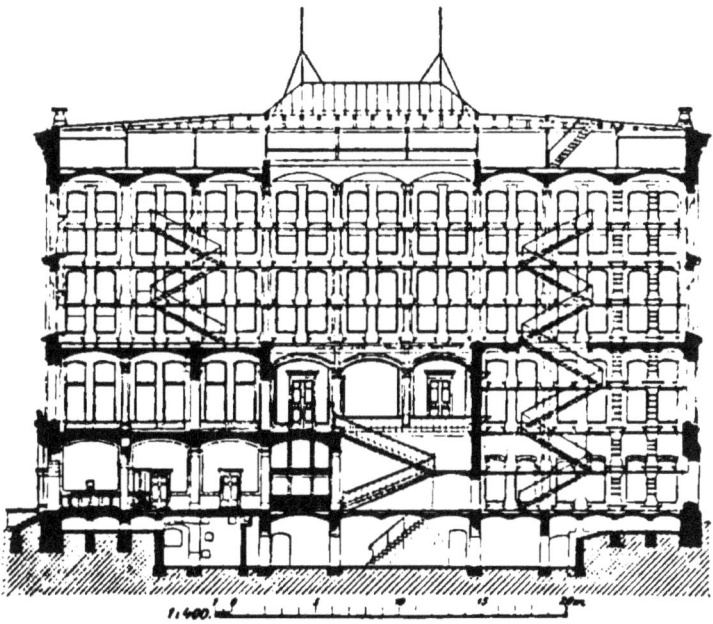

Universitäts-Bibliothek. (Querschnitt.)

Ihr Eingang befindet sich auf der Schmalseite des Gebäudes von der Friedrichstrasse aus, von welcher sie 5,5 m absteht. Ihr gegenüber liegt hier ein grosses öffentliches, weit hinter die Fluchtlinie der Strasse zurückgehendes Gebäude, das Oberbergamt. Von den Grundstücken, welche das Bibliotheksareal nach Norden begrenzen, ist dasselbe eben so weit entfernt, als von der Wilhelmstrasse.

Ihrer Lage nach ist die Bibliothek also als feuersicher gegen die Nachbarschaft zu bezeichnen. Die freie Lage derselben hat ferner den grossen Vorteil der Helligkeit ihres Innern mit herbeigeführt.

Das Gebäude, dessen Grundfläche 889,80 qm bei rund 23 m Höhe beträgt, besteht aus einem aus Porphyrbruchsteinen mit Sandsteinecken erbauten, als Sockel behandelten Erdgeschosse und aus drei mit hellgelben Backsteinen gebauten Stockwerken.

Bei der Anlage des Gebäudes sind die Erwägungen, ein feuersicheres, seinen nächsten Zwecken so weit als nur möglich dienendes und desshalb möglichst kompaktes Gebäude herzustellen, die Ausschlag gebenden gewesen. Die Architektur hat sich desshalb hiernach richten müssen und nicht umgekehrt die Anlage des ganzen nach äusseren, architektonischen Gesichtspunkten. Doch macht das Gebäude mit seinem schön profilierten, 80 cm austretenden Hauptgesimse und der kräftigen Profilierung aller seiner Glieder einen ganz stattlichen Eindruck.

Man betritt das Gebäude, das fünf Axen in der Breite und neun in der Länge von je 4,20 m hat, durch ein Portal, das durch ein reich verziertes schmiedeeisernes Thor nach Aussen abgeschlossen ist.

Von dem Parterregeschoss sind sechs Längsaxen abgeschnitten und sind, ausser der Wohnung des Kastellans, mehrere Räume für Spezialbibliotheken (Bibliothek der deutschen morgenländischen Gesellschaft und die von Ponickau'sche Bibliothek) hergestellt. Auch ein Zimmer für die Handschriften und grössere Kunstwerke finden sich hier. Über diesen Räumen liegen im ersten Stock die Verwaltungsräume der Bibliothek, der allgemeine Lesesaal und ein Dozentenarbeitszimmer.

In den drei restierenden Längsaxen des Parterregeschosses und des ersten Stockwerkes sind schon Bücher aufgestellt. Die beiden oberen Stockwerke dienen ausschliesslich demselben Zwecke.

In der Einrichtung dieser Bücherräume besteht vorzugsweise die Eigentümlichkeit der hiesigen Universitätsbibliothek.

Man hat die hier ganz konsequent durchgeführte Aufstellungsweise der Bücherborde mit einem leicht missverständlichen Ausdrucke das „Magazinierungssystem“ genannt. Hatte man früher die Bücher in zahlreichen mehr oder weniger grossen Räumen in Regalen, welche vom Fussboden bis zur Decke des betreffenden Raumes reichten, aufgestellt, so bedurfte man mehr oder weniger hoher Leitern, um die in der Nähe der Zimmerdecke stehenden Bücher erreichen oder zurückstellen zu können. Je höher nun die betreffenden Räume waren, desto länger und schwerer zu behandeln mussten auch diese Leitern sein, desto weiter mussten auch die Zwischenräume zwischen den Bücherborden gelassen werden, um die Leitern fortbewegen und anlegen zu können. Die Nachteile dieser Konstruktion liegen auf der Hand. Man hat denselben vielfach,

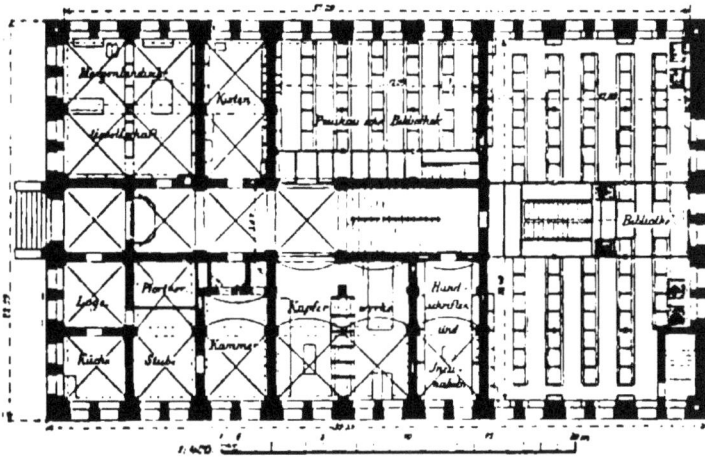

Universitäts-Bibliothek. (Erdgeschoss.)

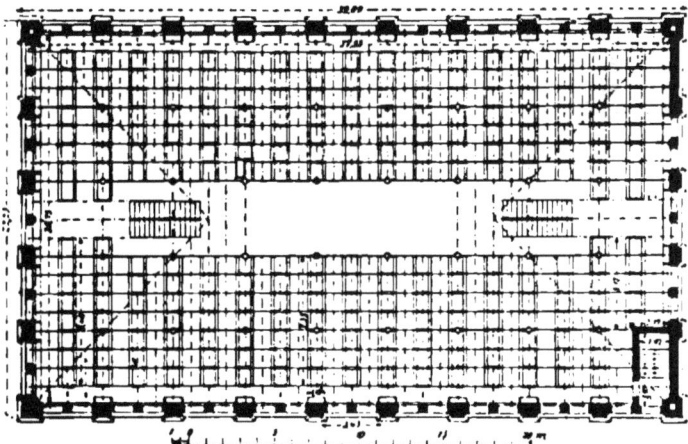

Universitäts-Bibliothek. (Die eisernen Zwischendecken der oberen Bücheretagen.)

namentlich in den Prunksälen älterer Bibliotheken, dadurch zu begegnen versucht, dass man Gallerien ungefähr in der Mitte der Höhe des Raumes den Wandregalen vorbaute, die durch schmale Treppen mit dem Fussboden in Verbindung standen. Wurden dadurch die Leitern nicht überall überflüssig, so setzte diese Anlage ausserdem grosse Räume voraus, die nur wenig ausgenutzt werden konnten.

Mit dem Augenblicke, von dem an man den Schwerpunkt der ganzen Bibliothek in den Lesesaal legte, an dessen Wänden nicht mehr die gesamte Bibliothek aufgestellt werden konnte, musste man den Versuch machen, die Bücherräume so zu konstruieren, dass die nicht in dem Saale unterzubringenden Werke so aufgestellt wurden, dass sie möglichst rasch und sicher herbeigeschafft und wieder zurückgestellt werden konnten. Das war nur dadurch vor allem zu erreichen, dass man die Bücherreihen ohne die Benutzung von Leitern zugänglich machte. Das konnte auf eine doppelte Weise erreicht werden. Entweder man musste ganz niedere Zimmer anlegen, oder die Büchermassen in grossen, lichten und hohen Räumen auf ein System von nahe an einander gerückten Bücherborden aufstellen, zwischen denen mehrere, gut zugängliche leichte Boden eingelegt wurden, von denen aus man die Bücher erreichen konnte.

Es bedarf keiner Ausführung, warum man hier diese zweite Anlage vorzog. Nur bei ihr war die grösste Raumausnutzung und die für eine Bibliothek wichtige Helligkeit zu erreichen.

In zwei grossen Büchermagazinen, von denen das eine, wie schon bemerkt, den dritten Teil des Erdgeschosses und des ersten Stockwerkes, das andere die beiden oberen Stockwerke des ganzen Gebäudes einnimmt, sind die Büchermassen der Bibliothek, ca. 20000 Bände, in zwanzig nach den verschiedenen Disziplinen sachlich geordneten Abteilungen in folgender Weise aufgestellt. In der Längsrichtung des Gebäudes führen drei je eine Gebäudeaxe breite Gänge, deren Fussböden gleichfalls aus durchbrochenen Eisenrosten bestehen, übereinander durch diese Magazine hin, sie also in vier Etagen zerlegend, die durch gusseiserne Treppen mit einander kommunizieren. Im rechten Winkel zu diesen Gängen stehen nun die durch die beiden Stockwerke (vier Etagen) durchgehenden Büchergestelle, zwischen denen, in gleicher Höhe mit den Eisenrosten der Gänge, andere leichtere Eisenroste angebracht sind; auf diesen geht man zwischen die Büchergestelle, und kann nun von ihnen rechts und links die Bücher herausnehmen, ohne eine Leiter benutzen zu müssen. Denn jede dieser kleinen Etagen ist im Durchschnitte nur 2,1 m hoch. Da die Büchergestelle so angeordnet sind, dass zwischen sie das Fensterlicht von aussen einfällt, sind diese kleinen Korridore vollkommen hell. Im oberen Büchermagazin führt noch ein besonderes Oberlicht Helligkeit zu, sodass es jetzt wohl in Deutschland kaum eine Bibliothek giebt, in der die Bücherräume bei kompresser Aufstellung so viel Licht haben als hier. —

Die Bibliothek besitzt einen alphabetischen Katalog über alle Bücher in zwei Exemplaren. Das eine steht im Lesesaale und ist den Benutzern desselben zugänglich, das andere im Beamtenzimmer. Ein Realkatalog, nach dem die Bücher aufgestellt sind, verzeichnet die vorhandenen Werke nach den Wissenschaften bis ins einzelne hinein. Ein Dissertationen- und Programmen-Katalog wird in alphabetischer Ordnung besonders aufbewahrt. Alle diese Kataloge sind seit 1876 neu angelegt worden. —

Die im Lesesaale verlangten Bücher werden den Benutzern sofort nach der Bestellung ausgehändigt. Die nach aussen gewünschten Werke müssen bis 9 Uhr früh bestellt sein, wenn sie an demselben Tage noch entnommen werden sollen.

Die Bibliothek wird von dem Oberbibliothekar Geh. Regierungsrat Dr. O. Hartwig geleitet.

DAS ARCHÄOLOGISCHE MUSEUM.

Die ersten Gipsabgüsse griechischer Marmorwerke brachte im Jahre 1845 Ludwig Ross nach Halle, als sich ihm nach den an Erfolgen und Dornen reichen griechischen Jahren hier eine Stätte akademischer Wirksamkeit bot. Bis dahin hatte die Universität Halle-Wittenberg, wie die meisten deutschen Universitäten, nur eine kleine Münzsammlung besessen, deren Grundstock der Geschichtsschreiber der antiken Medizin Johann Heinrich Schulze, zuerst Professor der Anatomie und Physiologie, später der Eloquenz und der Altertümer im Jahre 1734 gebildet hatte, angeregt durch eine griechische Silbermünze, das Geschenk eines Zuhörers aus Siebenbürgen. Mit der Schenkung jener beiden Gipsabgüsse — der sog. wagenbesteigenden Frau von der Akropolis und des sog. Apollon von Thera — legte Ross den Grund zu dem „Akademischen Gyps- und Antiken-Museum", wie er es nannte, das indessen in den ersten beiden Dezennien seines Bestehens bei der Beschränktheit der Mittel sich mit der Beschaffung der landläufigsten und vor allem billigsten Abgüsse begnügen musste. Doch gelang es noch Ross wenigstens ein durch Kunstwert und Seltenheit ausgezeichnetes Stück, einen Abguss der Florentiner Bronzestatue aus Pesaro, des sog. Idolino, dessen Abformung jetzt nicht mehr gestattet wird, für das Museum zu erwerben. Erst unter der Direktion von Alexander Conze (1864 bis 1868) erfuhr die Sammlung eine wesentliche Bereicherung, indem zum erstenmale Abgüsse der Schätze des britischen Museums, namentlich charakteristische Proben der Parthenonskulpturen, beschafft und, bei reichlicher fliessenden Mitteln, auf systematische Erwerbung stilistisch hervorragender Stücke ausgegangen werden konnte. In gleicher Richtung, wie Conze, waren seine beiden Nachfolger, Richard Schöne (1869 bis 1871) und Friedrich Matz (1872 bis 1873) thätig. Einen bedeutenden Aufschwung aber nahm das Museum, als im Jahre 1874 Heinrich Heydemann an seine Spitze trat. Unter seiner fünfzehnjährigen Amtsführung hat sich der Bestand der Sammlung beinahe verdreifacht. Unterstützt durch reichliche Zuwendungen des Ministeriums, dem das Museum u. a. den Besitz eines Abgusses der Zeusgruppe vom pergamenischen Altar verdankt, getragen von dem lebhaften Interesse der kunstsinnigen Bürgerschaft unserer Stadt, der er das Verständnis der Antike durch populäre Vorträge erschloss, deren Ertrag wieder dem Museum zugute kam, gefördert durch die Liberalität eines kunstverständigen Gönners und Freundes konnte Heydemann bei geschickter Verwendung der Mittel und einsichtsvoller Auswahl des zu Erwerbenden das Museum auf eine Höhe erheben, die ihm, wenn auch nicht den ersten, so doch einen sehr ehrenvollen Platz unter den Universitäts-Sammlungen Deutschlands sichert und es vor allem seinem nächsten und wichtigsten Zweck, dem akademischen Unterricht zu dienen, im Ganzen gerecht werden lässt. Nur hinsichtlich einer wichtigen Monumentenklasse, der architektonischen Reliefs, war Heydemann durch die Ungunst der Aufstellungsräume gezwungen, sich Beschränkung aufzuerlegen; für dieses Gebiet ist das Museum allerdings bis jetzt unzureichend.

Was schon so lange für die Sammlung, die seit ihrem Bestehen wiederholt den Aufstellungsort wechseln musste und durch die Enge der disponiblen Räume vielfach beeinträchtigt wurde, gewünscht und erstrebt worden ist, die Gründung einer würdigen und bleibenden Stätte, die es gestattet, wenigstens die kunsthistorisch-wichtigsten Stücke durch wirkungsvolle Aufstellung erst zu ihrer rechten Geltung zu bringen, das nähert sich gerade in diesen Tagen der Erfüllung. Dank dem glücklichen Zusammenwirken des Universitäts-Kuratoriums und der städtischen Behörden ist der Sammlung ihr neues Heim an einer Stelle bereitet, wie sie günstiger nicht gedacht werden kann, inmitten der freundlichen Baumanlagen der alten Promenade und in nächster Nachbarschaft der Universität. In drei geräumigen Sälen werden die drei Hauptepochen der antiken Kunst, die Zeit des Phidias, die Zeit des Praxiteles und die hellenistische Periode zur Anschauung gebracht werden können, während der archaischen Kunst zwei kleinere Kabinette vorbehalten bleiben und in einem dritten grösseren die besonders reichhaltige Abteilung der Porträtbüsten Aufstellung finden soll. In einem grösseren Raum des Souterrains sollen solche Gipsabgüsse untergebracht werden, die bei geringem künstlerischen oder kunsthistorischen Wert lediglich für Zwecke des akademischen Unterrichts bestimmt sind; ein benachbarter kleiner Raum soll zur Aufstellung des ältesten Bestandteils des Museums, der Münzsammlung, sowie einiger Proben antiker Keramik und Glyptik dienen, und so ein kleines Antiquarium bilden. Ein den Sammlungsräumen benachbarter Hörsaal wird es ermöglichen, Unterricht und Anschauung aufs engste mit einander zu verbinden.

Es ist zu hoffen, dass Umzug und Aufstellung binnen wenigen Wochen vollendet sein werden und das Museum zu Beginn des Wintersemesters 1891/92 der Benutzung übergeben werden kann.

Der gegenwärtige Direktors des Museums ist Prof. Dr. C. Robert.

VIII

DIE AGRIKULTURCHEMISCHE VERSUCHSSTATION

DES LANDWIRTSCHAFTLICHEN ZENTRALVEREINS FÜR DIE PROVINZ SACHSEN, DIE HERZOGTÜMER ANHALT UND SACHSEN-GOTHA, DIE FÜRSTENTÜMER SCHWARZBURG-SONDERSHAUSEN UND RUDOLSTADT ZU HALLE A. S.

VON

DR. MAERCKER, GEH. REGIERUNGSRAT UND PROFESSOR AN DER UNIVERSITÄT.

———

Die von den obengenannten, zu einem landwirtschaftlichen Zentralverein zusammengetretenen Staaten errichtete Versuchsstation Halle a. S.
befand sich ursprünglich auf dem Rittergute Gross-Kmehlen und
wurde von dort 1859 nach Salzmünde verlegt. Man war damals
der Ansicht, dass eine landwirtschaftliche Versuchsstation nur segensreich im unmittelbaren Anschluss an die Praxis der Landwirtschaft
wirken könne und schuf ihr desshalb eine Stätte auf dem Lande. Da
es sich sehr bald zeigte, dass die hierdurch notwendigerweise bewirkte
Isolierung des Leiters der Versuchsstation denselben in eine einseitige
Richtung drängen und eine solche den Zielen der Versuchsstation
schaden musste, beschloss der landwirtschaftliche Zentralverein 1865
die Übersiedelung der Station nach Halle und suchte einen Anschluss
derselben an die Universität dadurch, dass dem Vorsteher der Versuchsstation das Lehramt für Agrikulturchemie als ausserordentlicher
Professor an der Universität übertragen wurde. Die Versuchsstation
wurde zunächst unter der Leitung von Prof. Dr. Stohmann in einem
gemieteten Hause untergebracht und schuf sich 1874, unter der Leitung des jetzigen Vorstehers, Prof. Dr. Maercker, mit einem Kostenaufwand von 20000 Mark ihr jetziges Laboratorium, welches inzwischen

durch mehrere Anbauten erweitert worden ist, sodass dieselbe zur Zeit die grösste deutsche Versuchsstation geworden ist.

Im Zusammenhang mit der Versuchsstation Halle steht eine Vegetationsstation zur Ausführung von Untersuchungen auf dem Gebiete der Pflanzenkultur und eine in Magdeburg errichtete Untersuchungsstation. An sämtlichen Anstalten sind ausser dem Vorsteher (Geh. Regierungsrat Prof. Dr. Maercker) und dem Vorsteher der Magdeburger Anstalt (Dr. Waas) zehn chemische und zwei botanische Assistenten, ein Sekretär, ein Rechnungsführer, ein Obergärtner, fünf Diener angestellt, sodass das Personal aus 22 Angestellten besteht.

Die Mittel für die Zwecke des Instituts werden teils durch Staatssubvention (9000 Mark), teils durch eine Subvention der Provinzialverwaltung (3000 Mark), teils durch Einnahmen für Honoraranalysen (etwa 55000 Mark), in Summa 67000 Mark beschafft.

Beschreibung des Laboratoriums der Versuchsstation Halle a/S., Karlstrasse 8.

Es befinden sich: im Kellergeschoss die Wohnung des Portiers, die Zentralheizung, Vorratsräume, Wirtschaftsräume, die Gaskraftmaschine, die Bäckerei für Versuchszwecke, die Versuchsmüllerei und andere.

Im Erdgeschoss die Räume für das Laboratorium.

Im ersten Stock die Wohnung des Vorstehers der Versuchsstation.

Im zweiten Stock die Bureaus des landwirtschaftlichen Zentralvereins und Wohnungen für fünf Assistenten.

Die allmählich erfolgte Vergrösserung der Versuchsstation hat es mit sich gebracht, dass die Arbeiten in einer sehr grossen Zahl von Räumen ausgeführt werden müssen, von denen nur einzelne eine entsprechende Grösse besitzen. Sollte jetzt ein Neubau auf Grund der gewonnenen Erfahrungen ausgeführt werden, so würde man eine kleinere Zahl, aber sehr grosse Räume herstellen.

Die Thätigkeit der Versuchsstation.

In dem Laboratorium der Versuchsstation werden Untersuchungen aller Art im unmittelbaren praktischen Interesse der Landwirte des Zentralvereins ausgeführt, so z. B. Untersuchungen von künstlichen Düngemitteln und Futtermitteln auf ihren Handelswert und auf Verfälschungen, Ackererden, Wasserproben, Produkte der landwirtschaftlichen Industrien. Welchen Umfang diese Untersuchungen, deren im Jahre

1870 nur etwa 400 ausgeführt wurden, angenommen haben, mag die nachstehende kleine Zusammenstellung zeigen:

	1890:	1889:	1888:
Düngemittel, Ackererden und dergl.	3223	3067	2662
Futtermittel und Zuckerrüben	1147	1094	895
Botanisches Laboratorium	966	656	502
Ackererden auf Phosphorsäure	303	—	—
Getreidespielarten	200	436	155
Futtermittel der Fütterungsversuche	661	819	712
Zuckerrübenanbauversuche	6	144	442
Generalsumme:	6506	6216	5368.

Die für die Vegetationsstation ausgeführten Untersuchungen sind in obigen Zahlen nicht einbegriffen.

Zur Bewältigung dieser grossen Arbeitslast ist das Laboratorium der Versuchsstation nach Möglichkeit mit maschinellen Einrichtungen versehen und zählt z. B. vier Motoren verschiedener Art.

Die wissenschaftliche Thätigkeit der Versuchsstation verfolgt hauptsächlich folgende Ziele:

1) Untersuchungen über das Wachstum und das Nährstoffbedürfnis der landwirtschaftlichen Kulturpflanzen. vorwiegend im Vegetationshause. Die für diese Arbeiten eingerichtete Vegetationsstation umfasst folgendes:

Ein Schutzhaus, in welchem die Pflanzen, in ihren Gefässen auf Wagen stehend, welche leicht auf eisernen Schienen zu bewegen sind, gegen die Unbilden der Witterung, gegen starke Regengüsse. gegen Sturm und zu grosse Hitze geschützt werden können.

Einen grösseren Raum zur Aufbewahrung der Ernteprodukte und der erforderlichen Gerätschaften und zur Herrichtung der zu den Vegetationsversuchen dienenden Bodenproben.

Eine Wohnung für den aufsichtführenden Gärtner, welcher im Sommer auf der Station wohnen muss.

Auf der ausserdem zur Verfügung stehenden Fläche findet sich ein ausreichender Raum zur Ausführung von Vegetationsversuchen im Freien und Anbau- und Düngungsversuchen jeder Art.

2) Feldversuche zur Prüfung des Anbauwertes neuer Spielarten der landwirtschaftlichen Kulturpflanzen. Da die Provinz Sachsen und überhaupt das Gebiet des landwirtschaftlichen Zentralvereins der Sitz einer ausgedehnten Züchtung von neuen Spielarten des Getreides und der Zuckerrüben ist, nimmt dieser Zweig der Thätigkeit. durch welchen nicht allein die Ertragsfähigkeit der neuen Spielarten geprüft wird. sondern auch im Laboratorium der

Gebrauchswert derselben festgestellt wird, einen grossen Umfang an.
Es ist z. B. notwendig geworden, zur Prüfung des Gebrauchswertes
der Getreidearten eine Bäckerei und Müllerei in Verbindung mit der
Versuchsstation einzurichten. Die Anbauversuche werden nicht allein
auf dem Versuchsfelde der Versuchsstation, sondern unter den verschiedensten Boden- und klimatischen Verhältnissen auf vielen über
das ganze Zentralvereinsgebiet verteilten Stationen ausgeführt.

3) Untersuchungen auf dem Gebiet der landwirtschaftlichen Gewerbe. Die Grundlage des Wohlstandes der Landwirtschaft der Provinz Sachsen bildet bekanntlich die bisher blühende
Zuckerindustrie. Ausserdem hat auch die Spiritusfabrikation
in der Provinz eine ausgedehnte Verbreitung. Die Versuchsstation
hat daher die Pflicht, Untersuchungen auf diesen beiden Gebieten,
soweit sie in einem Laboratorium ausgeführt werden können, zu fördern und besitzt z. B. eine für diesen Zweck eingerichtete kleine
Brennereianlage. Gerade auf letzterem Gebiet hat sie eine grössere
Anzahl von Untersuchungen ausgeführt und sie beteiligt sich nach
Möglichkeit an den Fortschritten dieses Gewerbes.

4) Die Ausführung von Fütterungsversuchen mit landwirtschaftlichen Haustieren. Zu solchen Untersuchungen besitzt die Versuchsstation einen Respirationsapparat, welcher freilich zur Zeit nicht in Benutzung ist, aber älteren Untersuchungen von
Stohmann und Grouven gedient hat.

Ausserdem werden alljährlich in grosser Ausdehnung Fütterungs-
versuche in den Wirtschaften der Mitglieder des Zentralvereins ausgeführt, für welche die notwendigen Analysen im Laboratorium der
Versuchsstation ausgeführt werden und welche seitens der Versuchsstation eingeleitet und überwacht werden.

5) Analytisch-chemische Untersuchungen im Laboratorium auf allen Gebieten der Landwirtschaft.

6) Botanische Untersuchungen im Interesse der Landwirtschaft.

Die Versuchsstation Halle besitzt ein vollkommen eingerichtetes
botanisches Laboratorium, in welchem zwei Botaniker arbeiten.
Dieselben beschäftigen sich teils praktisch mit der Feststellung der
Keimfähigkeit landwirtschaftlicher Sämereien, mit der mikroskopischen
Untersuchung von Futtermitteln auf Verfälschungen und den sanitären
Zustand, teils mit wissenschaftlichen botanisch-landwirtschaftlichen
Untersuchungen.

IX

DAS SCHULWESEN.

VON

A. STEGER, REKTOR
DER STÄDTISCHEN BÜRGER-MÄDCHENSCHULE.

— - --

Den Namen einer Schulstadt verdankt Halle seit ungefähr 200 Jahren in erster Linie der Universität und den Francke'schen Stiftungen; für das städtische, besonders das niedere Schulwesen, war im vorigen Jahrhundert und zu Anfang dieses Jahrhunderts so gut wie nichts geschehen, einmal, weil die Stadt infolge der häufig wiederkehrenden Heimsuchungen durch Krieg und Epidemieen sehr heruntergekommen und in ihrer Entwickelung auf lange Zeit gehemmt war, sodann aber, weil die Lehranstalten der Francke'schen Stiftungen das vorhandene Bedürfnis nach Schulbildung völlig befriedigten.

Als nach Beendigung der Freiheitskriege Ruhe und Ordnung auch in Halle wieder einkehrten und der allgemeine Wohlstand sich allmählich hob, ging man auch an die Regelung und Neugestaltung zunächst der niederen Schulen. Im Verlaufe der weiteren Jahrzehnte folgte dann naturgemäss die Gestaltung des gesamten Schulwesens der immer reicher sich entfaltenden Entwickelung der Stadt, besonders auf den Gebieten des Handels und der Industrie, worüber in den Einzeldarstellungen der verschiedenen Schulkategorieen das Genauere berichtet werden wird.

1. DIE ELEMENTARSCHULEN.

Zu Anfang dieses Jahrhunderts bestanden in Halle als städtische Schulanstalten einklassige Gemeindeschulen, sowie mehrere noch mangelhafter eingerichtete Armenklassen, neben denen einige Privat- und Winkelschulen ein kümmerliches Dasein fristeten.

Die lokalen Einrichtungen dieser Schulen, die armseligen Unterrichts- und Lehrmittel, der schwer zu überwachende und darum höchst unregelmässige Schulbesuch — das alles trug dazu bei, dass die Leistungen selbst hinter den bescheidensten Anforderungen zurückblieben.

So erfolgte im Jahre 1824 auf Vorschlag der schon 1817 dazu eingesetzten Kommission eine Reorganisation des Elementarschulwesens, wonach vier zweiklassige Parochialschulen und eine Armenschule errichtet wurden; ausser diesen öffentlichen Lehranstalten liess man vier Privatschulen mit unbeschränkter Lehrdauer und vier Vorschulen bestehen, in denen Kinder vom sechsten bis achten Lebensjahre Unterricht empfingen. Diese den städtischen Schulverband bildenden Schulen unterstanden der städtischen Schulinspektion, die aus dem Stadtsuperintendenten, dem Bürgermeister und einem Geistlichen als Lokalschulinspektor bestand. Im Jahre 1890 wurden die Gemeindeschulen der Vorstädte Neumarkt und Glaucha in den Schulverband aufgenommen und neben der Schulinspektion ein aus Magistratsmitgliedern und Gemeindevertretern bestehender Schulvorstand eingesetzt, welcher als Repräsentant der Schulgemeinde in Schulangelegenheiten und als Organ der Schulinspektion der nächste Vermittler zwischen Schule und Haus sein, die Aufsicht über regelmässigen Schulbesuch, über die Verwaltung des Schulvermögens, sowie über die Schullokale führen, das sittliche Verhalten der Schuljugend auch ausserhalb der Schule kontrollieren und das amtliche und ausseramtliche Verhalten der Lehrer im Auge behalten sollte. Von ihm sollten Vorschläge zur Hebung des Schulwesens an die Schulinspektion gelangen.

Bei dem raschen Wachsen der Stadtbevölkerung musste auch die Zahl der Kinder in diesen Schulen so stark zunehmen, dass nicht nur die Beschaffung passend gelegener und ausreichender Räume höchst schwierig wurde, sondern auch die Verwaltung für den mit der Lokalinspektion betrauten Direktor der Bürgerschule kaum noch zu bewältigen war. Deshalb wurden sämtliche Parochial- und Armenschulen im Jahre 1890 zu einem einzigen grossen Schulorganismus unter dem Namen „städtische Volksschule" vereinigt, deren erster Rektor und Organisator der jetzige Geheime Regierungs- und Schulrat Haupt in Merseburg war.

Diese Volksschule umfasste hauptsächlich die Kinder der ärmeren Einwohner, welche aufgrund eines Zeugnisses der Armenverwaltung von der Zahlung des Schulgeldes befreit werden konnten. Von den zahlungsfähigen Eltern wurde ein jährliches Schulgeld von 12 Mark für das erste, 6 Mark für das zweite Kind erhoben, weitere die Schule besuchende Kinder waren frei. Die Schulgeldeinnahme an der Volksschule ist aber niemals bedeutend gewesen; so befanden sich 1865 unter 2450 Schulkindern 1600 Freischüler, die 850 Zahlschüler aber brachten insgesamt nur 10700 Mark auf. Der Zudrang zu der Volksschule bei ihrer Begründung war so gross, dass das 1861 fertig gestellte umfangreiche Gebäude nicht ausreichte und einige Klassenräume der früheren Vorstadtschulen weiter benutzt werden mussten.

Ein Rückgang in der Frequenz ist nur in der Zeit von 1866 bis 1870 zu verzeichnen. In der Hauptsache ist derselbe zurückzuführen auf die Nachwirkungen der Cholera, welche im Jahre 1866 über 1500 Menschen, und zwar meist Kinder zarteren Alters, dahinraffte.

Von 1870 ab nimmt die Schülerzahl an der Volksschule schnell und stetig zu, wie aus folgender Übersicht zu erkennen ist:

1866: 2550,
1870: 2505, mithin Abnahme 45,
1880: 3605, „ Zunahme 1100, im Durchschnitt jährlich 110,
1888: 5742, „ „ 2137, „ „ 267,
1889: 6182, „ „ in einem Jahre 440,
1890: 7242, „ „ „ „ „ 1060,
1891: 7720, „ „ „ „ 478.

Diese ausserordentlich starke und rasche Zunahme der Frequenz findet ihre Erklärung in der grossartigen Entwickelung der Eisenindustrie, durch welche eine grosse Menge von Fabrikarbeitern nach Halle gezogen wurde. Während die Zahl derselben im Jahre 1872 nur 2000 betrug, stieg sie 1880 auf 4000 und erreichte im Jahre 1890 die Höhe von 7600. Von Einfluss mag ferner die Einführung der Freizügigkeit gewesen sein, durch welche ein starker Zuzug der Arbeiterbevölkerung aus den kleineren Städten und vom Lande nach den grösseren Städten stattfand. Am auffälligsten erscheint die Zunahme in den Jahren 1889 und 1890, deren Ursache in der Aufhebung des Schulgeldes an der Volksschule zu suchen ist, welche infolge des Volksschullastengesetzes mit dem ersten Oktober 1888 in Kraft trat. In diese durch die ausserordentliche Frequenzsteigerung bezeichneten Jahre fallen auch die in rascher Folge fertiggestellten Schulbauten, was aus Tabelle II Nr. 4, 5, 8, 11 ersichtlich wird. Demnach werden 7720 Volksschulkinder in 134 Klassen unterrichtet, welche in sieben stattlichen, den Anforderungen der Schulhygiene nahezu entsprechenden Gebäuden untergebracht sind. Die Vorberatungen über Erbauung neuer Volksschulhäuser sind bereits wieder

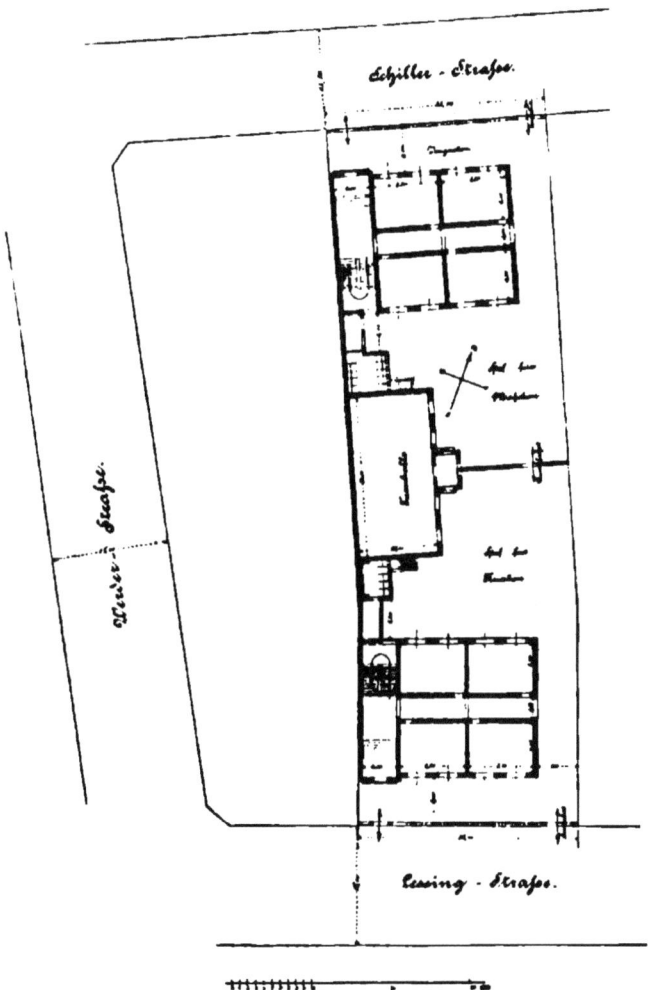

Lageplan der Volksschule an der Lessing- und Schillerstrasse.

in vollem Gange, so dass Ostern 1893 abermals zwei neue Gebäude für den Volksschulunterricht fertiggestellt sein werden.

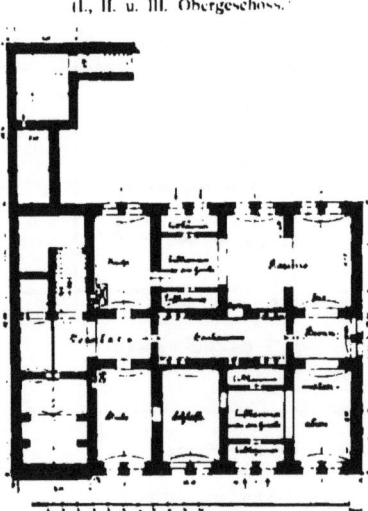

(I., II. u. III. Obergeschoss.)

Kellergeschoss.
Volksschule an der Lessingstrasse.

Über Anlage und Verteilung der einzelnen Volksschulgebäude auf die verschiedenen Stadtteile giebt Tabelle II Aufschluss; seit Ostern 1890 sind diese Schulen in zwei Bezirke, einen Nord- und einen Südbezirk, zusammengefasst und je einem Rektor unterstellt worden. Jede dieser Schulen bildet ein sechsstufiges System und arbeitet nach einem für die gesamte Volksschule aufgrund der Allgemeinen Bestimmungen aufgestellten Unterrichtsplan.

Schwachsinnige Kinder geniessen gesonderten Unterricht in zwei Nachhilfeklassen und werden in wöchentlich 16 bis 20 Stunden in den wichtigsten Elementarfächern unterwiesen. Die meisten von ihnen lernen im Lesen, Rechnen und Schreiben soviel, als im geschäftlichen und Verkehrsleben heutzutage auch vom einfachsten Arbeiter gefordert wird.

An der Mädchenschule wird in Rücksicht auf das spätere Wirken der Schülerinnen in der eigenen Familie oder in fremdem Dienst dem Unterrichte in weiblicher Handarbeit besondere Aufmerksamkeit gewidmet; der Plan umfasst alle Strick- und

Nadelarbeiten, in denen die aus der Oberklasse abgehenden Mädchen eine anerkennenswerte Fertigkeit erlangen. Für gänzlich unbemittelte Schülerinnen wird das Arbeitsmaterial aus Etatsmitteln beschafft, ausserdem wird den geübteren Schülerinnen Gelegenheit geboten, sich einen kleinen Verdienst zu verschaffen, indem die Armenverwaltung von ihnen für ihre Pfleglinge Strümpfe und Hemden anfertigen lässt, zu denen sie das Material liefert.

Die bisher behandelten Volksschulen haben einen rein evangelischen Charakter, ein fernerer Teil der allgemeinen Volksschule ist seit 1864 die katholische Schule.

Von den mehrfachen bis dahin erfolgten Umgestaltungen der Gemeindeschulen war die katholische Schule ausgeschlossen geblieben, weil sie selbst aus offenbar rein konfessionellen Gründen ihre gesonderte Stellung wahrte.

Über ihre Gründung liegen amtliche Nachweise nicht vor, doch ist wohl anzunehmen, dass sie zugleich mit Errichtung der katholischen Kirche in der „Residenz" im Jahre 1781 entstanden ist. Aus den mit der Universität, der Besitzerin der Residenz, gepflogenen Verhandlungen geht wenigstens hervor, dass damals einem „auch die Stelle eines Schullehrers versehenden Küster und Organisten der katholischen Gemeinde drei Räume als Wohnung überlassen" wurden.

Seit 1838 war der katholischen Gemeinde von der Universität im Entbindungsinstitut ein Zimmer als Schulklasse überlassen worden, welches späterhin auch den bescheidensten Ansprüchen nicht entfernt genügte. Ebensowenig ausreichend waren die vorhandenen Mittel zur Besoldung des Lehrers und zur Beschaffung der allernotwendigsten Lehrmittel. Deshalb wandte sich der Pfarrer im Namen des katholischen Schulvorstandes an den Magistrat mit dem Ersuchen, diese Schäden abzustellen, besonders aber den zur Errichtung einer zweiten Klasse nötigen Raum in einem städtischen Gebäude zu bewilligen und das Lehrergehalt dem der evangelischen städtischen Lehrer entsprechend aufzubessern. Erst nach mehrjährigen Verhandlungen kam durch Vermittelung der Königlichen Regierung eine Einigung zustande, nach welcher der Magistrat die katholische Schule ganz auf städtische Kosten übernahm, sie als konfessionell-katholische Schule neu organisierte und unter eine besondere Schulkommission stellte. Diese Kommission besteht aus einem Magistratsmitglied als Vorsitzenden, einem Stadtverordneten, dem Pfarrer als Schulinspektor, zwei katholischen Bürgern und einem der Volksschulrektoren, in dessen Händen die äussere Leitung liegt.

Bis zum Jahre 1880 besuchten die Schule durchschnittlich 80 Knaben und ebensoviel Mädchen, von da ab nimmt, wie an der evangelischen Volksschule, die Frequenz erheblich zu, so dass im Jahre 1881 bei einer Gesamtfrequenz von 230 eine vierte und vier Jahre später eine fünfte Klasse errichtet werden musste. Der Bericht für 1890 weist eine Frequenz von 151 Knaben und 144 Mädchen auf; gegenwärtig bestehen zwei erste, nach Geschlechtern getrennte und drei gemischte Klassen, welche zusammen ein vierstufiges System bilden. Schulgeld wird, wie an der evangelischen Volksschule, seit Michaelis 1888 nicht mehr erhoben. Die Klassen sind in verschiedenen Gebäuden untergebracht, doch ist der Bau eines besonderen Gebäudes bereits beschlossen und wird demnächst in Angriff genommen werden.

Viel früher als die Volksschule erhielt die Bürgerschule eine einheitliche Organisation. Vom Jahre 1800 ab, wo Halle rund 25000 Einwohner zählte, beginnt ein zwar langsames, aber stetiges Steigen der Bevölkerung, der allgemeine Wohlstand hebt sich allmählich, besonders aber fängt der gute mittlere Bürgerstand, der Handwerkerstand, an, in seiner Berufsthätigkeit fortzuschreiten. Damit macht sich auch zugleich das ehrende und erfreuliche Streben bemerkbar, den Kindern eine weitergehende Schulbildung angedeihen zu lassen, welche den sich steigernden Anforderungen des Berufs- und öffentlichen Lebens mehr Rechnung trug. Infolgedessen wurde aus den besseren Elementen der Parochialschulen eine Bürgerschule eingerichtet, welche im April 1837 feierlich eröffnet ward. Ihr erster Leiter, welchem das Verdienst gebührt, die zusammenhangslosen Klassen zu einem einheitlichen Ganzen verschmolzen und die neue Schule ihrer Aufgabe gemäss eingerichtet, sowie mit einem zweckentsprechenden Unterrichtsplan versehen zu haben, war der jetzt noch in wohlverdientem Ruhestande hierselbst lebende Direktor Scharlach, unter dessen Leitung die Schule bald zu Blüte und Ansehen gelangte. Mit zehn Klassen und 582 Kindern wurde die Schule eröffnet, das zu entrichtende Schulgeld war mässig, es betrug für die oberen Klassen monatlich 7½, für die unteren 5 Sgr., ausserdem hatte jedes Kind jährlich 10 Sgr. Holzgeld zu entrichten. Würdigen und bedürftigen Schülern wurde Ermässigung oder völliger Erlass des Schulgeldes gewährt, eine Praxis, die jetzt noch geübt wird und der Bürgerschule manchen trefflichen Schüler und manche vorzügliche Schülerin erhält.

Ihr erstes Heim fand die Schule in dem bis 1834 von der Universität benutzten Wagegebäude am Markte; aber schon 1846 reichten die Räume nicht mehr aus, so dass die Knabenklassen in das alte

„Irrenhaus" am Sandberg, das jetzt des Abbruches harrende alte Gebäude an der Poststrasse, übersiedeln mussten. Die anfangs fünfstufige Schule wurde 1844 in eine sechsstufige umgewandelt. Eine abermalige Erweiterung des Klassensystems und des Lehrplans erfuhr sie im Jahre 1862, wobei die beiden ersten Lehrerstellen akademisch gebildeten Lehrern übertragen wurden, bis sie endlich aufgrund der Allgemeinen Bestimmungen vom 15. Oktober 1872 ihre heutige achtstufige Ausgestaltung erhielt. Zu den gewöhnlichen obligatorischen Unterrichtsfächern an der Knabenschule trat als fakultativer Lehrgegenstand im Jahre 1840 das Lateinische, 1852 das Französische hinzu, so dass die Schüler eine völlig ausreichende Vorbildung für die Quinta und Quarta eines Gymnasiums erhielten. An der Mädchenschule wurde das Französische erst einige Jahre später eingeführt, während der Unterricht in den weiblichen Handarbeiten als fakultativer Lehrgegenstand schon seit 1840 aufgenommen war. Das Turnen wurde an der Knabenschule in der schulfreien Zeit schon seit 1843, bei den Mädchen seit 1877 gepflegt; der lektionsplanmässige Betrieb desselben konnte erst seit 1885, nachdem die einzelnen Schulgebäude mit Turnhallen versehen waren, eingeführt werden.

Der Besuch der Schule hat sich von Jahr zu Jahr gehoben, nur zweimal ist ein Rückgang zu verzeichnen, welcher durch die Errichtung bezw. Umgestaltung der Volksschule verursacht wurde.

Während die Bürgerschule im Jahre 1859 in 27 Klassen ca. 2000 Schulkinder zählte, hatte sie 1864, drei Jahre nach Eröffnung der Volksschule, nur noch 1340 Kinder in 24 Klassen. Die Osterfrequenz des Jahres 1888 von 4845 sank 1889 auf 4686 herab, weil Michaelis 1888 das Schulgeld an der Volksschule völlig aufgehoben wurde. Seitdem aber hat die Schule an Schülerzahl bedeutend zugenommen und die Osteraufnahme des laufenden Jahres ist die stärkste, die bis jetzt dagewesen, sie beträgt für Knaben und Mädchen zusammen 950. Die gesamte Bürgerschule umfasst in 94 Klassen 4935 Kinder, nämlich 2578 Knaben in 48 Klassen und 2357 Mädchen in 46 Klassen.

Während den einzelnen Volksschulen die Kinder der betreffenden Stadtbezirke zugewiesen sind, wohnen die Schüler der Bürgerschule durch die ganze Stadt zerstreut; von den Schulhäusern sind deshalb, damit den Kindern der Schulweg einigermassen erleichtert wird, zwei im SW und zwei im NO der Stadt errichtet worden. Über Lage und Einrichtung dieser Gebäude giebt Tabelle II den nötigen Aufschluss.

Bei dem Ostern 1884 erfolgten Rücktritt des Direktor Scharlach wurde die Gesamt-Bürgerschule in eine Knaben- und eine Mädchen-

Klasse.	Bürgerschule								Volksschule							
	Knaben.				Mädchen.				Knaben.				Mädchen.			
	Zahl der Parallelklassen.	Gesamt-frequenz.	Klassen-frequenz.	Von 100 Kindern sitzen in der Klasse.	Zahl der Parallelklassen.	Gesamt-frequenz.	Klassen-frequenz.	Von 100 Kindern sitzen in der Klasse.	Zahl der Parallelklassen.	Gesamt-frequenz.	Klassen-frequenz.	Von 100 Kindern sitzen in der Klasse.	Zahl der Parallelklassen.	Gesamt-frequenz.	Klassen-frequenz.	Von 100 Kindern sitzen in der Klasse.

schule geteilt und jede von beiden einem besonderen Rektor unterstellt.

Bei der grossen Anzahl von Klassen in den Bürger- und Volksschulen besitzt natürlich jede dieser Schulen ein stark gegliedertes Parallelsystem; wie alle Elementarschulen, teilen sich auch die hiesigen in drei Unterrichtsstufen, denen an wöchentlichen Unterrichtsstunden 22—24 bezw. 24—30 bezw. 32 zugewiesen sind.

Auffällig dürfte bei dem starken Unterbau der Schulen die geringe Frequenz der Oberklasse erscheinen, wie aus der Übersicht für das Jahr 1890 Seite 280 ersichtlich wird.

Und die Gründe dieser Erscheinung? Mangelhafte Beanlagung der Kinder, geringe Unterstützung durch die Familie, besonders an der Volksschule, deren Schüler von den Eltern vielfach mit zum Broterwerb herangezogen werden, unregelmässiger, durch Krankheiten häufig unterbrochener Schulbesuch, späte Einschulung und an der Volksschule besonders immer noch Überfüllung der Klassen.

An der Knabenbürgerschule kommt hinzu, dass alljährlich aus den Mittelklassen 40—50 Schüler auf die höheren Lehranstalten übergehen. Der Hauptgrund aber dürfte in der geringen Stabilität der Arbeiterbevölkerung einer grossen Industriestadt zu suchen sein; die Arbeiter wechseln mehr als die andern Bevölkerungsschichten ihre Wohnung, und so kommt es, dass auch die Kinder einem häufigen Schulwechsel unterworfen sind, der sie im Fortschreiten aufhält. Nachweisbar ist von 100 neu eingeschulten Kindern im dritten Schuljahr der dritte Teil bereits wieder aus der ersten Schule verschwunden.

Die Ziele und Aufgaben der Parallelklassen an der Schule sind natürlich genau dieselben; unbeschadet der einer Lehrerpersönlichkeit zu gewährenden Freiheit im Unterrichte wird die unerlässliche Einheitlichkeit in den Parallelklassen geregelt durch den Lehrplan, durch gemeinsame Beratungen in Konferenzen, durch häufige Lehrproben und durch Aussprache des Rektors mit den Parallellehrern und dieser unter einander.

Aus erziehlichen Gründen überwiegt an den Elementarschulen das Klassensystem, auf der Mittelschule kommt das Fachsystem nur ganz mässig zur Anwendung, in ausgedehnterem Masse auf der Oberstufe und zwar meist in den sog. technischen und Realfächern, der Gesinnungsunterricht liegt stets in der Hand des Klassenlehrers.

Die in neuster Zeit schärfer betonte Forderung der Fortführung der Klassen wird an den hiesigen Elementarschulen nicht unbeachtet gelassen, doch wird unter Berücksichtigung der an der Schule gegebenen Klassen-, sowie der persönlichen Verhältnisse der Lehrer im allgemeinen eine weise Beschränkung geübt.

An den Mädchenschulen sind seit 1864 wissenschaftliche Lehrerinnen angestellt, deren Einfluss auf die Erziehung der Mädchen wohl zu würdigen ist; was ihre körperliche Leistungs- und Widerstandsfähigkeit anbelangt, so ist im Vergleich zu den Lehrern ein Unterschied kaum zu bemerken; bisher hat man daran festgehalten, dass ihre Zahl zu derjenigen der Lehrer sich wie 1 : 2 verhält. Jede Lehrerin erteilt wöchentlich 24 Pflichtstunden, während ein Lehrer mit 28 Stunden vollbeschäftigt ist; seit mehreren Jahren ist den älteren Lehrern insofern eine Erleichterung zuteil geworden, als für jeden nach vollendetem 50. Lebensjahre eine Ermässigung von 2 Stunden, nach dem 55. Lebensjahr von 4 und nach dem 60. Lebensjahr von 6 Stunden wöchentlich eintritt. - -

Unter Zustimmung der zuständigen Behörden konnten sich die Leiter und Lehrerkollegien der Elementarschulen dem Vorgange der höheren Lehranstalten, die Unterrichtsstunden auf den Vormittag zu vereinigen, nicht anschliessen, ausser andern Gründen wurden namentlich diese geltend gemacht:

Bei der Lage unserer Schulhäuser und der jetzigen Ausdehnung der Stadt sind die Schulwege doch nicht so weit, dass sie ein Kind nicht zweimal täglich hin und her zurücklegen könnte — es erscheint als eine schwere Gesundheitsschädigung der noch in zarterem Alter stehenden Kinder, sie 5 Stunden hintereinander körperlich und geistig anzustrengen, — die Mütter der die Elementarschulen besuchenden Kinder wollen und können die Unterstützung zumal der Mädchen bei häuslichen Verrichtungen besonders in der letzten Stunde des Vormittags nicht entbehren, — sehr viele Kinder würden an den sämtlichen schulfreien Nachmittagen entweder dem Hause zur Last fallen, oder da, wo die Eltern sich wegen ihrer Berufsarbeit wenig um sie kümmern können, ganz und gar ins Strassenleben hineingetrieben werden, — endlich würde, wenn die Kinder im Winter erst nach 1 Uhr mittags nach Hause kämen, in den Familien, wo noch auf gemeinsames Essen gehalten wird, nicht nur eine arge Störung hervorgerufen (der kleinere Bürger isst nach alter Sitte um 12 Uhr), sondern es würde ihnen auch die einzige Gelegenheit genommen werden, wo der Vater, der Sorge und Arbeit ledig, in Ruhe und Herzlichkeit mit seinen Kindern verkehrt.

Dem Wohlwollen und der Fürsorge der städtischen Behörden für das hallesche Elementarschulwesen entspricht die Treue und Gewissenhaftigkeit, mit welcher seine Lehrerschaft dem hochwichtigen

Werke der Jugendbildung und Jugenderziehung sich widmet, und so
haben sich die halleschen Elementarschulen nach aussen und innen
zu Volksbildungsstätten entwickelt, die ihren Platz neben denen der
grossen Städte des Vaterlandes würdig behaupten.

2. DIE HÖHEREN LEHRANSTALTEN.

GYMNASIUM.

Seit 1565 besass die rein evangelische Stadt Halle ein städtisches
„Lutherisches Gymnasium", welches sich als die „Schola Halensis"
eines hohen Rufes erfreute, später entstand in der Stadt noch ein
Königliches Gymnasium für die Söhne der reformierten Bürger, das
„Gymnasium illustre et Regium", dazu kamen endlich die beiden
Gymnasien der Francke'schen Stiftungen. Diese Schulen bestanden
noch im Anfang dieses Jahrhunderts, und es ist nicht zu verwundern,
wenn bei der schwachen Bevölkerung der Stadt (ca. 22000 Einwohner)
an keiner der Anstalten der Besuch ein bedeutender war; beide städtische
Schulen besassen zusammen kaum 200 Schüler. Deshalb hatte die
preussische Regierung im Jahre 1804 den Plan ins Auge gefasst, beide
Schulen zu einem einzigen Gymnasium Königlichen Patronates zu
verschmelzen. Die Ausführung dieses Planes unterblieb infolge der
schicksalsschweren Ereignisse des Jahres 1806, durch welche auch
Halle von Preussen losgelöst und dem Königreich Westfalen einverleibt wurde. Die neue westfälische Regierung ordnete mit rücksichts-
loser Strenge die Aufhebung beider städtischer Gymnasien an und
setzte ungeachtet des Widerspruches der Bürgerschaft ihre Vereinigung
mit der Lateinischen Schule der Francke'schen Stiftungen durch, welche
nunmehr den Namen „Lateinische Hauptschule" erhielt. Das geringe
Vermögen des Lutherischen Gymnasiums verblieb der Stadt, doch
wurde der Kämmerei die Verpflichtung auferlegt, an die Stiftungen
einen jährlichen Zuschuss von 2400 Thlr. zu zahlen. Als in den
zwanziger Jahren durch die Reorganisation der städtischen Elementarschulen die Stiftungen entlastet wurden, verzichtete die Direktion
„zur Einrichtung und Erhaltung städtischer Elementarschulen" frei-
willig auf die Summe von 1400 Thlr., und bezieht seitdem nur einen
jährlichen Zuschuss von 1000 Thlr.

So blieb die Stadt auf Jahrzehnte hinaus ohne eigene höhere
Lehranstalt für ihre Bürgersöhne; die Francke'schen Stiftungen reichten

auch vollständig aus, zumal 1835 zu den beiden Gymnasien
noch die Realschule hinzugekommen war. Als jedoch die Stadt in
ihrer Entwicklung rasch vorwärts schritt, waren die drei höheren
Lehranstalten der Stiftungen nicht mehr imstande, allen Bürgersöhnen,
die eine höhere Schulbildung suchten, Aufnahme zu gewähren. Viele
Väter sahen sich deshalb genötigt, ihre jüngeren Söhne durch Privatunterricht vorbereiten zu lassen und die älteren auf auswärtige Schulen
zu schicken. Besonders in den fünfziger Jahren wurde das Bedürfnis
nach einer städtischen höheren Lehranstalt immer dringender, weil in

Stadtgymnasium.

dieser Zeit infolge des raschen Aufschwungs der Industrie und des
Handels gerade in den wohlhabenderen Kreisen der Bevölkerung eine
stärkere Zunahme eintrat.

Die Schulkommission stellte deshalb im November 1860 bei den
städtischen Behörden den Antrag, eine „Vorbereitungsschule für höhere
Lehranstalten, zunächst auf vier Klassen mit einjährigen Lehrkursen
berechnet, in dem nordöstlichen Teile der Stadt einzurichten." Be-
gründet wurde der Antrag mit der Überfüllung der Francke'schen
Stiftungen und mit dem Hinweis auf „die langgestreckte Lage der
Stadt, durch welche das Waisenhaus für den nordöstlichen Teil der
Stadt zu entfernt liegt, als dass sich die Eltern nicht lange bedenken

sollten, ehe sie Kinder in zartem Alter durch das Gewühl des Marktes, durch gefährliche Strassen, wie die Schmeerstrasse, namentlich in der Winterszeit, schicken." Die städtischen Behörden beschlossen demgemäss, „eine höhere Bürgerschule von vier Klassen mit einem Rektor und drei Lehrern zu errichten; diese Schule sollte Kinder von fünf bis zwölf Jahren für Gymnasien und Realschulen angemessen vor-

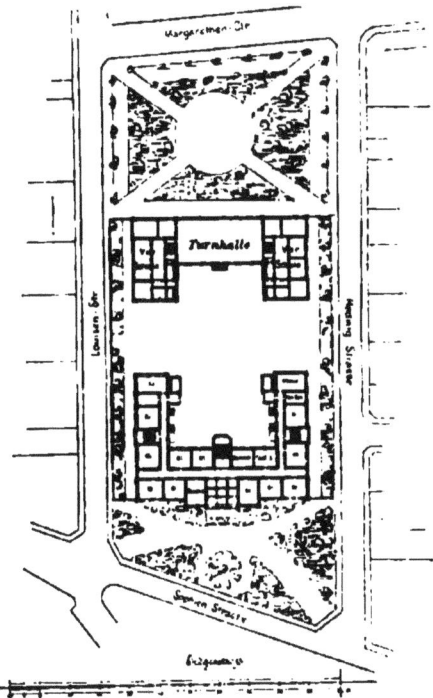

Lageplan der Realschule und des Stadtgymnasiums.

bereiten". Als Eröffnungstermin wurde Ostern 1861 festgesetzt. Das Schulgeld entsprach dem an der Vorschule des Waisenhauses (Parallel- oder Thaler-Schule) erhobenen.

Die Leitung dieser Schule wurde zunächst dem Rektor der Volksschule Haupt übertragen. Im Jahre 1864 waren schon fünf Klassen mit 127 Schülern vorhanden, und die Schule war bereits über das ihr anfänglich gesteckte Ziel hinausgegangen. Infolge der so glücklichen Entwicklung der Anstalt beschlossen die städtischen Behörden, die Vorschule zu einem Progymnasium mit drei Elementar- und drei Gymnasialklassen zu erweitern mit der ausgesprochenen Absicht, sie allmählich zu einem vollständigen Gymnasium auszubauen. 1864 erhielt die Anstalt ihren ersten selbständigen Rektor in der Person des Dr. Opel, unter dessen tüchtiger Leitung sich die Anstalt erfreulich entwickelte und ihrem eigentlichen Ziele entgegengeführt wurde.

Durch diesen Erweiterungsplan wurde natürlich auch der Bau eines besonderen Gebäudes bedingt, dessen Anlage von vornherein auf eine Schule grösseren Umfangs berechnet wurde. Ein grossmütiger Bürger der Stadt schenkte einen drei Morgen grossen Bauplatz in ruhiger Lage, und so begann der Bau im Jahre 1867. Ostern 1868 konnte das bis zur Obertertia einschliesslich herangewachsene Gymnasium den fertig gewordenen Flügel des neuen Hauses beziehen: mit der Eröffnungsfeier verband sich zugleich die feierliche Einführung der ersten Direktors Prof. Dr. Nasemann, der dann die Schule zu ihrer Vollendung geführt und bis zum Jahre 1889 zum Segen und Gedeihen der Anstalt geleitet hat.

In naturgemässer Entwicklung schritt die Schule weiter fort, bis mit Errichtung der Prima 1871 der innere Ausbau vollendet war. Den beiden altberühmten Gymnasien des Waisenhauses und den gut renommierten Schwesteranstalten der Nachbarstädte in unserer Provinz gegenüber hatte die junge Schule keinen leichten Stand, und es bedurfte der Einsetzung aller Kraft und Treue des aus den besten Kräften zusammengesetzten Lehrerkollegiums, um dem neuen Gymnasium neben den alten, bewährten Anstalten einen ebenbürtigen Platz zu gewinnen. Für den Erfolg dieses Strebens spricht die ungemein rasche Zunahme an Klassen und Schülern, unter denen stets eine grosse Anzahl Auswärtiger sich befindet. Die statistische Tabelle I. giebt ein deutliches Bild dieses schnellen Wachsens.

Im laufenden Schuljahr zählt das eigentliche Gymnasium sechzehn Klassen; I a und b, II a und b, zwei III a, zwei III b, IV a und b, V a und b, VI a und b, mit 544 Schülern, die Vorschule wird in sechs Klassen von 228 Schülern besucht. Michaelis 1873 fand die erste Abiturientenprüfung statt, in welcher sämtliche Examinanden gut bestanden, sodass also nun der letzte Abschluss der inneren Entwicklung der Schule erreicht und der Beweis von der Leistungsfähigkeit der Schule geliefert war. Bis Ostern 1891 haben 391 Abiturienten ihre Ausbildung auf der Schule erhalten.

REALSCHULE.

Die in ein Realgymnasium umgewandelte Realschule der Franckeschen Stiftungen hatte in den siebziger Jahren so zugenommen, dass
auf der Unterstufe Parallelklassen eingerichtet werden mussten. Durch
Ministerial-Verfügung vom Jahre 1882/83 war aber angeordnet worden,
dass die Schülerzahl in den Klassen nach und nach herabgemindert
und dass in Zukunft die Schule so eingerichtet werde, dass die unteren
Klassen bis zur Untersekunda einschliesslich neben einander her-
laufende Jahresklassen mit Wechselcöten haben sollten, also Klassen,
die von Ostern bis Ostern, und solche, die von Michaelis bis Michaelis
geführt werden; da die Francke'schen Stiftungen die Mittel zur Beschaffung der Klassenräume samt Utensilien und Lehrmitteln, sowie zur
Besoldung der Lehrkräfte nicht besassen, so stand zu befürchten, dass
nach Ablauf von vier Jahren das Realgymnasium seine Schülerzahl
von 500 auf 350 herabgemindert und von seinen 13 Klassen vier
eingezogen haben werde. In der That hatte das Direktorium neue
Anmeldungen zum Realgymnasium bereits abgelehnt, so dass viele
Familienväter in grosse Verlegenheit gerieten; denn auch an den
Gymnasien der Stiftungen und der Stadt konnten ihre Knaben bei der
Überfüllung dieser Schulen keine Aufnahme finden. Eine vom Oberbürgermeister Staude persönlich dem Minister überreichte Petition
um Gewährung von Staatsunterstützung an die Stiftung, event. um
Zurücknahme der betr. Verordnung, hatte nur den Erfolg, dass der
Minister „im Hinblick auf den augenblicklich für die Stadt Halle
hervorgerufenen Notstand" die Erlaubnis erteilte, dass am Realgymnasium Ostern 1883 eine Aufnahme neuer Schüler, insoweit es
mit den Interessen der Francke'schen Stiftungen vereinbar sei, zugelassen werde. Das Provinzial-Schulkollegium eröffnete aber zugleich
dem Magistrat ausdrücklich, dass dem Gesuche, „die Anstalt in ihrem
jetzigen Zustande auch ferner zu erhalten und von einer Reduktion
Abstand zu nehmen nicht entsprochen werden könne."

So sahen sich die städtischen Behörden in die Notwendigkeit versetzt, dem schon im Februar 1883 eingebrachten Antrag des damaligen
Stadtverordneten Direktor Dr. Schrader, „in Erwägung zu nehmen,
ob nicht unter den gegenwärtigen Verhältnissen die baldige Errichtung
einer städtischen Realschule geboten sei", ernstlich näher zu treten.

Nach den eingehendsten Beratungen gelangte das Gymnasial-
Kuratorium zu dem Beschlusse, von Errichtung einer höheren Bürgerschule mit sechsjährigem Kursus abzusehen und den städtischen Be-

hörden die Gründung einer lateinlosen Realschule mit sechs aufsteigenden Klassen und siebenjährigem Kursus — Prima zweijährig — zu empfehlen. Das Kuratorium ging dabei von der Erwägung aus, dass die Realschule nicht nur eine Bildungsanstalt für Techniker, sondern auch für Handwerker und Kaufleute, überhaupt für Gewerbe-

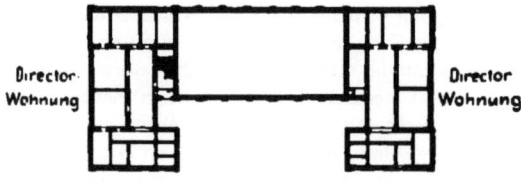

1 Obergeschoß

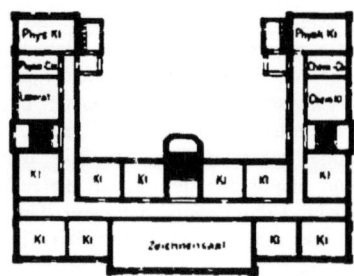

Grundriss der Realschule und des Stadtgymnasiums.

treibende im weiteren Sinne, sei, dass sie ihren Zöglingen eine abgeschlossene Ausbildung gebe, und dass durch die Abgangsprüfung den jungen Leuten ein weiteres Feld der Berufsthätigkeit erschlossen werde als bei der höheren Bürgerschule. Die beiden städtischen Behörden schlossen sich dieser Ansicht an und setzten die Eröffnung der neuen Schule mit einer oder zwei Klassen, je nach dem Ausfall der Anmeldungen, zu Ostern 1884 fest.

Der Beweis, dass in der Bürgerschaft ein dringendes Bedürfnis nach einer solchen Schule vorhanden, wurde bald geliefert; denn die Anmeldungen gingen so zahlreich ein, dass beim allmählichen Aufbau der Schule stets von vornherein Parallelklassen errichtet werden mussten. Die erste Einrichtung, sowie die Verwaltung der Schule in den ersten Jahren übernahm in dankenswerter Weise Direktor Dr. Nasemann; es machte dies weniger Schwierigkeiten, da die Klassen im nördlichen Flügel des Gymnasiums untergebracht waren. Als Ostern 1886 die neue Schule bereits sechs Klassen mit 142 Schülern zählte, erhielt sie auf Veranlassung des Provinzial-Schulkollegiums einen interimistischen Leiter; die Klassen blieben im Gymnasialgebäude, obwohl das Provinzial-Schulkollegium die Errichtung eines besonderen Gebäudes empfohlen hatte, „da eine räumliche Vereinigung beider Anstalten in demselben Gebäude voraussichtlich beiden Schulen zum Nachteil gereichen würde".

Nach dem Tode des interimistischen Leiters wurde als erster Direktor der Anstalt der Oberlehrer an der höheren Bürgerschule zu Düsseldorf, Dr. Lackemann, berufen.

Der Monat März des Jahres 1890 brachte der Anstalt eine für ihr ferneres Bestehen höchst wichtige Entscheidung: aufgrund einer mit den 18 Schülern der Unterprima unter dem Vorsitz des Provinzial-Schulrats, Geh. Rates Dr. Todt, abgehaltenen Prüfung erteilte der Reichskanzler der Anstalt die Berechtigung, ihren Schülern nach einjährigem erfolgreichen Besuche der Prima die wissenschaftliche Befähigung zum einjährig-freiwilligen Heeresdienste zuzuerkennen. Mit Beginn des neuen Schuljahrs 1890 wurde die Oberprima hinzugefügt, deren Zöglinge Ostern 1891 mit Ehren die Abiturientenprüfung bestanden, so dass nunmehr die Realschule ihre Entwicklung vollendet hat. Die von den entlassenen Schülern gewählten Berufsarten entsprechen durchaus den Zielen und Absichten, welche bei Begründung der Schule massgebend gewesen waren: vorwiegend sind Ingenieur- und Technikerfach, Verwaltung, kaufmännischer Beruf.

Die Aufsichtsbehörde hat von ihrer Forderung, für die Realschule ein besonderes Haus zu bauen, Abstand genommen, und in der That reicht das Gymnasialgebäude mit seinen 32 Klassen (ohne Nebenräume) vollständig aus, seitdem die frühere Wohnung des Gymnasialdirektors zu Klassen eingerichtet ist und die Vorschulklassen in die Erdgeschosse der beiden neu errichteten Direktorialgebäude verlegt worden sind.

Der Lehrmittelapparat, besonders für den Unterricht in Chemie und Physik, ist reichhaltiger und kostbarer als an vielen andern ähn-

lichen Anstalten, weil die Realschule die Erbin der früheren Provinzial-Gewerbeschule, welche bis zum Jahre 1879 hier bestanden
hat, geworden ist.

HÖHERE MÄDCHENSCHULE.

Unter den vorher erwähnten Privatschulen für die Kinder bemittel-
terer Eltern erfreute sich besonders die höhere Töchterschule des Doms
eines besonderen Ansehens und Zuspruchs, so wurde sie bereits 1843

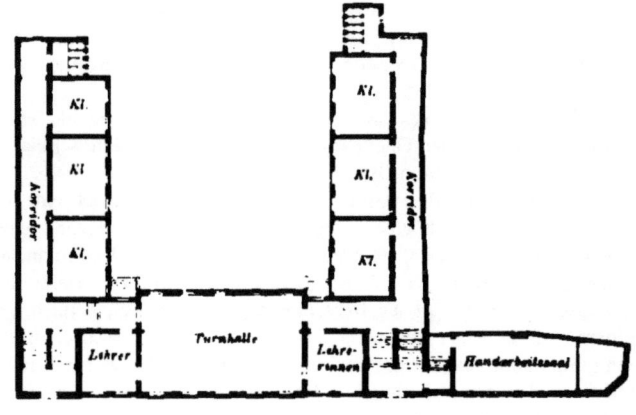

Städtische höhere Mädchenschule. (Erdgeschoss.)

von 78, 1855 von 100 Schülerinnen besucht. Nachdem ihre Leitung
eine Reihe von Jahren in den Händen des Dompredigers Neuenhaus
gelegen, ging die Schule im letztgenannten Jahre an Fräulein Poch-
hammer und von dieser im Jahre 1869 an Fräulein Haym über. Bei
diesem abermaligen Wechsel bestand die Schule aus 5 Klassen mit
neunjährigem Gesamtkursus, der dadurch ermöglicht wurde, dass die
unterste Klasse einen einjährigen, jede der vier übrigen Klassen einen
zweijährigen Lehrgang verfolgte. Diese Schule, die im Winter 1871
bereits 114 Schülerinnen zählte, leistete der Stadt durch Aufnahme
der Töchter der mittleren und oberen Stände einen um so wesent-
licheren Dienst, als die höhere Mädchenschule des Waisenhauses wegen
Überfüllung nur eine geringe Zahl von Anmeldungen berücksichtigen

konnte, ausserdem war der Weg den im Norden der Stadt wohnenden
Mädchen zum Waisenhause zu weit.

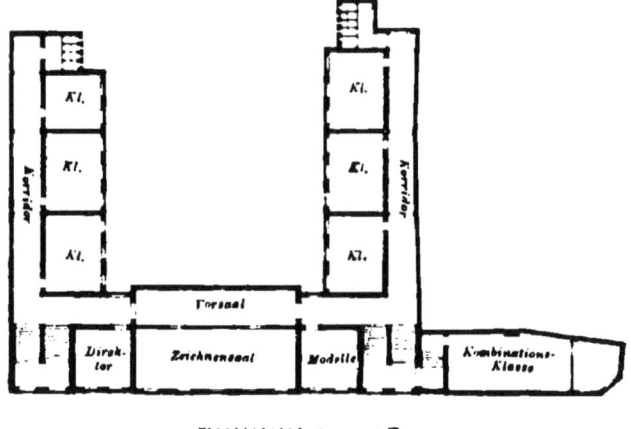

Städtische höhere Töchterschule. (I. Obergeschoss.)

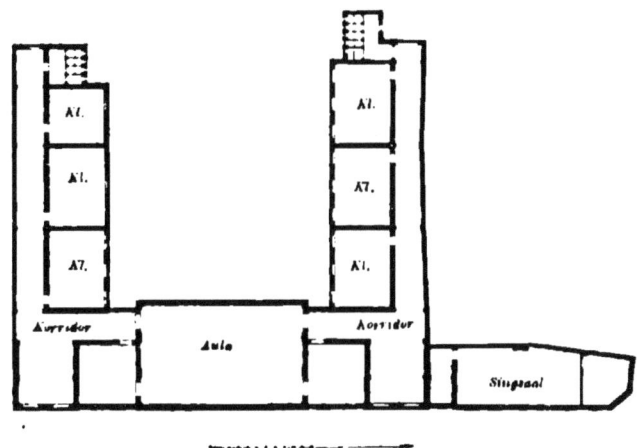

Städtische höhere Töchterschule. (II. Obergeschoss.)

In Anerkennung dieses Dienstes gewährten die städtischen Behörden der Schulleiterin einen laufenden jährlichen Zuschuss von

19*

600 Mark, der im Jahre 1878 auf 3000 Mark erhöht wurde mit der Bestimmung, dass die Anstalt unter Aufsicht der Schulkommission gestellt und die Vorsteherin verpflichtet werde, ihre Lehrkräfte zu vermehren und die gemieteten, ziemlich beengten Klassenzimmer angemessen zu erweitern. Allein auch jetzt war bei der rasch fortschreitenden Entwickelung der Stadt die Schule, die Anfang 1879 schon 200 Schülerinnen hatte, nicht imstande, alle neu angemeldeten Schülerinnen aufzunehmen, sodass daneben noch drei Privat-Töchterschulen mit ca. 150 Schülerinnen bestehen konnten. Deshalb beschäftigte die städtischen Behörden schon damals der Gedanke, eine eigene städtische höhere Mädchenschule zu errichten. Der von den Stadtverordneten dem Magistrate überreichte darauf bezügliche Antrag musste bei aller Geneigtheit des letzteren vor anderen bereits begonnenen, oder doch in sichere Aussicht genommenen Organisationsarbeiten auf dem Gebiete des Schulwesens (Errichtung der gewerblichen Zeichenschule, Übernahme der Fortbildungschule, Bau mehrerer neuer Volksschulhäuser) zurücktreten. Erst im Jahre 1881 konnte Oberbürgermeister Staude den Plan wieder aufnehmen, und die vorberatende Kommission erkannte einstimmig die nicht mehr abzuweisende Notwendigkeit der Errichtung einer städtischen höheren Mädchenschule an, „weil die Privatschulen bei ihren mangelhaften lokalen Einrichtungen und der Unmöglichkeit gute ständige Lehrkräfte zu halten, eine städtische höhere Mädchenschule nicht zu ersetzen vermögen, während anderseits die höhere Mädchenschule der Francke'schen Stiftungen als die gegenwärtig einzige öffentliche höhere Lehranstalt für Mädchen für die schnell wachsende Stadt nicht mehr ausreiche".

Der Beschluss der städtischen Behörden ging dahin, eine zehnklassige höhere Mädchenschule in derselben Organisation wie die höhere Mädchenschule des Waisenhauses zu errichten und die von der Stadt unterstützte Haym'sche Privatschule als Grundlage der neuen Anstalt zu übernehmen. Zugleich wurde die sofortige Anstellung eines Direktors und der Bau eines besonderen Schulhauses beschlossen. Eine Einigung mit der bisherigen Vorsteherin wurde bald erzielt, sie überliess ihre Schule der Stadt gegen eine lebenslängliche Pension von 1000 Mark, die ständigen Lehrkräfte traten in städtischen Dienst über, das brauchbare Schulinventar wurde nach Taxe von der Stadt übernommen. Die Verhandlungen mit den Vorsteherinnen der übrigen Privatschulen führten nicht zum Abschluss.

Ostern 1883 übernahm der erste Direktor, Dr. Biedermann, bis dahin Lehrer am Stadtgymnasium, der als Hilfslehrer der Haym'schen Schule diese selbst und das Lehrpersonal genau kennen gelernt hatte.

die äusserlich und innerlich umgestaltete Schule zunächst noch in den bis dahin benutzten Mietsräumen; Ostern 1884 nahm die Schule durch einen feierlichen Aktus Besitz von ihrem neuen, dem Zweck und der Stellung der Schule entsprechend eingerichteten Hause.

Über Aufgabe und Bestimmung der höheren Mädchenschule spricht sich Direktor Biedermann in beherzigenswerter Weise in den am 20. Mai 1883 überreichten „Grundzügen einer Organisation" aus: „Das Mass höherer Bildung, das der weiblichen Jugend gewisser Gesellschaftsklassen gegeben ist, wird bestimmt durch die Forderung, dass sie dereinst imstande sein soll, an dem geistigen Leben der Nation, namentlich aber auch an den Interessen der Männer höherer Berufsarten in empfänglicher Weise teil zu nehmen, wie denn auch in jeder Hinsicht eine gediegene Schulbildung den künftigen Frauen und Müttern ihre erzieherische Aufgabe erleichtern wird. Deshalb wird die Schulzeit der höheren Töchterschule um zwei Jahre verlängert und der sprachlichen Bildung eine nachdrücklichere Pflege gewidmet durch Herbeiziehung einer zweiten fremden Sprache und durch gründlichere Einführung in die Schätze der deutschen Litteratur." Wenn dann im weiteren Verlauf nach den Gründen gefragt wird, warum trotz richtiger Methode und Beschränkung der Pensen, die Ziele von vielen nicht erreicht werden, und wenn ausser Kränklichkeit und mangelhafter Beanlagung namentlich auch die mangelhafte sprachliche Bildung des Hauses genannt wird, so fährt der Verfasser der Grundzüge sehr richtig fort: „es wäre nach Körper und Geist in Gegenwart und Zukunft eine Wohlthat für solche Kinder, dieselben in eine Schule mit niederen Zielen zu schicken, zumal wir dergleichen in Halle in vorzüglicher Organisation besitzen. Es ist ein schweres Unrecht an den Kindern, sie bloss aus Eitelkeit und Standesvorurteil in eine Schule höherer Ordnung zu geben, in der sie einen Abschluss ihrer Bildung nicht erreichen."

Diesen Grundsätzen getreu hat die Schule bisher gearbeitet und, soweit es sich bisher übersehen lässt, vortreffliche Erfolge erzielt.

3. DIE FORTBILDUNGSANSTALTEN.

GEWERBLICHE ZEICHENSCHULE.

Die gewerblichen Zeichenschulen sind hervorgerufen worden durch die unerfreulichen Erfahrungen, welche die deutsche Industrie im Jahre 1867 auf der Pariser Weltausstellung gemacht hatte. Schon im fol-

genden Jahre wurde in einer Ministerial-Verfügung die Absicht der
Behörde ausgesprochen, in den grösseren gewerbsfleissigen Städten
des Landes, unter denen Halle ausdrücklich genannt ist, besondere
Zeichenschulen ins Leben zu rufen. Der Verfügung war eine Denkschrift über Aufgabe und Einrichtung solcher Schulen beigefügt, in
welcher besonders darüber geklagt wurde, dass die gewerblichen Erzeugnisse Mangel an schöpferischer Erfindungsgabe, Vernachlässigung
einer guten Geschmacksbildung erkennen lassen, wodurch eine Schmä-
lerung des Absatzes, die Abhängigkeit vom Auslande und Schädigung
des nationalen Wohlstandes herbeigeführt werde. Damit der Kunst
wieder Eingang in die Gewerbe verschafft, der Sinn für schöne und
geschmackvolle Arbeit in der deutschen Bevölkerung geweckt und
ausgebildet werde, müsse in besonderen Schulen der Zeichenunterricht mehr gepflegt werden. Diesen Schulen fällt nach der Denkschrift
eine dreifache Aufgabe zu: Ausbildung des Schönheitssinnes im allgemeinen — Erkenntnis der künstlerischen Gesetze für die Anwendung
von Formen und Farbe — Verwertung des so Gewonnenen bei dem
eigenen Entwurf gewerblicher Kunstgegenstände. Dieser dreifachen
Aufgabe entsprechen drei Stufen des Unterrichts: Die Elemente der
Zeichenkunst für ungeübtere Schüler — Unterricht im Modellieren —
Unterricht im höheren Zeichnen für Geübtere.

Solche Schulen sollen für Angehörige aller Stände, auch für
Mädchen und Frauen offen stehen, denn „der Einfluss des weiblichen
Geschlechts in der Bildung und Verbildung des Geschmacks, ins-
besondere auf gewerblichem Gebiet, darf nicht unterschätzt werden".

Im Sinne dieser Ausführungen wurde in Halle in den ersten
Tagen des Jahres 1870 eine gewerbliche Zeichenschule für junge
Männer errichtet.

Der Andrang war anfangs ein bedeutender, es meldeten sich 120
Schüler, aus denen sofort zwei Zeichenklassen und eine Modellierklasse gebildet wurden; doch erlahmte die Teilnahme bald, sodass
die Zahl der Schüler in den nächsten drei Jahren nicht über 60 hin-
auskam. Die Leitung der Schule wurde vorläufig in die Hände des
Direktors der Provinzial-Gewerbeschule[1]) gelegt, beiden Anstalten

---

1) Die Provinzial-Gewerbeschule war im Jahre 1852 von Naumburg nach Halle
verlegt worden, die Unterhaltungskosten wurden vom Staat und von der Stadt gemeinsam getragen. Bis zum Jahre 1871 erhielt sich die durchschnittliche Jahresfrequenz auf
60, aber von diesem Jahre ab trat infolge neuer Verordnungen ein erheblicher Rückgang
ein. Der Minister hatte im Hinblick auf die verschärften Forderungen für die Berechtigung zum einjährig-freiwilligen Heeresdienst eine Reorganisation der Gewerbe-
schulen verfügt und den Magistraten die Entscheidung über die verlangte Umgestaltung

waren Klassenräume im Gymnasium angewiesen; auch die Lehrer
wirkten zum Teil gemeinsam an beiden Schulen.

1874, nachdem schon vorher das Modellieren aufgegeben und
der Unterricht auf Zeichnen beschränkt war, erstand der Zeichenschule
eine Konkurrenzanstalt in der Fortbildungsschule des Vereins für
Volkswohl, zwischen den Vorständen beider Anstalten kam jedoch
eine Einigung zustande, wonach der Verein gegen einen jährlichen
Geldbeitrag seine Zeichenschüler der gewerblichen Zeichenschule zu-
wies. Ein grosser Vorteil entstand aber für keine der beiden Anstalten, die Zunahme des Besuchs blieb hinter den Erwartungen zurück; einer förmlichen Verschmelzung beider Schulen wurde die
ministerielle Genehmigung versagt.

Die geringste Frequenz weist das Jahr 1882 auf: 27 Schüler bei
einem Kostenaufwand von 4634 Mark, also pro Kopf 171,62 Mark für
etliche Unterrichtsstunden an den Wochenabenden.

Eine völlige Wandlung der Verhältnisse trat ein, als die Schule
ihren eigenen, fachmännisch vorzüglich geschulten Dirigenten in der
Person des Ingenieur Meisel erhielt und aus den Kreisen der Bau-
techniker und dem städtischen Lehrerkollegium tüchtige Lehrkräfte für
die einzelnen Fächer gewonnen wurden. Eine Frequenzübersicht der
nachfolgenden Jahre giebt das klarste Bild von dem stetigen Wachsen
und der gedeihlichen Weiterentwicklung der Schule.

	Sommer	Winter
1885 86	84	116
1886 87	78	203
1887 88	116	343
1888 89	175	377
1889 90	156	317
1890 91	250	385
1891 92	354	—

Aus der Übersicht geht zunächst ein erfreuliches Steigen der
Frequenz im allgemeinen hervor, sodann aber wird auch daraus er-

überlassen, davon aber auch die Erteilung der genannten Berechtigung abhängig gemacht. In Anbetracht der bedeutenden Kosten für die Umgestaltung sowie der geringen
Erfolge, die den Aufwendungen nicht entsprachen, verzichtete der Magistrat auf Umgestaltung der hiesigen Gewerbeschule, die in ihrer alten Einrichtung noch einige
Jahre fortbestand, dann aber im Oktober 1879, als sie einen Bestand von nur 20
Schülern aufzuweisen hatte, durch Ministerial-Verfügung aufgelöst wurde; zugleich
hatte der Minister verfügt, dass die etatsmässigen Lehrer der Anstalt so lange ihr
volles Gehalt beziehen sollten, bis es gelungen sein werde, ihnen eine andere entsprechende Anstellung zu verleihen.

sichtlich, dass der Besuch im Sommer hinter demjenigen im Winter erheblich zurückbleibt, was sich daraus erklärt, dass die meisten jungen Leute dem Baufach (Bauhandwerk) angehören und im Sommer bis abends spät mit Arbeit, vielfach auch auswärts beschäftigt sind. Die Zunahme des Besuches brachte natürlich auch eine Vermehrung der Unterrichtsfächer mit sich, und so haben sich seit 1885 im wesentlichen folgende Kurse als lebensfähig erwiesen: Freihandzeichnen, Zirkel- und Projektionszeichnen, Fachzeichnen für Maler, Bauhandwerker, Maschinenbauer, Tischler, Glaser, Klempner und Gärtner; auch die Modellierklasse musste wieder eingerichtet werden.

Michaelis 1888 erhielt die Schule ihr dauerndes Unterkommen im obersten Stockwerk der neuen Bürgerknabenschule an der Oleariusstrasse, wo nun auch ein geeigneter Raum für eine Tagesklasse für dekoratives Malen zur Verfügung stand. In diesem Sommer ist auch ein stark besuchter Tageskursus für die Lehrlinge der Baugewerke-Innung, welche im zweiten und dritten Lehrjahre stehen, eingerichtet worden; der ungemein starke und dabei regelmässige Besuch dieses Sommers liefert von neuem den Beweis, dass die Zeichenschule richtige Wege einschlägt, und giebt die Bürgschaft, dass das gedeihliche Fortbestehen der Anstalt für die Zukunft gesichert ist.

FORTBILDUNGSSCHULE.

Im Jahre 1874 eröffnete der Verein für Volkswohl neben andern Zweigen seiner gemeinnützigen Thätigkeit auch eine Abendschule für junge Handwerker und Gewerbetreibende, welcher die Aufgabe zufiel, ihre Zöglinge in den Kenntnissen der wichtigsten Unterrichtsfächer der Volksschule (mit Ausnahme der Religion) zu befestigen und ihnen solche Kenntnisse, welche für das bürgerliche Berufsleben unentbehrlich sind, aber über das Ziel der Volksschule hinausgehen, zu vermitteln. Schon lange vorher, seit 1837, hatte in Halle eine vom Direktor Scharlach begründete Sonntagsschule bestanden, an welcher des Sonntags in den Vormittagsstunden von 11—12 Uhr Unterricht im Rechnen, in der Raumlehre und in der deutschen Sprache erteilt wurde, während die Nachmittagsstunden von 1—3 Uhr dem Zeichenunterrichte gewidmet waren; die Frequenz dieser Schule hielt sich bis in die sechziger Jahre mit wenigen Ausnahmen auf 100. Nach 34jährigem Bestehen der Anstalt konnte ihr Dirigent Scharlach berichten, dass in ihr im ganzen gegen 2000 junge Leute des Handwerkerstandes ihre Weiterbildung genossen hätten, und dass aus ihnen

eine grosse Anzahl tüchtiger, in der Stadt angesehener Handwerks-
meister hervorgegangen wäre. Aufgrund dieses Berichtes lehnte im
Jahre 1874 der Magistrat den Antrag des Vereins für Volkswohl,
„die Sonntagsschule in der neuen Fortbildungsschule aufgehen zu
lassen und die jener gewährte Subvention der letzteren zuzuwenden",
ab. 1878 erneuerte der Vorstand des genannten Vereins seinen Antrag und erweiterte ihn dahin, „dass die Stadt die Fortbildungsschule
auf eigene Kosten übernehme und die Teilnahme am Unterrichte obli-
gatorisch mache", die Verwandlung der Vereinsanstalt in eine städtische
sei um so mehr geboten, als die Aufhebung der Gewerbeschule bereits beschlossen sei.

Die städtischen Behörden entschlossen sich zu einer „versuchs-
weisen Fortführung der Schule im alten Geleise" auf städtische Kosten,
lehnten aber die Einführung des obligatorischen Unterrichts ab; der
Verein verpflichtete sich zur Zahlung eines jährlichen Zuschusses.
Die thatsächliche Übernahme der Schule auf Kosten der Stadt erfolgte
am 1. April 1880, mit Leitung und Verwaltung der Schule wurde
ein besonderes Kuratorium betraut; in den Kreis der Unterrichtsfächer
wurden ausser Rechnen, Geometrie und Deutsch noch Baukonstruk-
tionslehre, Buchführung, Physik und Chemie aufgenommen. Als Aufgabe der Schule wurde hingestellt, „die Volksschulbildung der Zöglinge zu befestigen, zu ergänzen und in der Richtung auf die Erhöhung
ihrer Erwerbsthätigkeit und Erwerbstüchtigkeit zu erweitern". Bei
der Reorganisation wurden drei Abteilungen eingerichtet: die Unterstufe, als allgemeine elementare Fortbildungsschule, welche in den
Lehrgegenständen der Oberklassen der Volksschule: deutsche Sprach-
lehre, Rechnen, Schreiben, Raumlehre und Zeichnen unterrichtet, die
Oberstufe, als gewerbliche Fortbildungsschule, welche durch Unterweisung in Geometrie, Physik, Chemie, bürgerlichem und kaufmänni-
schem Rechnen, Buchführung, Handelskorrespondenz, Baukonstruk-
tionslehre, fremden Sprachen und Zeichnen mehr Rücksicht auf das
gewerbliche Leben im weiteren Sinne nimmt, und endlich die Fach-
klassen.

Im Januar 1882 wurde die Sonntagsschule, welche solcher Konkurrenz nicht mehr gewachsen war, der neuen Schule einverleibt.

Mit dem Jahre 1884 übernahm Stadtschulrat Dr. Krähe die Oberleitung der nunmehr ganz in städtische Verwaltung übergegangenen
Schule und richtete zur Erleichterung des Besuches seitens der Zöglinge zwei Anstalten, eine im Norden, eine im Süden der Stadt ein,
allein die wohlgemeinte Spaltung brachte den erwarteten Erfolg nicht,
keine der Anstalten erwies sich als lebensfähig, am wenigsten die im

nördlichen Teile der Stadt, der nur in geringem Masse von der Arbeiterbevölkerung bewohnt wird.

Zu voller Blüte entfaltete sich die Fortbildungsschule erst nach der Wiedervereinigung im Lokale der Glauchaschule im Süden; von da ab, seit 1888, hat sich der Besuch stetig gehoben und ist ein ziemlich regelmässiger geworden, zumal die Fabrikherren und Inhaber sonstiger grösserer gewerblicher Anlagen einen Druck auf ihre Lehrlinge ausüben.

Im Winter 1889/90 besuchten die Schule 144 Lehrlinge, im folgenden Winter ungefähr ebensoviel, und im laufenden Sommerhalbjahr sind es 110 Schüler, welche Unterricht in Deutsch, Rechnen, Raumlehre, Zeichnen, Buchführung, Französisch und Englisch geniessen.

4. STATISTISCHE NACHWEISUNGEN.

Zur weiteren Beleuchtung und übersichtlichen Zusammenstellung der vorstehenden Ausführungen folgen einige Tabellen. (S. Anlagen.)

Anmerkungen zu diesen Tabellen:

Tabelle I.

1. Vom Jahre 1837 bis 1864, also in 25 Jahren, hat sich die Schülerzahl an der Bürger- und Volks- (bez. Armen-) Schule mehr als verdoppelt, die Zunahme an der Bürgerschule beträgt 131 %, an der Volksschule 107 %, an den Elementarschulen überhaupt 114 %. Die nächsten 25 Jahre, 1865 bis 1890, bringen eine noch erheblichere Vermehrung, an der Bürgerschule beläuft sie sich auf 255, an der Volksschule auf 200, insgesamt auf 217 %.

Während im achten Jahrzehnt die Frequenz an der Bürgerschule um 68 % steigt, beträgt sie an der Volksschule nur 44 %, umgekehrt vermehrt sich im neunten Jahrzehnt die Schülerzahl an der Volksschule um 101, an der Bürgerschule aber nur um 57 %, die Gründe dafür sind vorher dargelegt.

2. Die Spalten 1, 10 und 11 geben Aufschluss über das Verhältnis der die öffentlichen Lehranstalten besuchenden Schulkinder zur Einwohnerzahl. Für ganz Preussen werden durchschnittlich 16 bis 19 % angenommen; grössere Städte, z. B. Berlin mit 13,5 %, bleiben hinter dieser Ziffer zurück.

In Halle scheint nun bis 1880 ein ganz abnormales Verhältnis zu herrschen, doch ist ein wichtiger Faktor in der Rechnung nicht

Schülerinnen	8. Höhere Mädchenschule.			9. Katholische Schule.						10. Gesamtzahl der Schulkinder in den öffentl. Stadtschulen	11. Schulkind. in den öff. Stadtschul. nach % der Bevölkerung.
	Zunahme	Klassen	Durchschn. Frequenz	Knaben	Mädchen	insgesamt	Zunahme	Klassen	Durchschn. Frequenz		
—	—	—	—	—	—	—	—	—	—	1 764	0,08
—	—	—	—	—	—	—	—	—	—	2 060	0,80
Michaelis 1864 von der Stadt übernommen.											
—	—	—	—	80	81	161	—	3	53,6	4 067	8,9
—	—	—	—	80	80	160	—	3	53,3	5 197	9,69
—	—	—	—	97	107	204	44 p. a. — 4,4	3	68	7 504	10,49
m Gründungsjahr 1883:											
238	—	8	29,75								
393	155 p. a. = 77	15	26,2	151	122	273	69 p. a. — 14	5	54,6	10 659	13
511	118 p. a. — 23,6	19	27	151	144	295	22 p. a. — 4,4	5	50	13 953	r. 14
	1	19	27	150	152	302	7	5	60,4	14 711	14,4

einbegriffen, nämlich die Francke'schen Stiftungen, welche bis in die
Mitte der sechziger Jahre ausschliesslich die höhere Knabenbildung
und auch weiterhin einen wesentlichen Anteil des Elementarunterrichtes
vermittelten, bei Hinzurechnung der die Francke'schen Stiftungen besuchenden Schüler ergeben sich durchschnittlich 15 bis 16 $^0/_0$.

Die Elementarschulen weisen im Verhältnis zur Bevölkerungs-
zunahme der Stadt seit den siebziger Jahren eine ungemein starke
Steigerung der Frequenz auf; für diese Erscheinung lassen sich mehrere
Gründe anführen: 1. Diejenigen Bevölkerungsschichten, deren Kinder
die eigentliche Volksschule besuchen, haben gegenüber den anderen
Ständen ganz unverhältnismässig zugenommen. 2. Die Francke'schen
Stiftungen, welche sich räumlich nicht erweitert, ihre Klassenfrequenz
aber herabgemindert haben, gewähren jetzt viel weniger Schülern Aufnahme als früher, so steht der Gesamtfrequenz des Jahres 1880 von
3006 Schulkindern im Jahre 1889 eine solche von 2603 gegenüber.
Die sog. Freischule ist gänzlich eingegangen. 3. Die Winkelschulen
sind verschwunden, und Privatschulen für Mädchen bestehen nur noch
zwei mit rund 200 Schülerinnen (1,32$^0/_0$), während im Jahre 1840 neben
2000 die öffentlichen Stadtschulen besuchenden Kindern 400, also 20$^0/_0$,
in Privatschulen unterrichtet wurden. 4. Die Einschulung der Kinder
geschieht regelmässiger und pünktlicher als früher. 5. Die sanitären
Verhältnisse der Stadt sind nach 1866 durch die Erbauung der Wasserleitung und durch Erweiterung des Kanalnetzes besser geworden, seit
dem genannten Jahre ist Halle von der Cholera verschont geblieben.
Die Kindersterblichkeit ist seit jener Zeit geringer geworden, und es
kommen in der That jetzt auf je 100 Einwohner mehr Kinder als
früher.

3. Aus den beiden letzten Spalten jeder Hauptrubrik geht hervor,
dass die Durchschnittsfrequenz der Klassen an den Elementarschulen
nach und nach immer mehr abgenommen hat, dieselbe ist an der Bürgerschule von 67 auf 52,5, an der Volksschule von 77,87 auf 60,8,
an den Elementarschulen überhaupt von 73,5 auf 57,2$^0/_0$ herabge-
gangen, die höheren Schulen haben sich auf ihrer mässigen Frequenz
gehalten.

Tabelle II

enthält eine Reihe schulhygienischer Mitteilungen, welche ihre Ergänzung in den nachstehenden Anmerkungen finden.

1. Die Spalten 2 und 3 bestätigen, was über die Entstehung
der einzelnen Schulen gelegentlich gesagt worden ist, dass nämlich
die Errichtung gewisser Schularten immer bestimmten Entwicklungs-
perioden der Stadt entspricht.

2. Spalte 3 enthält ausserdem eine Notiz über die Lage der Schulhäuser in den verschiedenen Stadtteilen; bei den meisten, besonders den älteren Bauten ist das Bestreben der Stadtbehörden zu erkennen, diejenigen Stadtteile, welche von den im Süden befindlichen Franckeschen Stiftungen weiter entfernt liegen, mit Schulhäusern zu versorgen. Während die Bürgerschule und die höheren Schulen mehr im Mittelpunkte der Stadt liegen, sind die eigentlichen Volksschulen mehr an die Peripherie hinausgerückt worden; es ist dies geschehen in Rücksicht auf die daselbst wohnhafte Arbeiterbevölkerung, deren Kindern auf diese Weise der Schulweg möglichst erleichtert wird. Aus demselben Grunde hat man in den letzten Jahren Volksschulhäuser kleineren Umfangs für beide Geschlechter errichtet, wie aus Spalte 6,[1] ersichtlich ist.

3. Die Stellung der Schulhäuser (Spalte 4) nach Himmelsgegenden möchte vielleicht nicht überall als eine günstige bezeichnet werden, doch waren hier selbst bei rechtem Verständnis und gutem Willen die gebotenen Terrainverhältnisse zwingend.

4. Alle Schulhäuser bis auf die Doppelschule an der Olearius- und Dreyhauptstrasse (Nr. 9 und 10) besitzen ausser dem Erdgeschoss nur noch zwei Stockwerke; der ungemein teuere Bauplatz der letztgenannten Schule nötigte zum Aufsetzen eines weiteren Stockwerkes, das aber vorläufig nicht in den eigentlichen Schuldienst gestellt ist. Mit Ausnahme der mit Kalkputz versehenen alten Volksschule sind sämtliche Schulgebäude im Rohbau aus Ziegelsteinen ausgeführt und meist mit gefälligen Façaden geziert. Jedes Schulhaus ist in seiner ganzen Ausdehnung unterkellert, die Kellergeschosse sind hoch aus der Erde herausgeführt und enthalten ausser den Heizräumen Kastellanswohnungen.

5. In den meisten Schulen sind Längskorridore zur Anwendung gelangt; jeder derselben ist mit Gasbeleuchtung versehen, welche an trüben Tagen, namentlich beim Schluss des Nachmittagsunterrichts, in Funktion tritt, damit Unordnung und Verwirrung und dadurch verursachte Beschädigungen der Kinder vermieden werden. Kleider, Mützen und Schirme werden ausserhalb der Klassen auf diesen Korridoren aufbewahrt; jeder der letzteren ist mit Wasserleitung versorgt. Die Thüren schlagen sämtlich nach aussen, Korridore und Treppen sind so breit und bequem angelegt, dass die Entleerung des Schulhauses schnell und ohne Störung vor sich geht.

6. Unter den Heizanlagen hat sich die Warmwasserheizung am besten bewährt, gegen die Luftheizung werden immer wieder Klagen erhoben, unter denen besonders die ungleichmässige Erwärmung der

	10.	11.	12.	
...ung	Flure und Treppen	Aborte	Baukosten	Bemerkungen
à 2,20 m m br., =7,20 qm. nicht ¹/₅ che; Ge- in der	Durch alle Stockwerke führen 2 Treppen, die auf einen Hauptausgang nach der Strasse und 2 Hofaus-gänge münden. Eine Treppen-stufe ist 2 m br., 0,30 m tief und 0,15 m hoch, mit Holz belegt. Das Haus besitzt Längskorridore von 2,5 m Breite, gedielt.	Ausserhalb des Hauses in besonderem Gebäude,ohneSchutz-gang für die Kinder bei schlechtem Wetter. Senkgrube.	180000 M.	Bei Berechnung des Anteils eines Schülers an Bodenfläche und Luft-raum der Klasse ist die Frequenz des laufenden Jahres, cfr. Tabelle I. zu Grunde gelegt: Volksschule 61, resp. 60, Bürgerschule 51,25, Gym-nasium 34, Höh. Mädchenschule 27.
à 2,88 m m breit. = 3,8 qm 4 qm, = Bodenfl., Gebäu (?)	Einseitige Korridore von 2,30 m Breite, gewölbt, mit Cementschlag versehen. Treppen 1,70 m br., 0,15 m h., 0,34 m tief. Granit.	Früher im Hofe in einem besonderen Gebäude, seit diesem Jahre mit dem Ge-bäude durch einen	403000 M., inkl. Erweite-rungsbau.	Im Jahre 1890 sind an den Giebelseiten der Turnhalle 2 Ge-bäude aufgeführt worden, welche im Erdgeschoss die Klassen der Vorschule und im ersten Stock...

Räume und die Einführung versengter Staubteile, welche das Gefühl der Trockenheit auf den Schleimhäuten der Respirationswege erzeugen, am häufigsten gehört werden. Die mit der Luftheizung verbundene Ventilation wirkt völlig zufriedenstellend, bei andern Heizanlagen muss die Zuführung frischer Luft durch die geöffneten Fenster und Thüren während der Zwischenpausen zu Hilfe genommen werden. In dieser Zeit verlassen, so wird es wenigstens an den Elementarschulen geübt, alle Kinder die Klassen, schwächlichen und kränklichen wird für die genannte Zeit ein besonderer geheizter Raum angewiesen.

Jeder Schulhof ist übrigens mit mehreren Hydranten ausgerüstet und wird in der wärmeren Jahreszeit mehrmals täglich mit Wasser besprengt.

7. Die Belichtung ist bei der freien Lage der Schulhäuser und der Bauart der Fenster reichlich, von seinem Platze aus kann jeder Schüler ein Stückchen freien Himmel sehen.

8. Die Subsellien in den älteren Schulen lassen freilich manches zu wünschen übrig, vor allem zu beklagen ist die leidige Plusdistanze, in den neueren Bauten sind auch Schulbänke älterer Konstruktion zur Anwendung gekommen, doch hat man die auffälligsten Mängel beseitigt; seit neuester Zeit sind umfassendere Versuche mit der Hohenloher Schulbank: fester Tisch und beweglicher Einzelsitz (Pendelsitz) gemacht worden, die bisher zur völligen Zufriedenheit ausgefallen sind.

8. Die Grösse der Zimmer der Hallischen Schulhäuser kann als normal bezeichnet werden, sie sind nicht so lang, dass sie übertriebene Anforderungen an die Sehkraft der Kinder und die Stimmmittel des Lehrers stellten, und doch so gross, dass sie einen ausreichenden Flächenraum darbieten; die Höhe ist reichlich bemessen.

Durch diese Einrichtung und durch die stetige Herabminderung der Durchschnittsfrequenz ist in wohlwollender Weise für die Gesundheit der Kinder gesorgt.

9. Die Dielen der neuen Gebäude sind gut gefügt und vor dem Gebrauch mit gereinigtem siedendem Leinöl getränkt, wodurch die Ablagerung schädlichen Staubes weniger befördert und das feuchte Abwischen erleichtert wird.

10. In jeder Klasse stehen zwei in der Regel mit Wasser gefüllte Spucknäpfe, den Kindern wird das Auswerfen auf den Boden untersagt.

11. Im allgemeinen ist der Gesundheitszustand ein günstiger gewesen, so dass die Schliessung einzelner Klassen oder ganzer Schulen

zu den Seltenheiten gehört; die letztere hat an den hiesigen Schulen
auf etliche Wochen stattfinden müssen im Januar 1890 wegen Influenza
und im März d. J. wegen einer ansteckenden Augenentzündung. Die
Desinfektion ist auf Anordnung und unter Überwachung des Kreisphysikus gründlich erfolgt.

12. An den Elementarschulen werden häusliche Schularbeiten für
die Schulzeit sehr mässig, für die Ferien gar nicht aufgegeben.

13. Die Klassen der eben genannten Schulen unternehmen häufige
sog. naturgeschichtliche oder heimatkundliche Ausflüge, wobei alle auf
die Erhaltung der Gesundheit der Kinder bezüglichen Vorschriften und
Massregeln sorgfältig beachtet werden.

14. An den Wochennachmittagen finden besonders die Knaben
sämtlicher Stadtschulen auf einem der Stadt gehörigen, frei und gesund
gelegenen grossen Platze Gelegenheit, unter Aufsicht und Leitung von
Lehrern sich dem geordneten Spiele zu widmen; von Interesse erscheint übrigens ein Konferenzprotokoll der Bürgerschule aus dem
Jahre 1842, wonach das Lehrerkollegium den Beschluss fasst, „an den
Abendstunden im Sommer die Zöglinge ihrer Schule auf einem geeigneten Platze zu gemeinsamem, von den Lehrern überwachtem Spiele
zu sammeln“; der Magistrat spricht damals seine freudige Genugthuung aus und bewilligt den Jahrmarktsplatz vor dem Steinthore zur
Benutzung.

15. Eine wesentliche Förderung erhält die Gesundheitspflege durch
den Turnunterricht, der auch an den Mädchenschulen in entsprechender
Weise getrieben wird; die meisten Schulen haben ihre eigene Turnhalle, sodass der Unterricht lektionsplanmässig inmitten der anderen
Unterrichtsfächer zu ersichtlicher Erholung der Kinder getrieben wird;
im Sommer wird vorzugsweise auf dem Schulhofe geturnt.

16. Ein neues Mittel zur Förderung der Gesundheit ist den Kindern
der Volksschule jetzt wenigstens zum Teil zugänglich gemacht: das
Brausebad, welches vor kurzem in der Volksschule an der Taubenstrasse eingerichtet worden ist.

Das Bild von der Entwicklung des städtischen Schulwesens würde
unvollständig sein ohne eine Zusammenstellung der Aufwendungen,
welche die Stadt Halle für ihre Schulen in gewissen Zeiträumen gemacht hat, deshalb folgen darüber zwei Tabellen mit kurzen Erläuterungen.

Tabelle III.

1. Auffällig ist die Zunahme sowohl des Schuletats als des
Kämmereizuschusses im Verhältnis zum Stadthaushalt. Im Jahre

1885 macht der gesamte Schuletat noch nicht ganz $^1/_4$ und der Zuschuss knapp $^1/_{16}$ des Stadthaushalts aus, 1890 dagegen beläuft sich jener auf $^{11}/_{16}$, dieser auf $^3/_{20}$, beide halten sich im Jahre 1891 fast auf derselben Höhe.

2. Die Schülerzahl steigt an den Elementarschulen vom Jahre 1885 bis 1891 um 6,25% p. a., der Etat dagegen wächst um 11,4, der Zuschuss um 17,7%; an den drei höheren Lehranstalten ergiebt sich in der Zeit von 1885 bis 1891 folgendes Verhältnis: jährliche Schülerzunahme 9%, Steigen des Etats 11,2%, des Zuschusses 25,6%. An den sämtlichen öffentlichen Schulen steht einer Jahreszunahme der Schülerzahl von 6,5% eine Zunahme des gesamten Schuletats von 11,3 und des Zuschusses von 18,4% gegenüber. Dieses Überwiegen der letzteren Posten wird durch die Herabminderung der Klassenfrequenz und die dadurch bedingte Vermehrung der Lehrkräfte, sowie durch Aufbesserung der Lehrergehälter verursacht.

3. Ein Vergleich der Elementarschulen mit den drei höheren Lehranstalten giebt folgendes Resultat:

An den letzteren beträgt:

	die Schülerzahl	der Etat	der Kämmereizuschuss
1885	10,5 %	47,5 %	17,2 %
1890	11,76 %	50 %	26,5 %
1891	11,77 %	47,2 %	21,5 %

von den entsprechenden Posten an den Elementarschulen.

Aus weiterer Berechnung ergiebt sich aus den vierten und fünften Spalten der Hauptkolumnen 3 bis 6, dass

1885

auf 1 Elementarschüler	30,85 Mk. v. Etat,	16,23 Mk. v. Zuschuss,
„ 1 Schüler d. höh. Sch.	139,3 „ „ „	27 „ „ „
„ 1 Schulkind überhaupt	41,2 „ „ „	17,2 „ „ „

1890

„ 1 Elementarschüler	37 Mk. v. Etat,	22,8 Mk. v. Zuschuss,
„ 1 Schüler d. höh. Sch.	157 „ „ „	31,5 „ „ „
„ 1 Schulkind überhaupt	49,5 „ „ „	25,73 „ „ „

1891

„ 1 Elementarschüler	37,8 Mk. v. Etat,	24,4 Mk. v. Zuschuss,
„ 1 Schüler d. höh. Sch.	151,5 „ „ „	44,5 „ „ „
„ 1 Schulkind überhaupt	49,9 „ „ „	26,5 „ „ „

entfallen.

Ein Schüler der Volksschule erfordert einen 8 Mk. grösseren jährlichen Zuschuss als ein Schüler der Bürgerschule, und ein Schüler

Tabelle

Die Besoldungsverhältnisse

1.	2.						3.						
	Elementarschulen einschl. kath. Schule.						Gymnasium.						
Jahr.	Höchstgehalt der		Mindestgehalt der		Durchschnitts-gehalt der		Höchstgehalt der		Mindestgehalt der		Durchschnitts-gehalt der	
	Lehrer	Lehrer-innen	Lehrer	Lehrer-innen	Lehrer	Lehrer-innen	Ober-lehrer	ord. Lehrer	Ober-lehrer	ord. Lehrer	Ober-lehrer	ord. Lehrer
	a	d	b	e	c	f	a	d	b	e	c	f
1837	780	—	300	—	526,5	—	—	—	—	—	—	—
1864	1200	—	600	—	915	—	—	—	—	—	—	—
1870	1500	750	750	600	1004	637,5	3000	2100	2700	1650	3200	1822
1880	2400	1200	1050	1050	1380	1187,5	5100	3300	3750	1800	4300	2550
1885	2400	1650	1050	1050	1418	1213	4500 + 600 W. 5100	3300 + 432 3732	3150 + 660 3810	1800 + 432 2232	4453	3019
1890	2700	1650	1200	1050	1737	1234	4500 + 600 5100	3300 + 600 3900	3450 + 660 4110	1800 + 600 2400	4581	3207
1891	2700	1800	1200	1050	1724	1234	4500 + 660 5160	3300 + 660 3960	3300 + 660 3960	1800 + 600 2400	4594	3255

IV.

der städtischen Lehrer.

4.						5.			6.
Realschule.						Höhere Mädchenschule.			
Höchstgehalt der		Mindestgehalt der		Durchschnitts-gehalt der		Höchst-gehalt	Mindest-gehalt	Durch-schnitts-gehalt	Bemerkungen.
Ober-lehrer	ord. Lehrer	Ober-lehrer	ord. Lehrer	Ober-lehrer	ord. Lehrer	der wissenschaftl. Lehrer			
a	d	b	c	e	f	a	b	c	
—	—	—	—	—	—	—	—	—	
—	—	—	—	—	—	—	—	—	
—	—	—	—	—	—	—	—	—	
2400	1800	—	—	2632	2232	3600	3300	3300	
+432	+432								
2832	2232								
3900	3000	3150	1800	4170	3007	3600	2700	3120	
+660	+660	+660	+600						
4560	3660	3810	2400						
3900	3000	3150	1800	4170	3008	3600	2700	3120	
+660	+660	+660	+660						
4560	3660	3810	2400						

1) Die Elementarlehrer an den drei höheren Lehranstalten, sowie die Lehrerinnen an der höheren Töchterschule rücken in der Gehaltsskala der übrigen Elementarlehrer mit auf und sind dort verrechnet.

2) Das Durchschnittsgehalt ergiebt sich aus der Division der Gehaltssummen einer Lehrerkategorie durch die Anzahl der dazu gehörigen Lehrer.

3) Die provisorisch angestellten Lehrerinnen beziehen ein Jahresgehalt von 960 M., dies ist in der Rechnung nicht aufgenommen. Das Provisorium dauert 2 Jahre.

4) Die wissenschaftlichen Hilfslehrer am Gymnasium und an der Realschule erhalten jährlich 1500 M.

5) Für die Elementar-Lehrer und -Lehrerinnen ist seit Ostern 1890 folgende Gehaltsskala eingeführt:

a. Die Lehrer beziehen ein Anfangsgehalt von 1200 M. und steigen von 2 zu 3 Jahren
2 mal um je 150 M.,
1 " " " 300 "
4 " " " 150 "
3 " " " 100 "
so dass sie in 30 Jahren das Höchstgehalt v. 2700 M. erreichen.

b. Die fest angestellten Lehrerinnen fangen mit 1050 M. an und rücken von 5 zu 5 Jahren um je 150 M., also dass sie in 30 Jahren das Höchstgehalt v. 1800 M. erreichen.

der katholischen Schule ist im Durchschnitt 33 % teurer als ein Schüler der evangelischen Volksschule.

4. In den Schuletats sind die Zinsen und Tilgungsraten nicht einbegriffen.

5. In fürsorglicher Weise werden alljährlich etatsmässige Summen zur Ergänzung und Vermehrung der Anschauungs- und Lehrmittel, der physikalischen Apparate u. s. w. bewilligt, so im Jahre 1885: 6200 Mk., 1890: 10950 Mk., 1891: 12700 Mk. Auch hier ist eine relative Steigerung zu bemerken; denn die

6200 Mk. d. Jahres 1885 verteilen sich auf 189 Klassen, à Kl. 32,8 Mk.,
10950 „ „ „ 1890 „ „ „ 261 „ „ „ 41,9 „
12700 „ „ „ 1891 „ „ „ 275 „ „ „ 46,6 „

Tabelle IV

giebt Aufschluss über die von Jahrzehnt zu Jahrzehnt immer günstiger sich gestaltenden Gehaltsverhältnisse der Lehrer und Lehrerinnen; an den höheren Lehranstalten für Knaben sind dieselben von staatswegen geregelt, für die Normierung der Lehrergehälter an den übrigen Schulen ist einzig das Wohlwollen der städtischen Behörden bestimmend gewesen, und es muss anerkannt werden, dass wenigstens in der Provinz Sachsen die hallischen Gehaltsverhältnisse mit zu den günstigsten gehören.

5. PRIVATE LEHR- UND ERZIEHUNGS-ANSTALTEN.

DIE BERG-VORSCHULE.

Durch Vermittelung der Königl. Bergverwaltungs-Behörde zu Halle a S. kam im Jahre 1861 eine Vereinigung der fiskalischen, gewerkschaftlichen und privaten Hütten- und Bergwerke zustande, wonach sie eine gemeinsam zu unterhaltende Bergschule zur Ausbildung tüchtiger Berg- und Hüttenbeamten einrichten wollten. Es wurde die bereits bestehende Schule zu Eisleben als Hauptschule für den Oberbergamts-Bezirk Halle reorganisiert und derselben mehrere Vorschulen hinzugefügt. Die in Wettin errichtete Vorschule wurde, da der Betrieb der Steinkohlengruben in dortiger Gegend immer mehr zurück ging, im Jahre 1884 nach Halle verlegt, wo ihr in städtischen Schulgebäuden Räume kostenfrei überlassen wurden, jetzt hat sie mit der gewerblichen Zeichenschule Aufnahme in der Bürgerknabenschule an der Oleariusstrasse gefunden.

Während an der Hauptschule Beamte für grössere Werke, namentlich Grubenbetriebs- und Rechnungsführer, Werkmeister, Maschinen-
steiger und Hüttenvoigte ausgebildet werden, sollen die Vorschulen
ihre Schüler für die Hauptschule vorbereiten und zugleich zu brauchbaren Beamten für kleinere Werke heranbilden.

Jede Schule hat nur eine beschränkte Anzahl etatsmässiger Plätze
für Schüler, welche nach Massgabe der Kostenbeiträge auf die der
Schule zugewiesenen Bezirke verteilt sind.

Die Verwaltung und Beaufsichtigung der gesamten Schule ist
einem Kuratorium und einem Direktorium übertragen; dem ersteren
gehören ausser dem Kommissarius des Königl. Oberbergamts zu Halle
als Vorsitzenden mehrere Berg- und Hüttenbeamte, sowie einige Vertreter der gewerkschaftlichen und privaten Werke an.

Direktor einer Schule ist stets der am Orte wohnende Königl.
Bergrevierbeamte.

Der Lehrkursus der Vorschulen ist einjährig, derjenige der Hauptschule zweijährig. Zur Aufnahme in die Vorschule gehört, dass der
Aufzunehmende mindestens 18 Jahre alt ist, mindestens zwei Jahre
hindurch praktische Berg- oder Hüttenarbeit betrieben hat und eine
gute Volksschulbildung besitzt. Das Abgangszeugnis der Vorschule
berechtigt zum Eintritt in die Hauptschule; direkt in die Hauptschule
Eintretende haben das Zeugnis aus der Sekunda eines Gymnasiums
oder einer gleichberechtigten Realschule beizubringen.

Der in 15 wöchentlichen Stunden erteilte Unterricht der hiesigen
Vorschule umfasst Bergbaukunde mit Markscheiden, Aufbereitungs-
kunde (Braunkohlenbergbau), mathematisches Rechnen, Plan- und
Maschinenzeichnen, deutsche Sprache. An drei Tagen in der Woche
fahren die Schüler auf den in der Nähe liegenden Gruben und Hütten
als Arbeiter an und erwerben so selbst einen Teil ihres Unterhaltes;
den etatsmässigen Schülern werden überdies monatliche Unterstützungen von 6 Mark an der Vorschule und 9 Mark an der Hauptschule
gewährt.

Während der Monate April und Juli fällt in Halle der Unterricht
aus, damit die Schüler auf ferner liegenden Werken mit instruktiven
Arbeiten beschäftigt werden können.

Den Unterricht erteilen Bergbeamte und Lehrer hiesiger Schulen;
die Frequenz beträgt im Durchschnitt 16.

INSTITUTE FÜR VORBEREITUNG ZUR EINJÄHRIG-FREIWILLIGEN-PRÜFUNG.

Zur Zeit bestehen in Halle zwei solcher Institute mit denselben Zielen und fast gleichen Einrichtungen. Ausser ihrem bereits im Namen ausgesprochenen Hauptziele verfolgen sie auch den Zweck, Schüler, welche in eine der mittleren oder oberen Klassen höherer Lehranstalten eintreten sollen, für diese Klassen vorzubereiten, sowie solchen Schülern, welche aus irgend einem Grunde zurückgeblieben sind und infolge der Lücken in ihren Kenntnissen nicht mit der Klasse Schritt halten können, gründliche Ausbildung zu gewähren, sodass sie in nicht zu langer Zeit erfolgreich an dem öffentlichen Unterrichte wieder teilnehmen können.

Die ältere der beiden Anstalten ist von Dr. Harang im Jahre 1864 gegründet worden und befindet sich heute noch in ihrem alten Heim an der Ludwigstrasse und zwar seit dem 1. Juli 1889 unter Leitung des Dr. Sommer. Dieses Institut ist wesentlich Internat, wodurch natürlich die Frequenz eine beschränkte ist.

Es bestehen zwei halbjährige Abteilungen; in die untere treten die schwächeren Schüler ein und brauchen also bis zur Erreichung ihres Zieles ein Jahr, die obere Abteilung nimmt die geförderteren Schüler auf, welche in dem bez. Halbjahr die Prüfung abzulegen gedenken. Der Unterricht wird von fünf Lehrern erteilt; in den beiden letzten Jahren ist die Anstalt von je 17 Schülern besucht worden.

Von 1864 bis Ostern 1891 sind für die Einjährig-Freiwilligen-Prüfung 373 Schüler vorbereitet worden, von denen 179 (48%) die Berechtigung zum Einjährig-Freiwilligen-Dienst erhielten.

Die beschränkte Aufnahme der ersten Anstalt liess bald das Bedürfnis nach einer zweiten Schule fühlbar werden, und so eröffnete mit Genehmigung der Königl. Regierung der jetzige Dirigent Dr. Krause am 1. Oktober 1889 ein zweites Institut im Norden der Stadt.

Mit dieser Anstalt ist ein Pensionat verbunden, die einheimischen Zöglinge wohnen bei den Eltern, die auswärtigen teils in der Anstalt, teils bei hiesigen Familien, alle aber stehen unter Aufsicht der Schule. Im ganzen sind drei Klassen mit je zwei Abteilungen vorhanden, die dritte (unterste) Klasse entspricht der Quarta einer höheren Lehranstalt, die zweite Klasse ist die eigentliche Klasse zur Vorbereitung für das Einjährig-Freiwilligen-Examen, die erste Klasse umfasst diejenigen Schüler, welche bereits im Besitze der Berechtigung zum Einjährig-Freiwilligen-Dienst sind und höhere Ziele erstreben. Der Kursus ist eigentlich, da bei der Aufnahme im allgemeinen die Reife für Tertia einer höheren Lehranstalt verlangt wird, halbjährlich, doch ist jetzt dem Bedürfnis entsprechend eine zweite Vorbereitungsklasse für solche Schüler eingerichtet worden, deren Kenntnisse nicht ausreichend sind, um den bei der Prüfung gestellten Anforderungen schon in einem Halbjahr zu genügen.

An der Anstalt unterrrichten ausser dem Dirigenten sechs Lehrer, die Schülerzahl hat von Halbjahr zu Halbjahr zugenommen, die Schule wurde mit 10 Schülern eröffnet und zählt deren gegenwärtig 23; von den Schülern des letzten Winterhalbjahres bestanden fünf die Einjährig-Freiwilligen-Prüfung, mehrere wurden in diejenigen Klassen höherer Lehranstalten aufgenommen, deren Ziel sie erstrebt hatten.

SCHÜLERWERKSTÄTTEN.

Neben den öffentlichen Schulen, auch den höheren, bestehen in Halle zur Unterweisung der männlichen Jugend in angemessener Handfertigkeit Schülerwerkstätten. Von der Stadt durch Gewährung von drei Klassenräumen unterstützt, sind sie wirtschaftlich selbständig, da sie weder aus Staats- oder städtischen Kassen oder durch Vereinsbeiträge oder Sammlungen irgend eine Geldunterstützung erhalten. Sie erhalten sich durch eine mässige Bezahlung des gewährten Unterrichts, welcher durch angemessen vorgebildete Elementarlehrer zweckmässig und erfolgreich erteilt wird. Durch zinslos gewährte Darlehen zu Anfang des Jahres 1887 eingerichtet, konnte schon innerhalb zweier Jahre das Darlehn zurückgezahlt werden, worauf das Unterrichtsgeld auf das zur Erhaltung der Anstalt nötige Mass herabgesetzt werden konnte.

Es wird Unterricht erteilt in Papparbeit, Hobelbankarbeit und Holzschnitzerei und zwar wöchentlich in nur zwei auf einander folgenden Stunden, sodass die Zwecke der übrigen Schulthätigkeit der Schüler durchaus nicht beengt werden.

Der Zweck der Anstalt ist, wie bei den meisten ähnlichen Anstalten in Deutschland, ein rein pädagogischer. Es sollen die in den Knaben liegenden Anlagen zu körperlicher Geschicklichkeit geweckt und entwickelt werden; die Sinne werden geübt, die Anschauung, Beobachtung und Überlegung gefördert, auch der Verstand wird gekräftigt, da der Schüler sich fortwährend vor die Ausführung von Aufgaben gestellt sieht, die er möglichst selbständig, wenn auch unter der Leitung des Lehrers, auszuführen hat. In dieser Weise sollen die

Schülerwerkstätten eine bisher versäumte Ergänzung des vorzugsweise verstandesmässigen Schulunterrichts sein. Wenn der Schüler
in den Schülerwerkstätten auch im Mechanischen thätig ist, so ist
sein eigenes Verhalten doch ein wesentlich geistiges, ganz im Gegensatz zu der noch nicht ausgerotteten Schulunterrichtsweise, in der
man einen geistigen Stoff auf mechanische Weise zur Aneignung
bringen will.

Indem in den Schülerwerkstätten jeder einzelne Schüler den Weg
vom Leichten zum Schweren geführt wird, ist es möglich bei jedem
einzelnen anzufertigenden Gegenstand die möglichste Vollendung zu
erstreben, wodurch nicht nur der Schönheitssinn gekräftigt, sondern
auch das Bewusstsein des Könnens gewonnen wird. Der Gebrauchswert der dargestellten Gegenstände erreicht oft den Betrag des gezahlten Unterrichtsgeldes, und ein mehrjähriger Besuch der Schüler-
werkstätte kann eine Geschicklichkeit gewähren, worauf im Notfalle
die Lebenserhaltung sich gründen lässt.

Dem Schüler wird in den Schülerwerkstätten ein zweites Gebiet
geistigen Ergehens neben dem Gebiet der Schulwissenschaften geboten, das ihm in der Abwechslung Erfrischung bietet, ihn aber auch
vor sittlichen Verirrungen bewahren kann. Der Schüler lernt in den
Werkstätten die Handwerksthätigkeit und den Handwerker achten,
und, indem oft hier der Gymnasiast neben dem Volksschüler arbeitet,
wird dem Standesdünkel entgegengearbeitet, der um so widerlicher
ist, wenn er sich schon in jungen Jahren fühlbar macht.

Es arbeiten in den Schülerwerkstätten Schüler der beiden Gymnasien, der beiden Realschulen, der beiden Bürgerschulen und der
Volksschule in Abteilungen von etwa 12 Schülern zusammen. Im
Winterhalbjahr werden sie von etwa 160, im Sommerhalbjahr von
etwa 120 Schülern besucht. Die Beteiligung an der Holzschnitzerei
ist so stark, dass sie eben noch von der vorhandenen Lehrkraft versorgt werden kann.

Die Gründung der Werkstätten ist das Verdienst des Stadtrats
Dr. Schrader, dem es durch Schrift und Wort, sowie durch persönliche Mühen und Opfer gelungen ist, das Interesse an der Sache in
der Bürgerschaft und unter der Schülerwelt zu erwecken und rege
zu erhalten, sodass sich nicht nur der Besuch auf der angegebenen
Höhe erhält, sondern auch die Schüler regelmässig und pünktlich an
dem Unterricht teilnehmen und dabei einen rühmlichen, von schönen
Erfolgen begleiteten Fleiss und Eifer entwickeln.

HÖHERE PRIVAT-MÄDCHENSCHULEN

haben schon bei der städtischen höheren Mädchenschule Erwähnung gefunden; diese sowie die höhere Töchterschule des Waisenhauses, die sich doch beide eines starken Besuches erfreuen, haben die Privatschulen nicht verdrängen können. Zunächst sind sie beide nicht imstande, das Bedürfnis nach der in Rede stehenden Mädchenbildung ganz zu decken, sodann aber giebt es gewisse Gründe, welche überhaupt für die Notwendigkeit solcher Privatschulen sprechen. Es wird immer eine Anzahl schwächlicher und kränklicher Mädchen geben, denen die Teilnahme an der Vollzahl der täglichen und wöchentlichen Unterrichtsstunden an einer öffentlichen Schule ärztlicherseits untersagt, und für die eine Befreiung von gewissen Unterrichtsfächern verlangt wird. Die öffentliche Schule würde aber durch solche Bewilligungen im umfangreicheren Masse ihren gesamten Betrieb und das Fortschreiten ihrer Klassen stören, während die Privatschule mit ihrer im allgemeinen herabgeminderten Unterrichtszeit und sonstigen Einrichtungen jenen Forderungen gerecht werden kann. Auf schwach beanlagte, hinter dem Durchschnitt der Klasse zurückbleibende Kinder kann die Privatschule, die bei ihrer geringen Klassenfrequenz ihren Unterricht dem Einzelunterricht fast nahe zu bringen vermag, mehr Zeit und Rücksicht verwenden als die öffentliche Schule. Endlich werden auch Schülerinnen, die durch ihre Vorbildung in verschiedenen Fächern verschieden vorgeschritten sind, die in den sog. Elementarfächern vielleicht recht tüchtige, in fremden Sprachen aber keine oder geringe Kenntnisse besitzen, in einer Privatschule mehr Genüge finden als in einer öffentlichen Schule, weil es dort möglich ist, sie wenigstens in den beiden Hauptgruppen von Unterrichtsfächern ihren Leistungen entsprechend unterzubringen. Wenn dann eine solche Privatschule mit rechter pädagogischer Einsicht geleitet und verwaltet und dabei als Ziel die christlich-nationale Erziehung für den künftigen Frauenberuf fest im Auge behalten wird, und wenn durch eine einsichtige Erziehungsweise die Schülerinnen vor dem Wahne bewahrt bleiben, als ob sie durch den Besuch einer vom öffentlichen Unterricht losgelösten Schule auch eine besondere Stellung einnähmen, dann kann eine solche Schule wohl recht segensreich wirken.

Das letztere darf von den beiden hier bestehenden derartigen Schulen mit Recht gesagt werden; die eine liegt im Süden der Stadt, gleichsam als Ergänzung der höheren Mädchenschule des Waisenhauses, die andere im Norden als Ergänzung der städtischen höheren

Mädchenschule. Beide Schulen haben neun aufsteigende Klassen, denen nach Bedürfnis eine Selekta aufgesetzt wird. Die Kurse sind jährig, der Unterricht wird wie an den öffentlichen höheren Lehranstalten nur vormittags erteilt. Der Unterricht in der französischen Sprache beginnt in der sechsten Klasse (4. Schuljahr), das Englische tritt in der dritten Klasse (7. Schuljahr) hinzu. Das Lehrpersonal besteht vorwiegend aus Lehrerinnen, ausserdem unterrichten in einzelnen Fächern auf der Oberstufe Lehrer hiesiger öffentlicher Lehranstalten.

Die im Norden der Stadt befindliche Schule ist von ihrer jetzigen Leiterin, Fräulein Stange, im Jahre 1868 mit acht Schülerinnen gegründet worden; während der nächsten Jahre, in denen sich ihr äusserer und innerer Aufbau vollzog, war die Schule der Aufsicht des Stadt-Superintendenten unterstellt und bedurfte der alljährlich neu einzuholenden Erlaubnis zur Fortsetzung des Unterrichts. Infolge einer Revision durch den Kommissarius der Königl. Regierung wurde der Vorsteherin die Konzession für eine höhere Mädchenschule Ostern 1880 erteilt. Zu dieser Zeit hatte die Schule acht Klassen und 60 Schülerinnen, die Frequenz ist von Jahr zu Jahr bis zu ihrer jetzigen Höhe von 111 Schülerinnen gestiegen. An der Schule wirken 11 Lehrerinnen und 3 Lehrer.

Die Südschule hat mehrfache Wandlungen durchgemacht, sie umfasst seit Michaelis 1890 zwei Schulen, die frühere Schule des Fräulein Wünschmann und die des Fräulein Schroedel, der jetzigen Vorsteherin der unter dem Namen „Königstädter höhere Mädchenschule" vereinigten Anstalt.

Die erstgenannte Dame legte mit drei Schülerinnen im Jahre 1869 den Grund zu ihrer Schule, die Ostern 1890 eine Frequenz von 90 Schülerinnen erreicht hatte. Die Schroedel'sche Schule entstand erst im Jahre 1881, zur Zeit der Vereinigung beider Schulen wurde sie von 32 Schülerinnen besucht, gegenwärtig zählt die vereinigte Anstalt 94 Schülerinnen.

FORTBILDUNGS-ANSTALTEN FÜR JUNGE MÄDCHEN.

Der Gedanke, auch für das weibliche Geschlecht Fortbildungs-Anstalten zu schaffen, war bereits in dem die Errichtung von gewerblichen Zeichenschulen betreffenden Ministerial-Erlass vom Jahre 1868 ausgesprochen worden; von neuem wurde er 1878 in Anregung gebracht in dem Antrag des Vorstandes des Vereins für Volkswohl an den Magistrat, wonach der Behörde zur Erwägung anheim gegeben wurde, eine Fortbildungsschule für Mädchen zu eröffnen. Beide Male lehnten die städtischen Behörden aus sachlichen Gründen die Errichtung einer solchen Anstalt auf städtische Kosten ab. Gleichzeitig mit dieser Anregung erging von dem bekannten Direktor Karl Weiss an den Magistrat das Ersuchen, ihm auf eigene Kosten die Errichtung einer Frauen-Industrieschule zu gestatten. Schon im April 1879 wurde

DIE FRAUEN-INDUSTRIESCHULE

eröffnet. Über den Zweck der Anstalt äusserte sich der Antragsteller: „Die Anstalt erstrebt in erster Linie die Aneignung aller derjenigen Fertigkeiten, Kenntnisse und Geschicklichkeiten, welche das alltägliche Leben für die spätere, auch auf sich selbst ruhende Existenz von Frauen fordert."

Die in der Anstalt angestrebte gewerbliche Ausbildung geht daher von den Bedürfnissen des Hauses in Schneidern, Anfertigung von Wäsche, Nähen, Stopfen und Flicken aus. Zugleich bildet die Schule auch gewerbliche Lehrerinnen, Stützen der Hausfrau und Leiterinnen für Geschäfte aus. Das dritte Ziel der Anstalt ist auf den Unterricht in solchen Disziplinen gerichtet, „welche den geistigen Gesichtskreis erweitern, Herz, Gemüt und Schönheitssinn bilden, überhaupt die Bildung der Töchter abschliessen".

Diesem dreifachen Ziele entsprechen drei Unterrichtsabteilungen: die eigentliche Industrieschule, das Handarbeitslehrerinnen-Seminar, die Fortbildungsschule.

Die Industrieschule unterweist ihre Zöglinge in sechs Kursen: es sind die gebräuchlichsten Handarbeiten des Hauses — Maschinennähen — Wäschezuschneiden — Anfertigung von Kleidern — Putzmachen — kunstgewerblicher Kursus, also Kunststickerei.

Jeder Kursus ist besonders zu honorieren und dauert je nach der Absicht der Schülerin, ob sie zu privatem Gebrauche oder zur Ausübung eines Berufes lernt, drei Monate, sechs Monate oder noch länger.

Der Lehrplan des Seminars umfasst sieben Lehrfächer: theoretische und praktische Erlernung des methodisch geregelten Handarbeitsunterrichts für Volks- und höhere Mädchenschulen — praktische Erlernung der Zweige der Industrieschule — Methodik des Handarbeitsunterrichts — Zeichnen — Deutsch — Rechnen — Pädagogik. Nebenher gehen praktische Übungen im Unterrichten.

Der Kursus ist halbjährig, nach Erledigung desselben unterziehen sich die Schülerinnen der Staatsprüfung in Berlin.

Die Fortbildungsschule bietet ihren Schülerinnen Gelegenheit, ihre Kenntnisse in Deutsch, Litteratur, fremden Sprachen, Schönschreiben und Rechnen zu erweitern; als neue Lehrfächer treten Buchführung und die verschiedenen Zweige des Zeichnens auf.

Die Lehrfächer des Seminars sind für alle Schülerinnen bindend, in den beiden andern Abteilungen können die Zöglinge oder deren Eltern die Fächer auswählen.

1882 wandte sich der Vorstand an den Magistrat mit der Bitte, der Schule eine laufende Subvention zu bewilligen, weniger um des Geldes willen, als in der Absicht, „die Anstalt in ein gewisses Verhältnis zu den städtischen Behörden zu bringen und ihr so ein Relief aufzuprägen, welches der Entwickelung einer solchen Schule nur förderlich sein kann". Darauf hin wurden 200 Mark als städtischer Zuschuss bewilligt, und im Jahre 1884 wurde die Summe auf 300 Mark erhöht, welche die Schule noch jetzt bezieht.

Als Gegenleistung stellte die Schule dem Magistrat drei, später fünf Freistellen für Töchter hallischer Bürger zur Verfügung, welche auch in jedem Jahre besetzt worden sind. — Im Jahre 1890/91 wurde die Anstalt von 84 Schülerinnen besucht, gegenwärtig zählt sie nur 52.

SEMINAR FÜR KINDERGÄRTNERINNEN.

Mit der Zunahme der Kindergärten (Spielschulen) und der gesteigerten Nachfrage nach ausgebildeten Lehrerinnen resp. Erzieherinnen jüngerer Kinder machte sich immer mehr das Bedürfnis nach einer Anstalt geltend, in welcher junge Mädchen die entsprechende theoretische und praktische Ausbildung erhalten. Diesem Bedürfnis trug im Jahre 1879 Fräulein Sellheim durch Gründung eines Seminars für Kindergärtnerinnen Rechnung, welches sich eines lebhaften Zuspruches erfreut, sind doch seit dem Gründungsjahre bis jetzt in der Anstalt 275 junge Mädchen, 190 auswärtige, 85 einheimische, ausgebildet worden; gegenwärtig gehören ihr 30 Zöglinge, darunter 21 auswärtige, an. Das Seminar hat sich die Aufgabe gestellt, junge Mädchen zu Kindergartenleiterinnen, Erzieherinnen resp. Lehrerinnen jüngerer Kinder und zu Kinderpflegerinnen und Gehilfinnen im Haushalt auszubilden.

Der Kursus dauert demnach ein ganzes oder ein halbes Jahr und umfasst im ersten Falle ausser den eigentlichen Schulfächern, in denen

die von der Schule (Bürger- oder höhere Töchter-Schule) mitgebrachten
Kenntnisse befestigt und erweitert werden sollen, noch Pädagogik mit
besonderer Betonung der Fröbel'schen Kindergarten-Pädagogik, Theorie
und Praxis des Kindergartens, Handarbeiten, Anleitung zur Erteilung
von Elementar-Unterricht in Familien. Die Lehrfächer des halbjährlichen Kursus sind Kindergarten-Pädagogik, Deutsch, Litteratur, Natur-
geschichte, Theorie und Praxis des Kindergartens, Turnen, Kinder-
pflege, Haushaltungskunde.

Nach Schluss des Kursus findet im Beisein des Kreisschulinspek-
tors, als Vertreter der Königl. Regierung, welche der Anstalt im Jahre
1885 die staatliche Konzession erteilte, eine Prüfung statt; den Abgehenden werden Prüfungszeugnisse ausgestellt. Die auswärtigen
Schülerinnen finden gegen ein mässiges Honorar Aufnahme in dem
mit der Anstalt verbundenen Pensionat.

Die praktischen Übungen werden in dem zur Anstalt gehörigen
Kindergarten vorgenommen, der von 30 Kindern besucht wird.

Ausser diesem bestehen in der Stadt noch fünf Kindergärten,
welche im Durchschnitt die gleiche Schülerzahl zu verzeichnen haben.

TAUBSTUMMENANSTALT.

Im Oktober 1836 erhielt der städtische Lehrer Klotz vom Magistrat
die Erlaubnis, in einem Klassenzimmer drei taubstummen Kindern
Unterricht zu erteilen — das ist der Anfang der heutigen Taubstummen-
anstalt. Schon im Jahre darauf hatte der Genannte durch sein segens-
reiches Wirken die Aufmerksamkeit der Königlichen Regierung auf
sich gezogen, welche ihm versprach, sein Unternehmen im Amtsblatte
zu empfehlen. 1841 legte der Lehrer Klotz sein öffentliches Schul-
amt nieder, um sich ganz seiner Anstalt zu widmen, der er dann bis
zum Jahre 1800 mit grosser Treue und Einsicht vorgestanden hat;
aus dem kleinen Anfang ist ein grosser Baum hervorgewachsen, der
ein Segen geworden ist für viele Hunderte armer, bemitleidenswerter
Kinder. Die Mittel zu ihrer Unterhaltung flossen der Anstalt zu aus
Schul- und Kostgeldern (für arme Kinder jährlich 150 Mk., für be-
mitteltere nach den Vermögensverhältnissen mehr), Geschenken, Sammlungen, Erträgen einer jährlichen Verlosung, besonders aber aus den
Zinsen der Ehrlich-Stiftung.

Die Kinder erhalten Unterricht im Sprechen, Schreiben, Religion,
Rechnen, Weltkunde, auch werden sie praktisch im Schneidern und
in gärtnerischen Arbeiten unterwiesen; alljährlich werden öffentliche

Prüfungen veranstaltet, die ein rührendes Zeugnis davon ablegen, was Menschenfreundlichkeit, Geduld und Lehrgeschick der Lehrer aus den beklagenswerten Geschöpfen gemacht haben. Die entlassenen Zöglinge bleiben dauernd in reger Verbindung mit der Anstalt, gemeinsamer Gottesdienst und Genuss des heiligen Abendmahls vereinigt die meisten der früheren Schüler und Schülerinnen, unter denen mehrere mit einander Ehebündnisse eingegangen sind, alljährlich immer wieder unter einander und mit der Anstalt. Ein Teil der Kinder findet in der Anstalt selbst Unterkommen. Die meisten werden in zuverlässigen Familien untergebracht.

Der jährliche Besuch während der letzten 20 Jahre schwankt zwischen 45 und 60; bis zum Jahre 1884, wo die Anstalt die Jubelfeier ihres fünfzigjährigen Bestehens beging, waren ca. 400 Kinder unterrichtet und zu tüchtigen, für das bürgerliche Leben brauchbaren Menschen erzogen worden. Die meisten Knaben sind Handwerker geworden, die Mädchen sind in fremde Dienste getreten, manche finden ihr Brot durch Nähen und Schneidern, welches sie bereits in der Anstalt erlernt haben.

Da in den achtziger Jahren die Einnahmen der Anstalt immer mehr zurückgingen und endlich das im Laufe der Jahre aufgesammelte Kapitalvermögen angegriffen werden musste, schloss der Anstaltsdirektor Klotz mit der Provinzialverwaltung einen Vertrag, nach welchem die Anstalt in Besitz und Leitung der Provinzialverwaltung übergeht, Grundstück, Schulinventar und Kapitalvermögen der Provinz zufallen.

Ostern 1890 legte der hochbetagte, aber immer noch rüstige Dirigent sein Amt nieder.

KLEINKINDERBEWAHRANSTALTEN

mögen unter den Schulanstalten insofern einen Platz finden, als sie ein wichtiger Faktor der Kindererziehung für die vorschulpflichtige Zeit sind. Diese Anstalten wollen „armen aber rechtlichen Eltern, die sich ihren Unterhalt ausserhalb des Hauses verdienen müssen, in der Pflege und Aufsicht ihrer Kinder gegen ein geringes Kostgeld dadurch zu Hilfe kommen, dass ihnen Gelegenheit geboten wird, diese Kinder den Tag über in Bewahrung zu geben".

Das Kostgeld ist so niedrig bemessen, dass auch die ärmsten Arbeiter es bezahlen können, es übersteigt die Höhe von 40 Pf. für Kind und Woche auch heute noch nicht. Die den Anstalten erwachsenden Kosten werden durch Beiträge der Vereinsmitglieder, durch Geschenke und durch Zinsen aus Legaten aufgebracht. Jede der hier bestehenden Anstalten besitzt ihr eigenes Heim, in welchem die Kleinen unter Aufsicht und Pflege der Hausmutter und der Lehrerin bei Spiel und angemessener Beschäftigung sich wohl fühlen; früh werden sie der Anstalt übergeben, gegen Abend kehren sie ins elterliche Haus zurück.

Die älteste dieser Anstalten ist bereits im Sommer 1837 an der alten Promenade gegründet worden, im Laufe der Jahre sind noch fünf Anstalten in den verschiedenen Stadtteilen entstanden, die jüngste derselben im Jahre 1889 in der Schmiedstrasse, im eigentlichen Fabrikviertel.

Die dritte Anstalt hat das Gebiet ihrer Thätigkeit erweitert, indem sie ausser der Pflege der Kleinen sich auch die Sorge um die schulpflichtigen Kinder in ihrer schulfreien Zeit angelegen sein lässt; zu diesem Zwecke sind im Anstaltsgebäude eine Arbeits- oder Nachhilfeklasse für Knaben und mehrere Flickschulen für Mädchen eingerichtet.

Diese Anstalt ist eine Schöpfung des Frauenvereins für Armen- und Krankenpflege; gegründet im Jahre 1849, war sie zunächst nur zur Aufnahme von Cholerawaisen bestimmt.

Die Zahl der in den Anstalten täglich versorgten Kleinen ist nicht gering, im Jahre 1889/90 waren vorhanden: in der ersten Anstalt 58, in der zweiten 93, in der dritten 110, in der vierten 98, in der fünften 60, in der sechsten 92, zusammen 511 Kinder.

KNABENHORTE.

Der Knabenhort will der zunehmenden Verwilderung und Verrohung der Jugend aus den niederen Bevölkerungsschichten entgegenarbeiten; im Horte sollen die sonst tagsüber sich selbst überlassenen, zahllosen sittlichen Gefahren ausgesetzten Knaben unbemittelter Eltern gesammelt, durch zweckmässige Einrichtungen und Darbietungen an den Hort gefesselt und zu braven, nützlichen Gliedern der Allgemeinheit erzogen werden.

Der Hort will nicht den Eltern die Pflichten und Lasten der Kindererziehung im allgemeinen abnehmen, er nimmt nur die Söhne solcher Eltern auf, welche in der Regel beide den Tag über dem Broterwerbe ausser dem Hause nachgehen und sich beim besten Willen um ihre Kinder nicht kümmern können.

Die hallischen Knabenhorte sind wesentlich durch Anregung und rastlose Bemühung des Stadtverordneten Demuth entstanden. Im Verein mit menschenfreundlichen Bürgern der Stadt und den Leitern der Elementarschulen errichtete er im Herbste 1884 die beiden ersten Anstalten, denen später noch drei nachfolgten, sodass jetzt fünf Knabenhorte bestehen, in denen gegen 300 Knaben die oben angedeuteten Wohlthaten geniessen. Eine so umfangreiche erziehliche Thätigkeit ist nur zu ermöglichen durch die grossherzige Unterstützung der städtischen Behörden, welche nicht nur für drei der Horte geeignete Räume in Schulhäusern, sowie Beleuchtung und Heizung kostenfrei gewähren, sondern auch einen jährlichen baren Zuschuss von 4500 Mk. bewilligt haben. Die jährlichen Mitgliederbeiträge des Vereins „Knabenhort" erreichen ungefähr die Höhe von 1200 Mk., ausserdem fliessen den Anstalten, besonders bei Veranstaltung von Festlichkeiten, ansehnliche Geschenke zu.

Jeden Nachmittag, mit Ausnahme des Sonntags, versammeln sich die Knaben in ihrem Hort, jeder erhält zunächst einen Becher Milch nebst Brötchen, gänzlich unbemittelten Knaben wird in den Wintermonaten auch ein warmes Mittagsbrot aus der Volksküche gereicht.

Wenn die Knaben unter Aufsicht des Hortleiters die Schularbeiten beendet haben, entwickelt sich im Hort ein frohes munteres Treiben, das, ohne schulmeisterlich eingeengt zu sein, doch vom Leiter geordnet und geregelt wird.

In der geeigneten Jahreszeit beschäftigen sich die Knaben vorwiegend mit gärtnerischen Arbeiten, zur rechten Zeit tritt auch durch gemeinsames Spiel auf dem Schulhofe, durch Spaziergänge, durch Baden u. a. ein angemessener Wechsel ein. Auch im Winter fehlt es an gesunder Bewegung im Freien nicht, jedoch wird dann der grösste Teil der Zeit auf Handfertigkeitsarbeiten verwandt, die je nach Alter, Körperkraft, Neigung und Geschick der Zöglinge in Buchbinder-, Hobelbank- und Schnitzarbeiten bestehen.

Die feierlichen Veranstaltungen des Stiftungs- und des Weihnachtsfestes sind notwendige und willkommene Ruhepunkte im Alltags- und Arbeitsleben der Horte. Die erziehliche Arbeit an den Knaben ist keine vergebliche. Mancher gefährdete, zur Ungebundenheit neigende Knabe ist gefestigt worden, viele sind vor unverschuldeter Verwilderung im Strassenleben bewahrt geblieben. Betragen, Aufmerksamkeit und Leistungen der Zöglinge in der Schule haben sich ersichtlich gebessert, alle haben sich an ein höfliches und freundliches Benehmen unter sich und Erwachsenen gegenüber gewöhnt, und in allen ist durch die jahrelange Gewöhnung an eine den Kräften ent-

sprechende Thätigkeit, Lust und Liebe zur Arbeit geweckt und ge-
nährt worden. Das ist auch an der Wahl des Berufs bei denjenigen
Zöglingen zu erkennen, welche nach jahrelangem Besuch der Anstalt
als Konfirmanden entlassen wurden; von den 91 bisher Entlassenen
ist ein einziger Laufbursche geworden, die übrigen werden sämmtlich
Handwerker. Der Hort behält seine ehemaligen Zöglinge auch während
ihrer Lehrzeit im Auge, und es kann mit freudiger Genugthuung gesagt werden, dass von den Entlassenen bis jetzt keiner verloren gegangen. Die Lehrlinge halten selbst gern die Beziehungen zu den
Horten dadurch aufrecht, dass sie, wenn es ihre Zeit erlaubt,
vorübergehend im Hort vorsprechen und in ziemlicher Anzahl an den
Festen teilnehmen. Zur Förderung und Befestigung des offenbar aus
Dankbarkeit entspringenden Gefühls der Zugehörigkeit hat seit einem
Jahre der Vorstand einen Lehrlingshort eingerichtet, in welchem
sich jeden Sonntag Nachmittag die jungen Leute versammeln, um unter
Leitung eines Lehrers durch Lektüre, Vorträge, Unterhaltung und an-
gemessene Spiele drei bis vier Stunden angenehm und nützlich zu
verbringen; bei schönem Wetter unternehmen sie gemeinsame Spaziergänge und erhalten eine kleine Erfrischung.

Durch das Halten zum Horte bleiben die jungen Leute vor
mancher Versuchung bewahrt, sodass das Samenkorn, welches im
Knabenhorte gelegt war, weiter wachsen kann, um dereinst, wenn die
Zöglinge Männer geworden sind, gute Früchte für sie und die Gemeinde
zu tragen.

X

DIE FRANCKE'SCHEN STIFTUNGEN.

VON

D. DR. O. FRICK, DIREKTOR DER FRANCKE'SCHEN STIFTUNGEN.

Eine Schrift, welche ein Bild von dem heutigen Halle zu geben wünscht, kann an den Francke'schen Stiftungen nicht vorübergehen; für unzählige Menschen sind sie es, an welche sie zunächst bei dem Namen Halle erinnert werden. Anderseits kann es sich nach der Bestimmung und nach den Grenzen dieser Festschrift hier nur um eine ganz allgemein gehaltene Skizze handeln, welche an die eigenartige Grösse der Persönlichkeit A. H. Francke's erinnert, den Umfang seiner Entwürfe und Schöpfungen vor Augen führt, die Bedeutung, welche die Francke'schen Stiftungen in der weiteren Entwicklung behielten, zum Bewusstsein bringt und zeigt, was sie auch in dem gegenwärtigen Bestande noch jetzt für die Stadt Halle und darüber hinaus bedeuten.

1. Der äussere Lebensgang Aug. Hermann Francke's. A. H. Francke wurde geboren in Lübeck am 22. März 1663 als Sohn eines dortigen Rechtsgelehrten, der später als Hof- und Justizrat in die Dienste des Herzogs Ernst des Frommen von Gotha trat und in dieser Stadt 1670 starb. Er erhielt seine Vorbildung vorwiegend durch Privatunterricht und schliesslich ein Jahr lang auch auf dem Gymnasium in Gotha, von welchem er als ein frühreifes ingenium im Alter von 14 Jahren zu akademischen Studien entlassen wurde. Er vervollständigte seine Bildung zunächst noch zwei Jahre lang durch Privatstudien, besuchte dann die Universitäten Erfurt und Kiel, legte sich in Hamburg unter Leitung des berühmten Orientalisten Esra Edzardi im besonderen noch auf das Studium des Hebräischen, aber auch der modernen Sprachen und schloss in Leipzig seine Universitätsstudien ab. Hier habilitierte er sich darauf als Magister und

gründete sein berühmtes Collegium philobiblicum, welches eine vertiefte Pflege der damals sehr vernachlässigten Auslegung der heiligen Schrift zum Gegenstand hatte und ihm selbst, wie vielen Studierenden zum grössten Segen gereichte. Ein Stipendium setzte ihn in den Stand, die exegetischen Studien in Lüneburg, unter Leitung des berühmten Superintendenten Sandhagen fortzusetzen, und hier findet dann die grosse innere Wandlung statt, die fortan sein ganzes Leben bestimmte: die Erweckung von einer toten Gelehrten-Theologie zu einem lebendigen Glauben und neuen Leben, die persönlichste Erfahrung einer inneren Lebensgemeinschaft mit Gott, dem Herrn, und seinem Heilande Jesu Christo. Lüneburg wird sein Damaskus und seine zweite Geburtsstadt: und wenn etwas von Paulinischem Geist und von der Art Luthers in Francke war, so erklärt es sich aus jener Lebenserfahrung. Sie war wohl durch harte innere Kämpfe vorbereitet, aber als Ereignis ein plötzliches, eine unmittelbare wunderbare Selbstbezeugung und Selbstoffenbarung Gottes an ihn, wie sie aus ähnlichen Erfahrungen vieler gläubiger Menschen aller Bildungsschichten und aller christlichen Zeitalter, vornehmlich aller der Epochen bekannt ist, in welchen das kirchliche Leben sich wirklich innerlich erneut und gekräftigt hat. Diese Erweckung wird nun auch der Schlüssel zum Verständnis der ganzen weiteren Wirksamkeit Francke's, sowie der Eigenart seiner Persönlichkeit.

Auf den Aufenthalt in Lüneburg folgt zunächst ein kürzerer Aufenthalt in Hamburg und Dresden, wo er zu Spener in das Verhältnis innerster Seelengemeinschaft trat. Darauf nahm er in Leipzig die frühere Wirksamkeit, aber nun mit ungleich grösserem und ganz ausserordentlichem Erfolg, wieder auf, wurde, weil er die Vertiefung in die heilige Schrift selbst und das hingebende persönliche Verhältnis zu Gott und Christo zur Hauptforderung machte, der damaligen Orthodoxie einer in Dogmatik erstarrten Theologie und eines an Liebeswerken armen Kirchentums ein Gegenstand grossen Ärgernisses, und von den Vertretern dieser sogenannten Rechtgläubigkeit mit dem Spottnamen eines „Pietisten" belegt, der später einen so ganz anderen Sinn erhielt, nicht als Gegensatz zur strengkirchlichen Rechtgläubigkeit, sondern um diese selbst zu bezeichnen. — Im Jahre 1690 wurde Francke als Diakonus an die aus Luthers Leben bekannte Augustiner-Kirche in Erfurt berufen, muss aber bereits nach 1½ Jahren den Anfeindungen seiner Gegner innerhalb der evangelischen wie der römisch-katholischen Kirche weichen und Erfurt verlassen. Nach kurzem Aufenthalt in Gotha und Berlin (bei Spener) nimmt er dann eine Berufung nach Halle an (Januar 1692), wo er als Geistlicher zuerst an der St. Georgen-Kirche in der damaligen Vorstadt Glaucha, später (zu Anfang des Jahres 1715) an der Ulrichs-Kirche, sowie als Professor an der neu zu errichtenden Universität zuerst für die griechische und hebräische Sprache, sodann seit 1698 für die Theologie bis zu seinem Tode (8. Juni 1727) in rastlosem Schaffen seine grossartige und weltbekannte Wirksamkeit entfaltete. — Eine Gedenktafel bezeichnet jetzt das kleine Haus hart vor dem Eingang zum rechten Seitenhof der Francke'schen Stiftungen, in welchem A. H. Francke in den Jahren 1702—1715 seine, nach unseren jetzigen Verhältnissen, mehr als bescheidene Wohnung hatte.

2. Seine Persönlichkeit[1]. Die Persönlichkeit A. H. Francke's gehört zu den wahrhaft bedeutenden Naturen, welche, je mehr man sich mit ihnen beschäftigt, immer mehr anziehen, deshalb weil sie immer neue Seiten offenbaren, auch immer neue Probleme darbieten in der wunderbaren Vereinigung scheinbar schroffer Gegensätze, endlich immer eigenartiger und zugleich doch auch immer universeller sich darstellen.

Eine fast mystische Gefühlsinnigkeit und daneben eine ungewöhnliche Verstandesschärfe und Klugheit, eine ungeheuchelte Demut und natürliche Schlichtheit und daneben doch ein starkes Vollgefühl seiner Kraft, das den Fernstehenden als Stolz erscheinen konnte; ein fast überschwänglicher Idealismus und daneben die grösste Nüchternheit in praktischen Dingen; ein fortwährendes Sinnen und Weben in den hochfliegendsten, unausführbar erscheinenden Entwürfen und doch die rührendste Fürsorge für die kleinsten Dinge der Alltäglichkeit; „eine ausnehmende Leutseligkeit und beredte Freundlichkeit, welche das Gemüt der Hohen und Niedrigen gar leicht an sich zu ziehen vermochte", und daneben oft eine grosse Rücksichtslosigkeit, ja Schroffheit; ein Mann der grössten „Passivität", wie er selbst zu sagen pflegte, welcher still gesessen habe und nicht einen Schritt weiter gethan, als er den Finger Gottes vor sich gehabt, und daneben doch auch der äussersten Entschiedenheit, Energie und Thatkraft; ein Mann strenger Askese, ja fast der Weltflucht, wenn er täglich für sich und von andern einige Stunden zur Versenkung in das Gebet verlangte und dem geselligen Leben abgestorben zu sein schien, und daneben doch ein Mann im Brennpunkt des ausgedehntesten Menschenverkehrs und der vielseitigsten Menschen- und Weltkenntnis; ganz ein Mann

---

1 Die folgende Charakteristik zum Teil wörtlich nach einem früheren Aufsatz von mir in der kirchlichen Monatsschrift von Pfeiffer und Geep. Magdeburg. Jahrgang V. S. 533 ff.

Gottes und doch ein Mann der Welt im erlaubten Sinne; durch und
durch ein Theologe und gar sehr auch ein Geschäftsmann, ja Gründer im grossen Stil; ein Mann der Wissenschaft so gut, wie irgend
einer der damaligen Zeit, und dem alles Wissen doch nur stand im
Dienst des Glaubens und des sittlichen Lebens; ein Universitätspro-
fessor und daneben ein Armenschullehrer; eine geborene Herrscher-
natur, ja zu Zeiten selbst herrisch, und doch ganz ein Knecht im
Dienste seines Gottes, wie der Menschheit: den ärmsten und den

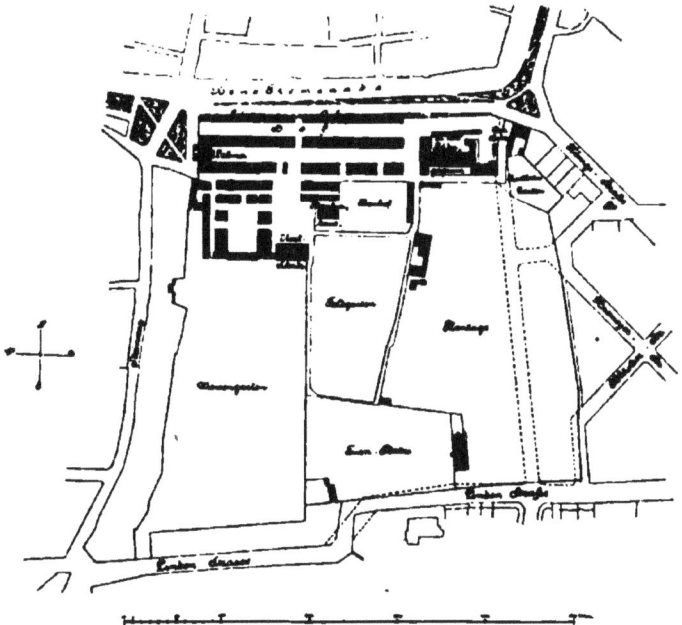

Lageplan der Francke'schen Stiftungen.

Waisenkindern ein Vater: mit gleich warmem, lebendigem, ihn ver-
zehrendem Interesse als Theologe gerichtet auf die Kirche, als
Pädagoge auf die Schule, als Sozialpolitiker auf das soziale
Leben des eignen Volkes, wie der ganzen Menschheit.

Wo liegen nun die Vereinigungspunkte solcher Kontraste, die
Zentra einer so grossen Vielseitigkeit? Darin: dass alle andern Geistes-
richtungen in ihm unterthan wurden dem Willen, dass das Wollen
geheiligt war durch seine Erweckung, dass die Erweckung ihn

alles beziehen liess auf das Reich Gottes. Das Erfahrungsleben,
das er in sich erfahren hatte und fort und fort weiter erfuhr, die über-
schwängliche Fülle der göttlichen Gnade, die seligmachende Kraft
des Glaubens und der Gottesliebe machten ihn nicht nur zu
einem Glaubenshelden, nicht nur so stark im Bekennen, und so gross
in der Liebe, sondern auch so hingegeben in den Dienst der höchsten
Gottesideen und Seiner Reichsgedanken, dass er, selbst ganz von ihnen
beherrscht, selbst ganz stehend unter der Gewalt der göttlichen Wahrheit, sich berufen, verpflichtet, gezwungen fühlt, diese Wahrheit rück-
sichtslos zeugend in die Welt zu rufen um seiner und der Brüder
Seelen Seligkeit willen. Eben hieraus gewinnt er dann auch die felsen-
feste Gewissheit, dass, wer die Kraft des Glaubens gekostet hat, auch
Berge versetzen und das Unmögliche möglich machen könne, und
umspannt nun mit den Gottes-Reichsgedanken die nächste Umgebung,
die Stadt, das ganze Vaterland, die ganze Menschheit, weil der Wahrheit der Sieg werden müsse, wofern nur jeder nach der Gewissheit
seiner Berufung, die er nach dem Masse des Glaubens in sich trägt,
und nach seiner Kraft dazu beitrage, dass das Reich Gottes zu uns
komme. Nun wird missionieren seine Losung, missionieren an
seinem eigenen Herzen, an der studierenden Jugend, an der Gemeinde, dem ganzen Volke, der ganzen Christenheit; innere Mission
und äussere, und in der inneren wiederum nicht nur Rettung der
Seelen, sondern Linderung auch der leiblichen Not, und das nicht
nur im allgemeinen in den sozialen Zuständen, sondern auch der wirklich leiblichen im besonderen — ich erinnere an die Medikamenten-
anstalt und die Apotheke — äussere Mission, nicht nur an
den Heiden, sondern auch an den Griechen, Juden und Türken alles
das aber durch das Wort Gottes, seine Verbreitung durch Pre-
digt und Schrift, durch den Buchhandel und vor allem durch
die Bibelanstalt. So erscheint die Persönlichkeit A. H. Francke's,
sein ganzer Charakter, sein gesamtes Dichten und Sinnen, Planen und
Wirken, Lehren und Organisieren, trotz jener oben aufgedeckten schein-
baren Widersprüche, durchaus als aus einem Guss.

3. Die Schöpfungen A. H. Francke's, zugleich mit
einem Blick auf die nachfolgenden Veränderungen. Die
äusseren Mittel zur Herstellung und Erhaltung seiner Schöpfungen
gewann A. H. Francke durch freiwillige Gaben frommer und teilneh-
mender Menschen, durch die Unterstützung der Könige Friedrich I.
und Friedrich Wilhelm I., von welchen besonders der Letztere seine
Huld dem Stifter zuwandte, endlich aus den Erträgen der erwerbenden Institute. Seit jenen 7 Gulden, die Francke im Anfang des Jahres

Die Francke'schen Stiftungen. (Hauptansicht.)

1695 als ein Geschenk der Frau Knorr in der Armenbüchse seiner
Wohnstube fand, und mit welchen er Ostern 1695 seine Armenschule
anfing[1]), gingen ihm freiwillige Gaben in kleinen und grossen Be-
trägen zu, bald reichlich fliessend, bald als Zeugnis wunderbarer Ge-
betserhörung in grossen Nöten, aus der Nähe, wie aus der Ferne
über Deutschland, ja über Europa hinaus. Die königlichen Gönner
gaben Privilegien und Gnadengeschenke an Geld oder auch an Naturalien und Baumaterialien. Die für die bemittelten Zöglinge gegründeten Erziehungsanstalten und Schulen, wie z. B. das Pädagogium,
mussten die Waisenanstalt und Armenschule mit ihren Überschüssen
an Schul- und Pensionsgeld stützen. Die erwerbenden Institute: die
Buchdruckerei, die Buchhandlung, vor allem die Apotheke
und Medikamentenanstalt[2]) dienten dazu, die Anlage und Vermehrung eines Kapitalvermögens zu sichern. Als ein Gründer im
edelsten Sinne des Wortes und als ein ausserordentlich kluger und
geschickter Geschäftsmann verstand es Francke auch, sowohl durch
Erwerbung, wie durch vorteilhaften Austausch oder auch durch
Wiederentäusserung von Grund und Boden in der nächsten und
weiteren Umgebung, von Häusern und Baulichkeiten den Grundbesitz
und das Areal der Stiftungen unausgesetzt zu erweitern. Er führte
sodann allmählich alle die Bauten auf, welche einer kleinen Stadt-
anlage gleichend, um den grossen Haupthof (Vorderhof) herumliegen,
mit Ausnahme des östlichen Teiles der jetzigen Bibelanstalt, die erst
nach dem Tode des Stifters (1727) begonnen wurde, und des Gebäudes
der Hauptexpedition, das 1747 errichtet wurde. Wenn nun auch
durch häufige Ausbesserungen vieles erneuert und im Innern verändert
wurde, so zeigt doch der grosse Vorderhof im grossen und ganzen
noch heute das Ansehen, welches er schon bei A. H. Francke's
Tode hatte.

Es sind seitdem von grösseren Neubauten hinzugekommen:
ein massives Magazin für den Verlag der Buchhandlung (1744), das
zwischen dem Feld- und Waisengarten gelegene grosse massive Real-
schulgebäude (vollendet 1857), die neue Apotheke an der König-
strasse (vollendet 1869), die grosse zusammenhängende Reihe von
Gebäuden, die den Hinterhof nach der Promenade abgrenzen, sich
über dem ehemaligen Zwinger (Stadtgraben) erheben und die Abort-

1) Francke's Wort: „Das ist ein ehrlich Kapital, davor muss man etwas
Rechtes stiften; ich will eine Armenschule anfangen".

2) Diese lieferte dem Waisenhause eine lange Reihe von Jahren hindurch die
allerbedeutendsten Geldüberschüsse ab, im Jahre 1761 bis zur Höhe von 36100 Thlrn.

anlagen (mit Heidelberger Tonnensystem) sowie Gelasse für Feuerungsmaterial und Geräte enthalten (vollendet im Jahre 1889), endlich
eine neue grosse Turnhalle (vollendet im Jahre 1891). Ein Neubau
für die höhere Mädchenschule ist in Vorbereitung. Die Nachfolger Francke's haben sich auch ihrerseits die Anlegung des Vermögens der Stiftungen in Grund und Boden angelegen sein lassen.
So kamen hinzu ausser verschiedenen Ackerplänen in der Stadtflur
von Halle und im Saalkreise (gegenwärtig ca. 200 Morgen) das Rittergut Canena bei Halle von ca. 800 Morgen (1729), beide Rittergüter
zu Reideburg nahe bei Canena, ca. 1200 Morgen (1735), das
Rittergut Berga am Kyffhäuser, ca. 400 Morgen (1745), das Freigut
Stichelsdorf bei Reideburg, ca. 370 Morgen (1890). — Anderseits
haben die zahlreichen Bahnanlagen und die Erweiterung der Stadt
zu mannigfachen Veräusserungen von Plänen und Baustellen geführt
und auch weiterhin wird dieser Wechsel von Zuwachs und Minderung des Grund und Bodens nicht vermieden werden können. Dem
Wunsche der Stadtgemeinde Halle indessen, den grössten Teil des
die Stiftungen unmittelbar umgebenden Areals der Bebauung und Erweiterung der südlichen neuen Stadtteile aufzuschliessen, kann nicht
willfahrt werden. Denn die Francke'schen Stiftungen haben mit der
Zukunft zu rechnen. Wenn einmal ein völliger Neubau der gegenwärtigen, nach heutigen Begriffen vielfach sehr mangelhaften und ab-
genutzten Gebäude unerlässlich sein wird, dann wird ein solcher
Neubau gleichzeitig mit der Benutzung der gegenwärtig vorhandenen
und ganz allmählich erfolgen müssen, also auf dem jetzt noch freien
Gelände. Die künftigen Anlagen werden schwerlich im Stil der jetzigen
grossen Kasernenbauten gehalten werden, sondern ein Gruppensystem
einzeln liegender, von Gärten und freien Plätzen umgebener Gebäude
darstellen; für eine solche Ausdehnung aber wird das gegenwärtige
Gartenareal der Stiftungen durchaus nötig sein, und nur an den Rän-
dern ihres Gesamt-Bezirkes werden Strassenanlagen zu gestatten sein,
wenn nicht die Lebensinteressen der Stiftungen und ihre Entwickelung
für die Zukunft ernstlich gefährdet werden sollen. — Das Areal der
Stiftungen innerhalb der Ringmauern beträgt ca. 72 Morgen, darunter
ca. 50 Morgen unbebaute und ca. 22 Morgen bebaute Fläche. — Um
einen Begriff von dem Umfang der finanziellen Verwaltung der Stiftungen in ihrem gegenwärtigen Zustande zu geben, bemerken wir hier
nur, dass der jährliche Umsatz der gesamten Francke'schen Stiftungen
sich in Einnahme und Ausgabe auf ca. eine Million Mark beläuft.
Die Finanzverwaltung selbst wird unter allgemeiner Aufsicht des
Königl. Provinzial-Schul-Kollegiums, sowie der Königl. Ober-Rech-

nungskammer und unter spezieller Aufsicht eines Syndikus als Kassen-
kurators von sieben Rendanten geführt, denen 20 Etats der verschiedenen Anstalten, Schulen, erwerbenden Institute u. s. w. zur Richt-
schnur dienen. Aber die vielfach verbreitete Vorstellung, dass die
Francke'schen Stiftungen reich seien, ist eine sehr irrige. Sie wird
am besten durch den Hinweis widerlegt, dass sie aus eigenen Mitteln
ohne Zuschüsse von seiten des Staates in ihrem gegenwärtigen Bestande sich nicht würden erhalten können, der Staat aber niemals da
einen Zuschuss gewährt, wo die eigenen Mittel nur einigermassen
ausreichend befunden werden.

Den Umfang und die Art der verschiedenen Anstalten
der Francke'schen Stiftungen möge die nachfolgende Übersicht deut-
lich machen, welche den bei A. H. Francke's Tod vorhandenen Bestand zur Grundlage nimmt, zugleich aber die Veränderungen, den
Ab- und Zugang, andeutet und von ihrer Bedeutung und Wirksamkeit durch die beigesetzten Ziffern eine Vorstellung zu geben wünscht.

I. Unterrichts-Anstalten.

A. Bestand bei dem Tode A. H. Francke's.

	jetzt:	Frequenz seit dem Bestehen:
1. Die Freischule für Knaben Gegründet 1695.	101	ca. 9550
2. Die Freischule für Mädchen . .	112	ca. 9750
Gegründet 1695.		
3. Die Bürger-Knaben-Schule Gegründet 1695.	418	ca. 23500
4. Die Bürger-Mädchen-Schule . . . 401		ca. 16200
Gegründet 1695.		
5. Das Königliche Pädagogium[1) Gegründet 1696.	—	4399
6. Die Lateinische Hauptschule . . .	655	24372
Gegründet 1697.		
7. Das Gynaeceum[2) . Gegründet 1698.	—	unbekannt

Im Ganzen: 1687 87741.

----

1) Eingegangen als selbständiges Gymnasium Ostern 1873; in gewissem Sinne
wieder erneuert durch die in den alten Räumen des Königlichen Pädagogiums befindlichen Parallel-Klassen der Lat. Hauptschule, welche ein vollständiges Doppel-System
von Oster- und Michaelis-Coeten (Doppel-Gymnasium) darstellt; im Übrigen vergl.
zu II B.

2) Eingegangen 1740; wiedererstanden in der jetzigen höheren Mädchenschule,
siehe B. Nr. 1.

B. Zugang in späterer Zeit.

1. Die höhere Mädchenschule.	254	3029
Gegründet 1835.		
2. Das Real-Gymnasium.	248	7063
Gegründet 1835.		
3. Die Vorschule, zur Vorbereitung für die höheren Schulen	141	ca. 2050
Gegründet 1845.		
4. Die neue Bürger-Knaben-Schule . .	60	60
Gegründet Ostern 1890.		
5. Die Lateinlose höhere Bürgerschule (Realschule).	50	50
Gegründet Ostern 1891.		
Gesamtzahl:	753	12252.

II. Erziehungs-Anstalten.

A. Bestand bei dem Tode A. H. Francke's.

	Frequenz	
	jetzt:	seit dem Bestehen:
1. Die Waisen-Anstalt für Knaben . . .	115	5497
Gegründet 1695.		
2. Die Waisen-Anstalt für Mädchen	16	1441
Gegründet 1695.		
3. Die Pensions-Anstalt (Alumnat mit Benefizien für Zöglinge der Lat. Hauptschule, des Real-Gymnasiums und der lateinlosen Real-Schule)	236	ca. 10500
Gegründet 1697.		

B. Zugang in späterer Zeit.

Alumnat des Königlichen Pädagogiums	40	374
Erneuert 1870.		(seit 1870).

III. Lehrer-Bildungs-Anstalten.

A. Bestand bei dem Tode A. H. Francke's.

1. Das Seminarium praeceptorum	10	71
Gegründet 1696; eingegangen um 1785, erneuert 1881.		(seit 1881).

B. Zugang in späterer Zeit.

1. Die Präparanden-Anstalt . . . . . . —   —
   Von 1839—1853.
2. Die Lehrerinnen-Bildungs-Anstalt .   34   2,0
   Gegründet 1870.

IV. Die erwerbenden Anstalten

(sämtlich bereits von A. H. Francke gegründet).

1. Die Buchhandlung des Waisenhauses.
   Gegründet 1698.
2. Die Buchdruckerei des Waisenhauses.
   Gegründet 1701.
3. Die Waisenhaus-Apotheke u. Medikamenten-Expedition.
   Gegründet 1698.
4. Die Seidenbau-Anstalt.
   Von 1744—1802.
5. Die Cröllwitzer Papiermühle.   } Eingegangen.
   Von 1725—1764.

V. Sonstige mit den Stiftungen verbundene Anstalten.

A. Bestand bei dem Tode A. H. Francke's.

1. Das collegium orientale theologicum.
   (Zur wissenschaftlichen und praktischen Heran-
   bildung von Geistlichen und Religionslehrern.)
   1702 bis ca. 1720.
2. Die von Canstein'sche Bibel-Anstalt.
   Gegründet 1710.
   Stamm-Kapital . . . . 150000 Mk.
   Anzahl der durch dieselbe bisher verbreiteten
   Bibeln und heiligen Schriften in deutscher, pol-
   nischer und littauischer Sprache . . . . . 6500000 Mk.
3. Die Ostindische Missions-Anstalt.
   (Unterstützt die Leipziger Ev.-luth. Mission in
   Ostindien, die Gossner'sche Mission unter den
   Kolhs, die Mission der Brüder-Gemeinde im
   Himalaya, die Mission in China.)
   Gegründet 1705.
   Stiftungs-Vermögen . . .   262300 Mk.

4. Freitische.   Hospiz.   Witwenhaus.
   1696.   1697.   1698.
        Frauenzimmer-Stift (Siechenhaus).
                     1704.

B. Zugang in späterer Zeit.

1. Institut zur Bekehrung der Juden und Muhamedaner.
        Gegründet 1728 von Dr. Joh. H. Callenberg.
2. Die Streit'sche Stiftung.
        (Zur Unterstützung der evangelischen Gemeinden
        in Pensylvanien und Nordamerika.)
        Gegründet 1744.
        Stiftungs-Vermögen . . .   .   30000 Mk.

Zu diesen Schöpfungen A. H. Francke's[1]) tritt nun noch eine
Reihe von Entwürfen hinzu, welche unausgeführt blieben:

1. Der Entwurf zu einem Seminarium ministerii ecclesiastici, einer
Pflegschule für künftige Diener der Kirche und zur Heranbildung von
Religionslehrern.

2. Der Entwurf zu einem Seminarium elegantioris litteraturae,
d. h. zu einem eigentlich philologischen Seminar. (Beide Entwürfe
fallen in das Jahr 1714.)

3. Ein Entwurf aus dem Jahre 1704 betr. die Organisation und
Verfassung der Kirche und die Hebung des kirchlichen Lebens durch
eine Art Generalkommission, d. h. Generalvisitation der Zustände in
Kirche, Schule und im sozialen Leben.

4. Der Entwurf eines Seminarium universale vel nationum. Es
war der weitgehendste, von ihm deshalb behutsam behandelte und
niemals veröffentlichte Plan einer „Universaleinrichtung zum allgemeinen Nutzen der ganzen Christenheit, ja der ganzen Welt". Es
sollten darin „Kinder aus verschiedenen und entlegenen Nationen erzogen, wie auch die Sprachen von verschiedenen fremden Nationen
kultiviert und endlich Leute für fremde, bisher ungläubige Nationen
präpariert werden".

Die Auffassung seiner verschiedenen Anstalten als ebenso vieler
Seminaria christlichen Glaubens, christlicher Wissenschaft und christlichen Lebens mit dem Zwecke: Erneuerung
des Volkslebens auf dem Grunde einer aus lebendiger

---

1) Eine gute Übersicht über die Zahl und Art der verschiedenen Anstalten und
ihre Entstehung in chronologischer Folge giebt der inschriftliche Schmuck des im Jahre
1882 neu wiederhergestellten grossen Versammlungs-Saales.

christlicher Erkenntnis wiedergeborenen Bildung kehrt in allen Schriften A. H. Francke's wieder; so schliessen sich ihm die verschiedenen Einzelseminarien zu einer Universalanstalt zur Lösung der sozialen Frage im christlichen Sinne organisch zusammen. Und wenn auch vieles besonders von den zuletzt genannten Entwürfen sehr hochfliegend, ja phantastisch aussieht, auch niemals verwirklicht werden konnte, so wird doch immer die Grossartigkeit der Ideen und des ganzen organischen Gefüges von Anstalten und Veranstaltungen zur Bewunderung nötigen und den Stifter als eine wahrhaft geniale, schöpferische Natur erkennen lassen.

Dieses Schöpferische seiner Wirksamkeit wird bezeugt nicht nur durch die wirklich von ihm geschaffenen und sein Leben bis heute oder doch geraume Zeit überdauernden Schöpfungen, sondern auch dadurch, dass A. H. Francke's Entwürfe und Ideen Anfang oder Anstoss zu einer Reihe grosser Unternehmungen und Schöpfungen geworden sind, die unter den nachfolgenden Geschlechtern, z. T. erst der Gegenwart, in Schule, Kirche, Staat und in dem sozialen Leben nach und nach entstanden sind, und dass jene Gedanken Francke's damit eine allgemeine, ja universale Bedeutung gewonnen haben. Denn immer ist es das Zeichen wahrhaft grosser Naturen, dass ihre Wahrheitsgedanken, auch wenn die Urheber längst dahin gesunken sind, fortzeugen und wenn auch auf Zeiten verdunkelt, immer von neuem wieder an das Licht hervorbrechen, mit ihrem Leben neues Leben weckend, und zwar ein um so reicheres und nachhaltigeres, je mehr die Wahrheitsgedanken mit Ewigkeitsgedanken getränkt waren, und je mehr sie in diejenigen Tiefen des Volkstums hinabreichten, welche sich mit den ewigen Tiefen des Gottesreiches berühren. So ist A. H. Francke der Vater der neueren äusseren und inneren Mission innerhalb der evangelischen Kirche geworden. Die Missionare B. Ziegenbalg und H. Plütschow, deren Aussendung von epochemachender Bedeutung für die gesamte neuere Missionsgeschichte geworden ist, können als Francke's geistliche Söhne gelten; der eigentliche Träger des ersten grösseren Missionswerkes war A. H. Francke, der eigentliche Mittelpunkt der deutschen Mission in Traskebar das Waisenhaus in Halle. Von den vielseitigen Schöpfungen der inneren Mission, welche Wichern als der zweite Vater der inneren Mission zur Minderung der sozialen Notstände in neuster Zeit ins Leben rief oder anregte, findet man die ersten Anfänge schon bei Francke: Armenpflege, Waisenerziehung, Diakonie im allgemeinen, ein Rettungshaus, Volksküche (Freitisch[1]), Witwenhaus, Siechenhaus, Herberge zur Heimat (Hospiz) im besonderen. Die mit Canstein gemeinsam gegründete Bibelanstalt hatte keine organisierte Bibelgesellschaft hinter sich; aber sie hat den ersten Anstoss zu den späteren Bibelgesellschaften gegeben. Das grosse Werk der Bibelrevision, welches die Canstein'sche Bibelanstalt seit dem Jahre 1858 in Angriff genommen hat, und das sich jetzt dem Abschluss naht, geht auf A. H. Francke zurück; denn er hat dieselbe thatsächlich in seinen Observationes biblicae[2] begonnen, und wenn er auch das Werk unter den Anfeindungen seiner theologischen Berufsgenossen, denen die lutherische Bibelübersetzung als unfehlbar galt, aufgeben musste, so ist doch sein Gedanke fortzeugend geblieben und sein Werk 200 Jahre später wieder aufgenommen worden. — A. H. Francke galt sodann nicht nur mit Recht als einer der bedeutendsten Pädagogen der neueren Zeit, sondern er hat auch im besonderen zur Behandlung vieler Punkte und Fragen die erste Anregung gegeben, welche zeitweilig vergessen oder verdunkelt, gerade in der neuesten Zeit wiederum die Schulwelt, die Elternkreise und den Staat als höchste Schulaufsichtsbehörde auf das lebhafteste bewegen. Die Forderung eines erziehenden Unterrichts vornehmlich zur Bildung des Willens, die ausgiebigere Berücksichtigung der Realien in den höheren Schulen, der Handfertigkeitsunterricht — alles das findet sich bereits in den pädagogischen und didaktischen Einrichtungen oder doch unter den Forderungen A. H. Francke's. Die beiden Gedanken aber, deren Durchführung ihm am meisten am Herzen lag: die allgemeine Schulgeldbefreiung für die Kinder mittelloser Familien und eine ausreichende Fürsorge für eine bessere praktische Ausbildung der Lehrer durch Errichtung von pädagogischen Seminaren, sind in neuester Zeit Staatsgedanken und zwar nicht nur innerhalb der Grenzen des preussischen Staates geworden.

Ähnlich verhält es sich mit seinen Bemühungen auf dem Gebiet der Kirche, nur dass hier dasjenige, was über das unmittelbare Wirken für den inneren Ausbau des Reiches Gottes hinausging, den kirchlichen Anschauungen und Zuständen seiner Zeit vorauseilte, dass

---

1) Im Jahre 1744 beköstigte die grosse Küche 778 Schüler und arme Studiosen.

2) Observationes biblicae oder Anmerkungen über einige Örter der H. Schrift, darinnen die Teutsche Übersetzung des sel. Lutheri gegen den Original-Text gehalten und bescheidentlich gezeigt wird, wo man dem eigentlichen Wortverstande näher kommen könne. Halle, 1695 ff.

es Entwurf bleiben musste, oder sich auf — vergebliche — Anregungen in seinem Kreise und an den höchsten Verwaltungsstellen beschränkte. Dahin gehören ausser dem oben erwähnten Plan betr. die Errichtung eines Predigerseminars zur besseren Ausbildung der Geistlichen, wie sie jetzt allgemein und immer dringender gefordert wird, diejenigen Forderungen, welche die Grund und Hintergedanken des oben S. 331 unter Nr. 3 genannten Projektes bilden: 1. eine ständige General-Kirchenvisitations-Kommission, aber mehr als diese, mit der Ausdehnung nicht nur auf Kirche und Schule, sondern auch auf das soziale Leben; 2. eine Art Staatsrat mit etwas von einem Volkswirtschaftsrat; 3. die Zentralstelle eines Oberkirchenrates oder eines höchsten Kirchenkollegiums zur Vertretung der kirchlichen Interessen des ganzen Landes[1]).

Persönlichkeiten, wie A. H. Francke, sind ausserordentliche Naturen, erscheinen nur in ausserordentlichen Zeiten, und was sie schaffen, bleibt etwas aussergewöhnliches. Die Epigonen und Nachfolger haben dann nur die Aufgabe, das übernommene Erbe an Schöpfungen so zu hüten, dass die im Keim liegende Kraft fruchtbarer, schöpferischer Ideen erhalten bleibt, auch wenn der Wandel der Zeit dazu nötigt, eine oder die andere der Veranstaltungen selbst aufzugeben, wie das bereits A. H. Francke bei seinen Lebzeiten zu thun gezwungen war. So hat auch weiterhin im Laufe der Zeit das eine oder das andere Glied der Anstalten seinen Namen verändert, ist abgestorben oder hat neuen Bildungen Platz machen müssen und so wird es auch in Zukunft sein. Nur das organische Gefüge der Gesamtheit der Stiftungen wird ihrer Bestimmung und Geschichte entsprechend erhalten werden müssen, dass sie auch weiterhin einen wenn im einzelnen auch anders gestalteten Organismus von Schul- und Erziehungs-Anstalten darstellen, als einen Hauptteil des grösseren Organismus von Veranstaltungen, welche in ihrer Gesamtheit dem Reiche Gottes und durch die Kräfte desselben der Erneuerung unseres Volkslebens in dem oben S. 331 bezeichneten Sinne dienen sollen. Dessen sind die zur Leitung der Stiftungen berufenen Nachfolger A. H. Francke's sich jederzeit bewusst gewesen, auch wenn die Auffassung dieser Aufgaben je nach den wechselnden Strömungen im religiösen und kirchlichen Leben eine verschiedene sein konnte, und auch wenn die einzelnen Direktoren einzelnen der Gedanken A. H. Francke's im besonderen nachzugehen.

------

[1]) Mitteilungen aus dem Archiv der Francke'schen Stiftungen in der kirchlichen Monatsschrift von Pfeiffer und Jeep. V. Jahrgang. S. 548.

einzelne Zweige des Gesamtorganismus im besonderen zu pflegen sich
berufen fühlten. So nahm sich der Sohn Francke's, Gotthilf August
Francke (1727—1764) mit besonderer Teilnahme der verlassenen
evangelischen Gemeinden in der Fremde (Diaspora) an; er veranlasste die Aussendung H. M. Mühlenberg's nach Pennsylvanien,
welchen die evangelisch-lutherische Gemeinde Nord-Amerikas als einen
ihrer geistlichen Väter verehrt, vgl. oben S. 331 [1]). So hat der Direktor
Dr. J. L. Schulze (1785—1799) der äusseren Mission in Ostindien seine besondere Fürsorge zugewendet. A. H. Niemeyer (1799
bis 1828) hat als der angesehenste Pädagoge in dem damaligen Deutschland die Pflege der Schulen und die Fortbildung der Didaktik
zu einer Hauptaufgabe gemacht, und der Direktor D. Kramer (1833
bis 78) war es, welcher die Bibelrevision wieder aufnahm. In der
jüngsten Zeit haben die Francke'schen Stiftungen unter der Leitung des
Verfassers dieses Berichtes als eine besondere Aufgabe die Bibelrevision, welche ursprünglich nur auf das neue Testament beschränkt
werden sollte, von neuem aufgenommen, die Ausdehnung derselben
auf das alte Testament veranlasst und die Drucklegung des ganzen
Werkes als eine Ehrenaufgabe der von Canstein'schen Bibelanstalt
angesehen [2]). Mit der Ausgabe der revidierten Bibel wird aber auch
die technische Herstellung der Bibeln unserer Canstein'schen Bibelanstalt eine wesentliche Vervollkommnung erfahren. Wir haben sodann vornehmlich die Lehrerbildungsfrage und durch Lösung
derselben die Hebung und rationelle Pflege der unterrichtlichen Arbeit zu einem Gegenstand besonderer Aufmerksamkeit und
Fürsorge gemacht. Das alte Seminarium praeceptorum A. H.
Francke's wurde im Jahre 1881 erneuert (siehe oben die Zusammenstellung S. 329). Die Francke'schen Stiftungen, welche zu allen Zeiten
unwillkürlich und mittelbar ein grosses Seminarium praeceptorum dadurch gewesen sind, dass in ihren Anstalten eine grosse Zahl von
Lehrern die ersten unterrichtlichen Anfänge machte, sollte nunmehr
diese Aufgabe direkt und planmässig erfüllen, und die durch ihre
Schulen den Durchgang nehmenden Lehrer mit grösserer Klarheit
über die Aufgaben ihres Berufes und ihrer didaktischen Arbeit und

---

1) Vgl. Heinr. Melchior Mühlenberg, Patriarch der lutherischen Kirche
Nord-Amerikas. Selbstbiographie aus dem Missions-Archiv der Francke'schen Stiftungen
zu Halle mit Zusätzen und Erläuterungen von Lic. Dr. W. Germann Allentown.
Halle a/S. 1881.

2) Die Ergebnisse der Arbeit erschienen zunächst in der sogenannten „Probe-
Bibel" 1883. Die darnach von neuem „revidierte Bibel" wird in diesem Jahre
erscheinen.

mit grösserem Geschick dazu ausrüsten. Diese Bemühungen haben, weil hier die Forderungen der Zeit sich mit den alten schöpferischen Gedanken A. H. Francke's begegneten, einen erfreulichen Erfolg gehabt: wesentlich nach dem Vorbilde der hier versuchten seminaristischen Anfänge sind nunmehr die staatlichen Veranstaltungen für eine ausreichendere praktische Ausbildung der Lehrer an höheren Schulen getroffen worden. Und wie diese Aufgabe bei uns dazu nötigte, allen einzelnen Fragen der Didaktik ernster und gründlicher als bisher nahe zu treten, auch für diese Arbeit ein besonderes literarisches Organ zu schaffen[1]), so hat beides wiederum eine weitreichende Anregung zur Pflege einer rationellen Didaktik in den höheren Schulen gegeben, sodass die Schulwelt nicht nur des Inlandes, sondern auch des Auslandes den Schulen der Francke'schen Stiftungen jetzt eine besondere Aufmerksamkeit schenkt. Wie nun dadurch die Francke'schen Stiftungen in mancher Beziehung zu einer besonderen Pflegestätte von Reformgedanken geworden sind, so weit diese der inneren Arbeit der Schule gelten, so haben die im Zusammenhang damit stehenden äusseren Umgestaltungen der Schulgattungen zu neuen Bildungen auch in den Francke'schen Stiftungen genötigt. Die Armenschule (Freischule) konnte aufgegeben werden, seitdem der Gedanke A. H. Francke's zum Staatsgedanken geworden war und jedes mittellose Kind auch in den städtischen Schulen freien Unterricht empfangen kann. Sie musste aufgegeben werden, weil das Missverhältnis zwischen unseren Einnahmen, die sich gleich blieben, und den Ausgaben, die Jahr für Jahr wachsen und in nächster Zeit durch Aufbesserung der Lehrerbesoldungen in ungewöhnlicher Weise steigen werden, uns zwingt, den Kreis unserer Schulanstalten enger zu ziehen, so weit die beiden Hauptaufgaben es gestatten: 1. dass die Schulen unter sich ein organisches System von Schulgattungen darstellen und dadurch dem ganzen Schulorganismus der Francke'schen Stiftungen die Möglichkeit erhalten bleibt, in fruchtbarer Wechselwirkung zu rechtem Gewinn der Einzelglieder die unterrichtliche Arbeit möglichst vielseitig und vollkommen zu treiben, und 2. dass dem Bedürfnis der Waisenanstalten, die den Grundstock und Mittelpunkt der ganzen Schul- und Erziehungsanstalten bilden, durchaus Rechnung getragen ist. Der letztere Gesichtspunkt nötigte dazu, Fürsorge zu treffen, dass denjenigen unserer Waisenhaus-Zöglinge, welche in das praktische Leben übergehen — und

---

1) Lehrproben und Lehrgänge aus der Praxis der Gymnasien und Realschulen. Zur Förderung der Zwecke des erziehenden Unterrichts herausgegeben von D. Dr. O. Frick und H. Meier. Halle a S. (Bis jetzt 28 Hefte.)

diese bilden bei weitem die Mehrzahl — eine vollere geistige Ausrüstung in das Leben mitgegeben werde, als sie von einfachen Bürgerschulen geboten werden kann, und dass sie anderseits früher zum
Abschluss ihrer Schullaufbahn gelangen, als dies bei Vollendung des
Gymnasial- oder Realgymnasial-Kursus der Fall ist. Eine lateinlose höhere Bürgerschule (Realschule) stellte sich mehr und
mehr als ein dringendes Bedürfnis heraus. Diese Erwägungen haben
in jüngster Zeit entsprechend den von der Staatsregierung bei der
neuesten Reorganisation der Schulen eingeschlagenen Wegen dazu
geführt, in den Francke'schen Stiftungen folgendes System von
Elementar-, Mittel- und höheren Schulen zur Ausgestaltung
zu bringen:

1. Eine Elementarschule   2. Mittelschulen
für Knaben.   für Knaben (zwei Parallel-Anstalten)
     und für Mädchen.
3. Eine lateinlose höhere Bürgerschule   4. Ein Gymnasium
(Realschule) mit Ober-Realschule   (Doppel-Anstalt).
als Oberbau.
5. Eine höhere Mädchenschule.

Das Realgymnasium ist darnach zur allmählichen Umwandlung in eine lateinlose Realschule und Oberrealschule bestimmt und damit der Anfang bereits seit Ostern d. J. gemacht worden.

Eine andere Aufgabe der nächsten Zukunft wird die sein, der
Ostindischen Missionsanstalt, welche in den letzten 50 Jahren
mehr und mehr zu einer nur zahlenden, im übrigen aber einfluss-
losen Bankstelle geworden war, wieder eine selbstthätige Mitwirkung
bei der Missionsarbeit zu verschaffen. Es wird ferner zu erwägen
sein, ob nicht, wie abgesehen von den Schul- und Erziehungsanstalten
auch sonst einzelne Glieder der Stiftungen bereits jetzt sich gegenseitig dienen und fördern, z. B. die Buchdruckerei, Buchhandlung und
Bibelanstalt, so weiter auch zwischen anderen Gliedern eine solche
Verbindung hergestellt werden kann, z. B. zwischen der ostindischen
Missionsanstalt und der Medikamenten-Anstalt; vergl. oben
die Übersicht S. 330.

So liegt in dem grossen Organismus der Francke'schen Stiftungen
eine Fülle unausgesetzter Anregung zu neuen Aufgaben auch für die
Zukunft, welche sämtlich in die eine Aufgabe zusammenlaufen:
die in dem Erbe A. H. Francke's liegenden innern Kräfte
auszuwirken. Sie bedürfen dazu einer gewissen Freiheit der Bewegung, welche ihnen durch ihre Privilegien und ihre Verfassung
gewährleistet ist, zuletzt durch das Reglement für die Verwaltung der

Francke'schen Stiftungen vom 13. August 1832. An der Spitze der
gesamten Stiftungen steht ein Direktor, der sich seinen Kondirektor erwählt und noch bei Lebzeiten seinen Nachfolger (in der Regel
den Kondirektor) ernennt, damit die Stetigkeit und Einheitlichkeit der
Überlieferung und Leitung gewahrt werde. Deshalb nimmt der Kondirektor an allen die Stiftungen betreffenden Verhandlungen Teil, und
in diesem Sinne steht an der Spitze desselben ein Direktorium;
aber die alleinige Verantwortlichkeit trägt der Direktor, als dessen
Beauftragter, bez. Stellvertreter der Kondirektor handelt. Das Direktorium ernennt und beruft die Lehrer an den Volksschulen und Mittelschulen völlig selbständig, die Vorsteher der einzelnen Anstalten, die
Lehrer an den höheren Schulen und die sonstigen Beamten so, dass
die Berufung der Genehmigung der Königl. Aufsichtsbehörde, des
Königl. Provinzial-Schul-Kollegiums bez. des Ministers der geistlichen
Angelegenheiten, bedarf. Diese muss auch bei allen wesentlichen
Veränderungen der äusseren und inneren Organisation, des Vermögens
u. s. w. eingeholt werden. Dass den genannten Behörden und in
letzter Stelle der Oberrechnungs-Kammer schliesslich auch die Rechnung zu legen ist, wurde bereits oben S. 327 erwähnt.

Die Stiftungen haben, was sie geworden sind, nicht werden können
ohne die besondere Huld unseres Königshauses, deren sie sich zu
allen Zeiten zu erfreuen gehabt haben. In den oft wiederholten Zusagen besonderen Schutzes, welche ihnen von Preussens Königen seit
Friedrich I. erteilt worden sind, haben sie ein starkes Bollwerk gegen
mancherlei Gefährdung gesehen und gefunden, der auch sie im
Wechsel der Zeiten ausgesetzt waren. Diese Zusagen sind in besonders feierlicher Weise bei wiederholten Anlässen von dem Könige
Friedrich Wilhelm III. ausgesprochen worden, der, wie seine edle
Gemahlin, die Königin Luise, den Stiftungen und ihrem damaligen
Leiter, dem Kanzler A. H. Niemeyer, seine besondere Teilnahme
zuwandte. „Anstalten, wie diese", heisst es in einer Kabinetsordre vom 26. April 1806, „die ein ganzes Jahrhundert hindurch ohne alle Unterstützung von seiten des Staates
demselben Tausende der geschicktesten und besten Diener gebildet und noch mehrere hülflose Waisen ernährt
und zu fleissigen und nützlichen Staatsbürgern erzogen
haben, haben die gegründetsten Ansprüche an den Staat,
die Sorge für die Erhaltung ihrer wohlthätigen Wirksamkeit zu übernehmen. Daher halte ich es für Pflicht, diese
Anstalten nicht nur in ihrer gegenwärtigen Not zu unterstützen, sondern auch für die Zukunft so zu fundieren,

dass sie in ihrer bisherigen ganzen Wirksamkeit immer-
während fortdauern können . . . Es müssen lieber neue
Einrichtungen unterbleiben, ehe man Stiftungen von so
entschiedener, umfassender und bleibender guter Wirksamkeit einschränken oder allmählich versinken lassen
darf." Und Kaiser Wilhelm I. hat unter ausdrücklicher Beziehung
auf diese von seinem königlichen Vater dem Direktor A. H. Niemeyer so gnädig erteilten Zusagen, dieselben dem Verfasser dieses
Berichtes gegenüber in einer diesem im Interesse der Francke'schen
Stiftungen gewährten denkwürdigen Audienz am 27. Oktober 1880 in
huldvollster Weise erneuert.

So können die Francke'schen Stiftungen, da sie sich auch des
höchsten Beistandes göttlicher Gnade getrösten dürfen, deren zu
allen Zeiten noch alle diejenigen inne geworden sind, die im Geiste
A. H. Francke's sein Erbe hüten und ihre Arbeit an demselben als
eine Arbeit am Reiche Gottes auffassen, in gläubiger Zuversicht auch
in die weitere Zukunft blicken.

XI

ARMENWESEN
UND WOHLTHÄTIGKEIT.

VON

JOCHMUS, STADTRAT.

---

1. Organisation der Armenpflege.

Die Einrichtung einer städtischen Armenpflege im eigentlichen
Sinne datiert in unserer Stadt aus dem Anfang dieses Jahrhunderts.
Im Jahre 1818 wurde an Stelle des früheren Almosen-Kollegiums die
Leitung des Armenwesens einer Armendirektion übertragen, welcher
als Organe die Vorsteher der 24 Stadtbezirke und die in den letzteren
auf 88 Quartiere verteilten Armenväter beigegeben waren; und erst
seit dem Jahre 1821 hat die Stadt regelmässig grössere Zuschüsse
aus Kämmereimitteln für die Armenpflege gezahlt, während bis dahin
die erforderlichen Mittel hauptsächlich durch allgemeine Kollekten und
die Erträgnisse milder Stiftungen aufgebracht wurden. Im Jahre 1860
ist dann auch für die hiesige Armenpflege das sogenannte Elberfelder
System eingeführt worden, dessen Grundzüge hier als bekannt vor-
ausgesetzt werden können. Die Stadt wurde in 13 Bezirke eingeteilt
und für jeden dieser Bezirke eine aus dem Vorsitzenden und sechs
bis acht Armenvorstehern bestehende Kommission gebildet; an der
Spitze des Armenwesens blieb die Armendirektion. Nach der im Jahre
1885 erlassenen Armen- und Waisenordnung besteht die Armendirektion
aus zwei Magistratsmitgliedern, zwei Stadtverordneten, den Rektoren der
Volksschulen, einem Geistlichen, dem Vorsitzenden des Frauenvereins
für Waisenpflege, dem Armenarzt und den sämtlichen Vorsitzenden
der Bezirks-Kommissionen; dieselbe hält ihre Sitzungen monatlich
zweimal. Als Organe der Armendirektion fungieren die Armenbezirks-
Kommissionen, deren Sitzungen ebenfalls zweimal im Monat stattfinden. Die Kommissionen haben im wesentlichen selbständig aber

unter Kontrolle der Armendirektion über die Gewährung von Unterstützungen in offener Armenpflege zu beschliessen und haben neben einer sorgsamen und haushälterischen Verwaltung der für die Armenpflege bereiten Gelder die Aufgabe, durch persönliches Nahetreten die Sittlichkeit, Arbeitsamkeit und Wirtschaftlichkeit der ihrer Obhut anvertrauten Armen zu heben. Damit die Kommissionen und die denselben angehörenden Armenpfleger dieser wichtigen Aufgabe genügen können, ist bestimmt, dass dem einzelnen Armenpfleger in der Regel fünf und nicht mehr als zehn Familien unterstellt werden. Bis vor Kurzem zerfiel die Stadt in 17 Armenbezirke mit 154 Armenpflegern, und danach stellt sich die Zahl der dem einzelnen Armenpfleger überwiesenen Armen im Durchschnitt auf sieben Arme. Diese Zahl ist aber entschieden zu hoch, um den Armenpflegern eine so nahe persönliche Beziehung zu ihren Armen zu ermöglichen, wie sie das Elberfelder System verlangt; insbesondere sind bei einer so grossen Anzahl von Armen die regelmässigen Besuche der Armenpfleger in deren Wohnungen nicht mehr durchführbar, und desshalb hat in diesem Jahre eine vollständig neue Einteilung in 23 Armenbezirke stattgefunden, denen im Durchschnitt 10 Armenpfleger angehören, sodass die Zahl der sämtlichen Armenpfleger jetzt 231 beträgt und dem einzelnen Armenpfleger im Durchschnitt nur 4—5 Arme unterstellt sind. Bei dieser Gelegenheit ist auch erreicht worden, dass die begüterten und gelehrten Gesellschaftskreise, welche bisher nur in sehr geringer Anzahl unter den Armenpflegern vertreten waren, sich in grösserem Umfange bei der Armenfürsorge beteiligen, was im Interesse des Ausgleichs der sozialen Gegensätze mit ganz besonderer Freude zu begrüssen ist.

2. Offene Armenpflege.

Wie in anderen Orten, so ist auch in Halle die erfreuliche Wahrnehmung zu machen, dass die Zahl der regelmässigen Almosenempfänger nicht in gleichem Verhältnis mit der Zahl der Einwohner steigt, wie die folgenden Zahlen ergeben:

Jahr	Einwohnerzahl	Empfänger von regelmässigem Almosen	Prozentsatz
1862	42914	907	2,11
1865	46346	830	1,79
1870	50808	957	1,88
1875	59902	726	1,20
1880	67459	934	1,38
1885	81949	1110	1,35
1890	100348	1320	1,31

Desgleichen ist nicht zu verkennen, dass durch die bessere Kontrolle, welche die Einführung des Elberfelder Systems zur Folge hatte, die Zahl der Almosenempfänger, die im Jahre 1852 bei einer Einwohnerzahl von 35076 schon 973 betragen hatte, erheblich herabgemindert ist.

Dagegen zeigt sich in der Höhe der den einzelnen Armen gewährten Geldunterstützungen eine steigende Tendenz entsprechend der fortlaufenden Steigerung der Lebensmittelpreise und der immer nachhaltiger werdenden Fürsorge für die Almosenempfänger. Die gezahlten Geldunterstützungen betrugen im Durchschnitt der Jahre 1875, 1880, 1885 und 1890 für den einzelnen Almosenempfänger 74,80 Mark, 84,09 Mark, 98,56 Mark und 106,17 Mark, während der Kämmereizuschuss zu dem Armenetat sich in diesen vier Jahren auf 1,67 Mark, 1,87 Mark, 1,82 Mark und 1,62 Mark für den Kopf der Bevölkerung stellt und demnach im Verhältnis zur Einwohnerzahl vom Jahre 1880 ab eine geringe Abnahme zeigt. Im allgemeinen sind die Aufwendungen der Stadt Halle für die Armenpflege im Verhältnis zu anderen Städten immer noch nicht hoch zu nennen.

Die in offener Armenpflege zu zahlenden Geldunterstützungen zerfallen in laufende und ausserordentliche, und unter den letzteren bilden eine besonders häufig vorkommende Art die Mietsunterstützungen, durch welche die Armen vor Obdachlosigkeit geschützt werden sollen. An Naturalien werden Kleidungsstücke aus dem Magazin der Armenverwaltung und im Winter Feuerungsmaterial gewährt. Über die offene Krankenpflege hat die Stadt einen Vertrag mit den Universitätskliniken geschlossen, nach welchem diese gegen Zahlung von jährlich 3000 Mark aus der Armenkasse den Armen unentgeltliche ärztliche Behandlung durch 3—4 Ärzte und freie Medizin gewähren.

Einen besonders wichtigen Zweig der offenen Armenpflege bildet die Fürsorge für Kinder, deren Eltern verstorben sind oder die aus sonstigen Gründen ihren Eltern nicht überlassen bleiben können. Von dem Grundsatze ausgehend, dass Erziehung in guten Familien der Anstaltserziehung im allgemeinen vorzuziehen ist, bringt die Armenverwaltung diese Kinder der Regel nach mit Hilfe des Frauenvereins für Armen- und Waisenpflege gegen ein Pflegegeld von monatlich 9—12 Mark in halleschen Familien unter. Die Kinder werden von einer als Gehilfin des Frauenvereins angestellten Dame beaufsichtigt, und im allgemeinen kann man mit den Pflegestellen und den erzielten Erziehungsresultaten zufrieden sein. Da es aber doch mit der Zeit immer schwieriger wird, passende Pflegestellen zu finden, und da für viele Kinder der Einfluss der grossen Stadt nicht vorteilhaft ist, wird

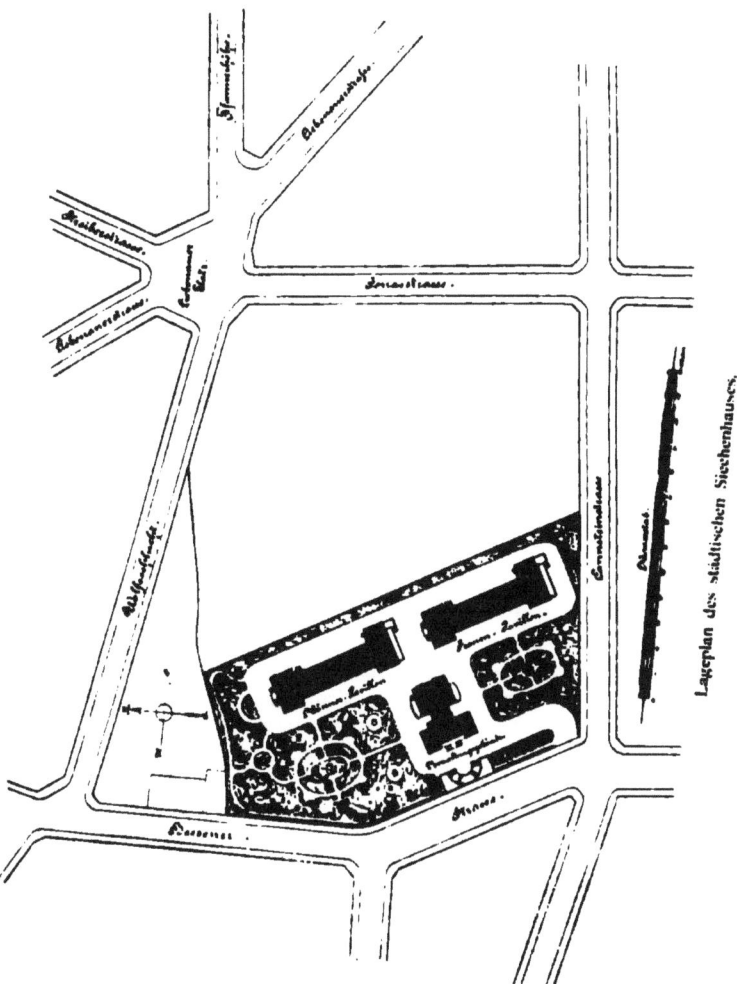

Lageplan des städtischen Siechenhauses.

jetzt damit umgegangen, die Pflegekinder in grösserer Zahl in ländlichen Ortschaften nach Art der Dresdener und Leipziger Kinder-Kolonien unterzubringen.

Zur vorübergehenden Aufnahme von Kindern dient das vorläufig im städtischen Hospital eingerichtete Kinderasyl, welches hoffentlich bald eine Erweiterung erfahren wird, um für gewisse Fälle eine beschränkte Anstalts-Erziehung zu ermöglichen.

3. Geschlossene Armenpflege.

Von dem Bau eines städtischen Krankenhauses hat man bisher absehen können, da die Universitätskliniken durch einen mit der Stadt geschlossenen Vertrag gegen Zahlung von 1,00 Mark pro Tag und Kopf die gesamte Krankenhauspflege der Unterstützungsbedürftigen übernommen haben, wodurch sie sich allein das nötige Krankenmaterial für das wissenschaftliche Studium beschaffen können. Die Kosten für Krankenhauspflege bilden aber trotz dieses im wesentlichen günstigen Abkommens für die Stadt eine von Jahr zu Jahr steigende Last, da der Zuzug auswärtiger Kranker nach den Kliniken ein immer grösserer wird und von auswärtigen Armenverbänden die Krankenhauskosten nur in der tarifmässigen Höhe von 1 Mark pro Tag und Kopf zu erstatten sind. In den Jahren 1888 bis 1890 waren die auf Kosten der Stadt in den Kliniken Verpflegten fast zur Hälfte Auswärtige, und die von auswärtigen Armenverbänden, Krankenkassen und dergl. erstatteten Beträge beliefen sich auf rund 11000, 14000 und 16000 Mark.

An eigenen Anstalten für geschlossene Armenpflege besitzt die Stadt ausser dem vorher schon erwähnten Kinderasyl das Asyl für Obdachlose und das Siechenhaus.

Als Asyl für Obdachlose sind vorläufig drei der Stadt gehörige Familienhäuser eingerichtet, die von einem Hausmann beaufsichtigt werden. Die Erbauung eines einheitlichen Anstaltsgebäudes ist schon seit längerer Zeit in Aussicht genommen und geht hoffentlich ihrer baldigen Verwirklichung entgegen.

Ein neues städtisches Siechenhaus ist jetzt im Süden der Stadt auf einem Hochplateau an der Beesener Strasse im Bau begriffen. Dasselbe besteht, wie der beigefügte Plan zeigt, aus dem an der Strasse belegenen Verwaltungsgebäude und zwei dahinter liegenden für je 140 Sieche berechneten Pavillons, an welche sich später bei eintretendem Bedürfnis weitere Pavillon-Bauten angliedern können.

Die diagonale Lage der Gebäude zu den Himmelsrichtungen vereinigt
sich glücklich mit der sonstigen gesunden Lage der Anstalt. Von den
beiden Pavillons ist der eine für Männer, der andere für Frauen bestimmt. Sie enthalten in jedem der zwei Geschosse zwei Schlafsäle
für je 14 Betten, mehrere Einzelschlafzimmer und einen geräumigen
Tageraum, an welchen sich eine Veranda schliesst. Zur vorüber-

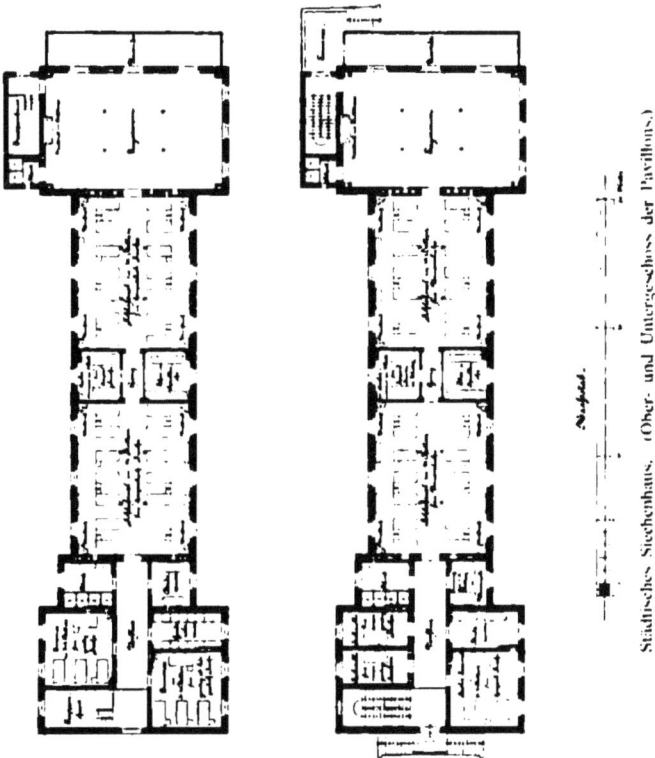

Städtisches Siechenhaus. (Ober- und Untergeschoss der Pavillons.)

gehenden Unterbringung von Geisteskranken enthält jeder Pavillon
zwei Isolierzellen.

Das Verwaltungsgebäude enthält die Wohnungen für einen un-
verheirateten Arzt, den Inspektor und das Dienst- und Küchenpersonal;
in dem hinteren Anbau befindet sich im Kellergeschoss die Waschküche und im Erdgeschoss die Koch- und Spülküche nebst Gemüse-

Putzraum und Speiseküche, alles mit Dampf- und maschinellem Betriebe eingerichtet. Der freie Raum zwischen den Anstaltsgebäuden
und der Strasse soll zu gefälligen Gartenanlagen Verwendung finden.

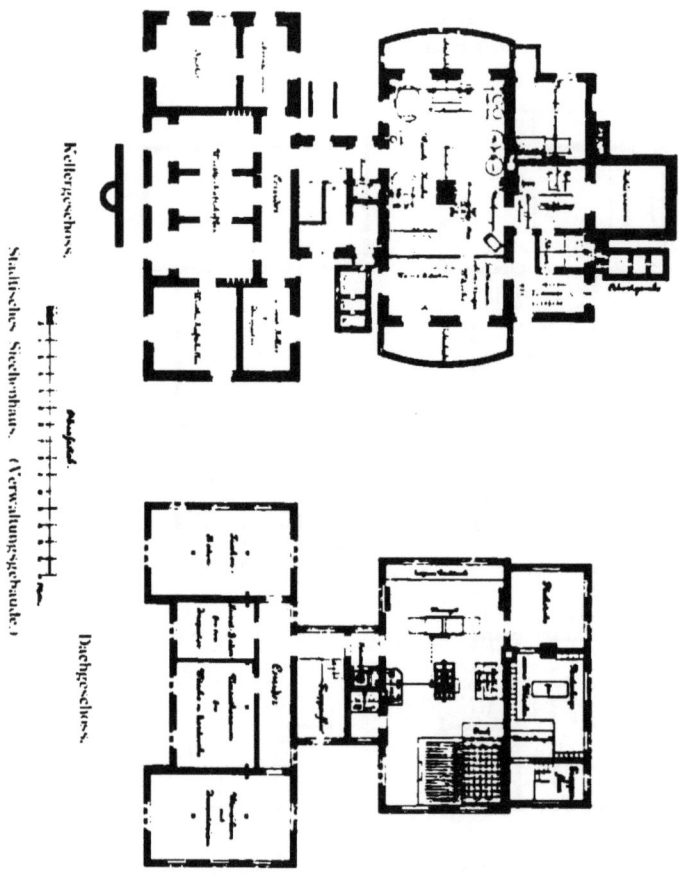

Spätestens am 1. April 1892 soll das neue Siechenhaus in Benutzung genommen werden.

4. Selbständige Stiftungen und Privatwohlthätigkeit.

Die älteste hallesche milde Stiftung ist das Hospital St. Cyriaci et Antonii, dessen Geschichte bis ins 14. Jahrhundert zurückreicht.

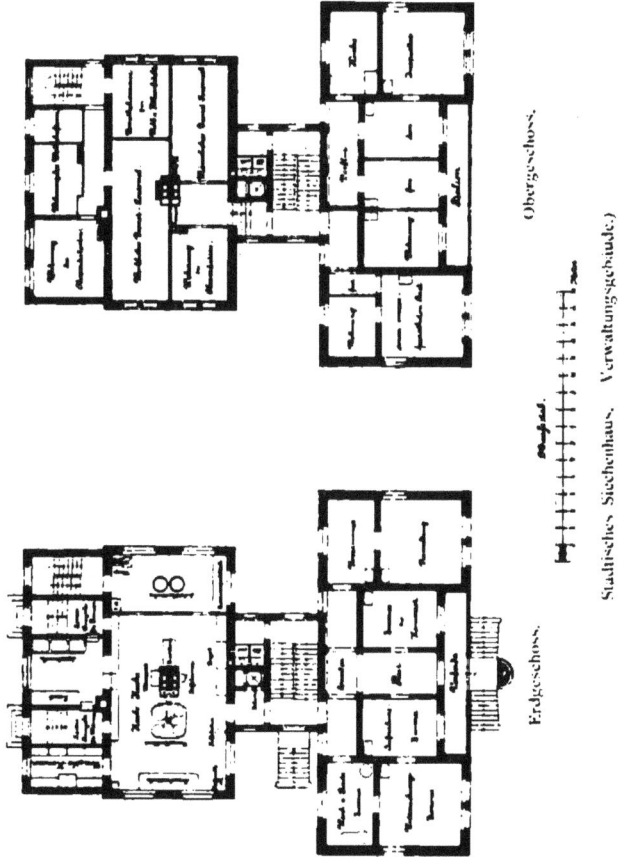

Dasselbe hat den doppelten Zweck der Krankenpflege und der Aufnahme alter unvermögender würdiger hallescher Einwohner. Es hat, besonders durch bedeutende Schenkungen aus früheren Zeiten, ein beträchtliches Vermögen in Grundstücken und Kapitalien angesammelt. Das jetzige Anstaltsgebäude, in einem schönen parkartigen Garten an

der Saale in dem südlichen Stadtteil gelegen, ist im Jahre 1825 erbaut
worden. Der eine Flügel des Gebäudes war als Krankenhaus eingerichtet, wurde aber, nachdem die gesamte Krankenhauspflege auf
die Universitätskliniken übergegangen war und das Hospital seine
Verpflichtung zur Krankenpflege durch einen dauernden Zuschuss zur
Stadtkasse abgelöst hat, bisher als Siechenstation für solche Sieche,
die besonderer Aufsicht bedürfen, benutzt. Sofort nach bewirktem
Umzug in das neue Siechenhaus soll auch dieser Flügel des Hospitals
zu Wohnungen für alte Leute eingerichtet werden. Das Hospital
steht unter der Verwaltung eines von den städtischen Behörden eingesetzten Vorstandes, bestehend aus zwei Magistratsmitgliedern, zwei
Stadtverordneten und einem stimmfähigen Bürger. Den Hospitaliten
wird freie Wohnung, Heizung, Beleuchtung, ärztliche Behandlung und
volle Beköstigung gewährt. Zur Zeit wohnen im Hospital 57 Personen
männlichen und weiblichen Geschlechts, von denen 14 Kaufstellen und
43 Freistellen haben. Nach stattgefundenem Umbau werden im Hospital
80 Personen untergebracht werden können, und zwar abgesehen von
den Ehepaaren, jeder in einem besonderen Zimmer für sich, was bis
jetzt nur bei den Kaufstellen möglich war.

Daneben gewähren noch einige kleinere Stiftungen, wie das Hospital der Domgemeinde und die Stiftung Altersheim, unbemittelten
alten Leuten freie Wohnung.

Die im Jahre 1857 gegründete evangelische Diakonissenanstalt
am Mühlweg verfolgt den Zweck, Diakonissen für die Krankenpflege
auszubilden und diese Pflege in dem mit der Anstalt verbundenen
Krankenhause auszuüben. Das Krankenhaus, welches vor einigen
Jahren noch eine besondere Kinderabteilung und ein Isolierhaus erhalten hat, enthält 116 Betten und bildet einen ausserordentlich wichtigen Faktor in der städtischen Krankenpflege. 77 Diakonissen und
35 Hilfsschwestern sind im Dienste der Anstalt thätig. In unmittel-
barem Zusammenhange mit der Diakonissen-Anstalt steht das auf
Giebichensteiner Terrain belegene Martinstift, in welchem alte und
leidende Personen, vornehmlich solche der besseren Stände, dauernde
Aufnahme finden. Seit dem Jahre 1890 besitzt die Anstalt bei Gern-
rode am Harz ein Erholungshaus für ihre Diakonissen.

Ferner sind hier zu erwähnen die durch Privatwohlthätigkeit ins
Leben gerufenen sechs Kinderbewahranstalten, verbunden mit Nach-
hilfe- und Handfertigkeits-Unterricht, in welchen 500 bis 600 Kinder
untergebracht sind, und die fünf Knabenhorte, welche sich so segensreich erwiesen haben, dass jetzt bereits ein sechster eingerichtet werden muss. In diesen Knabenhorten werden die Kinder bei ihren Schul-

arbeiten beaufsichtigt und im übrigen in Garten- oder Handfertigkeits-Arbeiten unterwiesen.

Der umfassenden Thätigkeit des Vereins für Volkswohl, dessen Zwecke über den engeren Rahmen der Wohlthätigkeit hinausgehen, wird an anderer Stelle eingehend gedacht werden.

Ausschliesslich wohlthätigen Zwecken dienen aber noch der Frauenverein für Armen- und Krankenpflege, der Neumarkt Frauenverein und der Verein für kirchliche Armenpflege in Glaucha, welche eine wesentliche Ergänzung der städtischen offenen Armen- und Krankenpflege bilden und Hand in Hand mit derselben arbeiten, sowie der Wöchnerinnen-Unterstützungsverein. Der Gefängnisverein ist bemüht, für das Fortkommen der aus dem hiesigen Zuchthaus und dem Gefängnis entlassenen Personen zu sorgen. Eine Anzahl kleinerer Stiftungen, welche grösstenteils unter städtischer Verwaltung stehen, gewährt Geldunterstützungen an sogenannte verschämte Arme. Grössere Stiftungen sind die Ehrlich'sche und von Ritzenberg'sche, aus deren Mitteln das jetzt im Bau begriffene neue Siechenhaus dotiert werden soll.

Mit ganz besonderer Genugthuung kann endlich an dieser Stelle noch darauf hingewiesen werden, dass in den letzten Jahren der Stadt Halle von hochherzigen Mitbürgern ganz bedeutende Zuwendungen für wohlthätige Zwecke gemacht worden sind. Der am 10. Oktober 1889 in Jokohama verstorbene Sohn eines der hiesigen grössten Industriellen, der Rittergutsbesitzer Paul Riebeck, hat seiner Vaterstadt ein Vermögen von annähernd $2\frac{1}{2}$ Millionen Mark hinterlassen, welches voraussichtlich in der Hauptsache zum Bau und zur Dotierung einer grösseren Alters-Versorgungs-Anstalt Verwendung finden wird. Weitere beträchtliche testamentarische Zuwendungen sind kürzlich der Stadt von den Geheimrat von Duncker'schen Ehegatten, dem Fabrikanten Theodor Schmidt und dem Universitäts-Professor Dr. Hiller zugefallen, und ebenso ist gelegentlich des hundertjährigen Jubiläums der Keferstein'schen Papierfabrik hierselbst dem Magistrat von den Inhabern des Geschäfts ein ansehnliches Kapital für wohlthätige Zwecke überwiesen worden.

XII

DAS KÖNIGLICHE OBERBERGAMT
ZU HALLE A. S.

VON

FREIHERR VON DER HEYDEN-RYNSCH,
BERGHAUPTMANN, UND **ENGEL**, BERGASSESSOR.

———

Halle ist der Sitz einer Provinzialbehörde der Bergverwaltung — eines Oberbergamtes — dem die Bergwerks-Industrie der Provinzen Sachsen, Brandenburg und Pommern unterstellt ist.

Das Dienstgebäude des, zur Zeit von dem Berghauptmann Freiherrn von der Heyden-Rynsch geleiteten Oberbergamtes befindet sich in dem neueren Teile der Stadt, gegenüber der Universitätsbibliothek, in der Friedrichstrasse 13. 1883—84 von Kiss erbaut, enthält es neben Dienstwohnungen Diensträume im Erd- und zweiten Geschoss, unter denen der Sitzungssaal als künstlerisch, sowie die Bibliothek und die Salz-Sammlung als wissenschaftlich interessant hervorzuheben sind. Erstere enthält fast 17000 Bände meist aus den Gebieten der Naturwissenschaften und der Verwaltungskunde, letztere umfasst Salzproben aller im Bezirke vorhandenen Salzbergwerke und Salinen.

Das Oberbergamt ist auf Vorschlag eines der grössten deutschen Bergleute, des Ministers von Heinitz, durch eine Kabinetsordre Friedrich des Grossen am 7. Dezember 1772 errichtet worden; seine Aufgabe war, nach dem Wortlaut der Ordre, „alles aufzubieten, dass nun auch Bergbau in diesen Provinzen (den Magdeburg-Halberstädtischen Landen) entstünde"; neben der Bergwerks- war auch die Hüttenindustrie dem Oberbergamte unterstellt worden. Sein Sitz war ursprünglich Rothenburg an der Saale.

Nach mancherlei Wandlungen, zum Teil im Gefolge der französischen Invasion, wurde die Behörde 1815 nach Halle verlegt; ihrer Verwaltung wurde der westlich der Elbe gelegene Teil der Provinz

Sachsen unterstellt; 1835 trat auch der ostelbische Teil hinzu. Bei Gelegenheit einer umfassenden Reorganisation wurde 1861 die Bergwerksindustrie der Provinzen Sachsen, Brandenburg und Pommern dem Oberbergamte zugewiesen, während gleichzeitig die Hüttenindustrie aus der Aufsicht der Berg- in die der allgemeinen (Landes-) Verwaltung übertrat. Das Jahr 1866 brachte dem Bezirk nur unbedeutenden Zuwachs in Gestalt der von Bayern abgetretenen Enklave Kaulsdorf[1]) und der Stolbergischen Grafschaft Hohnstein am Harz, welche bisher zu Hannover gehört hatte.

Der Bergbau auf Kupferschiefer, auf Braunkohle und auf Mineralsalze, sowie die Gewinnung von Siedesalz haben in dem Bezirke hervorragende Bedeutung, der Eisenerz- und der Steinkohlenbergbau treten dagegen zurück; daneben geht noch Bergbau auf Kalkstein, Gips, Flussspath, Alaunerze und Alabaster um, dessen technischer Betrieb gleichfalls von der Bergbehörde beaufsichtigt wird.

Weitaus am ältesten ist der Kupferschieferbergbau auf der den Harz östlich und südöstlich umgebenden Lagerstätte desselben im Zechstein.

Der erste Betrieb soll schon Ende des 12. Jahrhunderts durch Freiberger Bergleute am Kupferberge bei Hettstedt eröffnet worden sein; grosse Bedeutung gewann der Bergbau im Anfang des 15. Jahrhunderts unter der Herrschaft der Grafen von Mansfeld, die eine geraume Zeit hindurch eine jährliche Produktion von 30000 Zentner Kupfer zu erzielen verstanden.

Die noch in demselben Jahrhundert mit der Spaltung der gräflichen Linien eintretende Teilung des Besitzes und ferner die Wirrnisse des 30jährigen Krieges, an dem die Grafen hervorragenden Anteil nahmen, brachten den Bergbau fast zum Erliegen.

Nach dem Abschluss des Westfälischen Friedens, durch den ein Teil des Gebietes an Kurbrandenburg, der andere an Kursachsen ge-

---

1) In dieser ist ein Gebiet mit Preussen wieder vereinigt worden, in dem Alexander von Humboldt als Königl. Preussischer Oberbergrat in Bayreuth längere Zeit — unter anderem bei Leitung der Königszeche — gewirkt und in dem noch vorhandenen Zechenhause oftmals gewohnt hat. In den Akten des Oberbergamtes findet sich noch ein längeres, von seiner Hand geschriebenes Gutachten über die Reorganisation des Betriebes auf der früheren Saline Colberg nebst einem von seiner Hand herrührenden Situationsplane dieser Saline. Auch mit dem Geologen Carl Georg von Raumer verbindet das Oberbergamt persönliche Beziehungen; derselbe hat hier von 1819 bis 1823 als Oberbergrat am oberbergamtlichen Kollegium gewirkt und zugleich die Professur für Geologie und Mineralogie an der Universität bekleidet. Seine zahlreichen Schriften, auf verschiedene Gebiete der Naturwissenschaften sich erstreckend, haben hier z. T. Entstehung und Fortgang gefunden.

langte, fand der Bergbau durch eine Anzahl Privatgesellschaften Fortsetzung, die, nachdem 1815 das Gebiet unter der Krone Preussens wieder vereinigt war, 1852 zu der „Mansfeld'schen Kupferschiefer bauenden Gewerkschaft" mit dem Sitze in Eisleben sich zusammenschlossen. Erwähnt sei noch, dass von 1768—1810 in dem Preussischen Gebietsteil Betrieb durch den Staat geführt worden ist; hier schritt man, als die bisher üblichen Vorrichtungen zur Wasserhebung versagten, 1785 auf dem Schachte Friedrich II. bei Hettstedt zur Aufstellung einer „Feuermaschine". Diese, nach den Plänen Bückling's, des Begründers der Saline Schönebeck, gebaut, ist ganz aus deutschem Material verfertigt worden, und — soweit bekannt — überhaupt die erste auf dem Kontinent hergestellte Dampfmaschine.

Die Mansfelder Gewerkschaft ist nächst Fr. Krupp in Essen a. Rh. der grösste Privat-Unternehmer in Deutschland. Sie beschäftigte im Jahre 1890 rund 18000 Beamte und Arbeiter, welche rund 537000 t Kupferschiefer im Werte von rund 19¼ Millionen Mark förderten und verarbeiteten.

Aus der Produktion sind dargestellt worden:

rund 16500 t Kupfer im Werte von rund 19½ Mill. Mark,

„ 88000 kg Feinsilber „ „ „ 11 „ „

„ 13500 t Schwefelsäure von 50, 60 und 66° B im Werte von rund ½ Million Mark.

Als Anhalt diene, dass diese Produktion etwa ⅔ der Kupfer- und annähernd ⅕ der Silber-Produktion Deutschlands (⅖ bezw. ⅓ der Preussens) umfasst.

Der Braunkohlenbergbau des Bezirks überragt trotz seines geringen Alters den auf Kupferschiefer bedeutend an Verbreitung und Umfang. Die meist unansehnliche (mulmige) Beschaffenheit der Braunkohle, ihre demzufolge schlechte Verwendbarkeit, das Vorhandensein alt gewohnter Feuerungsmaterialien in genügender Menge und in, dem Bedarfe entsprechender Beschaffenheit liessen die deutsche Braunkohle bis zum ersten Viertel dieses Jahrhunderts kaum der Beachtung wert erscheinen. Der Bau der Eisenbahnen, verbunden mit der allgemeinen industriellen Entwickelung — vor Allem ist hier die Rübenzucker- und Maschinen-Industrie, sowie die chemische Industrie zu nennen — führte bald zur Einbürgerung der Braunkohle, deren Eigenarten man durch besondere Feuerungseinrichtung gerecht zu werden lernte. Diesem Fortschritt reihte sich die Verarbeitung der Braunkohle zu Formsteinen — Nasspresssteinen und Darrsteinen an; ein weiterer Erfolg war 1855 zu verzeichnen, als man durch trockene Destillation der Braunkohle die Erzeugung von Teer und von Mineralölen erreichte.

Die Ablagerungen der Braunkohle erstrecken sich über die Regierungsbezirke Magdeburg und Merseburg, die Provinz Brandenburg und einen Teil von Pommern. Betrieb geht um auf Gruben in Sachsen und Brandenburg; die Gewinnung erfolgt entweder unterirdisch oder — wenn das bedeckende Gebirge nicht zu mächtig ist, nach Abräumung desselben — durch Tagebau.

Der Braunkohlenbergbau des Bezirks, der $^3/_4$ des deutschen und $^9/_{10}$ des preussischen ausmacht, beschäftigte 1890 rund 23000 Beamte und Arbeiter, welche 14 Millionen t Braunkohle im Werte von 36 Millionen Mark förderten. Verglichen mit der Produktion von 1847 ist diejenige von 1890 das dreizehnfache, gegenüber der von 1825 das siebzigfache.

Der grössere Teil derselben geht als Rohkohle in den Verbrauch über; jedoch sind 1890

rund 300000 t zur Herstellung von 127300 t Darrsteinen (Brikets),

„ 80000 t „   „   „   77000 t Nasspresssteinen,

„ 85000 t Schwelkohle „ $\left\{ \begin{array}{l} 5700 \text{ t Teer,} \\ 32500 \text{ t Grudekoke} \end{array} \right.$

verwendet worden.

Gleich der Braunkohle erstrecken sich auch die Salzlagerstätten über ein weites Gebiet im Bezirke; in erster Linie stehen diejenigen der Dyas (Stassfurt, Sperenberg, Artern).

Der Salzbergbau im Gegensatz zur Soolgewinnung aus Bohrlöchern steht in Preussen an Alter selbst hinter dem Braunkohlenbergbau zurück.

Die erste Tiefbau-Anlage des Bezirks ist die fiskalische zu Stassfurt (Schächte von der Heydt und von Manteuffel); 1852 begonnen, erreichte dieselbe 1857, nach Durchteufung von Kali- und Magnesiasalzen, das Steinsalz (sog. älteres Steinsalz). Ursprünglich betrieb man nur dessen Gewinnung, bis die Erkenntnis des Wertes der Kalisalze auch deren Förderung und Verarbeitung herbeiführte. Die erste chemische Fabrik von A. Frank entstand 1861 in Stassfurt; es folgte unmittelbar die von Vorster und Grüneberg. 1858 begann der Anhaltische Fiskus mit dem Abteufen zweier Schächte. 1868 — nach Aufhebung des Salzmonopols — nahmen verschiedene Privatgesellschaften auf Preussischem Gebiet den Bergbau auf Stein- und Kalisalze in Angriff. Zur Zeit bestehen neun Kalisalzbergwerke (sechs in Preussen einschliesslich Hercynia bei Vienenburg, zwei in Anhalt, eins in Braunschweig); chemische Fabriken bestehen in Stassfurt-Leopoldshall zur Zeit 20.

Der Salzbergbau des Bezirks beschäftigte 1890 — ungerechnet
200 Arbeiter in den chemischen Fabriken in Stassfurt-Leopoldshall
— rund 3700 Beamte und Arbeiter, welche

rund 220000 t Steinsalz			1 Million Mark
„ 270000 t Kainit	im	über 4	„ „
„ 650000 t sonstige	Werte	„ 7	„ „
Kalisalze	von		

förderten.

Die Steinsalzgewinnung macht $^8/_{10}$ der preussischen, $^4/_{10}$ der
deutschen aus; an der Kalisalzförderung Preussens nimmt der Bezirk
mit 100%, an der des Reiches mit über 75% Anteil. —

Die Siedesalz-Erzeugung des Bezirks lässt sich urkundlich bis
zum Anfang dieses Jahrtausends nachweisen; ihr thatsächlich noch
höheres Alter ergiebt sich aus mancherlei Anzeichen, so auch aus
alten, auf die Salzgewinnung hindeutenden Ortsnamen, z. B. der „Salz-
stadt" Halle selbst.

Mit der Herstellung von Siedesalz, welche ganz vorwiegend auf
fiskalischen Werken — unter anderem Schönebeck, der grössten deutschen Saline — erfolgt, waren 1890 beschäftigt über 700 Beamte und
Arbeiter, welche 100000 t Siedesalz im Werte von $2^3/_4$ Millionen Mark
produzierten. Es sind dies nahezu 40% der preussischen und 22%
der deutschen Siedesalz Produktion.

Insgesamt sind im Bezirke des Oberbergamts in 1890 341 Werke
mit nahezu 43000 Beamten und Arbeitern im Betriebe gewesen. Zur
Heranbildung der erforderlichen Betriebsbeamten bestehen seit langer
Zeit unter der Oberleitung des Königl. Oberbergamtes bergmännische
Fachschulen — die Bergschulen — nämlich die Hauptbergschule in
Eisleben sowie die Vorschulen dort, in Halle und in Senftenberg.
Auch besteht bei dem Oberbergamte unter dem Vorsitze des Berg-
hauptmanns eine „Königl. Prüfungs-Kommission für das höhere Berg-
fach", deren Mitglieder teils Universitäts-Professoren, teils Oberberg-
räte sind.

Das Institut der Knappschaftsvereine, welches der deutschen
sozialen Gesetzgebung vielfach als Vorbild gedient hat, ist mit 13 Vereinen vertreten, die gleichfalls der Aufsicht des Oberbergamtes unter-
stehen. Ebenso ist letzteres Aufsichtsbehörde für die Norddeutsche
Knappschafts-Pensionskasse zu Halle a/S., welche, nach dem Reichs-
gesetze vom 22. Juni 1889, (§§ 5 und 7), als besondere Kasseneinrich-
tung zugelassen, die Versicherung gegen die Folgen des Alters und
der Invalidität aller der Bergleute bewirkt, welche in den Bezirken
der Oberbergämter Halle a S., Clausthal, sowie in den Staaten

Braunschweig, Anhalt, Sachsen-Altenburg und Sachsen-Meiningen in Arbeit stehen. —

Dem Königl. Oberbergamte liegt noch eine weitere, über das ganz e Staatsgebiet sich erstreckende Aufgabe ob — die Leitung des fiskalischen Bohrwesens. Seit 1865 verwendet die Staatsregierung alljährlich ansehnliche Mittel zur geologischen Untersuchung des preussischen Staatsgebietes durch Bohrlöcher; zum Teil sind damit umfassende Erdwärme-Beobachtungen verbunden worden.

Die Leitung des Bohrbetriebes durch hervorragende Techniker, die Anlage einer besonderen Bohrwerkstatt — der Zentralbohrschmiede zu Schönebeck — die beständige Fühlung mit allen Fortschritten der Tiefbohrtechnik haben es bewirkt, dass die unternommenen Arbeiten mit seltener Schnelligkeit und Sicherheit zum Ziele führten. Es gelang, Bohrlöcher von bisher unerreichten Tiefen abzusinken; so wurde bei Sperenberg durch Z o b e l ein Bohrloch von 1271 m Teufe abgestossen; K ö b r i c h führte die Bohrung Eu bei Weseburg nördlich Stassfurt in 194 Tagen zu 1293 m Teufe und gelangte ferner in Schladebach bis zu 1748 m — der grössten bisher erreichten Teufe.

XIII

DIE FÖRDERUNG
DER NATURWISSENSCHAFTEN

DURCH GESELLSCHAFTEN,
VEREINE UND GENOSSENSCHAFTEN ZU HALLE A/S.

AUF GRUND VON MITTEILUNGEN DER VORSTÄNDE
ZUSAMMENGESTELLT DURCH

DR. FREIHERR VON FRITSCH, ORD. PROFESSOR AN DER
UNIVERSITÄT.

Die Stadt Halle ist der Sitz einer grösseren Anzahl von Vereinen, welche die Pflege der Naturwissenschaften oder einzelner Zweige derselben erstreben und die einander gegenseitig fördern, auch einander in erwünschter Weise ergänzen. Gar manche unserer Mitbürger gehören mehreren dieser Kreise gleichzeitig und mit gleicher Treue und Liebe an.

Die älteste und durch ihre umfassende Wirksamkeit bedeutendste dieser Gesellschaften ist die Kaiserlich Leopoldinisch-Karolinische Deutsche Akademie der Naturforscher, welche schon von 1743 bis 1769 hier ihren Sitz hatte, und nun seit 1878 hierher zurückgekehrt ist.

1. KAISERLICH LEOPOLDINISCH - KAROLINISCHE DEUTSCHE AKADEMIE DER NATURFORSCHER.

Präsident: Geh. Regierungsrath Prof. Dr. Knoblauch.
Bureau: Jägergasse 1.
Bibliothek: Domplatz 4. Geöffnet Montag und Donnerstag 3 bis 6.

Die Akademie, die älteste in Deutschland und eine der ältesten überhaupt, wurde im Jahre 1652 in Schweinfurt gegründet, namentlich auf Betrieb des dortigen Stadtphysikus Johann Lorenz Bausch.

Ihr Zweck war die gegenseitige Anregung und Förderung im Studium
der Medizin durch gemeinsame Arbeit, insbesondere wollte man sich
der Heilmittellehre widmen und diese durch eingehende selbständige
Beobachtungen fester begründen. Die neue Gesellschaft entwickelte
sich schnell, hervorragende Forscher aus allen Teilen Deutschlands
traten ihr bei, so dass sie die Aufmerksamkeit des Kaisers Leopold I.,
eines eifrigen Freundes der Naturwissenschaften, auf sich lenkte. Dieser
bestätigte 1672 ihre Satzungen und legte ihr den Namen Sacri Romani
Imperii Academia Naturae Curiosorum bei. Weitere Gunstbezeugungen
folgten, namentlich wichtig war der 7. August 1687, an welchem der
Kaiser der Akademie ausser einem Wappen und der Berechtigung,
seinen Namen zu führen (Academia Caesarea-Leopoldina Naturae
Curiosorum) wichtige Vorrechte verlieh. Auch die folgenden Kaiser
wandten ihr ihre Gunst zu; so bewilligte Karl VI. im Jahre 1712
eine namhafte Geldunterstützung und fügte ihr seinen Namen hinzu
(Academia Caesarea Leopoldino-Carolina Naturae Curiosorum) und
Karl VII. bestätigte ihre mehrfach angefochtenen Privilegien von neuem.
Einen weiteren Schutz erlangte die Akademie dadurch, dass hervorragende Staatsmänner und Reichsfürsten sich bereit finden liessen, das
Amt eines Protektors zu übernehmen. Der erste derselben war Graf
Montecucoli und seit dem Jahre 1827 geniesst die Akademie die Ehre
des Protektorats des jedesmaligen Königs von Preussen. Die eigent·
liche Leitung und Verwaltung wurde von dem Präsidenten geführt,
er wurde dabei unterstützt von einer wechselnden Zahl von ihm er-
nannter Adjunkten, deren erster den Titel eines Direktors Ephemeridum
führte, ihm lag die Herausgabe der Schriften der Akademie ob. Der
Präsident selbst wurde anfangs von sämtlichen Mitgliedern, später, als
deren Anzahl zu gross geworden war, von den Adjunkten gewählt.
Da sich nun, wie schon erwähnt, die Akademie schnell über ganz
Deutschland, ja über dessen Grenzen hinaus ausbreitete und als ihr
Sitz der Wohnort des jedesmaligen Präsidenten galt, so musste sie
häufig von Ort zu Ort wandern. So befand sie sich der Reihe nach
in Schweinfurt (1652—86), Nürnberg (1686—93), Augsburg (1693 bis
1730), Nürnberg (1730—35), Erfurt (1736—45), Halle a/S. (1745 bis
69), Nürnberg (1769—72), Ansbach (1772—88), Erlangen (1788 bis
1818), Bonn (1818—30), Breslau (1830—58), Jena (1858—62), Dresden
(1862—78), Halle a S. (1878 bis jetzt).

Nachdem sich im Laufe der Jahrhunderte alle Verhältnisse völlig
geändert hatten, waren die alten Leges Academiae nur noch zum
Teil anwendbar; neue Gebräuche waren allmählich aufgekommen, die,
wenn sie auch zweckmässig waren, doch des formalen Rechtsbodens

entbehrten, und so war eine Umarbeitung der Gesetze dringend geboten. Diese neuen, noch jetzt giltigen Statuten wurden am 1. Mai 1872 veröffentlicht. Die wichtigsten allgemeinen Bestimmungen daraus sind:

§ 1. Die Akademie führt wie bisher den Namen Kaiserlich Leopoldinisch-Karolinische Deutsche Akademie der Naturforscher.

§ 2. Die Akademie bildet eine wissenschaftliche Genossenschaft. Sie hat ihren Sitz und ihren Gerichtsstand an dem Wohnorte ihres Vorstandes, des Präsidenten.

§ 3. Die Akademie hat die Aufgabe, die Naturwissenschaften in ihrer weitesten Ausdehnung zu fördern.

§ 4. Mitglieder der Akademie können nur solche Personen sein, welche sich wissenschaftlich mit irgend einem Zweige der Naturwissenschaften beschäftigt oder sich in anderer Weise um die Förderung derselben verdient gemacht haben.

§ 8. Der Geldbeitrag der ordentlichen Mitglieder zur Kasse der Akademie ist ein doppelter. Neu aufgenommene Mitglieder zahlen ein Eintrittsgeld von 30 Mark. Jedes ordentliche Mitglied entrichtet einen pränumerando zu Anfang des Jahres fälligen jährlichen Beitrag von 6 Mark. Durch Zahlung der Jahresbeiträge oder deren Ablösung erhalten die ordentlichen Mitglieder Anspruch auf unentgeltliche Lieferung der „Leopoldina". Bei Zahlung eines Beitrags von jährlich 30 Mark oder dessen Ablösung werden auch die Nova Acta unentgeltlich verabfolgt.

§ 10. Die Aufnahme neuer Mitglieder erfolgt auf den von mindestens drei Mitgliedern unterstützten Vorschlag des Präsidenten, nachdem derselbe der Begutachtung des betreffenden Sektionsvorstandes und eventuell der Kreisadjunkten unterbreitet ist, durch Abstimmung des Adjunkten-Kollegiums.

§ 13. Aus den Mitgliedern der Akademie werden Fachsektionen gebildet. [Zur Zeit bestehen die folgenden: 1) Mathematik und Astronomie, 2) Physik und Meteorologie, 3) Chemie, 4) Mineralogie und Geologie, 5) Botanik, 6) Zoologie und Anatomie, 7) Physiologie, 8) Anthropologie, Ethnographie und Geographie, 9) Wissenschaftliche Medizin.]

§ 14. Die Mitglieder jeder Sektion wählen einen Vorstand von drei Mitgliedern, welcher wieder unter sich einen Obmann erwählt.

§ 15. Die Länder mit deutscher Volkssprache werden in geographisch abgegrenzte Kreise geteilt, die je nach der Zahl der darin wohnenden Mitglieder durch einen oder mehrere Adjunkten vertreten werden. [Zur Zeit giebt es fünfzehn solcher Adjunktenkreise, welche Deutschland und Deutsch-Österreich umfassen.]

§ 18. Die Adjunkten, deren Zahl 30 nicht übersteigen darf, werden von den zu den einzelnen Kreisen gehörigen Mitgliedern und zwar aus den im Kreise wohnenden Mitgliedern erwählt.

§ 26. Der Präsident verwaltet sein Amt auf die Dauer von zehn Jahren, jedoch ist Wiederwahl zulässig. [Dieselben Bestimmungen gelten für alle Ehrenämter der Akademie.] Die Wahl geschieht in der Weise, dass die Adjunkten zwei Mitglieder vorschlagen, von welchen die Vorstandsmitglieder der Fachsektionen einen zum Präsidenten wählen.

§ 27. Zum Stellvertreter in Behinderungs- und Todesfällen des Präsidenten wird bald thunlichst ein Adjunkt vom Präsidenten vorgeschlagen und vom Adjunkten-Kollegium bestätigt.

§ 19. Die Verwaltung der Akademie liegt dem Präsidenten unter Mitwirkung des Adjunkten-Kollegiums und der Sektionsvorstände in der Weise ob, dass er sich in allen wichtigeren geschäftlichen Angelegenheiten der Bestimmung der Adjunkten und in allen wissenschaftlichen des Einverständnisses mit den Vorständen der betreffenden Fachsektionen zu vergewissern hat.

Die Mittel nun, durch welche die Akademie ihre Zwecke zu erreichen strebt, sind:

1) Die Herausgabe einer naturwissenschaftlichen Zeitschrift. Davon sind bis jetzt erschienen:

I. Ephemerides Acad. Nat. Cur. (Miscellanea curiosa medicophysica).

Decuria I. Annus 1—10. 1670—1680. 4°.
    „ II. „ 1—10. 1682—1692. 4°.
    „ III. „ 1—10. 1694—1706. 4°.
Centuria I—X. 1712—1722. 4°.
Dazu Index universalis von G. A. Kellner. 1739. 4°.
Eine deutsche Übersetzung des bisher Erschienenen mit Auswahl und dem Titel. Abhandlungen. T. I—XX. 1755 bis 1770. 4°.

II. Acta physico-medica Acad. Nat. Cur.
Vol. I—X. 1727—1754. 4°.

III. Nova Acta physico-medica etc.
T. I—LIV. 1757—1890.
Von T. IX. 1818 ab zunächst vorwiegend, bald ausschliesslich in deutscher Sprache.

Während die bisher genannten Schriften rein wissenschaftlich sind, dient

IV. Leopoldina. Heft 1—26. 1859—1890. 4°.

hauptsächlich geschäftlichen Mittheilungen und Berichten über die neusten Vorgänge auf naturwissenschaftlichem Gebiete.

2. Aussetzung von Preisen für hervorragende Leistungen auf Grund besonderer Stiftungen ehemaliger Mitglieder. Namentlich verdient hervorgehoben zu werden die Cothenius-Stiftung. Der Königl. Preussische Generalarzt Christoph Andreas Cothenius hinterliess 1789 testamentarisch der Akademie 1000 Thlr. in Gold. Für die Zinsen dieser Summe wird alljährlich eine goldene Medaille mit dem Bilde des Stifters geprägt, die der Reihe nach von den einzelnen Fachsektionen demjenigen verliehen wird, welcher am wirksamsten in den letzten Jahren zur Förderung des betreffenden Zweiges der Naturwissenschaften beigetragen hat.

3. Unterstützung naturwissenschaftlicher Unternehmungen (Reisen) und namentlich Beiträge zum Druck wichtiger aber kostspieliger Werke.

4. Darbietung litterarischer Hilfsmittel für naturwissenschaftliche Untersuchungen. Zu diesem Zwecke wurde im Jahre 1731 eine Bibliothek gegründet. Wenn nun auch deren Sitz nicht an den der Akademie gebunden ist, so war sie doch in Ermangelung eines eignen ausreichenden Lokals mehrfach genötigt, ihren Aufenthalt zu wechseln.

So befand sie sich in Nürnberg (1731—36), Erfurt (1736—1805), Erlangen (1805—19), Bonn (1819—64), Dresden (1864—79) und seit 1879 hier in Halle, wo sie die Gastfreundschaft der Königlichen Universität geniesst.

Während der ersten 90 Jahre ihres Bestehens, wo die Bibliothek neben gelegentlichen Geschenken von Mitgliedern und Gönnern auf die Ankäufe aus den ziemlich dürftigen Einnahmen der Akademie angewiesen war, vermehrte sie sich nur sehr langsam. Als aber seit etwa 1820 der Akademie reichliche Mittel zur Verfügung gestellt wurden, und ihre Publikationen einen bis dahin ungeahnten Aufschwung nahmen, eröffnete sich auch für die Bibliothek eine neue immer reichlicher fliessende Quelle des Zuwaches. Jetzt war die Möglichkeit gegeben, mit anderen Vereinen einen Austausch der Schriften anzubahnen; von Jahr zu Jahr breitete sich dieser Tauschverkehr aus und er umfasst augenblicklich 460 wissenschaftliche Gesellschaften und Anstalten aller Erdteile.

Die Akademie-Bibliothek enthält jetzt 50—60000 Bände; ihren wertvollsten Bestandteil aber und ihre charakteristische Eigentümlichkeit

bilden eben diese Gesellschaftsschriften, die sich in gleicher Vollzählig-
keit nirgends in Deutschland wieder finden dürften, so dass sie eine
wichtige Ergänzung auch zu den bedeutendsten deutschen Bibliotheken
bildet.

2. DIE HALLE'SCHE NATURFORSCHENDE GESELLSCHAFT.

Am 3. Juli 1779 wurde hier eine besondere naturforschende
Gesellschaft gegründet, welche noch jetzt fortbesteht. Zweck der
Gesellschaft ist gegenseitige Belehrung und Förderung neuer Forschungen im Gesamtgebiete der Naturkunde. Die Geschäftsführung leiten
neun jedesmal am Jahresschlusse gewählte Beamte: sechs Direktoren
(für Zoologie, Botanik, Mineralogie, Physik, Chemie und Medizin,
zwischen denen der Vorsitz alle zwei Monate wechselt), der Schrift-
führer, der Kassenwart und der Bibliothekar. — Ausserdem wird ein
Mitglied durch Beschluss mit der Redaktion der von der Gesellschaft
herausgegebenen Abhandlungen und Sitzungsberichte beauftragt. Die Gesellschaft besteht jetzt aus 49 ordentlichen Mitgliedern,
zu denen noch ausserordentliche (nur einheimische) und Ehrenmit-
glieder kommen. Die Sitzungen erfolgen während der Universitäts-
Vorlesungszeit in der Regel alle vierzehn Tage.

Durch Austausch mit ihren Schriften und durch Geschenke besitzt die Gesellschaft eine ansehnliche Bibliothek, welche im Residenzgebäude aufgestellt ist.

3. DER NATURWISSENSCHAFTLICHE VEREIN FÜR SACHSEN UND THÜRINGEN.

Im Jahre 1847 waren einige junge Freunde der Naturwissenschaften hier zu einem naturwissenschaftlichen Kränzchen zusammen-
getreten, um einander kleinere Arbeiten und Erfahrungen mitzuteilen.
Dieser Kreis erweiterte sich schon im nächsten Jahre zum Halleschen
naturwissenschaftlichen Verein [1] und gestaltete sich am Ende des Jahres
1852 zu einem Zweige des naturwissenschaftlichen Vereines für
Sachsen und Thüringen. Denn viele der studentischen Mitglieder,
welche mit Liebe an dem hiesigen Vereine hingen, waren in den einzelnen Städten der Provinz und ihrer Umgegend angestellt worden

[1] Dieser beantragte im Jahre 1849 bei dem Königl. statistischen Bureau die Errichtung der seitdem thätigen meteorologischen Station hierselbst.

und manchem Naturfreunde in der Landschaft war die Zeitschrift für die gesamten Naturwissenschaften, welche von C. G. Giebel, dem hauptsächlichen Gründer, Beförderer und Leiter des Vereins, und W. Heintz herausgegeben wurde, eine unentbehrliche Belehrungsquelle geworden.

Der hiesige Zweigverein versammelt sich mit Ausnahme der Universitätsferien allwöchentlich, der Gesamtverein hält jährlich eine eintägige und eine zweitägige Versammlung an geeigneten Orten der Provinz oder der Nachbarstaaten ab. Ferner werden gelegentlich wissenschaftliche Vorträge veranstaltet, auch gemeinsame Begehungen wissenschaftlich interessanter Gegenden oder technisch wichtiger Anlagen, Anstalten, Fabriken und dergl. unternommen. Der Verein giebt die Zeitschrift für Naturwissenschaften und ferner ein Korrespondenzblatt heraus, im Austausch gegen seine Druckschriften und durch Geschenke hat er eine an 18000 Bände (meist von Zeitschriften) starke Bibliothek erworben, die sich ebenfalls im Residenzgebäude befindet. Der Vereinsvorstand wird bei Beginn jedes neuen Jahres gewählt, er besteht aus dem ersten und stellvertretenden Vorsitzenden, drei Schriftführern, dem Bibliothekar und dem Rendanten. Die Zahl der Vereinsmitglieder beträgt jetzt 219, wovon 81 dem Halle'schen Zweigverein angehören.

4. DER HALLE'SCHE VEREIN FÜR ERDKUNDE.

Auf Anregung des hochverdienten und rühmlich bekannten Dr. O. Ule, trat im Anfang des Jahres 1873 hier ein „Verein für Erdkunde" zusammen, um die Erdkunde im weitesten Sinne zu fördern, und zwar durch Versammlungen, welche in monatlichen Zwischenräumen abgehalten werden, durch Bücher und Kartensammlungen, durch Verkehr mit anderen geographischen Gesellschaften und durch Unterstützung erdkundlicher Forschungsunternehmungen.

In den Sitzungen werden Vorträge — oft auch solche von Forschungsreisenden — gehalten, kleinere Mitteilungen gebracht und Übersichten über bedeutendere Ereignisse auf dem Gebiete des Vereins, sowie Nachrichten über eingelieferte Werke und Karten gegeben. Da der Verein mit über 150 Gesellschaften, Behörden und Redaktionen im Schriftenaustausche steht, ist die Bibliothek bereits eine reiche und wird viel benutzt. Ein Teil der periodischen Schriften wird im Lesezirkel den hiesigen Mitgliedern näher bekannt.

An den rund 200 ordentliche Mitglieder zählenden Halle'schen Verein als Zentralverein haben sich in Altenburg, Burg und Magdeburg

Zweigvereine angeschlossen, und durch diese wie durch zahlreiche auswärtige Mitglieder, die an verschiedenen Orten leben und wirken, ist ein 430 Personen umfassender Thüringisch-Sächsischer Verein für Erdkunde aus dem Halleschen emporgeblüht; jährlich wird eine Wanderversammlung gehalten.

Der Vorstand wird jährlich in der Märzsitzung neu gewählt und besteht aus acht Personen, indem jedes der vier Ämter (des Vorsitzenden, des Schriftführers, des Bibliothekars und des Rechnungsführers) ausser durch den ausübenden, noch durch einen stellvertretenden Beauftragten besetzt ist.

Der studentische Verein für Erdkunde hier und der Hallesche Kolonialverein stehen in nächster Beziehung zum Verein für Erdkunde, so dass oft die Sitzungen derselben gemeinsame sind.

5. DIE SEKTION HALLE DES DEUTSCHEN UND ÖSTERREICHISCHEN ALPENVEREINES.

Nachdem die Zahl der hier wohnenden Mitglieder des deutschen und österreichischen Alpenvereines eine erheblichere geworden war — sie beträgt jetzt ca. 50 Personen —, wurde eine eigene Ortssektion gegründet, welche sich zu monatlichen Sitzungen vereinigt. Dieselben werden durch teils touristische, teils wissenschaftliche Vorträge belebt. An den allgemeinen Bestrebungen des D. und Ö. Alpenvereines nimmt unsere Sektion regen Anteil. Der Vorstand derselben wird jedes Jahr gewählt.

6. DIE POLYTECHNISCHE GESELLSCHAFT.

Die polytechnische Gesellschaft besteht seit 1839. Sie hält in den Wintermonaten Sitzungen alle 14 Tage ab, besitzt eine Bibliothek und ein an drei Abenden jeder Woche geöffnetes Lesezimmer. Ihre Thätigkeit ist teils auf die technischen und gewerblichen Fragen, teils auf die hauptsächlich denselben zu Grunde liegenden Naturwissenschaften Chemie und Physik gerichtet. Neben dem Vorsitzenden, dem Bibliothekar, welcher zugleich Stellvertreter des ersteren ist, und dem Rendanten, besteht der Vorstand noch aus 9 weiteren Mitgliedern.

7. DER GARTENBAUVEREIN.

Nachdem schon seit Jahren Zusammenkünfte von Gärtnern und Gartenfreunden an bestimmten Tagen stattgefunden hatten, bildete sich

im Februar 1870 ein Komité, welches Statuten zur Bildung eines
Gartenbau-Vereines aufstellte, der noch im selben Monate unter de
Barys Vorsitz gegründet wurde. Jeden Monat wird seitdem eine Versammlung abgehalten und alljährlich eine Generalversammlung, auf
welcher der Vorstand neu gewählt wird. Der Verein besitzt eine
Bibliothek, welche die namhaftesten, seit dem Bestehen desselben
erscheinenden Zeitschriften enthält. Ausserdem hat der Verein einen
Lesezirkel von Gartenschriften, die den Mitgliedern (jetzt 84) wöchentlich ins Haus gebracht werden.

8. DER ORNITHOLOGISCHE ZENTRALVEREIN FÜR SACHSEN UND THÜRINGEN ZU HALLE.

Die Freunde der Vogelzucht und der Kenntnis der gefiederten
Bewohner der Lüfte vereinigen sich in den Versammlungen des orni-tho-
logischen Zentralvereins für Sachsen und Thüringen, welche in Kohl's
Restaurant, Königsstrasse 5, abgehalten werden. Der Verein veranstaltet öfters Ausstellungen, bei denen sowohl edles Zuchtgeflügel
als auch Sing- und Schmuckvögel dargeboten werden. Diese Ausstellungen pflegen eine grosse Anzahl von Leuten aus allen Berufs-
kreisen anzuziehen.

9. DER VEREIN FÜR INSEKTENKUNDE.

Nachdem früher wiederholt hier bald ein, bald auch zwei Vereine bestanden hatten, welche besonders die Entomologie zu fördern
bestimmt waren, wurde am 16. Mai 1880 der Verein für Insektenkunde gegründet, welcher die Hebung und Förderung der Entomologie
im Allgemeinen, namentlich die Erforschung der Insektenfauna unter
besonderer Berücksichtigung der für Forst- und Landwirtschaft schädlichen Insekten erstrebt, sich alle 14 Tage versammelt und zu
geeigneter Zeit nach vorheriger Verabredung gemeinsame Ausflüge
veranstaltet. Der Vorstand besteht aus fünf Personen und der Kassierer
ist zugleich Konservator der Vereinssammlungen, auch der etwa ge-
schenkten Bücher. — Über die Thätigkeit des Vereines wird Bericht
erstattet. Die entomologische Zeitschrift des internationalen entomologischen Vereins zu Guben ist das Organ der hiesigen Insekten-
kundigen.

10. DIE REDAKTION DER „NATUR".

Während die Gesellschaften und Vereine gewöhnlich gegenseitige Förderung der Mitglieder anstreben, hat die blos nach aussen lehrende Thätigkeit der Redaktion der Zeitschrift „Natur" ein hohes Anrecht auf rühmende Erwähnung an dieser Stelle. Diese im Jahre 1851 von Dr O. Ule und Dr. K. Müller begründete Zeitschrift ist das Organ des Deutschen Humboldt-Vereines und wird jetzt noch von dem hervorragenden Kenner der Moose, Herrn Dr. K. Müller in Verbindung mit Herrn Dr. H. Roedel herausgegeben. Keine andere Zeitschrift hat in Deutschland mit gleicher beständiger Gewissenhaftigkeit und eingehender Sachkenntnis dahin gewirkt, auch den Vielen, die weder am Aufbau der Wissenschaft mitwirken, noch die grösseren fachmännischen Werke durcharbeiten können, die wichtigsten Ergebnisse der Naturforschung mitzuteilen und bekannt zu machen.

Die Zeiten sind jetzt vorüber, in denen eine auch dem Nichtfachmanne verständliche Zeitschrift von den Gelehrten ungern gesehen wurde. Man weiss nun, dass die Arbeit an solchen Blättern segensreiche Früchte auch für die gelehrtesten Forschungen getragen hat. Denn in der Jugend und im Volk ist vielfach durch die „Natur" und durch Zeitschriften ähnlicher Art Liebe für die Wissenschaft und Verständnis für die Bedeutung derjenigen Untersuchungen geweckt worden die so oft den Forscher seine Umgebung fremdartig und unnütz erscheinen lassen. Auch werden durch Vermitelung der populären Zeitschriften den Fachmännern viele wichtige Untersuchungsgegenstände erreichbar und zugänglich.

XIV

ÄRZTE-PERSONAL UND ÄRZTE-VEREINE.

VON

DR. RISEL, SANITÄTSRAT UND KREISPHYSIKUS.

Es ist von mannigfachem Interesse, den Einfluss zu verfolgen, welchen die während der letzten vier Dezennien stattgehabte Umwälzung des Charakters der Stadt Halle auf die Verhältnisse des in ihr ansässigen Heilpersonales gehabt hat.

Noch in der Mitte der vierziger Jahre hatte die von nur einer, allerdings für ihren Handelsverkehr äusserst wichtigen Eisenbahnlinie berührte Stadt, neben ihrer uralten Salzsiederei, von industriellen Anlagen nur eine Zuckerfabrik und eine Anzahl von Weizenstärkefabriken aufzuweisen, welche in kleinen Betrieben nur wenige Arbeiter beschäftigten. Die Einnahmequellen bestanden für den grössten Teil der Einwohnerschaft, abgesehen von dem Grosshandel mit Getreide, in dem Betriebe der Landwirtschaft, des Handwerkes, des Kleinhandels und anderer in jeder kleinen Stadt anzutreffenden Berufsarten. Die durchschnittliche Wohlhabenheit der Bevölkerung war eine recht mässige. Dementsprechend wich auch die Thätigkeit der halle'schen Ärzte nicht wesentlich von der der Kollegen in jeder kleineren Stadt ab, und dafür, dass sie sich nur auf die Stadt und deren nächste Umgebung beschränkte, spricht am besten die recht bescheidene Zahl der Betten in den öffentlichen Krankenanstalten. Unter diesen Umständen war ihre finanzielle Lage im Durchschnitt wohl eine recht bescheidene; waren doch selbst die Direktoren der Universitätskliniken darauf angewiesen, hausärztliche Praxis zu übernehmen. Wenn trotzdem die Zahl der Ärzte in der Universitätsstadt eine verhältnismässig grosse war, so darf man wohl annehmen, dass die idealistische Anschauung, welche die damalige Generation auszeichnete, nicht ohne

Einfluss auf die Wahl des Niederlassungsortes war. Für das Jahr 1845 weisen bei einer Einwohnerzahl von 31327 die von dem hiesigen Physikat geführten Verzeichnisse der Medizinalpersonen 25 Ärzte, 8 Wundärzte II. Klasse, 2 Zahnärzte, 4 Apotheken und 17 Hebammen nach. Unter diesen 25 Ärzten sind inbegriffen die Direktoren der drei Universitätskliniken, zwei Medizinalbeamte und ein Militärarzt. An öffentlichen Krankenhäusern waren neben den Universitätskliniken und dem Militärlazareth das Stadtkrankenhaus und das städtische Siechenhaus vorhanden, und es besassen die Francke'schen Stiftungen ebenso wie die Königl. Strafanstalt eine besondere, für ihre Insassen bestimmte Krankenanstalt.

Ein wesentlich anderes Bild zeigt sich nach Ablauf von noch nicht 25 Jahren. Hand in Hand mit der Entwicklung des Eisenbahnnetzes, welches sich nunmehr von fünf verschiedenen Richtungen her in Halle kreuzt, hat sich Verkehr und Einwohnerzahl derart gesteigert, dass die alten Grenzen der Stadt mehrfach durchbrochen sind, um Raum und Verbindung für die zahlreichen Anbauten zu gewinnen. Daneben hat der intensive Betrieb der in der Umgebung der Stadt schon frühzeitig zu einer hohen Stufe der Entwickelung gediehenen Landwirtschaft, sowie die in der Provinz einheimische Zucker- und Braunkohlenindustrie eine Anzahl von Maschinenfabriken entstehen lassen, welche durch die allmähliche Ausbildung einer Fabrikbevölkerung den allgemeinen Charakter der Einwohnerschaft nicht unerheblich beeinflussen. Der letztere Umstand hat auch dazu geführt, dass die bisher nur auf die bei der Saline und beim Bergbau beschäftigten Arbeiter beschränkten Krankenkassen angefangen haben, sich auf andere Berufsarten auszudehnen.

Der auf Grund aller dieser Verhältnisse wesentlich gesteigerte Wohlstand der Bevölkerung, sowie die vielfachen Beziehungen, in welche die Stadt auch zu ihrer weiteren Umgebung getreten ist, finden ihren Ausdruck in der nicht unbeträchtlichen Zahl der in der Stadt vorhandenen Ärzte. Ende des Jahres 1867 zählt man bei einer Einwohnerzahl von 49099, also nach einer Vermehrung derselben um 17772 Personen, 51 Ärzte, 4 Wundärzte II. Klasse, 2 Zahnärzte, 5 Apotheken und 18 Hebammen. Unter den 51 Ärzten befinden sich je zwei Medizinalbeamte und Militärärzte und neben den drei Direktoren der Kliniken, welche sich auf eine konsultative oder rein spezialistische Thätigkeit beschränken, drei Ärzte, welche ausschliesslich und vier andere, welche neben einer allgemeinen Praxis vorzugsweise ein besonderes Fach kultivieren. Letzteren würde, wenigstens den Anschauungen des Publikums nach, der hier ansässige Homöopath

anzuschliessen sein. Zu den im Jahre 1845 vorhandenen Krankenanstalten ist bereits in den 50er Jahren das Diakonissenhaus und,
entsprechend der zuerst von dieser Disziplin erreichten vollen Selbst-
ständigkeit, eine Privatanstalt für Augenkranke und Anfang der 60er
Jahre eine solche für Ohrenkranke getreten.

Alle die in der zweiten Hälfte der 60er Jahre für die Umgestaltung der Stellung der Stadt wie ihrer Bewohner massgebenden Verhältnisse sind in den beiden folgenden Dezennien nur im erhöhten
Masse zur Geltung gekommen. Dementsprechend wurden die schon
damals räumlich vollkommen unzureichenden Universitätskliniken in
beträchtlich grösserem Umfange neu aufgeführt und ihre der ver-
altenden Dreiteilung der ärztlichen Thätigkeit entsprechende Zahl durch
drei neugegründete Anstalten für Augen-, Ohren- bezw. Nervenheil-
kunde vermehrt, auch ein Ambulatorium für den Unterricht in der
Zahnheilkunde geschaffen. Allerdings verminderte sich durch die Verschmelzung des Stadtkrankenhauses mit den Universitätskliniken die
Zahl der öffentlichen Krankenhäuser, dafür aber trat ein Ersatz ein
in der erheblichen Erweiterung des Diakonissenhauses. Bringt es die
Vermehrung nicht nur der öffentlichen Krankenhäuser, sondern vor
allem der in ihnen vorhandenen Betten in der beredtesten Weise zum
Ausdruck, in welch beträchtlicher Menge Auswärtige in der gegen-
wärtig auf sieben Schienenwegen zugänglichen Stadt Heilung und
Hilfe suchen, so ergiebt sich dies in noch auffälligerem Grade aus der
Zahl der vorhandenen Privatkrankenanstalten, welche anderseits auch
erkennen lassen, wie weit die spezialistische Teilung der ärztlichen
Thätigkeit sich ausgebildet hat. Ende des Jahres 1890 gab es 16
zur Aufnahme der von hiesigen Ärzten Behandelten bestimmte Privatkrankenanstalten, davon fünf für chirurgische, je drei für Augen- und
Ohrenkranke, je zwei für gynäkologische und dermatologische Fälle
und eine für Nervenleiden. Ausserdem bestanden zwei von Hebeammen geleitete Privatentbindungsanstalten und, um dem neuerdings
aus dem Königreiche Sachsen importierten und durch Reklame jeder
Art gross gezogenen Zweige der Aftermedizin eine würdige Vertretung
auf Grund der Bestimmungen der Gewerbeordnung zu sichern, eine
von einem bisherigen Stärkefabrikarbeiter geleitete Privatkrankenanstalt
zur Ausübung der „Naturheilkunde".

Wäre die Zunahme der Ärzte, wie sie in den 60er Jahren sich
vollzog, als die den vorhandenen Bedürfnissen entsprechende anzusehen, so müsste die weitere Vermehrung derselben, wie sie sich in
den beiden nächsten Jahrzehnten gestaltete, als eine unzureichende
erscheinen, namentlich in Anbetracht des Umstandes, dass die Zahl

der in der Stadt behandelten auswärtigen Kranken eine sehr erhebliche ist, sowie dass durch das Krankenversicherungsgesetz die infolge der zahlreich vorhandenen Fabrikbetriebe vordem schon beträchtliche Zahl der Krankenkassen noch weiter wuchs. Ende des Jahres 1890 zählte man in der Stadt bei 101 793 Einwohnern, also nach einer Zunahme um 52694 Personen, 107 Ärzte, 3 Wundärzte II. Klasse, 10 Zahnärzte, 7 Apotheken und 48 Hebeammen. Unter diesen 107 Ärzten befinden sich neben den Direktoren der sieben Universitätskliniken (das Ambulatorium für Zahnheilkunde mit eingerechnet) 19, welche ausschliesslich ein bestimmtes Fach selbständig vertreten, nämlich je vier Spezialisten für Chirurgie und Gynäkologie, je zwei für innere Medizin, Ophthalmologie, Otiatrie und Dermatologie und je einer für Neurologie, Pädiatrie und Laryngologie. Auch ein approbierter Vertreter der Homöopathie ist vorhanden. Militärärzte giebt es zwei und Medizinalbeamte vier.

Über das in allen Formen zahlreich vertretene Pfuschertum zuverlässige Angaben zu machen, fehlt jeder thatsächliche Anhalt.

Die dargelegten numerischen Verhältnisse des Heilpersonals ergeben sich aus folgender Zusammenstellung.

Es gab in der Stadt Halle

	im Jahre 1845	Ende 1867	Ende 1890
Einwohner	31 327	49000	101 793
Ärzte	25	51	107
Wundärzte II. Klasse	8	4	3
Zahnärzte	2	2	10
Apotheken	4	5	7
Hebeammen	17	18	48

mithin kam

	1 Arzt	1 Wundarzt II. Kl.	1 Arzt od. W.-A.	1 Zahnarzt	1 Apotheke	1 Hebeamme
1845 auf	1253,	3916,	949,	15663,	7823,	1842 Einw.
1867 „	933,	12790,	802,	24549,	9820,	2727 „
1890 „	954,	33931,	925,	10179,	14542,	2120 „

Es ist im hohen Grade auffällig, wie lange die Ärzte der Universitätsstadt zögerten, zu einem eigenen Vereine zusammen zu treten und wie lange sie sich mit den nur zweimal jährlich stattfindenden Versammlungen begnügten, zu welchen einen grossen Teil derselben die Mitgliedschaft bei dem „Vereine der Ärzte im Regierungsbezirke Merseburg und im Herzogtum Anhalt" zusammenführte. Dem Bedürfnisse nach wissenschaftlicher Förderung konnte durch dieselben nur sehr unzureichend entsprochen werden, während auf der anderen Seite hervorzuheben ist, dass die halle'schen Ärzte die Interessen des Standes in diesem Vereine bestens gewahrt wussten. Es ist der seit dem Jahre 1842 bestehende Verein von jeher, namentlich unter der langjährigen Leitung seines Gründers, des damaligen Regierungsmedizinalrates Koch, bemüht gewesen, den Stand nach innen und aussen zu organisieren und ihm eine staatlich anerkannte Stellung zu verschaffen. Bemerkenswert sind in dieser Beziehung mehrere an die Staatsregierung eingereichte Denkschriften, von denen eine aus dem Jahre 1845 gegen die den Ärzten angewiesene Stellung in der Gewerbeordnung vom 17. Januar 1845 gerichtete, sich dadurch auszeichnet, dass sie bereits alle die Gründe und Erwägungen gegen diese Einreihung darlegt, welche auch in unseren Tagen als die in dieser Beziehung massgebenden gelten. Nicht minder energisch trat der Verein im Jahre 1848 mit seinen Forderungen für die zu schaffende Medizinalreform auf.

Ein je nach dem jeweiligen Bedürfnis, mindestens aber zweimal im Jahre erscheinendes Korrespondenzblatt bringt den Mitgliedern Kenntnis von den Angelegenheiten und von den Verhandlungen in den Generalversammlungen dieses noch jetzt bestehenden Vereins.

Als bedeutungsvoller Schritt in der in Rede stehenden Richtung hat die in das Jahr 1854 fallende Gründung des „Journallesevereines der halle'schen Ärzte" zu gelten, welche neben der fortlaufenden Kenntnisnahme der neuen medizinischen Litteratur die Beschaffung einer medizinischen Bibliothek bezweckte. Beide Ziele hat der Verein vollständig erreicht, und nicht zu unterschätzen ist es, dass er in seinem Lesezimmer einen Vereinigungspunkt für die vordem ihre Interessen ohne alle Gemeinsamkeit verfolgenden Ärzte schuf.

Der Verein hat bis zur Mitte des Jahres 1877 bestanden, und es waren lediglich äussere Umstände, die seine Auflösung herbeiführten. Der Mangel eines öffentlichen Vereinshauses irgend welcher Art in der Stadt machte es notwendig, die Vereinsbibliothek in der Privatwohnung des jeweiligen Bibliothekars unterzubringen, und dieser Umstand erschwerte, entsprechend der wachsenden Zahl der Mitglieder, die Benutzung derselben immer mehr. Dazu kam, dass die Privatwohnungen immer seltener wurden, in denen die schliesslich auf 2000 Bände angewachsene Bibliothek bequem Aufstellung finden konnte. Beides veranlasste den Verein, sich mit dem Universitätslesevereine zu verschmelzen und sein Besitztum an die mit neueren medizinischen Zeitschriften nur unzureichend ausgestattete Universitätsbibliothek zu veräussern.

Ein engerer Zusammenschluss wurde jedoch erst durch den im Anfange des Jahres 1860 entstandenen „Verein der praktischen Ärzte in Halle" erreicht. Seine Gründung erfolgte auf Anregung einer Reihe jüngerer Ärzte, namentlich der damaligen Vertreter der neueren Richtung in der medizinischen Forschung, unter denen Alfred Gräfe, Richard v. Volkmann und Aug. Colberg, weiland Professor der pathologischen Anatomie in Kiel, zu nennen sind.

Dem Vereine haben seither mit wenigen Ausnahmen sämtliche in Halle ansässige Ärzte als Mitglieder angehört, mochten sie hier als Universitätslehrer, als Praktiker oder als Assistenten an den verschiedenen Anstalten thätig sein. Die Vereinssitzungen finden, mit Ausnahme der Universitätsferien, regelmässig in 14 tägigen Zwischenräumen statt; sie sind vorzugsweise wissenschaftlichen Vorträgen und Erörterungen gewidmet, benutzen jedoch jede Gelegenheit, um sich mit den allgemeinen und örtlichen Interessen des Standes sowie örtlichen hygienischen Fragen zu beschäftigen. Die Sitzungsprotokolle, welche bedeutungsvolle Mitteilungen und Beobachtungen in grosser Zahl enthalten, wurden, so lange das obenerwähnte Korrespondenzblatt des Ärzte-Vereins im Regierungsbezirk Merseburg regelmässig erschien — bis Anfang der 70er Jahre — in diesem abgedruckt, später ist ihre Veröffentlichung eine lange Reihe von Jahren hindurch ganz unterblieben, bis sie neuerdings der Münchener medizinischen Wochenschrift überlassen worden ist.

XV

GEMEINNÜTZIGE VEREINE.

Aus der grossen Zahl der gemeinnützigen Vereine Halle's greifen wir uns zwei der hervorragendsten heraus, den

Verein für Volkswohl, weil er namentlich mit seinen Volksküchen und Volkskaffeehallen, sowie mit seinen Ferienkolonien Zwecke von hygienischer Bedeutung verfolgt, und

den Kunstgewerbeverein, weil dessen Thätigkeit innig mit allgemein interessierenden Bestrebungen der Neuzeit verwachsen ist.

I. VEREIN FÜR VOLKSWOHL.

VON

LOHAUSEN, STADTBAURAT.

Der Verein besteht seit 1874 und will in leiblicher, geistiger und sittlicher Beziehung fördernd und hebend auf das Volksleben der Stadt einwirken.

Derselbe hat bereits eine Anzahl seine Zwecke fördernde Anstalten ins Leben gerufen und wird je nach dem hervortretenden Bedürfnisse ähnliche Einrichtungen treffen.

Die benötigten Mittel werden aufgebracht:

a. durch Jahresbeiträge im Mindestbetrage von 1 Mark;

b. durch billige Bezahlung für einzelne Leistungen;

c. durch ausserordentliche Zuwendungen sowohl an den Verein, als an die einzelnen Abteilungen desselben;

d. durch leihweise Abgabe von Schildern mit der Aufschrift

„Mitglied des Vereins

gegen Verarmung und Bettelei"

gegen Bezahlung eines Jahresbeitrags von 6 Mark.

Nach dem letzten Jahresberichte betrug die Mitgliederzahl 1162.

Der Verein besteht aus neun Abteilungen, über deren Thätigkeit einige kurze Mitteilungen gegeben seien.[1]

I. Fortbildungsschulen.

Diese Abteilung hat aufgehört zu wirken, da die seinerzeit ins
Leben gerufene Schule an die Stadtgemeinde übergegangen ist.

II. Die Volksbibliothek,

die im Rathause untergebracht ist und Sonntags vormittags von
11—12 Uhr und Dienstags und Freitags abends von 7—8 Uhr geöffnet ist. Gegenwärtiger Bestand an Büchern 7002 Bände.

III. Öffentliche Vorträge.

IV. Abteilung gegen Verarmung und Bettelei.

V. Ferienkolonien.

Im letzten Jahre wurden in sechs Abteilungen 41 Mädchen und
43 Knaben unter Obhut von Lehrern bezw. Lehrerinnen in die Sommer-
pflege entsendet.

VI. Volksküchen.

Es bestehen zur Zeit zwei solcher Anstalten, von denen die eine
in einem vom Vereine erworbenen Grundstücke Brunoswarte Nr. 16 d,
die andere in den gemieteten Räumen des Grundstücks Merseburger-
strasse Nr. 42, dem sogenannten Volksspeise- und Logierhaus, untergebracht ist.

Die Zahl der täglich verabreichten Portionen schwankt nach den
Jahreszeiten und der Lage des Arbeitsmarktes. Im vorigen Sommer
wurden im Durchschnitt gegen 400 Portionen Mittagsessen ausgegeben.
Die Volksküchen erhalten sich selbst.

Das in demselben Gebäude befindliche Logierhaus mit 150 Betten,
welches unter Kontrolle des Vereins steht, hängt bezüglich seiner
Frequenz von denselben Konjunkturen ab wie das Speisehaus. Im
vorigen Sommer waren alle Betten besetzt, im Winter nur etwa die
Hälfte. Der Mietspreis beträgt für das Bett die Woche 1 Mark bis
1,75 Mark, für ein besonderes Zimmer mit Bett 2 Mark bis 2,50 Mark.

---

[1] Besucher der Versammlung der Naturforscher und Ärzte, welche sich eingehender über die Thätigkeit des Vereins unterrichten wollen, erhalten den letzten
Jahresbericht vom Vorstande unentgeltlich übersandt.

VII. Volkskaffeehallen.

Der halle'sche Verein für Volkswohl ist der erste gewesen, der den Versuch machte, für seine Kaffeehallen weder teure Lokalitäten zu mieten, noch offene Buden nach Art der bekannten Selterwasser-Trinkhallen zu verwenden.

Er errichtete im Jahre 1886 die erste heizbare Volkskaffeehalle auf städtischem Lande am Leipziger Turm. Der Erfolg war ein über-

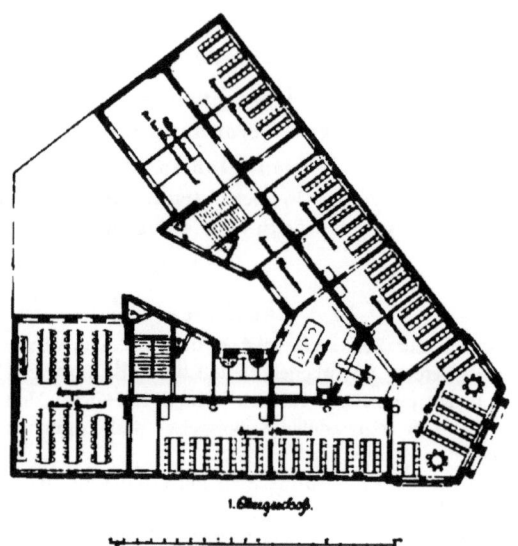

1. Obergeschoß.

Volks-Speise- und Logier-Haus.

Im 2., 3. und 4. Obergeschoss befindet sich das Logier-Haus mit 140 Betten.
Das Erdgeschoss ist zur Nutzbarmachung des Hauses zu 16 Läden eingerichtet

raschender. Es wurden im ersten Betriebsjahre verabreicht: 11018 Becher Kaffee, 37077 Becher Kakao, 18590 Becher Fleischbrühe, 2912 Becher Milch, 32791 Brödchen und 8455 Zwiebäcke. Dieses Quantum ist in den letzten Jahren noch übertroffen worden. Die nachher errichteten Hallen an der Neuen Promenade und dem Moritzzwinger erfreuen sich eines ähnlichen Zuspruchs. Auch die Volkskaffeehallen erhalten sich selbst.

VIII. Die Arbeitsnachweisstelle

befindet sich im roten Turm auf dem Marktplatz. Die Benutzung ist eine stetig zunehmende.

IX. Die Arbeitsstätte

soll solchen Hilfsbedürftigen, denen durch die Arbeits-Nachweisstelle keine Beschäftigung zugewandt werden kann, so lange Gelegenheit zu einfachen, thunlichst von jedermann zu leistenden Arbeiten gewährt werden, bis die Betreffenden wieder in ihrem eigentlichen Fach Unterkommen finden.

Diese jüngste Abteilung, welche sich wohl die schwierigste Aufgabe gestellt hat, ist über die ersten Versuche noch nicht hinausgekommen und hat nennenswerte Erfolge noch nicht zu verzeichnen.

Das Gesamt-Vermögen des Vereins betrug nach dem letzten Jahresbericht

101 526,36 Mark.

Der Verein strebt die Erlangung von Korporationsrechten an.

2. KUNSTGEWERBE-VEREIN.

VON

KNOCH, REGIERUNGSBAUMEISTER.

Der Kunstgewerbe-Verein ist im Jahre 1882 ins Leben gerufen worden. Derselbe erblickt seine Aufgabe darin, das Kunstgewerbe zu fördern durch Einwirkung auf den Geschmack sowohl der Produzenten, als auch der Konsumenten. Dementsprechend gehören dem Verein nicht nur die mit kunstgewerblichen Arbeiten beschäftigten Handwerker, sondern auch eine grosse Anzahl Männer aus allen Kreisen an, denen die Förderung der Kunst auch auf dem Gebiete des Kleingewerbes am Herzen liegt. Einen leicht zu bearbeitenden Boden fanden diese Bestrebungen in Halle nicht. Wenn auch im Besitz der Kirchen, Museen und Privater noch hervorragende Werke früherer Kunstthätigkeit erhalten sind, so war doch vermutlich infolge der schweren Heimsuchungen, welche die Stadt durch Krieg, Krankheit und Brand zu erdulden hatte, mit der Wohlhabenheit auch die Pflege der Kunst und des Kunstgewerbes nahezu erloschen.

Die Nachbarschaft der blühenden Handelsstadt Leipzig, die Beziehungen zur Provinzialhauptstadt Magdeburg sowie zur Residenz Berlin beeinträchtigen den Absatz der hiesigen Produzenten und erschweren noch heutigen Tages den angestrebten Aufschwung. Schliesslich hat auch die rege Bauspekulation ihre nachteiligen Folgen ausgeübt, indem die Mehrzahl der Unternehmer mehr auf die Billigkeit, als auf die Qualität zu sehen pflegt.

Es ist dem in jüngster Zeit zunehmenden Sinn und Geschmack des halle'schen Publikums und der wohlhabenden Bevölkerung seiner Umgebung, die durch gute Verbindungen erschlossen ist, zu danken, dass sich trotzdem auf einzelnen Gebieten tüchtige und strebsame Künstler entwickelt haben.

So wird auf dem Gebiete der Dekorationsmalerei, der Kunstschlosserei, der Holz- und Stuckbildhauerei Erfreuliches, zum Teil Hervorragendes geleistet, auch Lithographie und Buntdruck (Spielkartenfabrik) ist gut vertreten und die Möbelindustrie im Aufschwung begriffen.

Je mehr aber die Unterstützung seitens des Publikums erforderlich wurde, um so mehr wurde der Kunstgewerbe-Verein notwendig und förderlich.

Den Bemühungen der leitenden Persönlichkeiten, insbesondere des langjährigen Vorsitzenden des Vereins, Stadtbaurat Lohausen, ist es auch gelungen, dass die Mitgliederzahl die im Verhältnis zur Grösse der Stadt ausserordentliche Höhe von ca. 400 erreicht hat.

Da ausserdem die Stadt dem Verein einen jährlichen Zuschuss von 500 Mark zugebilligt hat, ist derselbe verhältnismässig bald in die günstige Lage gekommen, Aufgaben übernehmen und erfüllen zu können, zu denen finanzielle Opfer unerlässlich sind.

Wechselseitige Belehrung und Anregung wird in erster Linie durch monatliche Versammlungen geboten.

Wenn auch an alter heimischer Kunstindustrie in Halle ein fühlbarer Mangel war, so bietet doch die rasche Entwickelung der Stadt, die Bauthätigkeit und der industrielle Aufschwung der jüngsten Zeit ein reiches Feld des Schaffens, während andererseits von den Männern der Wissenschaft, den Mitgliedern der hiesigen Universität, sowie von auswärtigen Kennern der Kunst und des Kunstgewerbes durch Vortrag Belehrung geboten worden ist. Es sei hier in dankbarer Erinnerung der anregenden Wirksamkeit des leider so früh verstorbenen Professor Heydemann gedacht, der es in trefflicher Weise verstand, von dem Schatze seines Wissens und dem Feingefühl seines künstlerischen Empfindens auch dem schlichten Handwerker zugute kommen zu lassen.

Neben der Belehrung durch Wort und Beispiel ist der Verein bestrebt gewesen, durch eine gute Bibliothek den Mitgliedern Studienmaterial zu bieten. Dieselbe enthält neben guten Werken kunstgewerblichen Inhalts eine ca. 3000 Blatt umfassende sogenannte Vorbildersammlung, d. h. eine nach Gegenständen geordnete Sammlung von Abbildungen kunstgewerblicher Erzeugnisse. Durch diese Anordnung ist auch dem weniger Bewanderten das Auffinden guter Beispiele und Vorbilder wesentlich erleichtert.

Zur Anregung der Thätigkeit seiner Mitglieder hat sich der Verein die Ausschreibung von Konkurrenz-Arbeiten angelegen sein lassen und hat auf diesem Gebiete namhafte Erfolge zu verzeichnen. Namentlich sind ihm von Privaten zahlreiche Aufträge zur Erledigung solcher Wettbewerbungen zugegangen.

So z. B. für lithographische Arbeiten für Vignetten, Umschläge von Prospekten und Musterbüchern, Plakaten, künstlerisch ausgestatteten Formularen.

Es darf als ein erfreuliches Zeichen des Einflusses der Vereinsbestrebungen angesehen werden, dass die bekannten Firmen: Riebeck, Wegelin & Hübner, Vaas & Littmann, Rauchfuss, Lincke & Ströfer, Eisengräber, Bauer u. a. in dieser Hinsicht mit gutem Beispiel vorangegangen sind und auf die künstlerische Ausstattung ihrer Drucksachen gebührenden Wert gelegt haben.

Die Bemühungen des Vereins, auch den für den täglichen Gebrauch bestimmten Erzeugnissen, dem einfachen, bürgerlichen Hausgerät, geschmackvolle Form zu geben, kamen in besonders erfolgreicher Weise zum Ausdruck bei Wettbewerbungen, welche zur Erlangung billiger Zimmereinrichtungen ausgeschrieben wurden.

Ähnlichen Wettbewerbungen verdanken u. a. die Traustühle in der St. Ulrichskirche, das Gitter um das Händel-Denkmal, die Einfriedigung des Fiebiger-Denkmals, die Niemeyer-Bank ihre Form.

Auch zahlreiche architektonische Konkurrenzen fanden durch den Verein ihre Erledigung.

Wenn auch nur mit bescheidenen Mitteln, so hat sich doch der Verein bemüht, eine kunstgewerbliche Sammlung zu begründen; dieselbe ist dem städtischen Museum einverleibt und wird von Herrn Rentier Otto verwaltet.

Durch die Schenkung des verstorbenen P. Riebeck hat sie eine schätzenswerte Bereicherung erfahren.

Besondere Aufmerksamkeit hat der Verein dem gewerblichen Unterricht geschenkt, und er darf es zum Teil als Resultat seiner Bemühungen betrachten, dass die gewerbliche Zeichenschule, welche teils aus städtischen, teils aus staatlichen Mitteln erhalten wird, einen ausserordentlich günstigen Aufschwung genommen hat. Gerade von dem gewerblichen Zeichenunterricht und von Schülerwerkstätten werden die künftigen Leistungen des Kunstgewerbes in erster Linie abhängig sein, und es ist zu bedauern, dass die staatliche Fürsorge in Preussen hier so spät und auch jetzt immer noch spärlich eingetreten ist, während uns Sachsen, Süddeutschland, Österreich und namentlich Frankreich in dieser Hinsicht weit voraus und daher auch in ihren Leistungen auf kunstgewerblichem Gebiet überlegen sind.

Der Aufschwung, der innerhalb der letzten Dezennien innerhalb des deutschen Kunstgewerbes zwar unverkennbar ist, darf nicht über die grossen Mängel hinwegtäuschen, die noch vorhanden sind, und denen nur durch gediegene und gründliche Erziehung der heranwachsenden Generation abzuhelfen ist.

Hoffentlich gelingt es den Bemühungen des Verbandes deutscher Kunstgewerbe-Vereine, dem auch der hiesige angeschlossen ist, im Verein mit den leitenden Persönlichkeiten, welche für Kunst und Kunstgewerbe Sinn und Interesse haben, die nötige Fürsorge in erhöhtem Masse zu schaffen, damit unser deutsches Kunstgewerbe auch im Auslande wieder die geachtete Stellung findet, die es in der Zeit der Renaissance inne hatte.

XVI

PFLEGE DER KUNST.

DAS STADTTHEATER.

VON

RÜCKERT, STADTBAUINSPEKTOR.

Das im Jahre 1836 von einem Theater-Aktienverein erbaute Theater, welches gegen 800 Personen fasste, war ein schmuckloser Bau ohne ausreichende Sicherheitsvorrichtungen mit hölzernen Treppen und engen Korridoren, sodass schon vor langer Zeit Bedenken gegen die Fortbenutzung desselben hervortraten. Namentlich waren es der Wiener Ringtheater-Brand und die in infolge davon erlassenen strengeren Sicherheitsvorschriften für die Einrichtung und den Betrieb der Theater, welche die Schliessung des im Jahre 1879 von der Stadtgemeinde angekauften Gebäudes zur Folge hatten, und den schon früher geplanten Neubau eines zeitgemässen Theaters zur Verwirklichung brachten. Im August des Jahres 1883 wurde zur Erlangung von Entwürfen eine öffentliche Konkurrenz ausgeschrieben und, da diese ein für die Ausführung geeignetes Projekt nicht lieferte, folgte alsbald eine engere Konkurrenz zwischen den Verfassern der drei besten gleichprämiierten Entwürfe. Aus letzterer ging der Architekt Heinrich Seeling-Berlin in Verbindung mit Ingenieur Stumpf als Sieger hervor, und wurde die Ausführung des speziellen Theaterprojektes, sowie die künstlerische und technische Oberleitung des Baues dem Architekten Seeling übertragen.

Schon im Frühjahr des Jahres 1884 wurde das alte Theater abgebrochen; in demselben Jahre wurden nicht nur die zum Neubau notwendigen Erd- und Sprengungsarbeiten vollendet, sondern auch mit den Fundamentierungsarbeiten begonnen. Im folgenden Jahre 1885 wurde zum grössten Teile der Rohbau vollendet und das Gebäude unter Dach gebracht. Der innere Ausbau sowie die umfangreichen inneren Einrichtungen wurden derart betrieben, dass am 9. Oktober 1886 nach Verlauf von kaum mehr als 2¹/₄ Jahren Bauzeit die Einweihung und Eröffnung des neuen Stadttheaters erfolgen konnte.

Das neue Theater ist auf dem nach Osten und Norden erweiterten Bauplatze des alten Theatergebäudes errichtet, ohne dass trotz der erheblichen Erweiterung des Baues eine Verengung der Promenade eingetreten ist.

Für die Aufstellung des Entwurfes waren von besonderer Bedeutung einmal der felsige Untergrund, sowie der etwa 5 m betragende Höhenunterschied zwischen der alten Promenade und der Friedrichstrasse, sodann war dem Architekten die Erreichung möglichster Sicherheit für die Theaterbesucher und gefahrlose schnelle Entleerung des Hauses zur Pflicht gemacht. Allen diesen Anforderungen ist der Erbauer in hohem Grade gerecht geworden, indem er das Parket auf das Niveau der höher gelegenen Friedrichstrasse anordnete und mit der tiefer gelegenen alten Promenade über einen an der Westseite des Gebäudes vorgelegten, das Theaterrestaurant enthaltenden Terrassenvorbau durch eine grosse Freitreppe in Verbindung gebracht hat.

Auch das Bühnenhaus erhielt seine Zugänge zu ebener Erde von der Friedrichstrasse, der Terrasse und der im Norden des Theaters gelegenen Kapellengasse. Die Hauptfaçade mit dem Haupteingang ist auf die Südseite in Höhe der alten Promenade verlegt, und so ein Haupteingangsvestibül für das Zuschauerhaus unter Parkethöhe möglich geworden. Dem Eingange gegenüber liegt die Kasse; rechts und links führt je eine kurze Freitreppe auf ein Hauptpodest, von welchem zunächst die Treppe zum Parket und ersten Rang, sodann diejenige zum zweiten Rang emporsteigt. Diese Treppen münden in allen Geschossen auf mehr als 4,5 m breite Korridore, welche ohne Unterbrechung mit direkt ins Freie führenden Fenstern den gesamten Zuschauerraum umschliessen.

Die Plätze sind in den einzelnen Geschossen derart verteilt, dass auf das Parket einschliesslich des Orchesterfauteuils und Parterre 551 Sitzplätze entfallen; der erste Rang fasst 222 Sitzplätze, der zweite Rang einschliesslich der Gallerie 368 Sitzplätze und 90 Stehplätze. Das Haus besitzt somit Raum für 1231 Personen.

Die Garderoben sind teils neben, teils hinter dem Zuschauerraum an dem Umgangskorridor angelegt, ohne dass der freie Verkehr des Publikums während der Zwischenakte und nach Schluss der Vorstellung gestört wird.

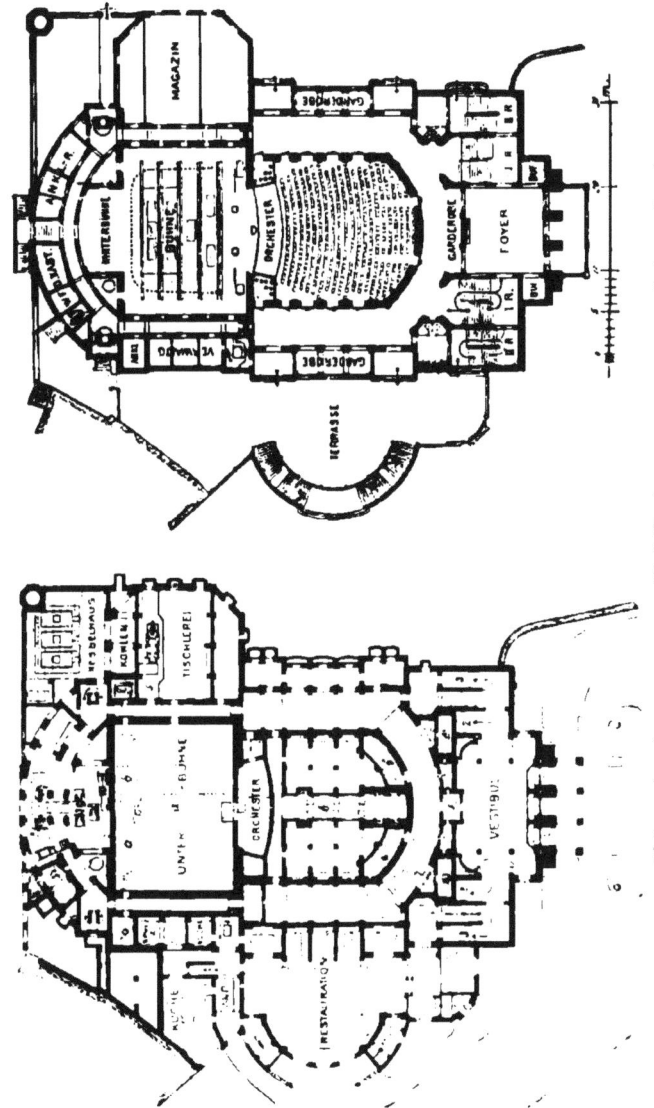

(Untergeschoss.)   Stadt-Theater.   (Parketgeschoss.)

1 Kasse 2. Aufgang z. I Rang. 3. Aufgang z. II. Rang. 4 Aufgang e. d. Restauration 5. Dampfpumpe. a. Kanal für frische Luft b Heizkammern

Im Orchesterfauteuil und im Parket bildet stets eine Thür den alleinigen Zugang zu je vier Sitzreihen bis zur Trennung in der Mitte des Hauses; jeder Verkehr des Publikums innerhalb des Parketraumes ist daher ausgeschlossen, namentlich aber die Entleerung des Hauses nach Schluss der Vorstellung oder bei anderen Veranlassungen eine von vornherein geregelte und wird etwa entstehendem Gedränge nach Möglichkeit vorgebeugt.

Bei der geringern Personenzahl im ersten Rang konnten die Garderoben seitlich in den Korridoren zwischen den Windfängen der zu den Balkons führenden Thüren angelegt werden. Diese Balkons, über den Garderoben und Ausgangsvestibülen des Parkets belegen, dienen als Sommerfoyers und als Notausgänge, im Falle der Gefahr.

Durch Verlegung der Garderoben in die beiden Seitenkorridore wird der erweiterte Mittelkorridor für den Zwischenaktsverkehr vollständig freigegeben, und ist so die Möglichkeit geschaffen, diesen im Mittelpunkt des Zuschauerhauses liegenden Raum vorkommendenfalls von den anschliessenden Korridorteilen abzusondern und als Salon einzurichten.

Das Foyer liegt in halber Höhe zwischen Parket und erstem Rang und dient in Verbindung mit den beiden Treppen und dem Mittelkorridor des ersten Ranges dem Zwischenaktsverkehr. Die beiden ersten Rangtreppen sind, mit Rücksicht auf den Zusammenhang der vorerwähnten Räume, als Marmortreppen in reicherer Weise ausgebildet; die einheitliche Wirkung dieser Räume ist durch grosse mit Spiegelscheiben geschlossene Öffnungen in den Wänden des Foyers erreicht, sodass sich von hier ein Bild des in den Parket- und ersten Rangkorridoren auf- und abwogenden Treibens während der Zwischenakte darbietet.

Das Bühnenhaus ist, abgesehen von der grossen Prosceniumsöffnung, welche durch einen hydraulisch bewegten eisernen Vorhang geschlossen wird, nur durch eine Thür mit dem Zuschauerhause von dem an der Terrasse gelegenen nördlichen Parketausgangsvestibül verbunden.

Der Haupteingang für den Bühnenverkehr liegt in der Mitte der Hinterfront, von dem Kastellan überwacht, und führt in den die Bühne umgebenden Korridor, an welchem sich seitlich zwei massive direkt beleuchtete vom Keller bis auf das Dach führende Treppen befinden. Die Ausgänge derselben münden auf den Kastellanshof in Höhe der Terrasse und auf die Friedrichstrasse.

Die Bühne hat eine Breite von 20 m, eine Tiefe von 15 m, die Hinterbühne eine Breite von 10 m und eine Tiefe von 5 m. Die

Das Stadt Theater. (Hauptansicht.)

Höhe des Bühnenraumes von der Kellersohle bis zum Schnürboden beträgt 25 m. Die Prosceniumsöffnung ist 10 m breit und 8 m hoch. Rings um den die Bühne umschliessenden Korridor gruppieren sich abgesehen von dem an der Friedrichstrasse gelegenen Dekorationsmagazin Garderobemagazine, Probesaal, Ankleidezimmer und die Räume für die Theaterverwaltung.

Der Anbau für das Dekorationsmagazin enthält im Keller Werkstatt- und Maschinenräume, in Bühnenhöhe und erstem Obergeschoss das eigentliche Dekorations- und Garderobemagazin, im obersten Geschoss den durch Seiten- und Oberlicht erleuchteten Malersaal.

Die äussere Gestaltung des Gebäudes erfolgte in den Formen einer massvollen Spätrenaissance unter Verwendung echten Materials, für die Gesimse, Quaderungen und sonstigen Architekturteile ist sächsischer Sandstein, für die Flächen ein sich der Sandsteinfarbe anschliessender heller Verblendziegel in zwei Tönen verwendet. Die Vorderfront hat figurlichen Schmuck in den Seitennischen und dem Giebelfelde erhalten, während venetianische Glasmosaiken die Architektur der Promenadenfront beleben, die Front nach der Friedrichstrasse hat den Mosaiken ähnliche Malerei erhalten.

Die Ausstattung des Innern ist in ihrem Charakter der Bestimmung der einzelnen Räume angepasst. Das Vestibül bildet in seinen ernsten Sandsteinformen den Übergang aus den grossen Verhältnissen der Aussenarchitektur in die naturgemäss feinere Durchbildung der Innenräume; die Wände der Treppenhäuser sind mit Stucco lustro bekleidet, die Treppen selbst mit Marmor belegt, für die Balustraden ist ebenfalls Marmor verwendet, sodass der Übergang zu der Architektur des Foyers ein vollkommen gelungener genannt werden muss.

Die Wände und Decken der Umgänge um den Zuschauerraum sind in Form und Malerei einfach und zweckentsprechend gehalten.

Der Zuschauerraum als der eigentliche Festraum weist eine reiche, gediegene, keineswegs überladene Ausbildung an plastischem oder figürlichem Schmuck auf. Die Decke zeigt ein grosses Velarium, welches durch Zeltstangen in vier grössere und vier kleinere Teile geteilt wird. Die vier kleinen Felder versinnbildlichen in weiblichen Gestalten das Lustspiel, Schauspiel, Trauerspiel und die Oper, während die vier grösseren auf reich gemustertem Teppichgrunde mit Kartouchen und musikalischen Emblemen geziert sind. Ein ganz besonderes Kunstwerk ist der nach dem Entwurfe des Erbauers von der Firma Riedinger in Augsburg in künstlerischer Weise mit der Architektur der Decke in Einklang gebrachte Kronleuchter. Abweichend von den bisher üblichen Formen ist ein grosser von Bronze-Netzwerk ge-

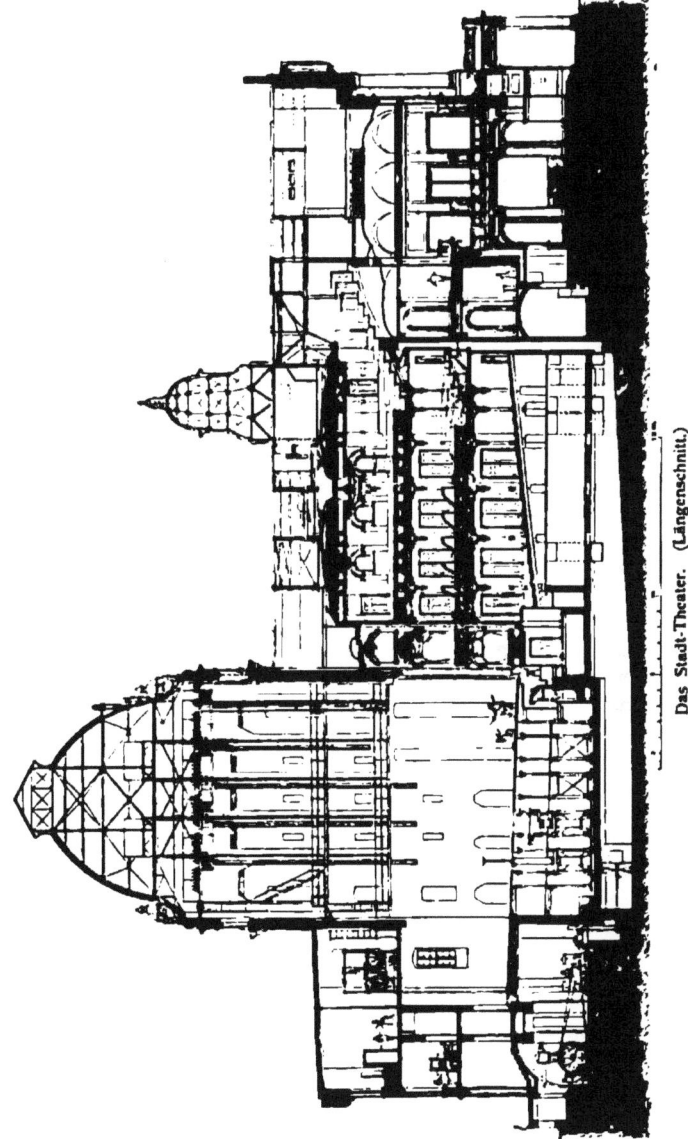

Das Stadt-Theater. (Längenschnitt.)

haltener Opalglaskörper mit der Deckenteilung in organische Verbindung gebracht. Die Glühlampen liegen teils im Innern des Glaskörpers, teils sind sie als Blumenkelche in Guirlanden eingeflochten, teils als Glorien für die zur Dekoration angebrachten Masken verwendet. An den Brüstungen der beiden Ränge dienen in Kupfer getriebene Muscheln als Blender für die aus den Muscheln sich entwickelnden Glühlichter der Festbeleuchtung.

Den Abschluss gegen die Bühne bildet das im Anschluss an die Decke reich ausgestattete Proscenium mit dem in hervorragend künstlerischer Weise durch den Maler Max Koch in Berlin ausgeführten Hauptvorhang. Der Vorhang zeigt in seinem Mittelfelde ein Seegestade in Abendstimmung; Oberon und Titania schweben auf einem von Schwänen gezogenen Wagen durch die Dämmerung, vor ihnen in weiter Ferne sich verlierend der Reigen der Elfen.

Das Gebäude ist in Decken, Dächern und Wänden vollkommen feuersicher aus unverbrennlichem Material hergestellt; für den inneren Ausbau ist, abweichend von der bisher üblichen Weise, anstatt des Holzes die Rabitz-Patentmasse (feuersicherer Putz auf Drahtgewebe zwischen eisernen Hülfskonstruktionen) zur Anwendung gebracht.

Die Beleuchtung des Theaters ist durchweg elektrisch, von der Allgemeinen Elektrizitäts-Gesellschaft in Berlin ausgeführt. Die Anlage umfasst ungefähr 1400 meist sechszehnkerzige Glühlampen, davon zirka 900 für die Bühne, und 11 Bogenlampen zu je 1000 Kerzen. Den erforderlichen Strom liefern drei Gleichstrom-Dynamomaschinen von je 24000 Voltamperes Leistung.

Zum Betriebe dieser Anlage dienen zwei Dampfmaschinen zu je 80 Pferdekraft, welche durch Veränderung der vom Regulator selbstthätig beherrschten Expansionsvorrichtung bis auf je 100 Pferdekraft gesteigert werden können.

Die Notbeleuchtung ist, von der vorigen Anlage unabhängig, ebenfalls elektrisch eingerichtet, und zu diesem Zecke ein fünfpferdiger Ottoscher Zwillingsgasmotor mit einer besonderen Dynamomaschine zu 5000 Voltamperes aufgestellt. Beide Anlagen sind während der Vorstellungen im Betriebe. Zur Beschaffung der für die Proben und Orchesterübungen notwendigen Beleuchtung dient eine besondere Anlage, welche eine Dynamomaschine von 10000 Voltamperes besitzt und durch einen 20-pferdigen Otto'schen Zwillingsgasmotor getrieben wird.

Die Kabel, welche den Strom von den Maschinen zu den Lampen führen, vereinigen sich an einem Hauptschaltbett in zwei starken Kupferschienen, von denen der Strom durch eine Anzahl Schalthebel nach den einzelnen Teilen des Gebäudes geführt wird. Hierdurch ist es möglich, während des Betriebes jeden einzelnen Leitungsstrang und auch die Dynamomaschinen beliebig ein- und auszuschalten, eine Vorrichtung, welche bei Beschädigung eines Teiles der Anlage von grossem Werte ist. Zwei andere Schaltbretter sind für die kleineren Anlagen eingerichtet und gestatten durch Verbindung untereinander und mit der grossen Anlage die Speisung aller Leitungen von jeder der drei Anlagen aus, so dass ein vollständiges Versagen der Beleuchtung als ausgeschlossen betrachtet werden kann.

Ausser den für die Beobachtung und Kontrole der Anlage erforderlichen Apparaten im Maschinenraum befindet sich unter der Bühne vor dem Souffleurkasten ein Regulator, von dem aus der Beleuchter die Bühne und den Zuschauerraum übersehen und die von ihm hervorgebrachten Lichteffekte beobachten kann.

Dieser Regulator zerfällt in zwei Teile, ein Teil reguliert die Hausbeleuchtung, der andere die Bühnenbeleuchtung. Der Regulator gestattet, das Licht der einzelnen Lampenserien im Zuschauerraum und im Hause entweder jede für sich oder in beliebigen Gruppen vereinigt in bestimmten Abstufungen zu verringern oder zu erhöhen. Der Teil des Regulators für die Bühnenbeleuchtung besitzt eine Blitzvorrichtung, durch welche eine beliebige Anzahl dunkel gedrehter Lampen plötzlich zu hellem Aufleuchten gebracht werden und so die Blitzerscheinung nachahmen.

Ausser dem Hervorbringen verschiedener Helligkeitsgrade sind auf der Bühne noch andere Lichteffekte erforderlich, z. B. die Färbung der Beleuchtung, je nachdem Tageslicht, Mondschein oder Morgen- und Abendbeleuchtung darzustellen ist. Diese Färbung des Lichtes geschieht mittelst verschiedenfarbiger Glühlampen durch das sogenannte Dreilampensystem. Es sind hierzu in den Bühnenbeleuchtungskörpern, der Tagessoffite, der Fussrampe und den fünf Bühnenoberlichtern grüne, rote und weisse Glühlampen in regelmässiger Folge abwechselnd derart eingeschaltet, dass durch den Regulator je nach der Einschaltung bis zu zwei dieser Farbengruppen gleichzeitig gebrannt und so reguliert werden können, dass durch allmählige Abnahme der Lichtstärke der einen Gruppe und gleichzeitige allmählige Zunahme der Lichtstärke der anderen Gruppe die Beleuchtung gleichmässig von einer Farbe in die andere übergeleitet wird. Ausserdem können auf der Bühne an 24 verschiedenen Stellen tragbare Bogenlampen mit Reflektoren eingeschaltet werden, wenn es sich darum handelt, einzelne Personen oder Gruppen besonders hervorzuheben, oder optische Erscheinungen, wie Mondlicht, Blitze, Feuer und dergleichen darzustellen.

Die Bühneneinrichtung ist nach dem auf der Wiener Elektrizitäts-Ausstellung vom Jahre 1883 ausgestellten Modell der Asphaleia-Gesellschaft für Herstellung zeitgemässer Theater zum ersten Male in Deutschland im hiesigen Stadttheater eingerichtet, nachdem dieses System im Königlichen Opernhause in Budapest sich besonders bewährt hatte.

Das Asphaleia-System fusst auf der Erkenntnis, dass die Übertragung der Konstruktionsprinzipien der seitherigen hölzernen Bühneneinrichtung auf eiserne Einrichtungen, der Ersatz des Holzes durch Eisen, zu Ungeheuerlichkeiten führen muss, dass namentlich die Beibehaltung des ebenen fest zusammenhängenden Bühnenpodiums ein unübersteigbares Hindernis bildet, alle Unebenheiten des Terrains, Berg und Thal zur Darstellung zu bringen, dass ferner das bisherige Dekorationssystem mit Kulissen und Soffiten eine naturgetreue Wiedergabe solcher Landschaftsbilder unmöglich macht, bei denen der Beschauer einen unbegrenzten Blick nach allen Richtungen gewinnen soll, und dass endlich die Menschenkraft so viel als möglich durch die Maschinenkraft ersetzt werden muss.

Diese weitgehenden Grundsätze hat die Asphaleia-Gesellschaft in ihrem System praktisch durchgeführt, und als Bewegungsmittel des gesamten Apparates den hydraulischen Krahn verwendet.

Die beiden letzten Gassen der Bühne sind parallel zum Proscenium über die ganze Bühnenbreite hin abgetrennt und lagern auf je zwei hydraulischen Pressen, welche es ermöglichen, diesen Bühnenteil in 10 m Breite und 5 m Tiefe zusammen oder einzeln, im ganzen oder teilweise auch treppenförmig zu heben oder zu versenken, schräg zu stellen oder in schaukelnde Bewegung zu setzen. Die Maschinerie ermöglicht es, diesen Bühnenteil bis 1 m unter und 1,8 m über seine normale Lage zu heben oder zu senken. Innerhalb beider Gassen sind ausserdem zwei Versenkungen von je 7 m Breite und 1 m Tiefe angeordnet; der Kolben jeder dieser Versenkungsmaschinen bildet zugleich den Zylinder für eine kleinere Maschine, welche den Zweck hat, den mittleren Teil der grossen Versenkungstafeln in 2,5 m Breite für sich von der Bewegung der ganzen Versenkung unabhängig beliebig auf- und niederspielen zu lassen.

Ausserdem sind in der dritten Gasse eine, in der zweiten Gasse zwei kleinere Versenkungen von 2,5 m Breite und 1 m Tiefe eingerichtet, während sich in der sogenannten Nullgasse noch zwei für je eine Person eingerichtete Versenkungen befinden.

Alle Versenkungen sind von einem Zwischengeschoss unter der Bühne, der Versenkungsetage, zugänglich, von wo auch die Versenkungschieber gezogen und die Steuerungsventile der Versenkungsmaschinen gehandhabt werden.

Für die Obermaschinerie sind 45 Dekorationszüge, einschliesslich zwei für die Vordergardinen, eingerichtet, welche durch 14 in die Unterbühne eingebaute hydraulische Prospektaufzüge in Bewegung gesetzt werden, indem je drei bis vier nebeneinander liegende Prospektzüge durch eine Haken- und Hebelvorrichtung — Krampus — an die Aufzugsmaschine angehängt werden. Der Horizont wird durch eine ähnliche Maschine auf- und niederbewegt.

Die Steuerungsapparate für die Bewegung der Obermaschinerie des eisernen Vorhangs und des Horizontes sind an einer Stelle auf der Bühne vereinigt und werden von einem Manne in Thätigkeit gesetzt, ähnlich wie bei den Zentralweichenstellungen der neueren Bahnhöfe weit von einander getrennte Apparate von einem Punkte aus beherrscht werden.

Der eiserne Vorhang, welcher bei einem etwa ausbrechenden Brande Bühne und Zuschauerraum trennt, hängt an einem in die Mitte des Vorhangs eingebauten hydraulischen Zylinder.

Abweichend von den bisherigen Bühneneinrichtungen ist beim Asphaleia-System in dekorativer Hinsicht der „Horizont" eingeführt. Es ist dies eine Leinwand, welche die Bühne an den beiden Seiten und an der Hinterfront hufeisenförmig umspannt und, etwa zwei Meter über dem Bühnenfussboden beginnend, bis zu solcher Höhe aufsteigt, dass sie das durch die Portalöffnung der Bühne begrenzte Gesichtsfeld der Zuschauer noch deckt. Der zwischen dem Podium und der unteren Horizontalkante freibleibende Raum, welcher den Auf- und Abtritt der Schauspieler an jeder Stelle ermöglicht, wird durch Versatzstücke gedeckt. Diese Horizontalleinwand hängt als Band ohne Ende in einem Rahmen, welcher gestattet, dass sie einer Wandeldekoration ähnlich verschoben werden kann. Ihre Bemalung stellt alle Luftstimmungen dar, und lässt sich so durch Verschieben der Leinwand dem Gang der Handlung entsprechend der klare wolkenlose Himmel in bedeckten und schliesslich stürmischen Gewitterhimmel verwandeln.

Statt der Kulissen verwendet die Asphaleia-Bühne Setzstücke, welche es ermöglichen, jede Dekoration unabhängig von der Bühnenteilung zu stellen, und so eine Abwechselung in der Dekoration gestatten, wie sie vordem nicht möglich war. Auch die plastische Wirkung dieser Dekorationen ist eine überraschende, da die räumliche Trennung der Versatzstücke von dem Horizont die Wirklichkeit in täuschendster Weise erreicht, während gleichzeitig die alle Illusion so häufig durch ihre hässlichen Schatten störenden Soffiten in Fortfall gekommen sind.

Als Kraftquelle für die gesamten hydraulischen Maschinen dient eine direktwirkende Zwillingspumpe, welche stündlich etwa 15 Kubikmeter Wasser bei acht Atmosphären Überdruck in einen grossen eisernen Windkessel — Akkumulator — drückt.

Die Heizung des Gebäudes erfolgt für den Zuschauerraum, und soweit der Abdampf der grossen Beleuchtungsmaschinen dies ermöglicht, durch Dampfluftheizung, in den übrigen Räumen, und namentlich da, wo die Entfernung den erforderlichen Effekt nicht mit Sicherheit erwarten liess, durch direkte Dampfheizung. In den meisten zum Bühnenhause gehörigen Räumen ist, soweit es ohne grosse bauliche Schwierigkeiten und Kosten angängig war, eine Warmwasser-Dampfheizung eingerichtet. Die Verteilung des Dampfes geschieht von zwei Dampfverteilern, dem Abdampfverteiler und dem direkten Dampfverteiler. Um auch die von dem Abdampfverteiler beheizten Räume erwärmen zu können während des Stillstandes der grossen Dampfmaschinen, ist eine Verbindung zwischen beiden Verteilern vorgesehen.

Die Ventilation erfolgt durch Pulsion für den Zuschauerraum in Verbindung mit Aspiration; sie führt dem Zuschauer- und Bühnenhause im Winter 25 Kubikmeter, im Sommer 50 Kubikmeter pro Kopf und Stunde auf entsprechende Temperaturen erwärmte bezw. abgekühlte Luft zu. Die Kühlung der Luft im Sommer erfolgt durch Wassersprengung. Die Luft wird im Zuschauerraum unter den Sitzen eingeführt, der Abzug derselben findet durch Rosetten in den Decken der Ränge und des Plafonds nach dem Saugventilator statt, welcher die verbrauchte Luft durch den Ventilationsturm über dem Zuschauerhause ins Freie drückt. Die Restauration wird durch Dampf von der Theaterheizung beheizt, die frische Luft wird von der Promenade an die Heizrohre geleitet und so dem Raume vorgewärmt zugeführt. Für das Theatergebäude wird die frische Luft in der Kapellengasse entnommen und durch einen unter dem Keller belegenen Kanal mittelst des Druckventilators den eingerichteten Heiz- bezw. Mischkammern zugetrieben.

Den zum Betriebe der verschiedenen maschinellen Einrichtungen erforderlichen Dampf liefern die an der Ecke der Friedrichstrasse und Kapellengasse ausserhalb des eigentlichen Theatergebäudes liegenden Dampfkessel. Die verwendeten kombinierten drei Kessel bestehen aus je einem unteren Cornwallkessel und oberen Röhrenkessel. Jedes

System hat 114 qm Heizfläche. Die ganze Anlage ist so disponiert, dass stets zwei Kesselsysteme den Betriebsdampf zu liefern imstande sind, das dritte System aber in Reserve gehalten wird.

Das zur Kesselspeisung erforderliche Wasser wird durch einen Wasserreinigungsapparat nach dem Patent des Kommerzienrat Dehne in Halle entnommen, welcher das Wasser durch abgemessenen Laugezusatz von den Kesselstein·bildenden Bestandteilen befreit. Aus dem Vorwärmer tritt das Wasser in ein Mischgefäss, in welchem dasselbe durch die Dampfpumpe mit Lauge vermischt und durch eine Filterpresse in den Kessel getrieben wird.

Zur Feuerung der Dampfkessel wird in hiesiger Gegend gewonnene Braunkohle, Förderkohle, mit Zusatz von Braunkohlenbrikettes, verwendet.

Obwohl beim Bau sowohl als auch bei der Einrichtung des Theaters alles geschehen ist, um die Feuersgefahr auf das geringste Mass zu beschränken, ist das Gebäude mit einer ausgedehnten Feuerlöschanlage im Anschluss an die städtische Wasserleitung und in Verbindung mit der Dampfpumpe der Bühnenmaschinerie versehen. Ausser zahlreichen Hydranten in allen Geschossen des Bühnen- und Zuschauerhauses, welche direkt aus der städtischen Wasserleitung gespeist werden können, sind über dem Schnürboden vier offene eiserne Wasserreservoirs von je 4500 Liter Inhalt aufgestellt, um beim Ausbruch eines Brandes unabhängig von der Wasserleitung sofort ein grösseres Quantum Wasser unter genügendem Druck zur Verfügung zu haben.

Dass alle Errungenschaften der modernen Technik in umfassendster Weise benutzt sind, um Gesundheit und Leben des Publikums sowie des Bühnenpersonals sicher zu stellen, bestätigt am besten das Gutachten des ehemaligen Branddirektors der Stadt Berlin, Major a. D. Witte, welcher sich nach eingehender Besichtigung des Gebäudes und der Einrichtungen amtlich folgendermassen geäussert hat:

„Es ist in der That bei Herstellung des Rohbaus die Verwendung brennbarer Materialien mit so peinlicher Sorgfalt ausgeschlossen, als dies überhaupt möglich erscheint. Wenn man ausserdem in Betracht zieht, dass die Schutzvorrichtungen gegen Feuersgefahr den besten Erfahrungen gemäss zur Ausführung gelangen werden, und die Entleerungsfähigkeit des Zuschauerhauses hervorragend günstig gestaltet ist, so muss als ausgeschlossen erachtet werden, dass selbst ein umfangreicher Brand des Bühnenhauses den Zuschauerraum in Mitleidenschaft ziehen oder die Besucher desselben gefährden könnte."

MUSEUM FÜR HEIMATLICHE GESCHICHTE UND ALTERTUMSKUNDE DER PROVINZ SACHSEN.

VON

DR. JUL. SCHMIDT, DIREKTOR DES MUSEUMS.

Bei Einrichtung der Selbstverwaltung der Provinzen wurde denselben durch das Dotationsgesetz die Verpflichtung auferlegt, in ihrem Wirkungskreise Kunst und Wissenschaft zu fördern und besonders auch die Bestrebungen der Vereine von künstlerischer oder wissenschaftlicher Tendenz zu unterstützen. Hierdurch ermuntert sprach das Präsidium des Thüringisch-Sächsischen Geschichts- und Altertumsvereins in Halle bereits im Januar 1876 den Provinziallandtag um Beihilfe an zur bessern Unterbringung seiner Sammlungen und um pekuniäre Unterstützung seiner Arbeiten. Der Provinzialausschuss, an den die Bittschrift überwiesen wurde, griff über dieselbe noch hinaus und entwarf den Plan einer „Historischen Kommission der Provinz Sachsen", die alle, durch wissenschaftliche Thätigkeit sich auszeichnenden Geschichtsvereine der Provinz zusammenfassen und unter anderem auch die Errichtung eines Provinzialmuseums in ihr Programm mit aufnehmen sollte. Diese Idee wurde durch das Anerbieten der Erben des Sanitätsrates Dr. Schultheiss in Wolmirstedt: dessen hinterlassene, in einer langen Reihe von Jahren gesammelte, meist vorhistorische Altertümer dem Provinzialverbande käuflich zu überlassen, noch wesentlich bestärkt. Die 730, dem Regierungsbezirk Magdeburg entstammende, Gegenstände umfassende Sammlung ging im Februar 1877 für 3000 Mark in den Besitz der Provinz über und wurde neben den Ergebnissen der im Auftrage der historischen Kommission vom Prof. Dr. Klopfleisch in Jena unternommenen Ausgrabungen im sogenannten Ständehause in Merseburg verwahrt. Die historische Kommission beantragte indes sehr bald die Überführung dieser Schätze nach Halle und deren Zusammenlegung mit der dort nur in notdürftigster Weise in einem Zimmer der sogenannten alten Residenz in der Domgasse untergebrachten Sammlung des Thüringisch-Sächsischen Geschichts-Vereins.

Für den so erwachsenden Stamm eines künftigen Provinzial-Museums erbat der Provinzialausschuss vom Kultusministerium die Herstellung genügender Räumlichkeiten in einem der Nebengebäude der Universität, deren Bau damals im Werke war, welchem Verlangen

jedoch nicht entsprochen wurde, weil sich solche Räume weder mit
den neu zu errichtenden Bibliotheks- noch mit den klinischen Gebäuden in Verbindung bringen lassen würden.

Der Kurator der Universität unterbreitete nun dem Ministerium
den Vorschlag, dem Provinzial-Museum die Zimmer in der schon erwähnten Residenz zu überlassen, welche durch die Verlegung der
geburtshilflichen Klinik in ein neu zu errichtendes Gebäude frei wurden. Der Minister genehmigte diesen Vorschlag unter der Bedingung,
dass dem Fiskus dadurch keinerlei Kosten erwachsen dürften. Eine
im August 1878 seitens der Universität und der Provinzial-Verwaltung
vorgenommene Besichtigung der betreffenden Gebäulichkeiten ergab,
dass dieselben nur mit Aufwendung beträchtlicher Kosten, die weiterhin auf 15500 Mark angeschlagen wurden, den Bedürfnissen des
Museums entsprechend, umgebaut werden konnten. Hierzu gesellten
sich noch die jährlichen, auf 3500 Mark berechneten Unterhaltungskosten des Museums. Die Höhe dieser Forderung bewog den Land-
tag, derselben in einer Sitzung im Januar 1880 die Bewilligung zu
versagen. Ein neuer Anschlag, der von baulichen Veränderungen
des Residenzgebäudes ganz absah und nur das zur ersten Einrichtung
Unentbehrliche ins Auge fasste, brachte indes die Kosten auf 9000
Mark herab, die auch vom Landtage im März 1882 um so eher bewilligt wurden, als acht Geschichtsvereine der Provinz um baldige
Errichtung des Museums petitioniert hatten.

Unterdes hatte der Thüringisch-Sächsische Geschichtsverein in
einer Generalversammlung im September 1878 beschlossen, seine
Sammlungen, mit Ausschluss der Bücher, Manuskripte und Urkunden,
dem zu begründenden Provinzial-Museum zu überlassen unter der
Bedingung, dass jenes seinen dauernden Sitz in Halle erhalte. Die
Statuten des Vereins bestimmen, dass bei etwaiger Auflösung desselben sein gesamtes Eigentum der Universität Halle zufällt, es war
deshalb die Zustimmung des akademischen Senats zu jener Aufgabe
des Eigentumsrechts seitens des Vereins einzuholen, die auch erteilt
wurde, jedoch abhängig gemacht von der dauernden Verbindung des
Museums zu Studienzwecken mit der Universität.

Den Bestand an Altertümern vermehrte 1880 der Ankauf der
Sammlung des Oberpostsekretärs Warnecke in Halle sowie im April
1885 der einer Sammlung von 1284 Nummern vom Kaufmann Potzelt
in Halle, worunter sich 863 Nummern Vorgeschichtliches befanden.

Bereits im März 1882 waren mit dem Konservator der Sammlung
des Weissenfelser Altertumsvereins, Oberst a. D. von Borries, Verhandlungen angeknüpft worden, denselben für die Überführung der

Altertümer nach Halle und die Aufstellung und Katalogisierung derselben dort zu gewinnen, wozu er sich auch bereit erklärte. Nachdem diese Arbeiten der Hauptsache nach ausgeführt worden waren,
übergab am 27. Februar 1884 die Landesdirektion der Provinz das
Museum der historischen Kommission zur Verwaltung gemäss der
festgestellten Museumsordnung und am 21. März desselben Jahres
wurde dasselbe unter dem Titel: „Museum für heimatliche Geschichte und Altertumskunde der Provinz Sachsen" unter
Teilnahme verschiedener Behörden offiziell eröffnet. Oberst von Borries
wurde am 16. Juli 1884 zum Direktor des Museums ernannt und
verwaltete dieses Amt bis zum 1. Juli 1890, wo der gegenwärtige
Direktor, Dr. Julius Schmidt, an seine Stelle trat, der seit Begründung
des Museums dem Verwaltungsausschusse desselben angehört hatte.

Mit dem bis dahin befolgten System, die Altertümer nach der
Lage ihrer Fundstätten in den verschiedenen Flussgebieten anzuordnen,
musste, da dies zu Unzuträglichkeiten führte und namentlich das Auffinden eines bestimmten Gegenstandes ungemein erschwerte, gebrochen
werden; eine rein geographische Anordnung: von Nord nach Süd resp.
West nach Ost der nach Kreisen und Regierungsbezirken zusammen-
gestellten Sachen wurde dafür substituiert. Es trat hierbei der un-
erfreuliche Umstand zu Tage, dass von den sieben durch vorhistorische Altertümer gefüllten Zimmern nur ein einziges für den Regierungsbezirk Magdeburg ausreichte und für den Regierungsbezirk Erfurt gar nur ein halbes, während der Regierungsbezirk Merseburg
fünf Zimmer einnimmt.

Als wertvollere vorhistorische Altertümer der Sammlung können
folgende hier bezeichnet werden: eine Anzahl jener wuchtigen, durch-
bohrten Steingeräte, die man sich nur als Pflugscharen verwendet
denken kann, zwei schön geschliffene und verzierte, durchbohrte,
grosse Steinhämmer, ein in eine Hirschkrone eingesetztes Steinbeil,
zwei verzierte Hämmer von Hirschhorn, eine Anzahl jener hoch-
gewölbten langen Steingeräte, die als charakteristisch für die Umgebungen des Harzes angesprochen werden, eine grosse Anzahl von
Thonzylindern und verwandten Thongeräten, die in der Umgegend
von Halle bis an den salzigen See so überaus häufig gefunden werden. Von Bronzen: eine unverletzte grosse Spiralfibel, mehrere Spiral-
armbergen vom Hallstatter Typus, grosse Halsringe und Torques, einige
Schwerter, Dolche, Stabdolchköpfe, einige hübsche römische Provinzial-
fibeln, eine etruskische Ciste, viele Flachkelte vom Bennewitzer
Schatzfunde, wenige merovingische Sachen, doch darunter eine aussergewöhnlich grosse silberne Fibel. Von Thongefässen sind besonders

die Steinzeit, der Lausitzer (ostgermanische) Typus und die römische
Kaiserzeit gut vertreten, als bemerkenswert befinden sich darunter eine
sogenannte Hausurne und ein thönernes Trinkhorn. Von slavischen
(Burgwall) Gefässen finden sich eine Menge verzierter Scherben, doch
auch vier ganze Töpfe vor. Von hölzernen Geräten sind zu erwähnen: eine Otterfalle, zwei grosse Näpfe mit Füssen und ein Kelt-
stiel. Neben einer Anzahl Schädel sind zwei noch zur Hälfte in Erde
gebettete Skelette, eins nach ältester Bestattungsweise in eingezogener
Lage und ein gestrecktes, beachtenswert.

Alle diese vorhistorischen Altertümer sind in den genannten sieben
Zimmern des ersten Stocks, die aus historischer Zeit aber in einem
achten Zimmer und dem Korridor dieses Stocks sowie in drei Parterre-
räumen untergebracht. Letztere Altsachen bestehen hauptsächlich aus
Waffen, Gefässen, Schnitzaltären, Skulpturen aus Holz, Thon und
Stein, emaillierten Ofenkacheln, Glocken, Siegeln und Siegelstempeln,
römischen und mittelalterlichen Münzen, Stickereien, Bekleidungsgegen-
ständen, Fächern, alten Zeugdruckformen, neun Foliobänden Wachs-
tafeln: Lehnverzeichnisse des Gutjahr- und Hackeborn-Soolbrunnens
enthaltend, einer Sammlung von Schlössern, Schlüsseln, Sporen und
Hufeisen, alter Wanduhr vor Erfindung des Pendels, Taufsteinen und
Taufschüsseln, einer Anzahl in Öl gemalter Porträts: des Herzogs
August, Administrators des Hochstifts Magdeburg, und seiner Gemahlin,
des Königs Friedrichs I. von Preussen, des Grafen Wilhelm IV. von
Henneberg, des grossen Kurfürsten, Friedrichs des Grossen, des Kardinals Albrecht, Erzbischofs von Magdeburg und Mainz und anderer,
einer Anzahl Kabinetsmalereien auf Glas, meist aus dem 17. Jahr-
hundert. Auf dem Hofe sind zwei Renaissance- und ein spätgothisches
Portal an der Wand aufgestellt.

Für die Folge ist die Aufstellung einer systematischen Sammlung,
neben der geographisch geordneten, ins Auge gefasst worden, welche
die Entwickelung, vorzugsweise der Gefässe durch die verschiedenen
Zeitalter von der Steinzeit bis in gegenwärtiges Jahrhundert hinein, in
charakteristischen Beispielen vorführen wird.   .

Mit einer Bezeichnung der Gefässe ihrer Entstehungszeit oder
ihrem Typus nach durch farbige Figuren ist bereits ein Anfang gemacht. Es bezeichnet danach: eine schwarze Raute die Steinzeit, ein
goldfarbiger Kelt die Bronzeperiode und den Hallstatter Typus, ein
blaues Dreieck den älteren La Tènetypus, ein hellblaues den jüngeren,
ein grüner Halbkreis den Lausitzer (ostgermanischen) Typus, ein
weisser Halbmond die römische Kaiserzeit, ein roter Kreis die Zeit

der Völkerwanderung und eine violette Welle den slavischen oder Burgwalltypus.

Der Bestand des Museums soll hauptsächlich mit durch Ausgrabungen und durch Nachbildungen der wichtigsten Stücke der privaten und öffentlichen Sammlungen in der Provinz vervollständigt werden. Der Museumsdirektor besucht deshalb nach und nach alle jene Sammlungen mit Einschluss der des Berliner Museums für Völkerkunde behufs Aufnahme des Bestandes derselben an, dem Gebiete der Provinz entstammenden, Altertümern und Entnahme von genauen Zeichnungen und Abformungen der charakteristischsten Stücke derselben, um so mit der Zeit ein möglichst vollständiges Inventar der vorhistorischen Altertümer der Provinz und eine Representation aller wichtigeren Vorkommnisse in derselben im Museum zu schaffen, die sich zu einer immer präziser werdenden Darstellung des gesamten Kulturlebens der Vorzeit in unserer Provinz ausgestalten soll.

Das Museum ist Sonntags, Dienstags und Donnerstags von 11 bis 1 Uhr unentgeltlich, die übrigen Tage gegen 50 Pfennige Eintrittsgeld dem Publikum geöffnet, zu anderer Zeit aber gegen Zahlung einer Mark. Den Lehrern der Universität steht zu allen Zeiten, den Studierenden jeden Tag zu den angegebenen Stunden das Museum unentgeltlich offen.

STÄDTISCHES MUSEUM FÜR KUNST UND KUNSTGEWERBE.

VON

F. OTTO, RENTIER.

Unter den städtischen Instituten ist das Museum eines der jüngsten und bescheidensten. Gegenüber den Anforderungen der materiell so schnell gewachsenen Stadt hat die Pflege der bildenden Kunst nur gering berücksichtigt werden können. Wenn die städtische Sammlung trotzdem nach nur sechsjährigem Bestehen in dem Gebäude des Aich- und Wageamtes das zweite Stockwerk und einen Teil des ersten füllt, so verdankt sie das Anwachsen mehr den Zuwendungen seitens Privater, als den Mitteln des städtischen Etats. Derselbe wies in den letzten zwei Jahren 100 Mark als Zuschuss auf und ist für das laufende Jahr auf 200 Mark erhöht worden.

Die Verwaltung des Museums untersteht einer Kommission von fünf Mitgliedern, welche eines derselben mit der Leitung der Geschäfte deputiert.

Die Sammlung enthält zur Zeit, einschliesslich der 16 Gemälde, welche von den Königl. Museen in Berlin hergeliehen sind, 80 Ölgemälde, 30 plastische Werke, 300 graphische Blätter und rund 700 kunstgewerbliche Gegenstände. Den Hauptstock der letzteren bilden die aus dem Nachlass des Herrn Paul Riebeck der Stadt zugefallenen Objekte, welche von dessen Bruder, Dr. Emil Riebeck, auf seinen Forschungsreisen im Orient gesammelt wurden. Dieselben sind als Riebeck-Sammlung vereinigt in den drei Zimmern des ersten Stockwerkes aufgestellt. Es enthält diese Sammlung Waffen und andere Metallarbeiten, Gewebe und Stickereien, Porzellan und Majoliken, Lackarbeiten, Schnitzereien in Holz und Elfenbein; ihre Ursprungsländer erstrecken sich von Griechenland über Rumänien, Kleinasien, Ägypten, Persien, Indien, China und Japan.

Bei dem geringen eigenen Besitz des Museums lässt die Verwaltung es sich angelegen sein, durch Sonderausstellungen auf künstlerischem oder kunstgewerblichem Gebiete das Interesse der Besucher zu fesseln.

DIE MUSIKALISCHEN BESTREBUNGEN IN HALLE A. S.

VON

DR. W. KAISER, GYMNASIALLEHRER.

Die Landschaften an der Saale und der oberen Elbe, hauptsächlich die sächsischen Herzogtümer und die Kurlande, haben sich seit mehreren Jahrhunderten in musikalischer Beziehung des besten Rufes erfreut. Sie sind die Heimat vieler vortrefflicher Komponisten und Tonkünstler. Namentlich nachdem die Stürme des dreissigjährigen Krieges verweht waren, welche diese Gebiete Deutschlands sehr hart mitgenommen hatten, ergriff eine tiefgehende Neigung zur Musik alle Kreise und Schichten des Volkes. Ein gewisses Mass musikalischen Verständnisses und Fertigkeit auf einem Instrument gehörte damals zur allgemeinen Bildung so gut wie heute. Zu den Plätzen, an welchen die neu erwachten musikalischen Interessen ernsthafte Pflege und wohlwollendste Förderung fanden, gehörte auch unsere Vaterstadt Halle, die Residenz des Administrators August, Herzogs von Sachsen. Die glänzende Hofhaltung dieses kunstliebenden Fürsten gewann in Deutschland ein besonderes Ansehen infolge der Hingabe und des Eifers, mit welchem hier Theater und Musik gepflegt wurden. Zahlreiche musikalische Künstler von Ruf weilten in jener Zeit in der Umgebung des Herzogs, und in den letzten Jahren des Administrators (1677) wurden alle diese Musiker und Sänger zu einer „Kapelle" vereinigt, deren Tüchtigkeit weit über die Grenzen der unter Augusts Szepter stehenden Lande bekannt und geachtet war.[1] Für die Oper, welche damals eben in Aufnahme kam, bezeugte August ebenfalls eine lebhafte Teilnahme. Die musikalischen Aufführungen an seinem Hofe gehören überhaupt zu den frühesten, welche in Deutschland vorkommen. Dass auch in Bürgerkreisen unserer Stadt die Liebe zur Musik mehr und mehr weite Verbreitung gewonnen hatte, dafür bürgen die Namen einer Reihe von Künstlern, welche aus Halles Mauern selbst hervorgingen. Beschränken wir uns auf einige der vornehmsten unter ihnen, so ist als frühester Samuel Scheidt, einer der drei berühmten S (Scheidt, Schein, Schütz) des 17. Jahrhunderts zu nennen, welcher zu den vollendetsten Orgelmeistern seiner Zeit gehörte und für die Praxis des Orgelspiels bahnbrechend wurde. Ungefähr vier Jahrzehnte nach ihm, um 1635, wurde in Halle Johann Jakob Froberger geboren, welcher gleichfalls als einer der ausgezeichnetsten Orgel- und Klavierspieler glänzte und als solcher durch sein grossartiges Spiel europäischen Ruhm erlangte. In die letzten Lebensjahre Frobergers fällt die Kindheit unseres grössten Landsmannes, Georg Friedrich Händels, eines der Gewaltigsten im Reiche der Töne, der berufen war, der deutschen Musik eine universale Bedeutung zu erringen.

Betrachtet man diese ruhmreiche musikalische Vergangenheit Halles, die stattliche Zahl der grossen und hervorragenden Männer der Tonkunst, welche unsere Stadt in die Welt gesandt hat, so kann man nur mit einigem Zagen an die Beantwortung der Fragen gehen: Wie steht es jetzt mit dem musikalischen Leben Halles? Hat auch unsere Zeit Männer aufzuweisen, würdig ihrer grossen Mitbürger der Vergangenheit? Die letzte Frage erledigt sich am leichtesten. Es ist nur nötig, auf Robert Franz hinzuweisen, welchem die musikalische Welt

---

1) Siehe in Opel „Zur zweihundertjährigen Geburtstagsfeier Händels".

neben Schubert und Schumann einen Ehrenplatz eingeräumt hat, und der, zwar ein Greis, aber immer rüstig schaffend und wirkend noch unter uns weilt. Auch die erste Frage lässt sich im grossen und ganzen zur Zufriedenheit beantworten. Eine Halle'sche Kapelle, welche in der Ferne selbst mit Auszeichnung erwähnt wird, besitzen wir freilich nicht mehr. Das heutige Halle'sche Stadtorchester ist eigentlich ein Privatunternehmen, dem die Stadtverwaltung eine bescheidene Unterstützung zu teil werden lässt. Für die künstlerische Weiterentwickelung dieser Kapelle, wie für das gesamte Musikleben Halles überhaupt, ist die Eröffnung unseres neuen Stadttheaters von einem fruchtbringenden Einfluss gewesen, der kaum hoch genug anzusetzen ist, zumal an dem Kapellmeisterpult des Theaters bisher glücklicherweise lauter anerkannt tüchtige Männer gesessen haben, deren Streben in den musikliebenden Kreisen unserer Stadt stets der vollsten und lebhaftesten Sympathien sicher war. Mit dem neuen Theater ist der Stadt Halle wieder eine ständige Opernbühne geschaffen worden, und so jung diese Bühne sein mag, ist es dennoch den zusammenwirkenden Faktoren gelungen, Opernaufführungen zu bieten, deren künstlerischer Wert mit Rücksicht auf die gegebenen Verhältnisse immerhin ziemlich hoch geschätzt werden muss. Dabei ist der Umfang des Spielplans beständig, wenn auch nicht immer gleichmässig, gewachsen. Die Meisterwerke der klassischen und romantischen, sowie der neudeutschen dramatischen Musik, besonders die Schöpfungen Richard Wagners bis auf „Tristan und Isolde" und „die Meistersinger von Nürnberg", von denen namentlich das erstere Werk eine würdige und alles begeisternde Darstellung erlebte, gehören bereits dem Repertoire an, und der kommende Winter wird uns zu den beiden ersten Abenden der gewaltigen Nibelungentetralogie auch den „Siegfried" und „die Götterdämmerung" bescheeren. Es ist zu verstehen, dass infolge der Rührigkeit der Theaterleitung sich gerade für die Oper das Interesse verdichten musste und die Konzertunternehmungen, welcher Art sie auch waren, vorläufig ein wenig zu leiden hatten. Die Voretzsch'schen Abonnementskonzerte z. B. büssten ihre Lebensfähigkeit ein und verschwanden ganz vom musikalischen Schauplatze. Neuerdings scheint indes durch das Zusammengehen der hiesigen Militärkapelle und des Stadtorchesters für die Konzertmusik eine neue Periode anzubrechen, die sich künstlerisch noch bedeutungsvoller gestalten wird, wenn es den Führern beider Kapellen gelingt, der guten und gediegenen Musik aller Richtungen ein breiteres Feld einzuräumen. Allseitig befriedigende Lösung kann diese Angelegenheit meines Erachtens nur finden durch die Gründung eines wirklichen städtischen

Sinfonie- und Theaterorchesters, dessen Leitung einem leistungsfähigen
Dirigenten anvertraut werden müsste. So lange hierin kein entschei-
dender Schritt geschieht, werden auch die grossen Gesellschaften
unserer Stadt, welche die Tonkunst pflegen, nach wie vor ein Haupt-
gewicht darauf legen müssen, auswärtige Künstler und Künstlerinnen
zur Mitwirkung heranzuziehen. Dieser Notwendigkeit hat sich sogar
der am 21. Mai 1814 gegründete Orchestermusikverein beugen müssen.
Die Kammermusikabende, welche unstreitig das künstlerisch vornehmste
musikalische Unternehmen in Halle sind, verdanken wir gleichfalls
fremden Virtuosen, dem Leipziger Gewandhausquartett. Selbstverständlich bleibt es für die Geschmacksrichtung unserer Bürgerschaft
ein ehrendes Zeugnis, dass diese Kammermusiken ein Bedürfnis geworden sind und daher einen sich immer mehr steigernden Zuspruch
erfahren.

Für die Sangeslust und Sangesfreudigkeit der Hallenser sprechen
die zahlreichen hiesigen Vereine: es giebt sechs gemischte Chöre und
zwanzig Männergesangvereine, von denen namentlich die beiden Singakademien, der Domkirchenchor und die beiden studentischen Männergesangvereine mit grösseren Konzertveranstaltungen an die Öffentlich-
keit treten. Der Verein des Musikdirektors Hassler, unbedingt des
bedeutendsten und geistvollsten Dirigenten, welchen wir in Halle in
neuerer Zeit gehabt haben, hat sich leider seit einem Jahrzehnt aufgelöst, und somit hätte die Pflege der unsterblichen Vokalmusik eines
Palestrina, Orlandus Lassus, Gabrieli, Gallus, Schütz, Eccard etc. in
Halle ihre einzige und wahrhaft klassische Stätte verloren, wenn sich
nicht die Hassler'schen Traditionen im Stadtsingechor, dem Hassler
jetzt noch vorsteht, und in dem Gymnasialchor der Lateinischen Hauptschule der Francke'schen Stiftungen, deren Gesanglehrer der ver-
dienstvolle Mann ebenfalls früher war, treu erhalten hätten. Im Anschluss hieran möchte ich nicht unerwähnt lassen, dass der Domkirchenchor in den letzten Jahren mit Glück und Erfolg bestrebt war,
der a capella-Musik wieder eine grössere Teilnahme zuzuwenden.
Von den Singakademien hat sich neulich die von Herrn Reubke geleitete einen grösseren auswärtigen Erfolg (in Leipzig) ersungen mit
der Aufführung der heiligen Elisabeth von Liszt. Der oben genannte
Stadtsingechor, ein sehr altes Institut, welches die Francke'schen Stiftungen von dem früheren Luther'schen Gymnasium übernommen
haben, darf keineswegs mit den in andern Städten eingerichteten
Kurrenden verglichen werden. Er ist vielmehr ein vollkommener vier-
stimmiger Schülerchor, dessen Leistungen unter Hasslers Führung
hohe künstlerische Reife erlangt haben, und dessen Gesänge so vielen

Ereignissen des Familienlebens, sei es freudigen oder traurigen, eine erhebende und weihevolle Stimmung geben. Durch seine Um-züge, die tagtäglich in bestimmten Strassen stattfinden, und die nie verfehlen, eine zahlreiche andächtige Zuhörerschaft anzuziehen, sorgt der Stadtsingechor aufs beste, den geistlichen und weltlichen Gesang mehr und mehr volkstümlich zu machen und Liebe und Geschmack für die schönsten Erzeugnisse unserer alten und modernen Vokal-musik zu erregen und wach zu halten. Somit und durch die Aus-bildung zahlreicher jugendlicher Sänger übt er erziehliche Wirkungen von nicht zu unterschätzender Wichtigkeit aus.

Wir sind am Schluss unserer Betrachtungen. Überblicken wir noch einmal die vorhandenen Mittel, welche in Halle der Pflege und Förderung der Musik gewidmet sind, so lässt sich nicht leugnen, dass mancher offene Wunsch noch erfüllt werden könnte, andererseits jedoch darf man es aussprechen, dass sich in musikalischer Bezieh-ung Halle in der Nachbarschaft von Leipzig und Magdeburg recht wohl mit Ehren zu behaupten vermag. Halles äusseres Wachstum, der Ausbau seiner industriellen und kommerziellen Stellung haben vor-läufig Kräfte genug in Anspruch genommen und naturgemäss nehmen müssen. Werden von ihnen mit der Zeit einige frei, so wird nach den bisherigen Erfahrungen das Gebiet der Musik nicht das letzte sein, dem sie zugute kommen.